U0858283

金融计量学

张雪莹　编著

山东人民出版社

图书在版编目(CIP)数据

金融计量学/张雪莹主编. —济南：山东人民出版社，2013.2(2015.1重印)
ISBN 978-7-209-07135-2

Ⅰ.①金… Ⅱ.①张… Ⅲ.①金融学—计量经济学—高等学校—教材 Ⅳ.①F830

中国版本图书馆CIP数据核字(2013)第032800号

责任编辑:袁丽娟

金融计量学

张雪莹　主编

山东出版传媒股份有限公司
山东人民出版社出版发行
社　址:济南市经九路胜利大街39号　　邮　编:250001
网　址:http://www.sd-book.com.cn
发行部:(0531)82098027 82098028
新华书店经销
青岛星球印刷有限公司印装

规　格　16开(184mm×260mm)
印　张　18
字　数　320千字
版　次　2013年2月第1版
印　次　2015年1月第2次
ISBN 978-7-209-07135-2
定　价　34.00元

如有质量问题，请与印刷厂调换。电话:(0532)88194567

前 言

金融计量学主要是指计量经济工具在金融分析中的应用。金融衍生产品的大量出现、计算机功能的加速发展、高质量金融数据的相对丰富和完善,促使金融计量经济学以其独有的研究对象和研究方法,成为包含现代金融理论与计量技术的一门新兴的综合学科。它的出现,也深深地影响着现代金融和投资管理的日常实践。我国国内各知名大学也日益注重金融计量工具及实证方法的研究与教学。

作者自2003年开始从事金融计量方面的教学与研究,在长期的教学实践过程中深深感受到学生在理解和应用金融计量技术方面存在困难。为此,本书在写作过程中,不过多讲述金融计量理论的推导,而是以计量技术及工具为主线,通过大量的金融研究案例,通过讲述一个个金融理论是如何采用各种计量技术进行实证检验,使学生将计量技术与金融理论紧密联系,为将来阅读现代金融文献、或者从事金融理论的研究与论文写作打下良好的基础。本书从体系安排上,可分为三大部分内容。第一部分包括前六章,重点介绍常用的金融计量技术,第二部分包括第七章和第八章,介绍金融计量技术在股票市场研究方面的应用。第三部分包括第九章和第十章,分别介绍金融计量技术在固定收益证券和金融衍生产品定价方面的应用。在内容上,介绍的计量技术全面实用,包括经典回归模型、时间序列分析技术、蒙特卡洛模拟等多个方面;同时基本上涵盖了金融理论与实证的大部分常见专题,并且单独用三章的篇幅阐述了金融市场理论的核心内容:资产定价、市场效率假说、利率期限结构等内容。同时还穿插介绍有关宏观金融理论,如货币需求理论、购买力平价理论等的实证研究。讲述的内容有理论,有模型,有案例,易于学生自学和掌握。

全书由张雪莹撰写初稿,在编写过程中,参考了国内现有的教材以及一些研究者的论文成果,我的研究生龙腾飞、王晓玉、王晚景也参与了本书书稿的整理与校对工作，在此一并表示感谢。鉴于作者的学识有限，书中难免有错误之处，热诚欢迎读者批评指正。

张雪莹

2012 年 12 月 18 日

目　录

CHAPTER 1 第一章 导论

【学习目标】

熟悉金融计量学科的发展状况及其在量化投资中的应用意义。

【重要概念】

金融计量学 量化投资

在过去的几十年中，随着金融部门在现代社会经济中所起的作用日渐明显，金融理论的进展和金融数据的开发利用相互促进，金融计量学（Financial econometrics）成为经济学科门类中发展最迅速的分支之一。本章介绍金融计量学科的发展状况及其在量化投资中的应用。

第一节 金融计量学含义与学科发展

金融计量学的研究范围有广义和狭义之分，其在近些年来的迅速发展也有着多方面的原因。

一、金融计量学的含义

从广义上看，金融计量以经济、金融理论为基础，运用统计与计算技术解决金融中各种各样的问题，包括资产定价、利率期限结构模型、衍生产品定价、资产配置策略、风险管理、波动率估计，以及其他金融经济学理论检验、金融模型的建立与估计、金融系统模拟等等。因而，也可将金融计量学扩展为数量金融学或定量金融学（quantitative finance）。而狭义的金融计量学就是计量经济学中的方法和技术在金融领域中的应用，它以模型为基础，对金融理论和现象进行统计推断与解释，并对金融市场行为进行预测。与此相近的表达有:金融市场实证研究方法(Empirical study of financial market)、实证金融学(Empirical finance)等等。显然,与狭义范畴的金融计量学相比,数量金融除了包括金融计量技术之外,还包括了金融计算技术及其相关的应用。

二、金融计量学科的发展状况

近些年来,金融计量学迅速发展成为金融问题研究和金融实践中不可或缺的工具,主要有以下几个方面的原因:

(一) 金融产品创新与金融工程技术的广泛应用对金融计量学的发展提出了要求

在20世纪60年代以前,整个世界的经济大多数时候处于一个比较稳定的状态,然而,进入70年代以后,许多市场的价格波动速度加快、频率提高、幅度增大。例如,1973年的石油危机改变了石油这个基础性商品的长期价格,带动了其他基础原材料商品价格上涨,成为商品市场价格波动的重要来源;而以美元为基础的固定汇率制度(布雷顿森林体系)崩溃,浮动汇率成为国际外汇市场的主要汇率形式之一;在金融领域,物价波动造成名义利率与实际利率相脱节,加上金融自由化的趋势,利率波动也相应增大;另外,信息技术的进步使得市场主体对信息的获取、处理和反应的速度迅速上升,带来价格波动的上升。在世界经济环境不确定性增大、各种市场价格的波动增加的背景下,市场主体所面临的风险增大,对风险管理技术和风险管理工具的需求也相应上升,成为推动金融产品创新以及金融理论与金融工程技术广泛运用的重要因素之一,而这也促进了以运用数学、统计学和计算技术对各类基础产品和衍生产品价格变化规律进行建模分析、模拟和预测为主要内容的金融计量学科的迅速发展。

(二)金融理论的进展与计量技术的进步极大地丰富了金融计量学的研究内容和成果

近几十年来,金融理论本身取得了一些重大的突破。例如,Markovitz 提出的“证券组合理论”、William Sharpe 的资本资产定价模型(CAPM)、Fisher Black 和 Myron Scholes 的期权定价模型、Eugene Fama 的市场有效理论(EMH)以及利率期限结构理论与模型等等。这些金融理论和模型为金融计量学提供了研究对象,而计量及计算技术的进步也为金融计量学科的发展奠定了基础。在金融领域中有特殊应用价值的两个计量方法-协整(cointegration)理论及相应的误差修正模型(ECM)、时变方差(特别是自回归条件异方差-ARCH)模型,均出现于70年代末80年代初,这些方法一经出现,便被大量地应用于资产收益率、汇率、通货膨胀率的建模及金融市场波动特征的研究。其后,诸如广义矩(GMM)参数估计方法、非参数估计(nonparametric estimation)、非线性时间序列模型(nonlinear time-series models)、人工神经网络(artificial neural networks)、马尔科夫链蒙特卡罗方法(Markov Chain Monte Carlo methods)、泛函中心极限理论(functional central limit theory)等更加复杂的计量方法也开始在金融研究中得到广泛应用。

(三)计算机技术的发展及专业金哨数据服务商的出现也为金融计量研究的开展创造了条件

运用计算机软件开发出的各种计算和计量软件包,例如 Eviews、Matlab、SPSS、SAS 等,使研究者可以较为便捷地进行数据处理和统计分析。而一些专业金融数据服务商,知名的如国外的 Bloomberg(彭博)、路透(Reuter),以及国内的万德(Wind)、国泰安(GTA)等公司,建立和维护专业型金融数据库,通过有偿方式来满足金融计量研究和相关投资实践的需要。

(四)金融数据的特殊性也促使金融计量学相对独立于传统的经济计量学而发展

与传统的宏观经济数据相比,金融数据非常丰富,例如资产价格数据可以有日数据、分钟数据甚至更高频率的数据;另外,金融市场上的大多数数据为非平稳数据、且不服从正态分布,不符合实施传统经济计量模型的前提条件,在这种情况下运用传统的经济计量方法(如线性回归模型)进行计量分析将会导致伪回归(spurious regressions)等现象。而高频数据的利用与时间序列计量模型的组合使得金融计量学发展为经济计量学的一个重要分支,甚至在某种程度上独立于经济计量学而发展。

总之,金融数据和处理方法的独特性使计量经济学在金融领域的应用与传统的计量经济理论和方法产生很大区别。而伴随着金融学相对于经济学的独立发展,金融理论和实践的广泛应用,各种各样金融工具的大量出现,金融市场的风险研究和控制更加重要,与之相关的资产定价理论和市场有效性等问题成为金融计量经济学家的研究热点。一些有针对性的新模型和新的参数和非参数方法相继出现,大大丰富了金融计量学的内容,使之形成自己的特色。正如我国计量经济学前辈林少宫教授在 1997 年发表的文章中指出:“可以预见金融计量经济学将自成体系,相对独立于传统计量经济学而发展”①。

第二节 金融计量学在金融投资实践中的应用

金融衍生产品的大量出现、计算机功能的加速发展、高质量金融数据的相对丰富和完善,加上越来越复杂的计量经济技术的发展和应用,促使金融计量经济学以其独有的研究对象和研究方法,成为包含现代金融理论与计量技术的一门新兴的综合学科。而它的出现,又反过来深深地影响着现代金融和投资管理的日常实践。正如 2003 年瑞典皇家科学院将当年的诺贝尔经济学奖授予两位著名金融计量经济学家罗伯特·恩格尔

① 林少宫、王安兴,《计量经济与计量金融:从经济理论建模到统计检模各有侧重》,《数量经济技术经济研究》,1997 年第 3 期。

(Robert F. Engle)和克莱夫·格兰杰(Clive Granger)时所发布的公告中写道:"这两位金融计量学家不仅是学术研究者们学习的光辉典范,而且也是金融投资分析家的楷模。他们不仅为研究者们提供了不可或缺的工具,还为投资家们在资产定价和投资配置风险评估方面找到了捷径"。本节通过介绍近些年来盛行的量化投资策略,来说明金融计量技术在投资实践中的应用。

一、量化投资与量化基金

量化投资,简单地说,就是利用数学、统计学、信息技术的量化投资方法,通过数理模型来实现投资理念、管理投资组合、产生交易策略的一种投资方法。量化投资的组合构建注重的是对宏观数据、市场行为、企业财务数据、交易数据进行分析,是以定量方法进行投资的各种技术综合。其主要的步骤可表示如下:

■ 量化投资一般步骤
- 数据化>预测模型>构建组合>再平衡

■ 数据化
- 主要任务是把不可观测的变量数据化,例如风险、情绪等

■ 预测模型
- 选择合适的模型预测收益与风险

■ 构建组合
- 根据预测结果按照规则选择对象构建组合

■ 再平衡
- 定期或者不定期进行再平衡,可以提高投资收益

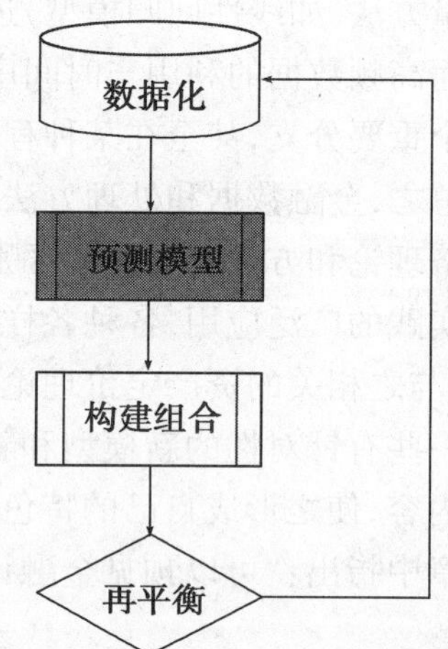

图 1-1 量化投资的一般步骤

量化投资的主要特点是将定性研究的理论通过数量模型演绎出来,借助电脑强大的信息处理的能力,极大地减少投资者情绪波动的影响,避免在市场极度狂热或悲观的情况下做出非理性的投资决策。由于借助量化模型,定量投资能够避免基金经理情绪、偏好等对投资组合和投资策略的干扰。

数量化投资技术发源于 20 世纪 70 年代,以 1971 年富国银行发行跟踪纽约证券交易所 1500 只股票的指数基金为标志,此后随着计算机处理能力的提高,越来越多的物理学家和数学家离开学校被华尔街雇佣,基金经理们开始依靠电脑来筛选股票。1979 年巴克莱全球投资(Barclays Global Investor) 成立了第一支主动数量(Quantitative & Active)投资基金。受益于计算机技术和市场数据供应的完善,进入 21 世纪后,这一投资方式开始飞跃成长。根据 Bloomberg 的数据,截至 2008 年底,1184 只数量化基金管理的

总资产高达1848亿美元,相比1998年21只数量化基金管理的80亿美元资产来说,平均增长速度高达20%,而同期非数量化基金的年增长速度仅为8%。目前,量化投资已成为国际资本市场上的主流交易工具。统计显示,美国资本市场上的量化投资已占到73%以上。数量化投资理念成就了一大批数量化基金经理,詹姆斯·西蒙斯是量化投资的传奇人物。他所管理的大奖章基金对冲基金(Medallion),从1989年到2008年的20年间,平均年收益率达到了35%,净回报率超过股神巴菲特。在1998年俄罗斯债券危机、2001年高科技股泡沫危机以及2007年的次贷危机中,许多对冲基金经理都走向衰落,但西蒙斯管理的大奖章基金却在几次金融危机中都表现优异。特别是在次贷危机全面爆发的2007年,该基金的回报率仍高达85%。西蒙斯也因此被誉为"最赚钱基金经理"、"最聪明亿万富翁"。与巴菲特的"价值投资"不同,西蒙斯依靠数学模型和计算机管理着自己旗下的巨额基金,他称自己为"模型先生"。针对不同市场设计数量化的投资管理模型,以电脑运算为主导,并在全球各种市场上捕捉交易机会,正是这位超级投资者成功的秘诀。

数量化基金的兴起,建立在数量化投资技术的发展之上。在20世纪80年代,大量复杂模型得以发展,这包括:混沌理论(chaos theory)、分形(fractals)、多维分形(multi-fractals)、适应过程(adaptive programming)、学习理论(learning theory)、复杂性理论(complexity theory)、复杂非线性随机理论(complex nonlinear stochastic models)、数据挖掘(data mining)和智能技术(artificial intelligence)。然而,回归分析(regression analysis)和动量模型(momentum modeling)仍然是被调查者使用最广泛的数量化投资方式。依据的各类主要量化技术的分布情况如下图所示。

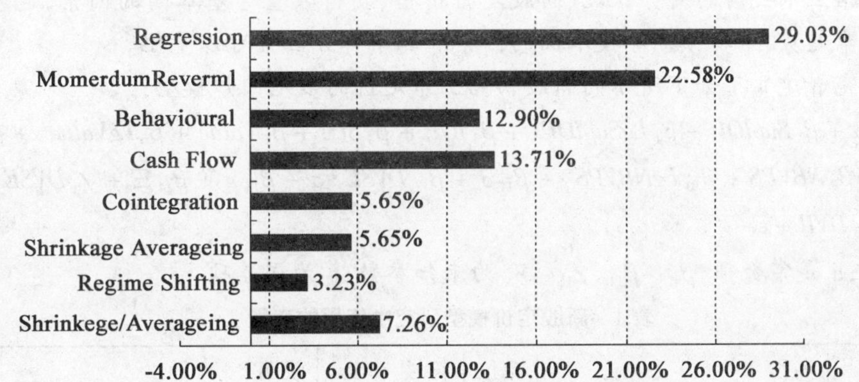

图1-2 主要量化投资技术的占比情况

数据来源:"quantitative fund management",2008;调查所涉及基金124只。

国内量化基金起步于2004年,光大保德信量化核心基金是国内首只在契约中强调以量化方法进行投资实践的公募基金产品。此后,上投摩根公司在2005年发行了上投摩根阿尔法基金。2009年以来国内量化基金阵营扩张加速,嘉实、中海、华商、富国、长盛、长信、华富、大摩华鑫等均推出基于量化策略的基金。截止2012年3月,以基金的"投资目标"或"投资原则"中是否出现"量化"或"数量"两字为标准进行样本选择,结果共有 14 只量化基金，分别是：光大保德信核心、上投摩根阿尔法、国泰金鼎价值精选、嘉实量化阿尔法、中海量化策略、华商动态阿尔法、长盛量化红利策略、南方策略优化、华泰柏瑞量化先锋、长信量化先锋、华富量子生命力、大摩多因子策略、申万菱信量化小盘和诺安多策略。这些量化基金在契约中所设定的量化模型大多是基于线性回归的多因素模型，其所使用的变量包括公司财务指标、行业地位指标、市场面因素等等。

【拓展阅读】

新股上市首日定价预测模型及应用

我国证券发行市场与流通市场之间一贯存在着较大的价格差距，一级市场的股票发行价格与其上市之后的二级市场价格相比明显偏低。因此，对股票投资者来说，申购新股是一种风险较小而收益较高的重要投资手段。新股的上市价格将直接决定申购资金的收益率，同时它对于上市公司合理制定发行价格，证券主管机构有效监管证券市场、合理控制扩容速度都有着十分重要的意义。投资者若能准确地预测出新股上市的价位，就可以理性地控制自己对上市新股的投资行为，最大限度地规避市场风险。而就券商和机构投资者而言，由于资金量巨大，要求充分考虑资金的时间价值和机会成本，对新股上市价位的预测显得尤为重要。

新股的上市定价分别受到宏观、中观和微观因素的影响。具体地说，影响新股上市价格的因素主要有：政治因素、经济周期、通货膨胀、利率水平、财政金融政策、行业属性、行业生命周期、上市公司本身的财务状况、市场大势、一级二级市场的资金供求情况等。既包括上市公司的财务状况、新股发行价格、发行数量等基本面的因素，也包括上市时的大市趋势、市场预期等技术面的因素。其中部分因素可以量化。

某研究者建立了如下所示的新股初始上市定价的多元回归模型：

$$P = \alpha + \beta_1 SupIOP + \beta_1 LgSupIOP^2 + \beta_3 IOP + \beta_4 Size + \beta_5 Value + \beta_6 LgValue^2 + \beta_7 N + \beta_8 LgBE + \beta_9 NBVPS + \beta_{10} LgNBVPS^2 + \beta_{11}\sigma + \beta_{12} DVSE\cdot\sigma + \beta_{13} g + \beta_{14}\Xi + \gamma_1 DVSE + \gamma_2 I(Z_M) + \gamma_3 DVII + \varepsilon$$

式中：α 是常数项；$\beta_1 \sim \beta_{14}$、$\gamma_1 \sim \gamma_3$ 为未知参数；ε 为误差项

表 1　新股定价模型研究中使用的变量

类型	名称	单位	符号	说明
被解释变量	收盘价	元	P	指新股初始上市日的收盘价
解释变量	询价区间上限	元	SupIOP	指询价对象网下配售时所确定的有效报价区间上限
解释变量	询价区间上限平方的常用对数	无	$LgSupIOP^2$	指对询价区间上限的数值平方后取常用对数
解释变量	初始发行价格	元	IOP	反映新股发行定价情况
解释变量	公众发行规模	无	Size	反映新股发行时规模大小

（续表）

类型	名称	单位	符号	说明
解释变量	公开发行市值	元	Value	该项是个交互作用变量，是 IOP 与 Size 的乘积
解释变量	公开发行市值平方的常用对数	无	$LgValue^2$	指公开发行市值的数值平方后取常用对数
解释变量	同日上市公司数量	无	N	指同一天初始上市交易新股公司的数量
解释变量	“流行效应”的常用对数	无	LgBE	新股 IPO 所带来的“流行效应”，即社会公众投资者对新股超额认购倍数
解释变量	每股账面价值	元/股	NBVPS	指新股发行后公司每股账面价值
解释变量	每股账面价值平方的常用对数	无	$LgNBVPS^2$	指每股账面价值的数值平方后取常用对数
解释变量	同日同批初始上市交易新股排秩序数	无	σ	它是全流通下恢复 IPO 以来同日初始上市交易新股排秩序数的趋势变量
解释变量	DVSE 和 σ 的交互作用	无	$DVSE\cdot\sigma$	
解释变量	净利润增长率	无	g	指发行前公司最近一个财政年度净利润增长率
解释变量	发行量和发行前总股本的比率	无	Ξ	反映新股上市后，主力对股票操纵的难易程度
虚拟变量	新股发行上市地点	无	DVSE	若新股在上证所发行上市取值为 1；否则取值为 0
虚拟变量	市场均值的示性类标准化位置	无	I(ZM)	若 DVSE = 1 为上证 A 股标准位置；若 DVSE = 0 则为中小板指标准位置
虚拟变量	新股公司是否属于信息技术行业	无	DVII	若新股属于信息技术行业取值为 1；否则取值为 0

回归结果为：

$$\hat{P} = 15.39 + 9.83I(Z_M) + 1.4SupIOP + 1.74IOP + 7.09DVII + 0.05Size - 1.65N - 12.6LgSupIOP^2 + 4.3LgBE - 4.8NBVPS - 0.01Value - 0.18\sigma + 17.8LgNBVPS^2 - 0.09(DVSE\cdot\sigma) + 1.82g + 6.92\Xi - 1.44LgValue^2$$

$$MR = 0.93\bar{R}^2 = 0.85F_{[5\%(16,135)]} = 54.05SignificaneF = 1.4E - 50DW = 1.71$$

利用上述模型，对中海油服这支新股的初始上市期望定价进行预测，其预测值为 36.48 元；而该股票上市首日的实际表现为：开盘 35 元，最高 41.5 元，最低 33.1，收盘 39.9 元。可见，该模型可以比较准确地对新股上市的初始定价进行预测。

二、数量金融师与数量金融证书

在金融市场上从事量化投资研究与实践的专业人才被称之为数量金融师（Financial Quant），简称为 Quant，其主要工作就是利用计算机编程，设计并实现金融数学模型，包括衍生产品定价、风险估价或预测资产价格变化和市场行为等等。2007 年，美国著名的数量金融学家伊曼纽尔·德曼出版了其自传《宽客人生》（《My Life as a Quant》），描述了如何从一个物理学家转变为华尔街的数量金融大师。他在该书中这样描写“宽客”（Quant）——受过严格科学训练的数量金融师——正是这些模型的创建者，他们是华尔街舞台上未来的明星。随着 2010 年融资融券、股指期货的相继推出，中国资本市场上宽客的身影也日渐活跃。

数量金融师证书（Certificate in Quantitative Finance，CQF）由牛津大学博士、英国皇家科学院研究学者、对冲基金创始人 PaulWilmott 等组成的国际知名的数量金融专家团队设计推出，在国际上赢得了一致认可和高度赞誉，是目前世界上最权威的数量金融方面的资格认证体系。CQF 总部设在英国伦敦金融城，在美国纽约、中国北京等已分别设立培训中心（http://www.cqf.com/）。

【拓展阅读】

数理金融工程师资格认证 CQF（Certificate in Quantitative Finance）的主要参考书

以下为主要参考书书名的中英文对照表，在表中，很多书尚未在国内翻译出版。

英文书名	中文翻译
Paul Wilmott Introduces Quantitative Finance	Paul Wilmott 数量金融引论
Paul Wilmott On Quantitative Finance	Paul Wilmott 数量金融
FAQs in Quantitative Finance	数量金融常见问题与解答
Advanced Modelling in Finance Using Excel and VBA	Excel 与 VBA 高级金融建模
Derivatives: Models on Models	衍生品：模型上的模型
The Complete Guide to Option Pricing Formulas	期权定价公式指南大全
Monte Carlo Methods in Finance	金融中的蒙特卡罗方法

【本章小结】

1.金融计量学从广义上可扩展为数量金融学或定量金融学（quantitative finance），除了包括金融计量技术之外，还包括了金融计算技术及其相关的应用。

2.而狭义的金融计量学则主要是计量经济学中的方法和技术在金融领域中的应用。

3.近些年来盛行的量化投资策略，显示出金融计量技术在投资实践中的广泛应用。

【复习思考题】

以下为数量金融师证书发起人 Paul Wilmott 与 Emanuel Derman 在 2009 年提出的“数量金融师宣言”。

前言

一个幽灵,流动性困境的幽灵,贷款冻结的幽灵,失败的金融模型的幽灵在市场游荡。

2007 年次贷危机以来,金融市场形势急转直下。市场剧烈震荡,危机四起,前所未有的不景气之风不断蔓延(谁又能事前预测到对国债的互换利差竟会变成负数?)以往的估价模型已经越来越难以令人信服,把失败归咎于百年难遇的金融海啸的风险管理者早已无迹可寻。

为此,我们集聚纽约,就此宣言。

宣言

在金融中,我们研究如何管理资金,从简单的证券例如美元日元、股票债券,到复杂的期货期权、次级抵押债务债券(subprime CDOs)、信用违约互换(CDS)。我们建立金融模型以评估证券价值及其风险,研究如何进行风险控制。那么,金融模型是如何评估证券价值的呢?这些模型为何应用于次级抵押债务债券却一败涂地呢?

物理由于能成功预测物体的未来运动趋势,而成为大多数金融建模的灵感之源。物理学家通过重复相同实验研究世界,探索力及其背后迷幻的数学原理。伽利略在比萨斜塔做自由落体试验,众多科学家团队在日内瓦反复调试质子对撞。一旦提出科学假设,试验结果与假设相矛盾,就只能从头再来。这种方法卓有成效,原子物理学领域发现的规律使原子测量精准到 10 位小数之后。

然而金融和经济与物理是有差异的,金融和经济关注的是货币价值。金融理论竭力仿效物理学方法来建立自身原理。但是市场是由人组成的,人受种种事件的影响而变化,由于对事件的感性认识和对他人感受的预期而改变。事实上并没有金融原理这一说,即使有,也不可能以重复试验的方式进行验证。

CDO 模型最能反映这一问题。CDO 的众多研究论文运用抽象概率理论来探寻上千种抵押贷款价格的互动走势。数目庞大的各种抵押贷款之间的关系复杂难辨。建模者需要在创建令人眼花缭乱的理论基础上,赋予其实用性。他们将模型内所有未知因素一扫而光,所剩无几的参数中,只留下了一个简单的数字即违约相关性。从真实到荒谬,当交易员向模型中输入一个小小的参数时便除去了所有的不确定因素,计算出 CDO 的价值。这种对于概率和统计的过度依赖是一个严重短板。统计学只能进行简单描述,完全不同于物理学中更深层次的因果理论,因而也无法轻易得知违约的复杂原因。

模型实际上是为粗略参考服务的工具,它将人对未来的感性认识转换为今天的某种证券价格。感性地预测未来房价、违约率及违约相关性比 CDO 更容易。CDO 模型把对未来房价的预测、抵押违约率及过分简单化的违约相关预测输入模型,得出 CDO 价格。

我们需要模型和数学,没有模型和数学的日子是无法想象的。但是模型绝不意味着全世界。无论何时,只要我们在建模时涉及人为因素,我们就像在试图给灰姑娘丑陋的姐姐穿灰姑娘的水晶鞋,不放弃某些部分是无法合脚的。但出于美和准确而考虑放弃一部分的话,模型又无可避免地隐藏起真正的风险,而不是公布于世。金融模型最重要的在于能错到几何,以及在各种假设之外的实用程度。我们要从模型出发,借鉴常识和经验。

建立金融模型是极具挑战的,但却是值得的:在寻找市场和证券行为大致模式中,需要定性分析与定量分析的融合,想象与观察的融合,艺术与科学的融合。最大的危险莫过于老生常谈的盲目崇拜了。金融市场是动态的。而一种模型,无论多么精妙,都不过是一种人造物。无论多努力,你无法赋之生命。用模型混淆世界就是拥抱一场未来的灾难,这场灾难是由人类遵从数学原理这一理念造成的。

为此,提出以下誓言:

1.我将牢记我并未创造世界,而且这个条件无法满足我的方程式;

2.虽然我将大胆使用模型来估算价值,但不会过分倚重于数量分析;

3.我将永远不会为了追求理论的精辟而不惜忽视现实,除非能够合理解释这样做的原因。我也不会让使用我创建的模型的人们对其精准性产生质疑。相反,我将明确指出模型中的假设条件和忽略因素;

4.我明白我的工作可能将会对社会和经济产生巨大影响,其中的许多影响超出了我的认知范畴。

– Emanuel Derman ,Paul Wilmott – January 7 2009

通过阅读以上文字,讨论如何理解计量模型在金融实践中的应用?

CHAPTER 2　第二章

概率论与统计基础

【学习目标】

理解描述随机变量统计特征的重要指标及其在金融理论与实证中的应用;掌握重要统计分布的特征;理解假设检验的过程与原理;掌握用 Eviews 计量软件分析序列的统计特征及对正态性的检验。

【重要概念】

随机变量的主要统计特征　正态概率分布　t 分布

概率论与统计知识是金融计量学的基础,是金融计量学家依据数据进行推断的主要依据。对概率论与统计基本概念的清晰理解有助于更加深入地学习与应用复杂的计量工具。本书将以一章的篇幅对有关概率与统计的重要概念和原理进行复习和回顾,并结合实例说明这些概念在金融市场理论中的应用。

第一节　随机变量的统计特征

为了描述和研究某些金融指标的统计性质,可以将该指标看作随机变量。例如,在实际经济生活中,受宏观经济因素及市场力量的影响,金融资产价格乃至金融投资的收益率具有不确定性。针对不同的金融投资,价格或收益率的变化特征及决定因素是分析师和投资经理进行投资决策的最基本的考虑方面,也成为现代财务与金融市场理论中极为重要的研究内容。而金融资产的价格或收益率具有不确定性这一特征使得我们可以将其看作随机变量,进而借助统计学及计量经济学的方法加以研究。为此,本节对随机变量的基本概念及主要统计特征加以介绍。

一、总体、样本和随机变量

从统计理论上讲,研究对象的全体称为总体。从总体中抽出若干个体组成的集体称为样本。作为观察者,我们对总体的状况往往是不了解的,所能做到的只是对总体进行随机抽样,从而获得一组样本,再通过对这组样本的研究,估计总体的各种属性。

根据概率的不同而取不同数值的变量,叫做随机变量(Random Variable)。按其取值情况可以把随机变量分为两类:离散型随机变量和连续型随机变量。若随机变量 X 只取有限个特定值,且 X 以确定的概率取到这些值,则称 X 为离散型随机变量。而连续型随机变量的取值则可以是整个数轴或数轴上某个区间内的任意值。随机变量 X 所取的一列值及其相应的概率称作概率分布 f(x)。通常用大写字母,如 X、Z 等代表随机变量;而用小写字母 x、z 表示随机变量 X、Z 等的数值。

对于离散型随机变量,可将其所有可能取值及相应概率列成如下所示的概率分布表。

表 2-1

X	x_1	x_2	……	x_i	……
概率 p	p_1	p_2	……	p_i	……

同时,X 的概率分布情况也可用一系列等式表示:

$$P(X \mid X = X_i) = p_i \quad (i=1,2,\cdots\cdots) \tag{2-1}$$

其涵义为随机变量 X 取 x_i 的概率为 p_i (i=1,2,……)。

由于在实际应用中很难获知随机变量每一个取值的概率,故通常用直方图来描述观察值分布的范围及频数。典型的做法是将所有观察值按数据最大值与最小值之间的距离分成相等的区间,表示在二维空间的横轴上;用纵轴表示落在每个区间内的观测值个数。如图 2-1。这样落在某个区间内的观测值个数越多,反映出随机变量落在这一区间内的概率越大。因此直方图可近似反映出离散型随机变量的概率分布。

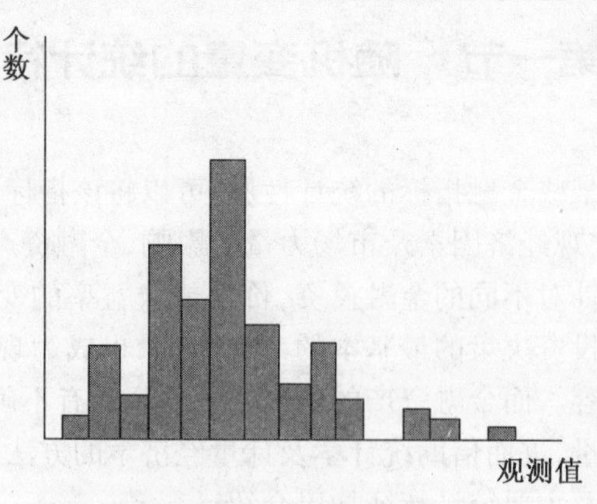

图 2-1 直方图

若X为连续型随机变量,则用概率密度函数f(x)表示其概率分布,f(x)满足:

$P(X \mid a \le X \le b) = \int_a^b f(x)\,dx$,表示X取值在区间[a,b]内的概率为曲线f(x)下的面积。$\int_{-\infty}^{+\infty} f(x)\,dx = 1$,说明X所有可能取值的概率之和为1。对应的图示为:

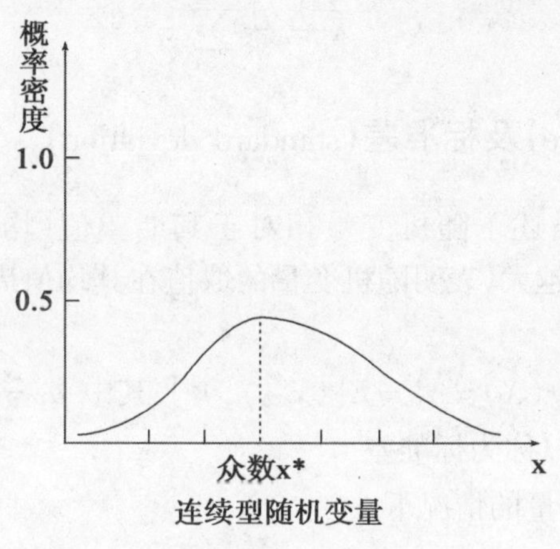

图2-2

使概率密度函数f(x)取最大值时的变量x^*称之为众数。随机变量X小于或等于x的概率记为F(x),F(x)称为累积分布函数,显然有:

$$F(x) = P(X \mid X \le x) = \int_{-\infty}^{x} f(x)\,dx \tag{2-2}$$

随机变量X在某个区间[a,b]上取值的概率$P(X \mid a \le X \le b)$也可表示为F(b)-F(a)。可见若已知X的概率密度函数或累积分布函数,就可知道其在任一区间取值的概率,所以概率密度函数及累积分布函数较完整地描述了随机变量的变化情况。根据概率密度函数形式的不同,有几种常用的概率分布,如正态分布、χ^2分布、t分布、F分布、二项式分布等等。在具体介绍这些概率分布的形式之前,我们需要了解描述随机变量的一些重要的统计指标。这些统计指标有的是概率密度函数公式的参数,有的可以用来间接判断随机变量是否服从某种形式的概率分布。

二、随机变量的数学期望

若X为离散型随机变量,有n个不同的可能取值$x_1, x_2, \cdots x_n$,而$p_1, p_2, \cdots p_n$是它们相应被取到的概率,则随机变量X的期望值或均值是所有可能结果的一个加权平均值,表示为:

$$E(X) = \mu_x = p_1 x_1 + p_2 x_2 + \cdots + p_n x_n = \sum_{i=1}^{n} p_i x_i \tag{2-3}$$

相应地,若X为连续型随机变量,则其期望值被定义为:

$$E(X) = \mu_x = \int_{-\infty}^{+\infty} x f(x)\,dx \tag{2-4}$$

其中 $f(x)$ 为概率密度函数。

数学期望是用来描述随机变量取值的一般水平。在实际应用中,常常只能得到随机变量 X 的一组观察值(称之为样本),如 $x_1, x_2, \cdots x_n$,而无法得到每种取值的概率,在这种情况下,可用样本平均数 $\bar{X}$ 来描述该样本的一般水平。

$$\bar{X} = \frac{1}{n}\sum_{i=1}^{n} x_i \quad (2-5)$$

三、方差(Variance)及标准差(standard deviation)

随机变量的方差描述了随机变量相对于其期望值(均值)的偏差程度,记作 $Var(X)$,或 σ_x^2。这种偏差越大,表明随机变量的取值在其均值周围的分布越分散。其定义公式是:

$$Var(X) = \sigma_x^2 = E[(x-\mu_x)^2], \text{其中 } \mu_x = E(X) \quad (2-6)$$

方差的正平方根 σ_x 称为标准差。

X 为离散型随机变量的情况下,

$$Var(X) = \sigma_x^2 = E[(x-\mu_x)^2] = \sum_{i=1}^{n} p_i[x_i-\mu_x]^2 \quad (2-7)$$

X 为连续型随机变量的情况下,

$$Var(X) = \sigma_x^2 = \int_{-\infty}^{+\infty} [x-\mu_x]^2 f(x)\,dx \quad (2-8)$$

相应地,对于样本 $(x_1, x_2, \cdots x_n)$,称

$$\hat{\sigma}^2 = \frac{1}{n-1}\sum_{i=1}^{n}(x_i-\bar{x})^2 \quad (2-9)$$

以及 $\hat{\sigma} = \sqrt{\frac{1}{n-1}\sum_{i=1}^{n}(x_i-\bar{x})^2}$ 为样本方差和样本标准差。

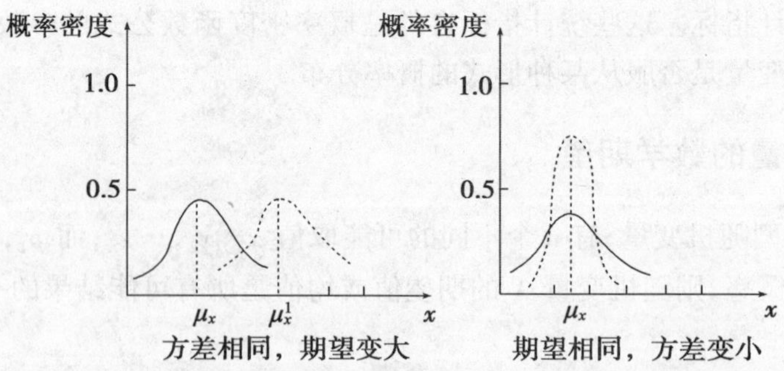

图 2-3

可见,方差描述随机变量的离散程度,而期望(均值)描述随机变量的一般水平。

[案例] 股票收益率和风险的度量

在不确定的经济条件下,收益率的决定及其变化规律是理论界和实务界十分关注

的问题。收益率有两种计算方法:百分比收益率和对数收益率。

用百分比形式表示第 t 时期内的持有期收益率,可定义如下:

$$R_t = (P_t - P_{t-1} + D_t)/P_{t-1} \tag{2-10}$$

下图显示时刻与时期的关系。

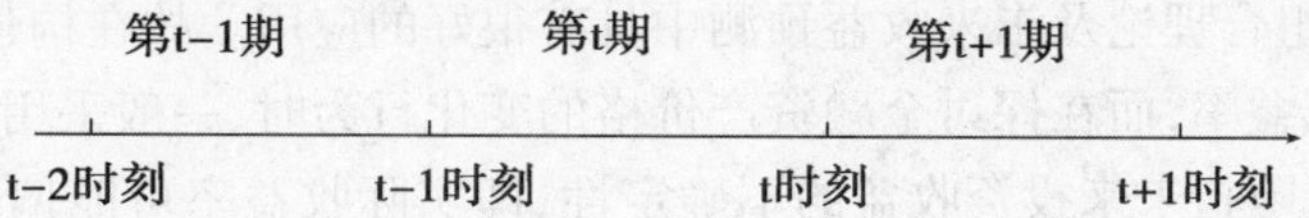

图 2-4

其中,P_t = t 时刻金融资产的价格

P_{t-1} = t-1 时刻金融资产的价格

D_t = 第 t 时期内得到的现金分配

在不考虑红利分配的情况下,

$$R_t = (P_t - P_{t-1})/P_{t-1} \tag{2-11}$$

把这一定义推广,即可以得出从 t-k 时刻至 t 时刻,共 k 期的多期收益率 $R_t(k)$ 的定义:

$$R_t(k) = (P_t - P_{t-k})/P_{t-k} \tag{2-12}$$

单期收益率与多期收益率之间的关系是连乘关系。如下面的公式所示:

$$1 + R_t(k) = (1 + R_t)\cdot(1 + R_{t-1})\cdots(1 + R_{t-k+1})$$

$$= \frac{P_t}{P_{t-1}}\cdot\frac{P_{t-1}}{P_{t-2}}\cdot\frac{P_{t-2}}{P_{t-3}}\cdots\frac{P_{t-k+1}}{P_{t-k}} = \frac{P_t}{P_{t-k}} \tag{2-13}$$

对数收益率,是持有期收益率的另外一种表现形式,其定义如下:

$$r_t = LnP_t - LnP_{t-1} = Ln(1 + R_t) \tag{2-14}$$

根据数学知识,当 x 为一较小值时,$Ln(1 + x) \approx x$。故

$$r_t = LnP_t - LnP_{t-1} = Ln[1 + (P_t - P_{t-1})/P_{t-1}] \approx (P_t - P_{t-1})/P_{t-1} = R_t$$

即在股价变化幅度较小的情况下,如不超过(-15%,+15%)的范围内,对数收益率 r_t 可近似于百分比收益率 R_t。这一条件在研究日收益率、周收益率等数据时,通常满足。

从 t-k 时刻至 t 时刻,共 k 期的多期收益率用对数形式表达为:

$$r_t(k) = LnP_t - LnP_{t-k} = Ln(1 + R_t(k)) = Ln((1 + R_t)\cdot(1 + R_{t-1})\cdots(1 + R_{t-k+1}))$$

$$= Ln(1 + R_t) + Ln(1 + R_{t-1}) + \cdots + Ln(1 + R_{t-k+1})$$

$$= r_t + r_{t-1} + \cdots + r_{t-k+1} \tag{2-15}$$

可见,对于对数形式的收益率,单期收益率与多期收益率之间的关系是连加关系。对数收益率广泛应用于收益率的分析和建模等实证研究中。其原因:一是许多计量方法均假设随机变量服从正态分布。而对数收益率与百分比收益率相比,往往更接近正态分布。而且由于 n 个服从正态分布的变量之和仍服从正态分布,但 n 个正态分布的乘积却非正态分布变量。因此，对于百分比收益率来说，即使假设其单期收益率服从正态分布，多期收益率不可能服从正态分布。但在对数收益率的前提下，多期复利也可以符合正态分布。其次，对数收益率序列是价格序列的对数差分形式，这一关系在后面讲到的时间序列平稳性的检验方面也较易处理。当然，百分比收益率比较直观且易于计算，因此在资产组合理论及未来收益预测中具有很好的应用。故在构建投资组合中，一般采用百分比收益率，而在探讨金融资产价格的变化行为时，一般采用对数收益率。

股票投资风险指未来投资收益的不确定性，即实际收益率可能偏离期望收益率的幅度。1952 年马科威茨(Markovitz)在其发表的《资产组合选择》一文中，将股票收益率 R_j 作为一个随机变量，用随机变量的数学期望值来表示在一定时期内该种股票的平均收益水平，而用随机变量的标准差(即实际收益率与期望值的偏离程度)来表示其风险水平。因此，对于单种股票 j 有：

期望收益率 $E(R_j) = \sum H_t \cdot R_{jt}$ (2-16)

其中 H_t 为收益率为 R_{jt} 时的概率

风险水平，即随机变量 R_j 的标准差为：

$$\sigma_j = [\sum (H_t \cdot (R_{jt} - E(R_j))^2]^{\frac{1}{2}} \tag{2-17}$$

在实际应用中，由于我们无法事先知道该种证券 j 收益率为 R_{jt} 时的概率 H_t，只知道 R_j 的许多观察值 $R_{j1}, R_{j2}, \cdots\cdots R_{jn}$，因此对于 T 个研究周期内的收益率 R_{jt} (t = 1, 2, ⋯ T)，用其样本均值来表示其总体收益水平，即：

$$\bar{R}_j = \frac{1}{T}\sum_{t=1}^{T} R_{jt} \tag{2-18}$$

而用样本标准差

$$\sigma_j = [\frac{1}{T-1}\sum_{t=1}^{T}(R_{jt} - \bar{R}_j)^2]^{\frac{1}{2}} \tag{2-19}$$

来表示其风险水平。

【拓展阅读】

中国股市收益率和风险的基本统计

关于中国股市收益率和风险的情况，顾岚等[①] 选择了在深圳证券交易所和上海证券交易所上市的各 15 只有代表性的股票作为样本，计算了它们在 1993 年 1 月 1 日至 1999 年 1 月 6 日之间的日收益率，并且将整个研究期分成三个时间段：第一阶段：1993 年 1 月 3 日—1994 年 12 月 31 日——实行 T+0 交收制度；第二阶段：1995 年 1 月 1 日—1996 年 12 月 15 日——实行 T+1 交收制度；第三阶段：1996 年 12 月 15 日—1999 年 1 月 6 日——实行涨跌停板限价交易，来考察沪深两市的区别及交易制度变化对市场平

① 顾岚、孙立娟和薛继锐，《中国股市的基本统计分析》，《数理统计与管理》2001 年第 1 期。

均收益和风险的影响，得到了一些有趣的结论。

例如：计算沪深两市所选样本中各只股票在整个研究期内日收益率的均值，取值的分布情况如表 2－2。表中的数据表示收益率落在相应区间内的个股数占所选股票总数的比例。

表 2－2

收益率取值的分布区间	＜－0.02	－0.02～0	0～0.02	0.02～0.04	＞0.04
深市	1.9%	26.9%	65.4%	5.8%	0
沪市	1.6%	46.8%	50%	1.6%	0

从上表中看到，沪深两市全时段均有超过 90% 的上市公司日收益率的均值在－0.02%－0.02%之间。深市日收益率均值为正的个股比沪市偏多，说明深市的收益状况略好。

以沪市为例，考虑个股日收益率标准差分布情况受交易制度的影响。

表 2－3

标准差取值的分布区间	0.00～0.02	0.02～0.03	0.03～0.04	0.04～0.05	0.05～0.06	＞0.06
实行 T+0 交收制度时	0	0	0	29.6%	57.4%	13%
实行 T+1 交收制度时	0	1.7%	81.7%	16.7%	0	0

从上表中可见，在实行 T+0 的第一阶段，沪市的波动幅度较大，标准差在 0.04%－0.06%之间的个股占样本总数的 87%；实行 T+1 交收制度后，个股波动幅度明显减小，标准差在 0.04%－0.06%之间的个股只占样本总数的 16.7%，其余个股的标准差降低到 0.04%以下。结果表明，T+0 交收制度有加剧市场振荡、助涨助跌的缺陷，助长了整个市场的风险；实行 T+1 交收制度，一定程度上抑制了股市的过度投机，市场的整体风险明显减小。

四、偏度(Skewness)

其定义公式为 $E[(x-\mu_x)^3]$，又称为三阶矩，用于衡量随机变量的概率分布是否围绕其均值对称。当概率分布围绕均值 μ_x 对称时，对于其概率密度函数 $f(x)$，应有 $f(\mu_x-x)=f(\mu_x+x)$，即如下图。

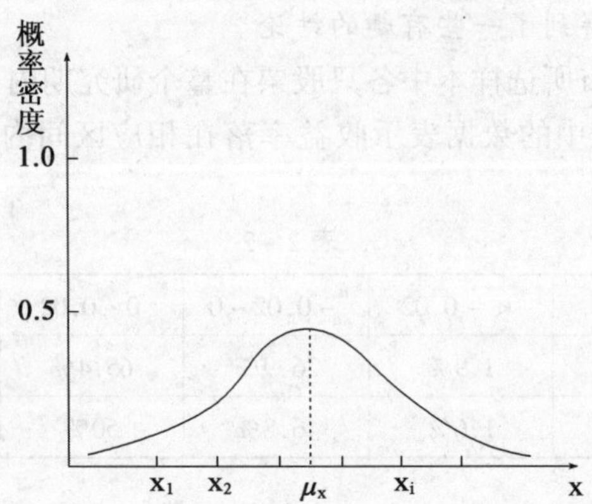

图 2-5 偏态为 0 时的概率密度函数

此时，偏度 $E[(x-\mu_x)^3]=0$。

而若随机变量 X 的少数取值远远大于均值 μ_x，使概率密度曲线右侧尾部拖得很长，则称概率分布呈现为正偏态，此时偏度 $E[(x-\mu_x)^3]>0$；反之，若少数变量值很小，使曲线左侧尾部拖得很长，则称负偏态。如图 2-6。

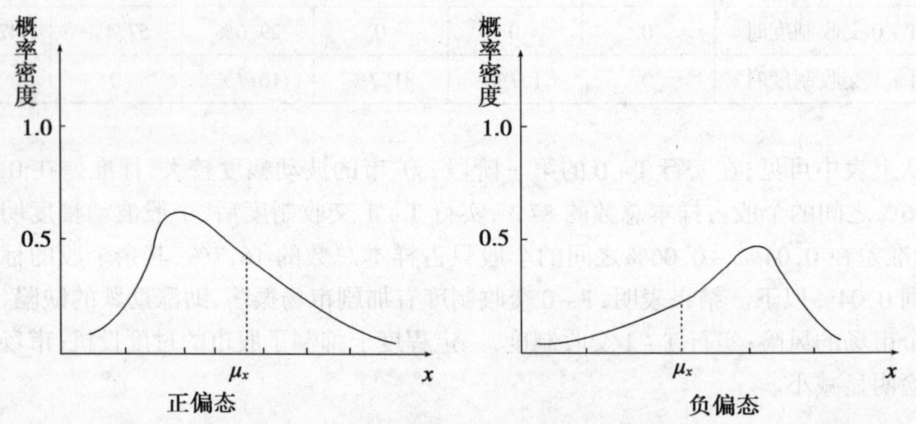

图 2-6 正偏态和负偏态的概率密度函数

对概率分布的对称性通常用偏度系数 S 来表示。其定义式为：

$$偏度系数\ S=\frac{E[(x-\mu_x)^3]}{\sigma^3}$$

其中，σ 为变量的标准差。

对于离散型随机变量 X 的一系列观察值($x_1,x_2,\cdots x_n$)组成的样本，其偏态系数 S 的计算方法是：

$$S=\frac{1}{n}\sum\frac{(x_i-\bar{x})^3}{\hat{\sigma}^3} \tag{2-20}$$

如果序列的分布是对称的，S 值为 0；正的 S 值意味着序列分布有长的右拖尾，负的

S值意味着序列分布有长的左拖尾。这可以通过前面讲的直方图得到近似反映。如下图所示的样本分布呈右偏态。

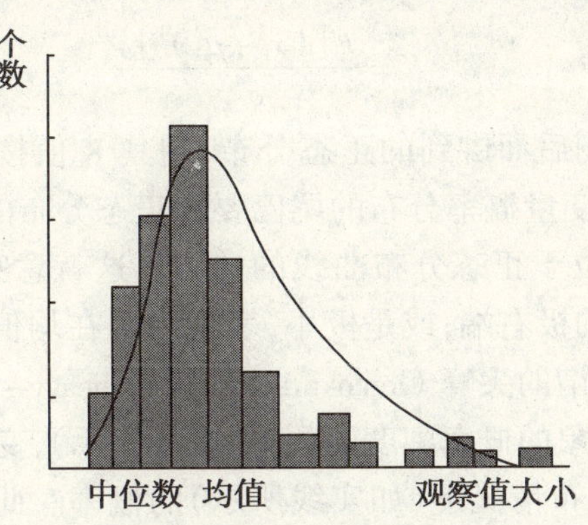

图 2-7　右偏态下的直方图

判断离散型随机变量的分布是否对称的一种粗略方法是对其中位数(Median)和均值的大小进行比较。所谓中位数,是对一系列观察值从小到大排列时,位于中间位置(而不是中间大小)的数据点。对于观测值个数为偶数的情况,中位数一般是两个中间数据的平均值。中位数的作用与算术平均数相近,也是作为所研究数据的代表值。在一个等差数列或一个正态分布数列中,中位数就等于算术平均数。但是当数列中出现了极端变量值的情况下,用中位数作为代表值要比用算术平均数更好,因为中位数不受极端变量值的影响;如果研究目的就是为了反映中间水平,当然也应该用中位数。显然,从直方图上可见,若序列基本上关于其均值呈对称分布,则中位数的数值应接近均值;而序列分布出现较长的右尾巴时,意味着有少数数据点远远游离在大多数点的右侧,均值受这些点的影响也将会偏向右侧,而中位数受到的影响将会较小,结果是均值在中位数的右侧,或者说,中位数会显著低于均值,如图 2-7 所示;若序列分布出现较长的左尾巴,均值受到异常点的影响而偏左的幅度要大于中位数受到的影响,故中位数会显著高于均值。可见,在统计数据的处理和分析时,可结合使用中位数。

关于收益率变量是否呈对称分布的实证研究对于现代金融理论有着深刻含意。比如,在资产组合理论和 CAPM 中,通常用方差来度量风险,这就意味着投资者对股价向上与向下的波动是同等看待的,而如果收益率分布是非对称的,就从数据上否定了这一基本假设。

五、峰度(Kurtosis)

这一统计指标反映随机变量概率密度函数尾巴的厚度(或称之为宽度)。通常用于判断某个随机变量的概率分布是否呈正态分布。由于许多计量方法有效的前提是所研究的变量服从正态分布,因此对随机变量是否服从正态分布的检验具有十分重要的意义。

峰度的定义公式为 $E[(x-\mu_x)^4]$，又称为四阶矩。

峰度系数则是在峰度的基础上进行标准化，计算式为：

$$K=\frac{E[(x-\mu_x)^4]}{\sigma^4} \tag{2-21}$$

若随机变量服从我们后面讲到的正态分布，则其 K 值接近 3。而若随机变量的 K 值显著大于 3，意味着该变量概率分布的尾巴要比正态分布的尾巴厚，其分布密度曲线在距离均值较远的地方位于正态分布曲线的上方。这就意味着随机变量出现异常值（极大，表现为落在均值的极右端；或是极小，表现为落在均值的极左端）的概率要大于正态分布时的概率，即所谓的尖峰（leptokurtosis）厚尾（heavy－tailed）现象。如图 2－8 所示，对于具有尖峰厚尾现象的概率密度函数（如虚线所示），变量 X 大于某一极端值（如 x^*）的概率要大于正态分布情况下（如实线所示）的概率。此时可不严格地得出结论：该变量的概率分布不服从正态分布。

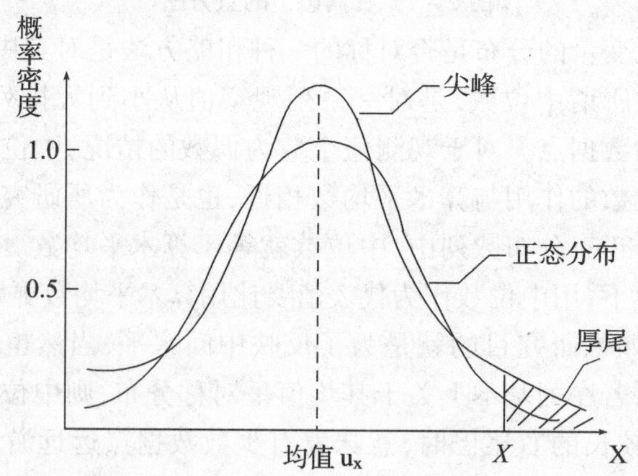

图 2－8　尖峰厚尾的分布与正态分布对比

另外，有些书上直接以正态分布的峰度为基准，将峰度系数定义为：

$$K=\frac{E[(x-\mu_x)^4]}{\sigma^4}-3 \tag{2-22}$$

在这种情况下，若峰度系数为正，表示该分布具有尖峰厚尾的特性；若峰度系数为负，则表示该分布具有低峰薄尾的特征。

对于离散型随机变量 X 的一系列观察值（$x_1, x_2, \cdots x_n$）组成的样本，其峰度系数，记为 K，计算公式是：

$$K=\frac{1}{n}\sum_{i=1}^{n}\left(\frac{x_i-\bar{x}}{\hat{\sigma}}\right)^4 \tag{2-23}$$

造成随机变量的概率分布呈现尖峰厚尾现象的主要原因是由于存在大幅偏离均值的异常值，且异常值成群出现。

六、协方差和相关系数

这两个指标用于研究多变量之间的关系。对于随机变量 X 和随机变量 Y 之间的协方差定义为：

$Cov(X,Y)=\sigma_{xy}=E[(X-E(X))(Y-E(Y))]$

对于两个随机变量 X 和 Y 的样本$(x_1,x_2,\cdots x_n)$，$(y_1,y_2,\cdots y_n)$，样本协方差表示为：

$$\hat{\sigma}_{xy}=\frac{1}{n-1}\sum_{i=1}^{n}(x_i-\bar{x})(y_i-\bar{y}) \tag{2-24}$$

协方差是 X 与 Y 之间线性相关关系的一个度量。如果两个变量总是同时大于或小于各自的均值，则协方差为正。若两者相对于各自的均值呈相反变化，如 Y 小于其均值时 X 大于其均值，或者 Y 大于其均值时 X 小于其均值，则协方差为负。协方差的值依赖于 X 和 Y 的度量单位。为了消除量纲的影响，经常用相关系数

$$\rho(X,Y)=\frac{Cov(X,Y)}{\sigma_X\sigma_Y} \tag{2-25}$$

来表示 X 和 Y 之间的相关关系。其中 σ_X 和 σ_Y 分别代表 X 和 Y 的标准差。

样本相关系数则可按下式计算：

$$r_{XY}=\frac{\sum_{i=1}^{n}(X_i-\bar{X})(Y_i-\bar{Y})}{\sqrt{\sum_{i=1}^{n}(X_i-\bar{X})^2\sum_{i=1}^{n}(Y_i-\bar{Y})^2}} \tag{2-26}$$

相关系数的取值在 -1 和 +1 之间。相关系数的绝对值越接近于 1，X 和 Y 之间的相互关联度就越强。但它无法表明是 Y 影响 X，还是 X 影响 Y，或者是 X 和 Y 相互影响，或者另外因素引起 X 和 Y 的共同变化。这些问题可以用后面讲到的线性回归及时间序列分析等方法来回答。

［案例］　资产组合收益和风险的度量

对于由多种证券组成的投资组合 P，其收益率 R_p 也是一个随机变量。假设一个投资组合由 m 种证券组成，其中证券 j 的收益率为 R_j，标准差为 σ_j，在资产总额中所占的比例权数为 w_j，则整个资产组合 P 的总体收益水平用其期望值表示为：

$$E(R_p)=\sum_{j=1}^{m}w_j\cdot R_j \tag{2-27}$$

其意义为：证券组合的预期收益率等于它所包括的各种证券预期收益率的加权平均数。

而对于证券投资组合 P 的风险水平 - 标准差 σ_j 的计算则比较复杂。由于投资组合内包括 m 种风险资产，每一种风险资产的收益率都是一个随机变量，当我们将 m 个随机变量组成的整体作为一个新的随机变量并研究其波动情况即方差的时候，就必须

不但要考虑每个随机变量的波动，还应该考虑任意两个随机变量(即组合内任意两种证券)之间的相关性。因此，用协方差来描述两个随机变量 R_i 与 R_j 之间的相关性：

$$\sigma_{ij} = Cov(R_i, R_j) = E[(R_i - \bar{R}_i)(R_j - \bar{R}_j)] \tag{2-28}$$

为了求得协方差 σ_{ij}，必须知道 R_i 和 R_j 的联合分布函数。但在许多实际应用中，我们并不知道分布函数是什么，所知道的仅是 R_i、R_j 的一组观察值(样本)R_{i1} 和 $R_{i2} \cdots R_{iT}$ 和 R_{j1}，$R_{j2} \cdots R_{jT}$，并由此求出样本协方差：

$$\hat{\sigma}_{ij} = \frac{1}{T-1}\sum_{t=1}^{T}[(R_{it} - \bar{R}_i)(R_{jt} - \bar{R}_j)] \tag{2-29}$$

其中，$\bar{R}_i$ 和 $\bar{R}_j$ 分别是 R_i 和 R_j 的样本均值。

若组合 P 内证券 S_1、S_2、$\cdots S_n$ 的标准差分别是 σ_1、σ_2、$\cdots \sigma_m$，且证券 S_i 和 S_j 的收益率之间的协方差为 σ_{ij}，其中，$\sigma_{ii} = \sigma_i^2$ 是方差，并且 $\sigma_{ij} = \sigma_{ji}$。证券 S_i 所占权重为 w_i，则可以证明，这一风险资产组合 p 的方差 σ_p^2 计算公式为：

$$\begin{aligned}\sigma_p^2 &= \sum_{i=1}^{m} w_i^2\sigma_i^2 + \sum_{i=1}^{m}\sum_{j\neq i}^{m} w_i w_j \sigma_{ij} \\ &= \sum_{i=1}^{m} w_i^2\sigma_i^2 + \sum_{i=1}^{m}\sum_{j\neq 1}^{m} w_i w_j \rho_{ij}\sigma_i\sigma_j\end{aligned} \tag{2-30}$$

式中第一项是各项资产自身方差项对组合方差的贡献，它反映了每一项资产本身的风险状况对资产组合的风险的影响。第二项是各项资产间的相互作用、相互影响，即协方差项对组合风险的贡献。ρ_{ij} 是第 i 项资产与第 j 项资产间的相关系数。可以证明，当投资组合中股票数目 $m \to \infty$ 时，各股票本身风险状况(公式 2-30 右边的第一项)对组合风险的影响会逐渐减少，及至最终消失。而第二项表示的股票间相互作用和相互影响，则会互相对冲抵消，但不会完全对冲抵消。其原因是：各项资产的收益变动存在同向性，即不同的资产会同时受到某些因素的同向影响，如整个经济形势和政治形势的变动等。由此我们可以把风险分成两部分：其中，某些不确定性因素对所有资产的收益都会产生影响，这类风险被称为系统风险或市场风险；而那些只影响某一具体证券的风险，如公司破产风险、违约风险等，则可以通过分散化投资降低以至于消除或抵消，这种风险被称为非系统风险或企业风险。

第二节　常用的概率分布

正如我们前面讲到的，如果一个随机变量的概率分布是已知的，那么这个随机变量主要的变化规律便是已知的。常用的概率分布有：

一、正态分布

若连续型随机变量 X 的概率密度函数具有如下形式：

$$f(x)=\frac{1}{\sqrt{2\pi}\sigma}e^{-(x-\mu)^2/(2\sigma^2)} \tag{2-31}$$

其中 μ 和 σ 分别为随机变量 X 的期望和标准差，则称 X 服从正态分布。由公式可见，已知期望和标准差，便可以完全确定正态分布的形式，因此，可将“随机变量 X 服从正态分布”直接简记为：$X \sim N(\mu,\sigma^2)$。

$\mu=0,\sigma=1$ 的正态分布，称之为标准正态分布，记作 N(0,1)。可以证明：如果随机变量 $X\sim N(\mu,\sigma^2)$，则变量 $z=\frac{x-\mu}{\sigma}\sim N(0,1)$，其概率密度函数的形式为：

$$f(z)=\frac{1}{\sqrt{2\pi}}e^{-z^2/2} \tag{2-32}$$

标准正态分布的概率密度函数关于均值(此时为 0)对称。形状大致如下：

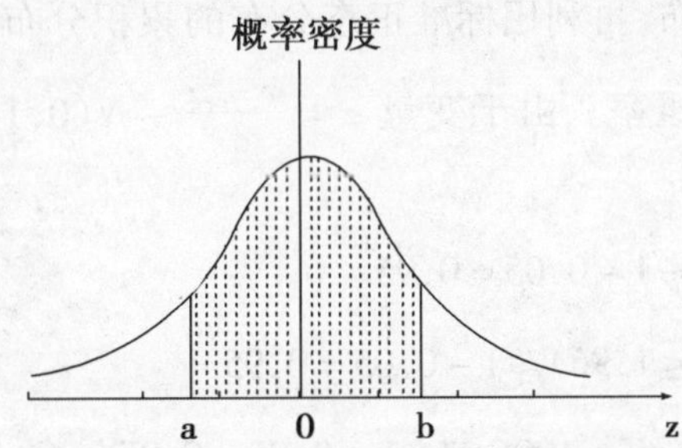

图 2-9　标准正态分布

相应可得到标准正态分布的累积分布函数：

$$F(z)=\int_{-\infty}^{z}f(z)\,dz=\int_{-\infty}^{z}\frac{1}{\sqrt{2\pi}}e^{-z^2/2}\,dz \tag{2-33}$$

这样，在随机变量 Z 服从标准正态分布的情况下，其取值 z 落在某个区间[a,b]内的概率为图 2-9 中从 a 到 b 间概率密度函数曲线下的面积，可直接由标准正态分布的累积分布函数计算而得，即：

$$P(a\le z\le b)=F(b)-F(a)$$

附表 1 所示的标准正态分布的累积分布函数表，直接给出了 z 大于某个数值 b 的概率，即 $P(z\ge b)$；相应地可计算出小于某个数值的概率，即 $P(z\le b)$。当然，数值 b 设定的不同，z 大于数值 b 或小于数值 b 的概率就不同。数值 b 可称为临界值。常用的有：

$$P(z\ge 1.96)\approx 0.025$$

或者，$P(z\le 1.96)\approx 1-0.025=0.975$。并可由此计算得：

$P(-1.96\le z\le 1.96)\approx 1-0.05=0.95$

即 z 落在区间[-1.96,1.96]间的概率是 0.95。由于标准正态分布的对称性，下图中概率密度函数包围的阴影部分的面积均为 0.025。

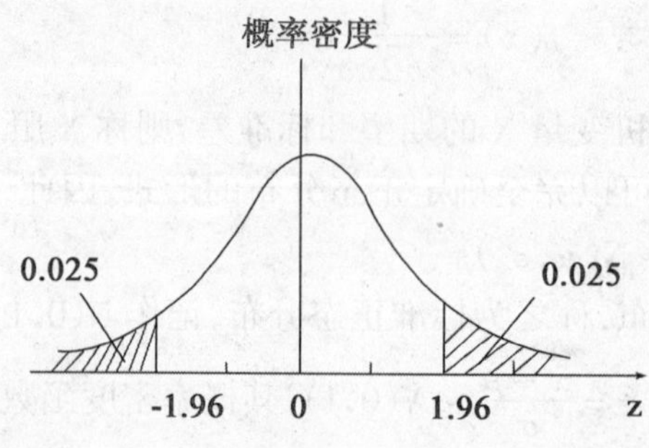

图 2－10

这一结论经常用于后面讲到的假设检验中。

若已知随机变量 X 只是服从正态分布而不是标准正态分布，即 $X \sim N(\mu,\sigma^2)$，则仍可以将其化为标准正态分布，再利用标准正态分布的累积分布函数确定随机变量 X 的取值 x 落在某一区间内的概率。由于变量 $z=\frac{x-\mu}{\sigma} \sim N(0,1)$，因此对于常用的关系式：

$$P(-1.96 \leq z \leq 1.96) \approx 1-0.05=0.95$$

有：$P(-1.96 \leq \frac{x-\mu}{\sigma} \leq 1.96) \approx 1-0.05=0.95$

即　$P(\mu-1.96\sigma \leq x \leq \mu+1.96\sigma) \approx 1-0.05=0.95$

综合得：若随机变量 X 服从均值为 μ、标准差为 σ 的正态分布，则其值 x 落在区间 $[\mu-1.96\sigma,\mu+1.96\sigma]$ 内的概率是 0.95。相应地，随机变量 X 取值大于 $\mu+1.96\sigma$、或小于 $\mu-1.96\sigma$ 的概率只有 0.025。如下图所示。

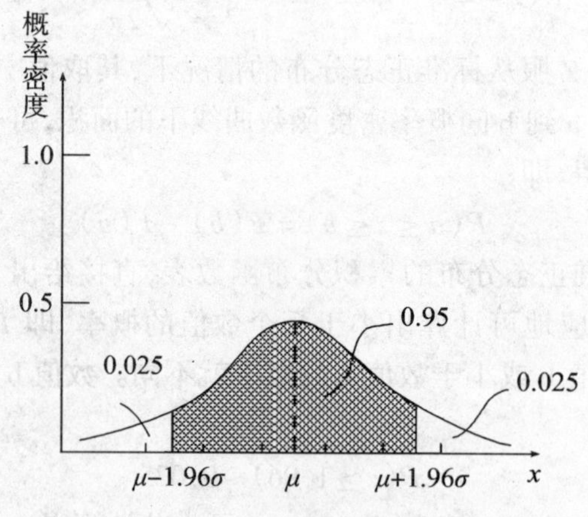

图 2－11

与正态分布相关，对数正态分布在金融理论与实践中有着较为广泛的应用。如果一个变量的自然对数是正态分布，则称这个变量服从对数正态分布，记为 $\ln X \sim N(\mu,\sigma^2)$。可以证明：对于变量 X 本身：

数学期望 $E(X)=e^{\mu+\frac{\sigma^2}{2}}$

方差 $Var(X)=e^{2\mu+\sigma^2}(e^{\sigma^2}-1)$

X的概率密度函数的形状大致如下：

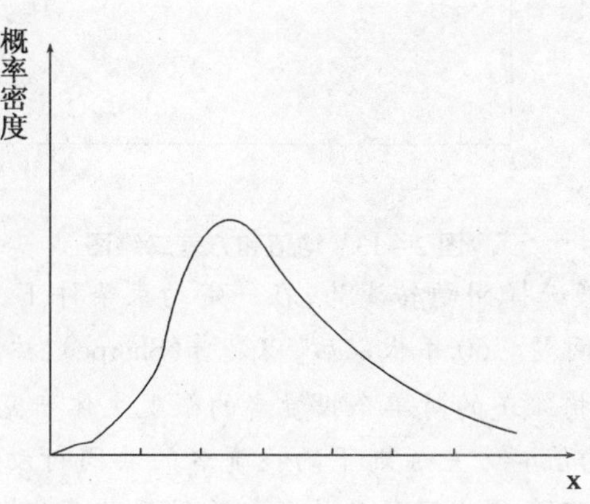

图2-12　对数正态分布的概率密度函数

著名的布莱克-斯科尔斯期权定价模型，就假定股票价格 P 服从对数正态分布，只是其均值和方差都与时间长度有关。例如：初始时刻t时股票价格为 P_t，则未来T时刻股票价格 P_T 将服从如下形式的对数正态分布：

$$LnP_T \sim \mathrm{N}[\ln S_t+(\mu-\frac{\sigma^2}{2})(T-t),\sigma^2(T-t)]$$

进一步可以看出，若股票价格 P 服从对数正态分布，这实际上意味着股票价格之比的自然对数（即对数形式收益率）$r_t=LnP_t/P_{t-1}=LnP_t-LnP_{t-1}$ 服从正态分布。

【拓展阅读】

股票收益率是正态分布吗？

收益率分布函数的确定，可以说是整个金融计量研究的基础。对于许多广泛应用的金融计量理论与模型，如资产组合理论、资本资产定价模型（CAPM）以及期权的Black-scholes定价公式等，都是以收益率服从正态分布为基础的。

例如，马柯维茨的资产组合理论假定股票投资收益率变量满足正态分布，此时仅仅使用均值和方差便能够完整地、唯一地表达出收益率变量的分布规律。因而可用数学期望和方差来分别度量股票的收益水平和风险水平，并且投资者的效用函数也只依赖于均值和方差这两个变量，在这种“均值—方差”分析框架下，投资者追求效用最大化的行为将得到一个最优资产组合。由此可以将所有的资产或资产组合表示为均值-方差二维空间内的点，如下图：

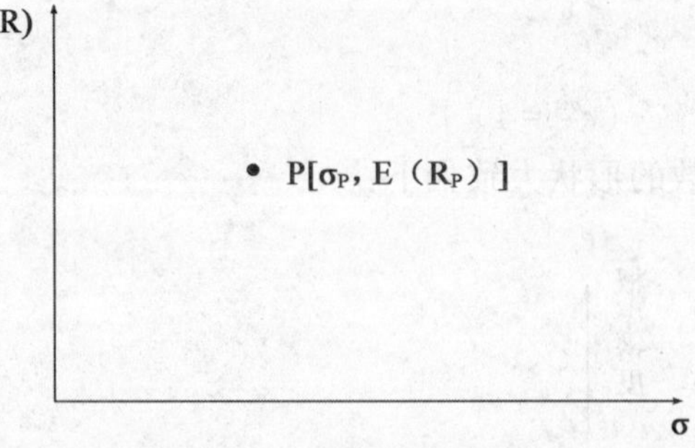

图 2 – 13　均值和方差二维图

而将投资者的资产选择问题转变为，在一定约束条件下，目标函数（即效用函数 U（$E(R_p)$，σ_p^2））的最大化问题。60 年代以后，以夏普（Sharpe）、林特纳（Lintner）为代表的一批学者，把注意力从马柯维茨的对单个投资者的微观主体研究转向整个市场的研究，考虑所有遵循马柯维茨均值 – 方差原则下的投资者的共同行动将导致怎样的市场状态，并先后在 1964 年和 1965 年得出了股票收益与系统风险存在线性关系的资本资产定价模型（CAPM）。

可见，投资收益满足正态分布的假定在整个资产组合理论与资产定价模型的建立中起到基础性的作用。由于用方差来度量风险，正态分布对收益的正离差和负离差是平等处理的，都表现为相同的标准差值 σ，这意味着投资者对股价向上与向下的波动是同等看待的。但如果收益率分布是非对称的，即使两种资产收益率分布的均值与方差都相同，但由于彼此具有不同的偏度，这两种资产给投资者带来的效用是不同的。简单地说，比如资产 A 的收益率变量与资产 B 的收益率变量概率分布的均值与方差均相等，若收益率的概率分布是对称的，这两种资产在均值 – 方差的二维空间中表现为同一个点，对投资者而言是无差异的。但若收益率变量的概率分布具有非对称性，其中 A 的收益率变量具有正偏态，即三阶矩 >0，意味着，可能由于少数的收益率数据异常大，对均值具有往增大方向的拉动作用，大部分的收益率数据会低于这种受异常数据影响的平均收益率水平；而若资产 B 的收益率具有负偏态，则意义恰好相反，少数过低的收益率数据使概率密度曲线左侧尾部拖得很长，大部分的收益率水平高于平均收益率水平，见图 2 – 6。显然，这两种资产给投资者带来的效用是不一样的。这一问题在传统的资产组合理论与资产定价模型是无法得到解决的。

计量金融学家们在大量的实证研究中还发现：除了上面谈到的股票收益率呈非对称分布之外，收益率分布偏离正态分布的状况还表现在收益率处于高收益区域和高亏损区域的概率大于正态分布所决定的概率，即收益率的概率密度曲线呈现一种“尖峰厚尾特性”。表现为金融资产价格及收益的大幅波动，导致发生极端事件的可能性大于正态分布下的概率。如下图所示。

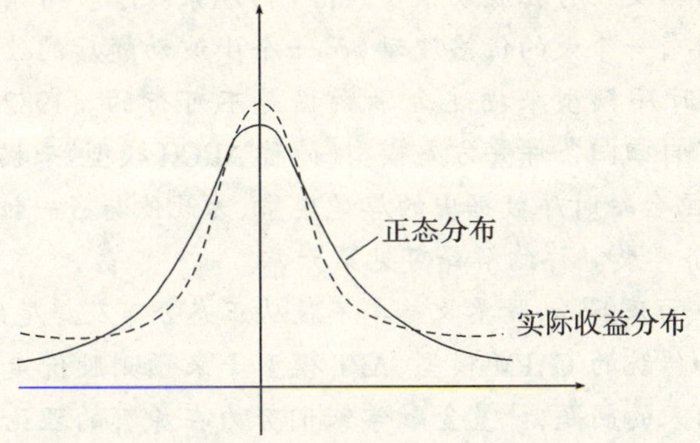

图 2－14

例如，1987 年 10 月 29 日美国标准普尔指数的日收益率偏离平均日收益率的幅度高达 20 倍标准差，而在正态分布下，日收益率偏离均值超过 5 倍标准差的情况要隔 7000 年才会出现一次[①]。金晓斌、何旭强[②] 等对 1999 年 1 月 8 日至 2002 年 12 月 31 日之间上证 A 股指数的对数形式的日收益率数据进行研究发现，日收益率具有尖峰厚尾的特征。当临界值分别设为 $\mu+3\sigma$、$\mu+4\sigma$、$\mu+5\sigma$ 时，上证 A 股指数收益率大于相应临界值的概率分别为 0.0144、0.0103 和 0.0030，远远超过了正态分布下的正常概率[③]，如下表：

表 2－4

临界值	$\mu+3\sigma$	$\mu+4\sigma$	$\mu+5\sigma$
正态分布下大于临界值的概率	0.0013	0.0009	0
上证 A 股指数实际收益率大于临界值的概率	0.0144	0.0103	0.003

造成收益率分布具有厚尾特征的原因，一种解释是所谓的“羊群效应”[④]。简单地说，当市场投资主体相互独立时，市场价格可以看做是大量独立随机事件的总合，根据中心极限定理，即便投资主体间存在着较弱的相关性，当投资主体数目足够大时，收益率的分布应符合正态分布的。因此，现实金融市场中收益的非正态分布只能说明：市场投资主体相互独立或弱相关的假设立不住脚。投资主体之间的联动性是市场结构本身具有的特性之一，证券市场存在着所谓的“羊群效应”，即市场参与者的行为相互联系、相互仿效，例如下跌时的集体恐慌，上涨时的集体狂热。这种“从众”的市场微观特性是市场整体供需发生剧烈波动的内在原因，在收益分布上表现为厚尾特性。另一种对厚

① 邵宇，《微观金融学及其数学基础》，清华大学出版社 2003 年 11 月版，第 429 页。

② 《投资者行为、市场风险收益特征与交易策略的有效性》，深圳证券交易所研究报告。

③ 可查相应地标准正态分布表。

④ 朱少醒、张则斌、吴冲锋，《“羊群效应”与股票收益分布的厚尾特性》，《上海交通大学学报（社会科学版）》1999 年第 4 期。

尾特征的解释是从价格变化存在波动聚类(cluster)现象入手。所谓波动聚类是指价格的一个大波动后面接着一个大的价格波动,而一个小波动随后的波动也较小。这一发现说明,用不变方差时序模型来描述金融数据是不可行的。1982年,美国经济学家Robert F. Engle提出了自回归条件异方差模型(简称ARCH模型)来描述金融资产的价格行为,被证明能够刻画金融时序数据中的厚尾现象,为此他与另一位经济学家共同获得了2003年诺贝尔经济学奖。详细解释可见第六章。

不论通过哪个方面来解释,股票收益率不服从正态分布及厚尾的特征,使得通过基于正态分布的方法如传统的CAPM模型、APT模型等来预测股价走势的精度很差。针对这些实证研究引出来的问题,计量金融学家们努力在原有的理论框架中包容收益率分布的尖峰、厚尾以及有偏性等经验特征,使得在八十年代以来金融经济理论产生了许多新的进展。

二、χ^2分布、t分布和F分布

前面讲的正态分布是对于一个变量的概率分布而言;而χ^2分布、t分布和F分布则可以处理多个变量组合后的概率分布问题,因此会引出所谓“自由度”的问题。一般而言,“自由度”与所研究的变量数目有关。

例如,若随机变量$z \sim N(0,1)$,则称变量$x = z^2$服从的概率分布为“自由度是1的χ^2分布”,记为$x = z^2 \sim \chi^2(1)$。而n个服从标准正态分布的独立随机变量的平方和,其概率分布为“自由度是n的χ^2分布”,即:$x = (\sum_{i=1}^{N} z_i^2) \sim \chi^2(N)$,其中$z_i \sim N(0,1), i = 1, 2, \cdots, n$。

与正态分布具有唯一的形式不同,χ^2分布的形状取决于自由度n的大小。如下图所示。

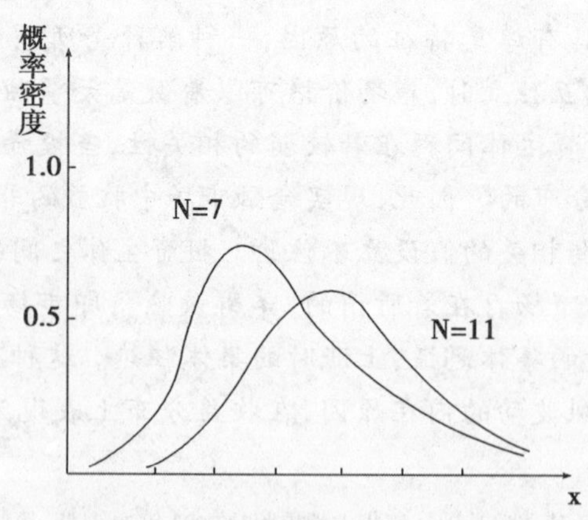

图2-15 分布的概率密度函数

确定了自由度n的大小后,即可获得相应的χ^2分布,进而可求出服从该分布的变量落在某一区间内的概率,即χ^2(n)的概率密度函数包围的某一阴影部分的面积。如n

=7 时，$\chi^2(7)$的概率密度函数大致如下图所示。

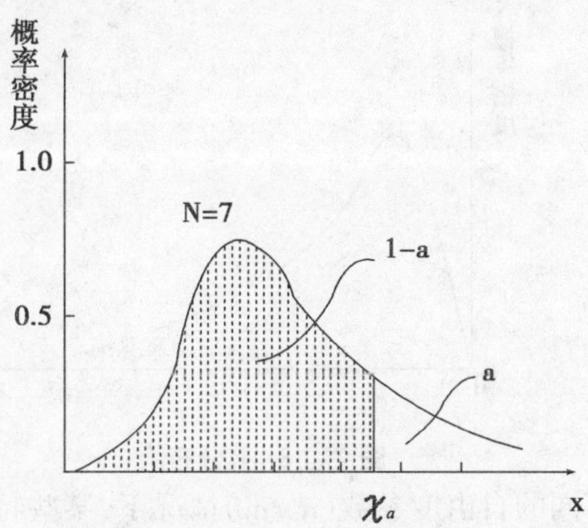

图 2-16 分布的概率密度函数

此时，$P(x \geq \chi_a) = \alpha$ 或 $P(x \leq \chi_a) = 1 - \alpha$。显然，$\chi^2$ 分布对 n 的每一个值都需要一个单独的表来反映随机变量落在某一区间内的概率。通常的统计表只给出对于不同自由度，一些特定概率下对应的临界值。如附表 2 给出了 $n = 1, 2, \cdots 18$ 时，$P(x \geq \chi_a)$ 0.005，0.01，0.025，0.05…等的临界值。

若 z 是一个 N(0,1)变量，而变量 x 独立于 z，且 x 服从于自由度为 n 的 χ^2 分布，则比率：

$$t(n) = \frac{z}{\sqrt{x/n}} \tag{2-34}$$

服从自由度为 n 的 t 分布。t 分布概率密度函数的形状与正态分布相同但尾部更厚。如下图所示。

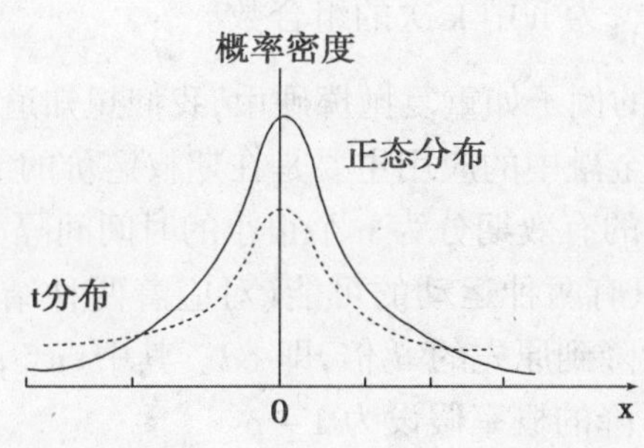

图 2-17

与 χ^2 分布一样，通常的统计表中给出了不同自由度 n 的情况下与某些特定概率对应的临界值。t 分布可以用于对正态总体数学期望值的假设检验。

若变量 x_1 和 x_2 是两个独立的 χ^2 分布，其自由度分别为 n_1 和 n_2，则比率 $F[n_1, n_2] = \frac{x_1/n_1}{x_2/n_2}$服从 F 分布，两个自由度参数 n_1 和 n_2 分别是分子和分母自由度。F 分布的

概率密度函数大致如下图所示。

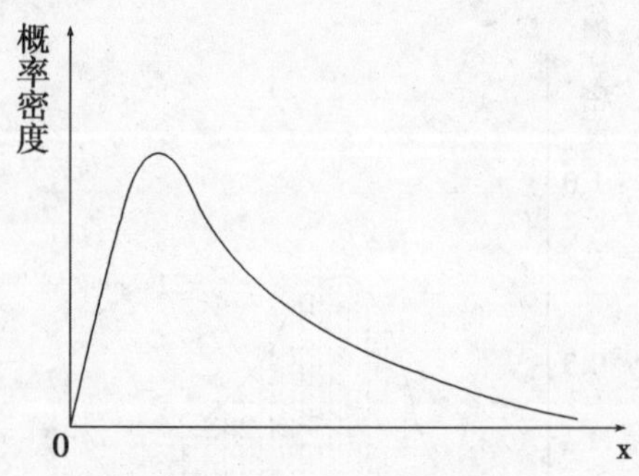

图2-18　F分布

F分布表给出了不同的自由度参数(n_1, n_2)情况下，某些特定概率及与之对应的临界值。

三、二项式分布

二项式分布是金融理论与实证中一种十分重要的离散变量分布。它主要来自于贝努利试验。所谓贝努利试验，是指试验在同样条件下重复进行n次，每次试验结果相互独立，且每一次试验只有两种结果 A 和 $\bar{A}$，发生的概率分别为 $P(A)=p$，$P(\bar{A})=1-p$。若以 X 记n次贝努利试验结果A发生的次数，则X所有可能的取值为0，1，2，…n，显然 X 是一个离散型随机变量，其取值的概率分布称之为二项式分布，记为 $X \sim B(n,p)$。可以证明：

$$P\{X=k\} = C_n^k p^k (1-p)^{1-k}, k=0,1,2,\cdots n$$

其中，$C_n^k = \dfrac{n!}{k!\ (n-k)!}$ 为n中k次的组合数。

二项式分布在生活中的例子如重复抛掷硬币，我们想知道在抛了n次之后，出现某一面朝上 k 次的概率。在金融中的应用主要是在期权定价的二叉树模型(Binominal tree model)中，我们可以把期权的有效期分为n个很小的时间间隔 Δt，并假设在每一个时间间隔 Δt 内标的股票价格只有两种运动的可能(对应着两种结果)：从开始 S 的上升到原先的 u 倍，即到达 Su；下降到原先的 d 倍，即 Sd。其中，$u>1$，$d<1$，如下图所示。价格上升的概率假设为 p，下降的概率假设为 $1-p$。

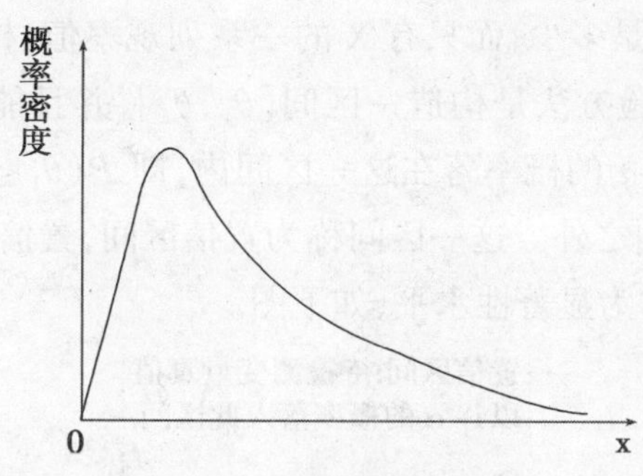

图 2－19 股票价格的变化

假定每次交易都是独立的，即上一时刻股票价格对下一时刻股票价格没有任何影响，则我们可将 n 个 Δt 间隔内股票价格的变化看成是一个 n 重贝努利试验。在这 n 次试验中，股票价格出现上涨（或下跌）的次数服从二项式分布，其概率与对应的价格相乘，可用来计算期望价格，并进一步用于期权的定价。

第三节 假设检验

一、假设检验的基本思想

统计假设检验的问题可归结为“从一组观测值得到的某一统计量是否与声称的假设相符？”，这一“声称的假设”用统计学的语言说，即是所谓的“虚拟假设”，又叫零假设（null hypothesis），并用符号 H_0 表示。其通常采取的形式是关于某个参数或变量取值范围的陈述。如对于某随机变量期望值 u 的虚拟假设，“$H_0: u = $ 某一个值 u_0”；又如，后面讲到的计量经济模型，$y_t = \alpha + \beta x_t + \varepsilon_t$，关于其回归系数 β 的虚拟假设，“$H_0: \beta > 0$”，等等。通常在检验虚拟假设时要有一个对立假设，又叫备择假设（alternative hypothesis），记为 H_1 或 Ha，则对于上述两个虚拟假设 H_0，备择假设可分别为“H_1：u 不等于 u_0”，“$H_1: \beta < 0$”等等。以上所说的“虚拟假设”只是一个设想，至于它是否成立，在建立假设时我们并不知道。假设检验的任务即是根据随机变量 X 的一组观察值（即样本）提供的信息，来确定拒绝或不拒绝某个虚拟假设。值得一提的是，有些情况下，检验关于某个参数或变量取值范围的虚拟假设只是一个工具，而目的是来推断随机变量本身（总体）的统计性质。如在第五章中时间序列的单位根检验，即是通过对模型 $X_t = \rho X_{t-1} + \varepsilon_t$ 中的系数 ρ 建立零假设“$H_0: \rho = 1$”，来推断时间序列 X_t 是否平稳。

二、假设检验的主要方法

通常采用置信区间法进行假设检验。例如已知随机变量 X 服从正态分布，但不知道期望值的真实值到底是多少，而只有 X 的一系列观察值(样本)$x_1, x_2, \cdots x_n$。对于虚拟假设"$H_0: \mu = \mu_0$"，检验方法是构造一区间$[\theta_1, \theta_2]$，并且能确定待检验变量(此处为期望值 μ)的真值有 $1-\alpha$ 的概率落在这一区间内，即 $P(\theta_1 \leq \mu \leq \theta_2) = 1-\alpha$，而只有 α 的概率落在区间$[\theta_1, \theta_2]$之外。这一区间称为置信区间，置信区间的端点称为临界值，$1-\alpha$ 称为置信系数，α 称为显著性水平，如下图。

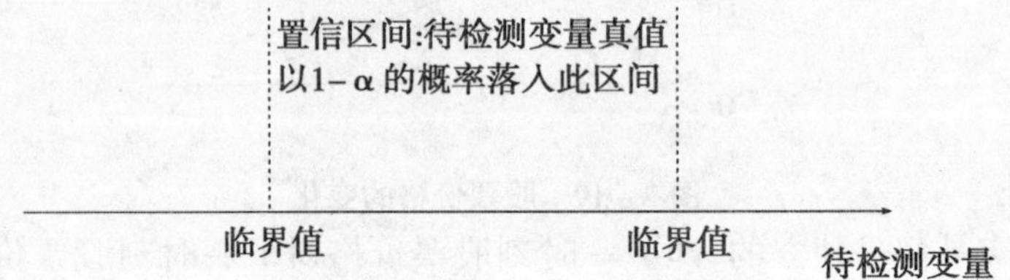

图 2－20

α 可以设定为一较小值，如 1%、5% 等。当显著性水平 α 设定为 1% 时，意味着 μ 有 $1-\alpha = 99\%$ 的概率落在区间$[\theta_1, \theta_2]$内，而只有较小的概率 1% 落在区间$[\theta_1, \theta_2]$之外。如果将虚拟假设中的 μ_0 与置信区间$[\theta_1, \theta_2]$进行对照，发现 μ_0 落在这一区间之外，则显然应拒绝 $\mu = \mu_0$ 的假设(因为这一假设成立的概率只有 1%。)；反之，若 μ_0 落在置信区间之内，则可以接受 $\mu = \mu_0$ 的假设。置信区间越大，就越可能将 μ_0 包括进去，接受虚拟假设的概率也就越大。

在确定置信区间时，有些情况下需要构造一个含有待检验变量(此时为期望值 μ)的统计量 $\pi(\mu)$，称其为"检验统计量"。并且已知这一新统计量 $\pi(\mu)$遵循某种概率分布，通过 $\pi(\mu)$的累积分布函数，得到 $\pi(\mu)$的取值区间及概率，即 $P(\pi_1 \leq \pi(\mu) \leq \pi_2) = 1-\alpha$。

例如，对于随机变量正态分布期望值的检验，在方差未知的情况下，构造含有待检验变量(μ)的统计量 $\pi(\mu)$的形式是：

$$\pi(\mu) = \frac{(\bar{x} - \mu)}{\sqrt{s^2/n}}$$

其中，$\bar{x} = \frac{1}{n}\sum_{i=1}^{n} x_i$ 为样本均值，$s^2 = \frac{1}{n-1}\sum_{i=1}^{n}(x_i - \bar{x})^2$ 为样本方差。可以证明，$\pi(\mu)$服从自由度为 n－1 的 t 分布，即 $\pi(\mu) \sim t(n-1)$。这样通过 t 分布的概率密度函数及累积分布函数，得到 $\pi(\mu)$落在某个区间内的概率 $P(\pi_1 \leq \pi(\mu) \leq \pi_2) = 1-\alpha$。如下图所示。

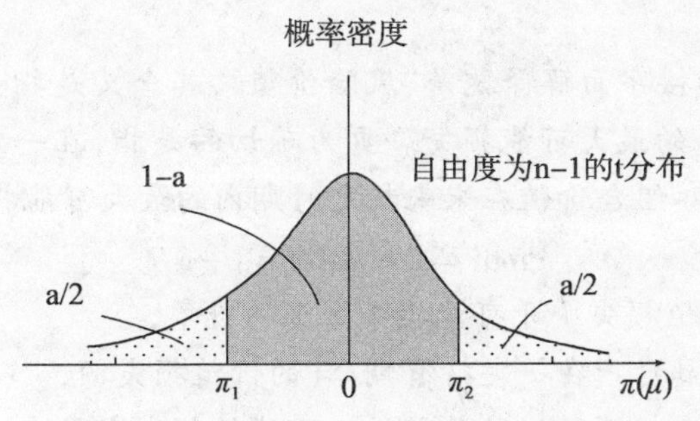

图 2-21

根据 t 分布为对称分布等知识,从图 2-21 中可见,对于预先设定的置信水平 α,$\pi_2 = t_{\frac{\alpha}{2}}(n-1)$,而 $\pi_1 = -t_{\frac{\alpha}{2}}(n-1)$。通过 t 分布的临界值表,查出 $t_{\frac{\alpha}{2}}(n-1)$的值。这样计算出 $\pi(\mu)=\frac{(\bar{x}-\mu_0)}{\sqrt{s^2/n}}$,并根据其是否落在$(-t_{\frac{\alpha}{2}}(n-1), t_{\frac{\alpha}{2}}(n-1))$内,做出拒绝或不拒绝虚拟假设"$H_0: \mu=\mu_0$"的判断。这一方法在第八章事件分析法中用来检验平均异常收益率或累积异常收益率是否显著为 0。

在上述检验过程中,显著性水平 α 的大小,决定了临界值区间的大小,进而直接影响了待检验统计量 π 与临界值区间的比较,最终左右了假设检验的结果。在实际的计量经济过程中,我们除了可以人为地设定显著性水平 α 的大小,如 1%、5%、10%等等之外,另一种常见的方法是直接给出虚拟假设成立时的概率 P,称之为 p 值。显然,p 值越大,虚拟假设成立的概率就越大,就越不应该拒绝虚拟假设;相反,p 值越小,虚拟假设成立的概率就越小,拒绝虚拟假设就越放心。因此较高的 p 值意味着接受虚拟假设,而较低的 p 值意味着拒绝虚拟假设。这样直接给出虚拟假设成立的概率 p,让检验者自己去决定在这一水平上是否拒绝虚拟假设。现在大多数的计量经济软件直接给出某一虚拟假设成立的概率 p。

【拓展阅读】

风险价值法(Value - at - Risk)的应用

自从马克维兹创立现代静态投资组合理论以来,寻找更合理的风险度量方法成为金融工程的热点之一。80 年代晚期,VaR(Value - at - risk)理论首先被一些大型金融集团用于投资组合的风险管理。90 年代开始,作为资产风险度量的工具被广泛应用于基金管理公司、商业银行、证券公司,尤其用于金融衍生工具的风险管理。其原因在于,期货期权交易通常以保证金的方式进行交易,这种"杠杆"的效应导致极小概率出现的情况可能会带来突如其来的巨大损失,典型的案例如英国巴林银行倒闭。大型机构投资者交易额往往很大,投资管理人希望知道自己正在承担多大的市场风险,或者说以某概率最多损失多少,从而较精确地描述其所面临的风险。VaR 的方法刚好为他们提供了需要的风险管理工具。

VaR(Value at Risk)按字面解释就是“风险价值”,其含义是指:市场正常波动下,某一金融资产或证券组合的最大可能损失。更为确切的是指,在一定概率水平(置信度)下,某一金融资产或证券组合价值在未来特定时期内的最大可能损失。用公式表示为:

$$\mathrm{Prob}(\triangle P < \mathrm{VaR}) = 1 - \alpha \tag{2-35}$$

其中:Prob:资产价值损失小于可能损失上限的概率,

△P:某一金融资产在一定持有期△t 的价值损失额,

VaR:置信水平 α 下的风险价值——可能的损失上限,

α:给定的概率——显著性水平,1-α 为置信度。

具体而言,VaR 是指在一定的持有期及置信水平下,某一金融资产所面临的最大潜在损失(可以是绝对值,也可以是相对值)。例如,某一投资公司持有的证券组合在未来24 小时内,置信度为 95%,证券市场正常波动的情况下,VaR 值为 800 万元。其含义是指,该公司的证券组合在一天内(24 小时),有 95% 的把握判断该投资公司在下一个交易日内的损失在 800 万元以内,或者说,由于市场价格变化而带来的最大损失超过 800 万元的概率为 5%。从 VaR 的定义中可以看到,在 VaR 度量模型中,持有期△t 和置信度 1-α 是两个重要的基本参数。持有期 t 的长短可以是一日、一周、一月或一年,要根据不同金融机构经营的不同金融产品进行选择,金融产品的流动性越强,持有期应越短;置信度 (1 -α)的选择,反映了不同的金融机构对风险的厌恶程度,可根据不同的投资者对风险的偏好程度和承受能力来确定。

VaR 方法的核心在于描述金融时间序列的统计分布或概率密度函数,对于收益率序列而言,VaR 方法特别依赖于极端收益率 (Extreme Returns)的分布,而极端收益率的特性与整个收益率过程的特性是不相同的。因此,如何准确描述、估计收益率的尾部特性,成为计算 VaR 的方法好坏的关键因素。事实已经证明,收益率的分布是厚尾的,因而正态性的假定会导致对极端事件的 VaR 值的严重低估。针对这一问题,业内人士提出了基于 ARCH 模型的 VaR 计算方法,以便更好地捕捉收益率分布的厚尾特征对计算风险价值 VaR 的影响。

在过去的几年里,VaR 已成为市场风险度量的代名词。1994 年,J. P. Morgan 银行首先公布了它的 VaR 系统 Risk Metrics,它能够测评全世界 30 个国家 140 种金融工具的 VaR 值。从此以后 VaR 迅速发展,目前正在成为金融风险管理的国标标准。在银行界,无论是国际银行业的巴塞尔委员会、美联储、国际清算银行,还是新近成立的欧洲中央银行,都倡导将 VaR 作为一种可行的风险管理方法。1996 年 9 月 6 日,美国三大金融管理机构 :财政部货币监管署、联邦储备系统、联邦存款保险公司联合作出决议,从 1998 年 1 月 1 日起美国所有银行必须实施 VaR 风险管理方法,并定期报告评估结果。在证券界,VaR 已得到了国际掉换与衍生工具协会、美国标准普尔公司、穆迪投资服务公司等权威机构的支持。美国证券交易委员会与华尔街六大证券公司也达成协议,用 VaR 并结合其他方法来制定资本金的最低要求。

在掌握了统计检验的思想之后，我们就可以给出正态分布的正式检验。前面讲过，正态分布的对称性表明，其均值和中位数应该相等，偏度 S 应接近于 0；另外峰度 K 应接近于 3。这些都可用来作为检验正态分布的非正式方法。检验某个变量是否服从正态分布的正式方法是 Jarque - Bera 检验。检验统计量是：

$$JB = \frac{N-k}{6}\left[s^2 + \frac{1}{4}(k-3)^2 \right] \tag{2-36}$$

当虚拟假设“随机变量服从正态分布”成立时，Jarque - Bera 统计量服从自由度为 2 的 χ^2 分布，即 $JB \sim \chi^2(2)$。因此，设定一显著性水平 α，当计算的 JB 值大于 χ^2_α 时，拒绝“随机变量服从正态分布”的虚拟假设。

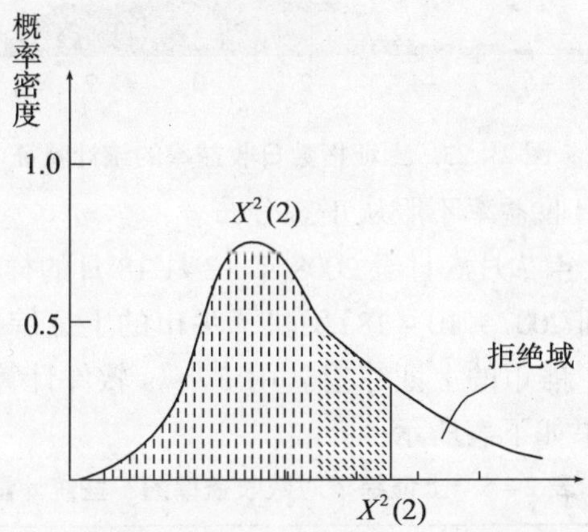

图 2 - 22　Jarque - Bera 统计量的检验

Eviews 软件可直接给出 Jarque - Bera 统计量超出原假设下的观测值的概率，即 p 值。如果该值很小，则拒绝原假设。

[案例]　我国股市收益率的分布特征

选取上证指数从 2009 年 5 月到 2012 年 10 月的全部日收盘数据为研究样本，计算出百分比形式的日收益率（单位：%），并利用 Eviews 计量软件，在主菜单或序列对象窗口的工具条中选择[View]⇒[Descriptive Statistics]⇒[Histogram Stats]，视图变为显示直方图和简单描述统计量，如下图：

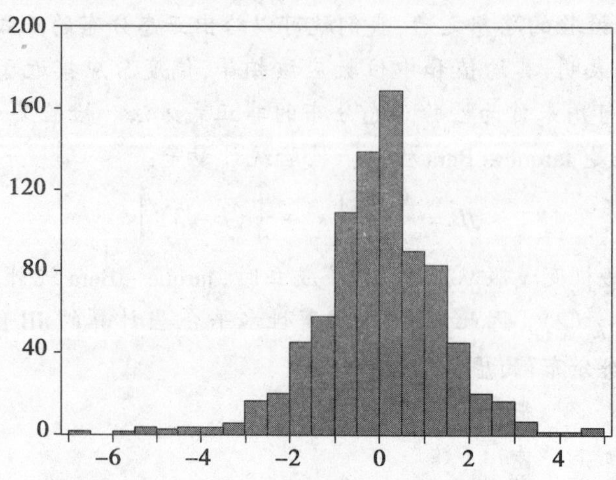

图 2-23　上证指数日收益率的统计特征

从上图可以看出:日收益率不服从正态分布。

夏师(2009)将 2006 年 7 月 6 日至 2008 年 12 月 18 日的样本数据按时间分成两段,样本 1(2006-07-06 到 2007-10-18)反映了牛市的上证综指,样本 2(2007-10-18 到 2008-12-18)反映了熊市的上证综指。用 Eviews 软件计算上证综指对数日收益率的一些基本统计量,结果如下表所示:

表 2-5　上证综指对数收益率的一些统计量

统计量	总样本	样本 1	样本 2
Mean	0.000265	0.004069	-0.003766
Median	0.002933	0.005771	-0.004409
Maximum	0.090345	0.051946	0.090345
Minimum	-0.092561	-0.092561	-0.080436
Std. Dev.	0.02402	0.019304	0.027639
Skewness	-0.33152	-1.264412	0.233039
Kurtosis	4.594773	6.858751	3.889466
Jarque - Bera	74.69731	275.817	12.22659
Probability	0	0	0.002213

通过分析计算出来的统计量,可见,样本 1 表示在牛市的阶段投资,其对数收益率均值最高,为 0.004069,而样本 2 为熊市的阶段投资,对数收益率均值最低,而且是负值,说明投资有损失。显然在牛市的阶段投资,收益率会高,而在熊市投资股市则会带来损失,这符合我们对股市投资的认识。从标准差看风险,股价剧烈的波动隐藏着金融市场的风险。从表 2-5 可以看到样本 2 的标准差最大,可见熊市时的股市波动剧烈,意味着较大的投资风险。偏度与峰度的分析:从表中可以看到样本 2 中上证指数的收

益率偏度为正值,说明其分布有长的右拖尾。这意味着熊市中有少数数据点远远游离在大多数点的右侧,均值受到这些点的影响将会偏向右侧,所以大多数投资者很容易感觉自已的收益率比平均水平要低。而样本1和总样本的结论则刚好相反。再看三个样本的峰度,其值都大于3,这说明上证指数的收益率分布尾巴要比正态分布的厚,其分布密度曲线在距离均值较远的地方位于正态分布曲线的上方。这意味着收益率出现异常值的概率要大于正态分布时的概率,这就是所谓的尖峰厚尾现象。正态性检验:从上证指数的收益率偏度和峰度已可看出不同于正态分布。同时 Jarque - Bera 正态检验的结果也显示:上证指数的对数收益率不是正态分布的。

其它有关的研究成果汇总如下:

表2-6 关于股指收益率的研究成果汇总

作者	研究样本	均值(%)	标准差(%)	偏 度	峰 度	JB 值
吴新林	2000.1.4 - 2005.12.30 对数形式的上证综指	-0.00017	0.013554	0.787157	6.082141	
卢方元等	1992.5.22 - 2007.1.31 对数形式的深证成指日收益率	0.0003	0.0217	0.6484	15.009	
陈倩等	1997.1.2 - 2008.4.30 对数形式的上证综指日收益率	0.000509	0.000271892	-0.22376	4.95161	456.19447
王鹏等	1997.1.2 - 2007.5.9 对数形式的深证成指日收益率	0.001	0.017	-0.044	4.935	2527.367
吴礼斌等	1997.1.2 - 2011.3.31 对数形式的沪深 300 指数日收益率	0.0004	0.018524	-0.256458	3.095893	920.2443

【本章小结】

1. 随机变量可分为离散型随机变量和连续型随机变量。

2. 随机变量的统计特征主要有数学期望、方差和标准差、偏度、峰度和协方差等。

3. 常用的概率分布主要包括:正态分布、χ^2 分布、t 分布和 F 分布。

4. 通常采用置信区间法对某一统计假设进行检验。

【复习思考题】

1. 市盈率又称股份收益比率或本益比,是股票市价与其每股收益的比值,计算公式是:市盈率 = 当前每股市场价格/每股税后利润。市盈率是衡量股价高低和企业盈利能力的一个重要指标。由于市盈率把股价和企业盈利能力结合起来,其水平高低可以反映股票价格的高低。为了反映不同市场或者不同行业股票的价格水平,也可以计算出每个市场的整体市盈率或者不同行业上市公司的平均市盈率。一般而言,高市盈率通常意味着高风险;而低市盈率则意味着接近投资价值。

有人做出的统计显示:2012年6月我国沪深300成分股平均市盈率为11.97倍,沪市平均市盈率低至12.66倍,已接近欧美等发达国家股市的平均市盈率水平,由此认为我国股市已经处于市场底部。而另外一位学者发现,在我国2400家A股中,市盈率水平低于10倍的只有60家,低于15倍的只有190家,低于20倍的只有350家,目前低于40倍的股票只有1000家。如果按A股的市盈率水平从低到高做排序,目前中位数在50倍左右。由此可见,单从市盈率水平来看,A股目前的价格水平还不算低。

问:上述不同的观点说明了什么问题?你认为中国A股市场市盈率水平高不高?

2.股票市场的"周内效应"通常是指股票收益率在一周的某些特定时间中呈现有规律的特征。如French在对纽约证券交易所上市的S&P500样本股自1953年至1977年间的收益状况研究发现,这些股票在星期一的平均收益率明显为负值,而在周五的收益率则明显为正值。其统计结果如下表①:

表2-7 股票收益率的周内效应

	星期一	星期二	星期三	星期四	星期五
收益率均值	-0.1681	0.0157	0.0967	0.0448	0.0873
标准差	0.8427	0.7267	0.7483	0.6857	0.6600
T检验	-6.823	0.746	4.534	2.283	4.599
观测数	1170	1193	1231	1221	1209

田立、吕建锋(2009)② 选取的数据是沪深300指数,样本区间为2010年1月5日—2011年6月30日,共391个样本。沪深300指数收益率序列的基本统计特征如下表所示。

表2-8 沪深300指数收益率基本统计量

项目	统计值	星期一	星期二	星期三	星期四	星期五
样本量	391	76	78	81	79	77
均值	-0.043240	0.190796	-0.203220	-0.021890	-0.257450	0.093541
T值	0.075	0.367	0.191	0.864	0.118	0.596
标准差	1.46442	1.77396	1.42617	1.28416	1.30833	1.48904
偏度	-0.5990	-1.4720	-0.7630	-0.1020	-0.3633	-1.5020
峰度	1.807	3.858	1.031	0.253	0.731	6.282
JB统计量	9.71234	3.33364	9.71230	0.20910	2.87810	135.93640

① French K. " Stock Returns and Weekend Effect ", Financial Economics, March, 1980, P55-69.

② 《沪深300指数的日历效应及波动特征》,《经济研究导刊》2011年第29期。

项目	统计值	星期一	星期二	星期三	星期四	星期五
Q(12)	10.4950	7.2604	10.1500	13.1840	5.4695	6.7649
P值	0.573	0.840	0.513	0.356	0.940	0.873

问:上表的数据说明什么问题?结合中国的情况,讨论为什么会出现这种现象。

3.某研究者对上证和深证综合指数日收益率的统计特征进行分时段检验,结果如下:

	年度	均值	标准差	JB
上证综合指数	1990 - 1996	0.145	3.813	506880.6(0.000)
	1997 - 2005	0.011	1.538	2980.643(0.000)
深证综合指数	1991 - 1996	0.093	3.186	5242.266(0.000)
	1997 - 2005	-0.008	1.654	2740.133(0.000)

注:表中括号中的数字为显著性水平。

试讨论:上表中的检验结果说明了什么问题?

第三章 CHAPTER 3 回归模型及应用

【学习目标】

掌握一元线性回归及多元线性回归模型系数的估计和检验方法;掌握用普通最小二乘法求证券的 β 系数及系统风险占总风险的比例;掌握多重共线、异方差、序列相关的检验及处理方法;熟悉联立方程模型、面板数据模型、离散因变量模型的处理方法;熟练掌握用 Eviews 计量经济软件进行线性回归模型的估计与检验。

【重要概念】

一元线性回归模型　多元线性回归模型　多重共线　异方差　序列相关　虚拟变量　离散因变量模型

在金融计量学研究与实践中,得到数据之后,可建立两种模型:一种是经典线性回归模型,一种是时间序列分析模型。回归模型主要是以揭示经济现象中的因果关系为目的,以一定经济理论为依据,考虑被研究的经济变量与其他变量之间的关系。在数学上主要应用回归分析方法,在相当长的时间里代表了计量经济学的主流,故又称之为经典线性回归模型。例如,研究某只股票价格变化率(收益率)R_t, $t = 1,2\cdots T$ 的影响因素时,一种思路是考虑个股的价格变化受整个市场指数变化的影响,故可建立 R_t 与市场指数变化率的线性回归模型。而时间序列分析模型较早的是由伯克斯 - 詹金斯(Box - Jenkins)1970 年提出,其基本思想是不考虑被研究变量以外的其他变量,而是通过该变量本身的变化规律,应用变量的过去值通过某种机制来预测该时间序列现期及未来的变化。如可以通过股票前期的价格变化率数据 R_{t-1}, $R_{t-2}\cdots$来解释该股票本期的价格变化率 R_t。其后,70 年代以来以两次石油危机为先导的经济动荡,使各国经济变量表现出非平稳性,并由此引起虚假回归问题,促使了包括单位根检验、协整、误差修正模型、向量自回归技术等为主要内容的现代时间序列分析技术的重大发展。本章主要讲述经典线性回归模型的处理方法,而第四章和第五章将介绍以数据平稳性为基础发展起来的现代时间序列分析技术。

第一节 经典线性回归模型的参数估计和统计检验

经典线性回归模型主要包括一元线性回归模型和多元线性回归模型。

一、一元线性回归模型

若随机变量 Y_t 受另一变量 X_t 的影响，当对每一个变量给定 T 个观测值时，可建立如下一元线性回归模型：

$$Y_t = \beta_1 + \beta_2 X_t + \varepsilon_t, t = 1,2,\cdots T \tag{3-1}$$

其中，Y_t 称为被解释变量，X_t 称为解释变量，ε_t 称为随机误差项。之所以要引入误差项，是因为客观经济现象是十分复杂的，很难用有限个变量、某一种确定的形式来描述。随机误差项主要包括：(1)在解释变量中被忽略因素的影响；(2)变量观测值观测误差的影响；(3)模型关系设定误差的影响等等。

对于模型(3-1)，在满足古典假设：

(1)随机误差项的均值为零，即 $E(\varepsilon_t) = 0$；

(2)同方差，即 $Var(\varepsilon_t) = \sigma^2$；

(3)随机误差项之间无自相关，即对于任意 $t \neq j$ 有 $Cov(\varepsilon_j, \varepsilon_t) = 0$；

(4)自变量与误差项不相关，即 $Cov(X_t, \varepsilon_t) = 0$；

的情况下，对于 T 组样本观测值 $Y_t, X_t (t = 1,2,\cdots T)$，可以估计模型的有关参数，以得到变量之间的数量关系。对于模型(3-1)即是求得模型参数 β_1 和 β_2 的估计值 $\hat{\beta}_1$ 和 $\hat{\beta}_2$，揭示出 Y_t 和 X_t 之间的定量关系。

应用最多的参数估计方法是普通最小二乘法，简称 OLS。在使用该方法时得到的估计量称为最小二乘估计量。其基本思想是使被解释变量的观测值 Y_t 与模型估计值 $\hat{Y}_t$ 之差的平方和最小，即：

$$\min f(\hat{\beta}_1, \hat{\beta}_2) = \sum [Y_t - (\hat{\beta}_1 + \hat{\beta}_2 X_t)]^2$$

解出由 $\frac{\partial f}{\partial \beta_1} = 0$，以及 $\frac{\partial f}{\partial \beta_2} = 0$ 组成的方程组，即得到估计值 $\hat{\beta}_1$ 和 $\hat{\beta}_2$，表示如下：

$$\hat{\beta}_2 = \frac{\sum (X_t - \bar{X})(Y_t - \bar{Y})}{\sum (X_t - \bar{X})^2} = \frac{\sum x_t y_t}{\sum x_t^2} = \frac{Cov(X_t, Y_t)}{Var(X_t)} \tag{3-2}$$

$$\hat{\beta}_1 = \bar{Y} - \hat{\beta}_2 \bar{X} \tag{3-3}$$

其中 $\bar{X}$ 和 $\bar{Y}$ 分别是 X 和 Y 的样本均值。用小写字母 $x_t = X_t - \bar{X}, y_t = Y_t - Y$ 表示对均值的离差。

此时模型被解释变量 Y_t 的估计值 $\hat{Y}_t$ 可表示为：

$$\hat{Y}_t = \hat{\beta}_1 + \hat{\beta}_2 X_t \tag{3-4}$$

相应地，记 $e_t = Y_t - \hat{Y}_t$ 为第 t 个样本观测点的残差，即被解释变量的估计值与观测值之差。由此可得随机误差项 ε_t 方差 σ^2 的无偏估计值 $\hat{\sigma}^2$：

$$\hat{\sigma}^2 = \frac{\sum e_t^2}{n-2} \tag{3-5}$$

假设随机误差项 ε_t 服从正态分布，即 $\varepsilon_t \sim N(0,\sigma^2)$，则可以证明：

解释变量 X_t 的系数估计值 $\hat{\beta}_2$ 也服从正态分布，即：

$$\hat{\beta}_2 \sim N(\beta_2, \frac{\sigma^2}{\sum(X_t - \bar{X})^2}) \tag{3-6}$$

或化为标准正态分布形式：

$$z = \frac{\hat{\beta}_2 - \beta_2}{\sqrt{\sigma^2 / \sum(X_t - \bar{X})^2}} \sim N(0,1)$$

类似地，可证明

$$\hat{\beta}_1 \sim N(\beta_1, \frac{\sigma^2 \sum X_t^2}{T\sum(X_t - \bar{X})^2}) \tag{3-7}$$

在已知系数估计量概率分布的情况下，可以对有关回归模型系数的虚拟假设进行检验。但由于随机误差项 ε_t 方差 σ^2 的真值未知，在用其无偏估计值 $\hat{\sigma}^2$ 来代替的情况下，可以证明构造的统计量 t 服从自由度为 T－2 的 t 分布，即：

$$t = \frac{\hat{\beta}_2 - \beta_2}{se(\hat{\beta}_2)} = \frac{\hat{\beta}_2 - \beta_2}{\sqrt{\hat{\sigma}^2 / \sum(X_t - \bar{X})^2}} \sim t(T-2) \tag{3-8}$$

其中，T 为样本观测点的个数，$se(\hat{\beta}_2) = \sqrt{\hat{\sigma}^2 / \sum(X_t - \bar{X})^2}$ 为参数 $\hat{\beta}_2$ 标准差的估计值。$\hat{\sigma}^2$ 由公式(3－5)计算。

因此，对于虚拟假设 $H_0: \beta_2 = \beta_2^*$，及其备择假设 $H_1: \beta_2 \neq \beta_2^*$，其假设检验的程序与原理如第一章所述，在设定显著性水平后，通过样本数据计算出检验统计量 t 并同临界值相比较，以决定是否拒绝假设。

对于虚拟假设 $H_0: \beta_2 = 0$，根据(3－8)，此时计算的 t 统计量值为：$t = \frac{\hat{\beta}_2}{se(\hat{\beta}_2)}$，这一指标由于可以反映解释变量 X 与被解释变量 Y 之间是否存在关系，因而几乎所有的统计软件中都会给出。一般地，若自由度 T－2≥20，且显著性水平定在 0.05，则当计算的 t 值在绝对值上超过 2 时，就可拒绝虚拟假设 $H_0: \beta_2 = 0$，说明解释变量 X 对被解释变量 Y 有显著的影响。另外，Eviews 统计软件还给出了虚拟假设 $H_0: \beta_2 = 0$ 成立时的概率，即 P 值。P 值越小，越应该拒绝虚拟假设，意味着解释变量 X 对被解释变量 Y 的影响越显著。

衡量估计模型优劣的另一个重要指标是判定系数 R^2，它主要是从整体上衡量回归模型与样本观测值之间的拟合程度，对于模型 $Y_t = \beta_1 + \beta_2 X_t + \varepsilon_t$，$R^2$ 的计算方法是：

$$R^2 = \frac{\sum \hat{y}_t^2}{\sum y_t^2} = \frac{\sum(\hat{Y}_t - \bar{Y})^2}{\sum(Y_t - \bar{Y})^2}$$

或 $R^2 = 1 - \frac{RSS}{TSS} = 1 - \frac{\sum e_t^2}{\sum y_t^2}$ (3-9)

R^2 测度了在观测值 Y 的方差$\sum(Y_i - \bar{Y})^2$ 中,由回归模型解释的那个部分$\sum(\hat{Y}_i - \hat{Y})$所占的比例。显然有 $0 \leq R^2 \leq 1$。一般说来,R^2 越接近 1,估计模型对实际值的拟合越好。但在实际应用中,R^2 达到多少在才算模型通过了检验,没有绝对的标准,要视具体情况而定。特别是在金融资产价格或收益率变化规律的回归模型中,R^2 有时会很低,如在 0.1-0.5 之间,但为了符合模型的经济意义,R^2 较低是可以接受的。

二、多元线性回归模型

若因变量 Y 受多个自变量 $X_2, X_3, \cdots X_K$ 的影响,例如影响股票收益率的因素除了市场指数收益率外,还有其它因素,如债券收益率、个股本身的因素(如经营业绩,股本大小等等)。此时,对于多元线性回归,其一般形式为:

$$Y_t = \beta_1 + \beta_2 X_{2t} + \cdots + \beta_K X_{kt} + \varepsilon_t, t = 1, 2 \cdots T \tag{3-10}$$

或用矩阵表示:

$$\begin{bmatrix} Y_1 \\ Y_2 \\ \vdots \\ Y_T \end{bmatrix}_{T\times 1} = \begin{bmatrix} 1 & X_{21} & \cdots & X_{K1} \\ 1 & X_{22} & & X_{K2} \\ \vdots & \vdots & \ddots & \vdots \\ 1 & X_{2T} & \cdots & K_{KT} \end{bmatrix}_{T\times K} \begin{bmatrix} \beta_1 \\ \beta_2 \\ \vdots \\ \beta_K \end{bmatrix}_{K\times 1} + \begin{bmatrix} \varepsilon_1 \\ \varepsilon_2 \\ \vdots \\ \varepsilon_T \end{bmatrix}_{T\times 1}$$

令:

$$Y = \begin{bmatrix} Y_1 \\ Y_2 \\ \vdots \\ Y_T \end{bmatrix}_{T\times 1}, X = \begin{bmatrix} 1 & X_{21} & \cdots & X_{K1} \\ 1 & X_{22} & & X_{K2} \\ \vdots & \vdots & \ddots & \vdots \\ 1 & X_{2T} & \cdots & K_{KT} \end{bmatrix}_{T\times K}, \beta = \begin{bmatrix} \beta_1 \\ \beta_2 \\ \vdots \\ \beta_K \end{bmatrix}_{K\times 1}, \varepsilon = \begin{bmatrix} \varepsilon_1 \\ \varepsilon_2 \\ \vdots \\ \varepsilon_T \end{bmatrix}_{T\times 1}$$

有:

$$Y = X\beta + \varepsilon \tag{3-11}$$

同一元线性回归模型的思想类似,在满足古典假设的前提下,用向量表示普通最小二乘估计的有关结果为:

模型系数的估计值:$\hat{\beta} = (X'X)^{-1}X'Y$ (3-12)

模型系数的方差:

$$Var(\hat{\beta}) = E[(\hat{\beta} - E(\hat{\beta}))(\hat{\beta} - E(\hat{\beta}))'] = \sigma^2(X'X)^{-1} \tag{3-13}$$

误差项方差的估计值:$\hat{\sigma}^2 = \frac{e'e}{(T-K)}$ (3-14)

残差平方和:

$$e'e = (Y - X\hat{\beta})'(Y - X\hat{\beta}) = \sum (Y_t - \hat{Y}_t)^2 \tag{3-15}$$

判定系数：$R^2 = 1 - \frac{e'e}{Y'Y}$ (3 - 16)

有关变量显著性检验(t 检验)的程序和原则同一元线性回归模型相同。另外,对于多元线性回归,还可以对方程进行总体的显著性检验,即对推断模型中被解释变量与解释变量之间的线性关系在总体上是否显著成立,表现为检验模型(3 - 10)中各解释变量前的系数是否均为 0。此时的虚拟假设为:

$H_0: \beta_2 = \cdots = \beta_k = 0$,

备择假设为 $H_a: \beta_2, \beta_3, \cdots \beta_k$ 中至少有一个不为 0。

根据数理统计学的有关知识,可以证明对于构造的统计量

$$F = \frac{\sum(\hat{Y}_t - \bar{Y})^2 / k - 1}{\sum(Y_t - \hat{Y}_t)^2 / T - k} = \frac{R^2}{1 - R^2} \times \frac{T - k}{k - 1} \tag{3-17}$$

服从自由度为$(k - 1, T - K)$的 F 分布,即 $F \sim F(k - 1, T - k)$。

因此,根据变量的样本观测值,计算出 F 统计量。给定一个显著性水平 α,查 F 分布表(见本书附录),得到临界值 $F_\alpha(k - 1, T - k)$。相应地,若 $F > F_\alpha(k - 1, T - k)$,表明在$(1 - \alpha)$的置信水平下拒绝原假设 H_0,即模型的线性关系显著成立。反之,则表明在$(1 - \alpha)$的置信水平下接受原假设 H_0,意味着模型表示的解释变量和被解释变量之间的线性关系不显著。

[案例] 资本资产定价模型、股票系数及系统风险占总风险的比例

如上一章所述,马科威茨均值 - 方差模型将股票的投资收益率作为随机变量,用随机变量的数学期望值来表示在一定时期内该种风险资产的平均收益水平,而用随机变量的方差或标准差(即实际收益率与期望值的偏离程度)来表示其风险水平。对于由多种证券组成的投资组合 P,其收益率等于它所包括的各种证券的预期收益率的加权平均数,而风险水平的计算则比较复杂。Sharpe 等人在马科威茨组合理论的基础上导出了资本资产定价模型(CAPM),解决了市场处于均衡状态时风险资产收益率的决定问题,其中心思想是认为证券 i 的预期收益是由它所含有的系统风险唯一确定的,其数学形式是:

$$E(R_i) = r_f + [E(R_m) - r_f] \cdot \beta_i \tag{3-18}$$

其中:$E(R_i)$为股票 i 的期望收益率。

r_f 为无风险收益率,投资者能以这个利率进行无风险的借贷。

$E(R_m)$为市场组合的期望收益率,通常用市场指数的收益率来代表。

$\beta_i = \text{cov}(R_i, R_m) / Var(R_m) = \sigma_{im} / \sigma_m^2$,$\text{cov}(R_i, R_m)$是股票 i 收益率与市场组合收益率的协方差,而 $Var(R_m)$是市场组合收益率的方差。

β_i 作为衡量个股 i 价格的变化率对市场指数变化率的敏感程度,用来表示该股票系统风险的大小。单个资产的价格(或预期收益率)只与该资产的系统风险的大小有

关。若 $\beta_i > 1$，则这只股票被称之为进取性股票(aggressive stock)，因为该股票收益率的变化大于市场指数收益率的变化。例如，某只股票 β 值为 2，那么当市场组合的收益率超过无风险利率的部分，即超额收益率为 1% 时，该股票的超额收益就是 2%。反之，如果一只股票 β 的值小于 1，则这种股票称为防守性股票，因为该股票收益率的变化小于市场组合收益率的变化。

资本资产定价模型描述的是均衡状态下的证券或证券组合的期望收益率与由 β 系数所测定的系统风险之间的线性关系。但在实证计量中只可得到事后的观察值，且真实市场往往并不处于均衡状态，或者处于 CAPM 模型所未能描述的、而由其他因素所决定下的均衡状态。因此在实际计量中，可以建立下面两个模型，采用普通最小二乘法，来求得证券或证券组合的 β 系数。

模型 1：用市场中证券 i 的收益率 R_{it} 与市场组合收益率 R_{mt}，建立一元回归模型：

$$R_{it} = \alpha_i + b_i \cdot R_{mt} + \varepsilon_t,\ t = 1, 2, \cdots T \tag{3-19}$$

模型 2：用市场中证券 i 的超额收益率 $R_{it} - r_f$ 与市场组合的超额收益率 $R_{mt} - r_f$，建立一元回归模型：

$$(R_{it} - r_f) = \alpha_i + b_i(R_{mt} - r_f) + \varepsilon_t,\ t = 1, 2 \cdots T \tag{3-20}$$

假定模型中的误差项 ε_t 符合古典假设，根据一元线性回归模型的知识，并对照 β 系数的定义，可知上述两个模型中解释变量前的系数 b_i 的最小二乘估计值即为证券 i 的 β 系数，即：

$$\hat{b}_i = \frac{\sum(R_{it} - \bar{R}_i)(R_{mt} - \bar{R}_m)}{\sum(R_{mt} - \bar{R}_m)^2} = \frac{Cov(R_i, R_m)}{Var(R_m)} = \beta_i$$

其中，模型(3-19)又可称之为单指数模型。它实际上是用证券市场的股票价格指数作为宏观共同因素的代表，来解释个别资产收益率的变化。

利用单指数模型还可以进一步地将证券或证券组合的风险结构加以分解。这一点可以直接利用计量经济学的有关知识得出。例如，我们知道对于一元线性回归模型：

$$R_{it} = \alpha_i + b_i \cdot R_{mt} + \varepsilon_t,\ t = 1, 2 \cdots T$$

被解释变量的方差：

$$\begin{aligned} TSS &= \sum(R_i t - \bar{R}_i)^2 \\ &= \sum(\hat{R}_{it} - \bar{R}_i)^2 + \sum(R_{it} - \hat{R}_{it})^2 \end{aligned} \tag{3-21}$$

其中 $\sum(\hat{R}_{it} - \bar{R}_i)^2$ 称之为解释平方和(ESS)，$\sum(R_{it} - \hat{R}_{it})^2 = \hat{\varepsilon}^2$ 为残差平方和(RSS)。

可以证明：

解释平方和(ESS) $= \sum(\hat{R}_{it} - \bar{R}_i)^2 = \hat{b}_i^2 \cdot \sum(R_{mt} - \bar{R}_m)^2$，

其中，系数 b_i 的最小二乘估计值 $\hat{b}_i$ 为证券 i 的 β 系数；$\sum(R_{mt} - \bar{R}_m)^2$ 的金融学含义为市场指数的方差(风险)，可表示为 σ_m^2；随机误差项的均值为零，即 $E(\varepsilon_t) = 0$，因此 $\hat{\varepsilon}^2$ 又可表示为 $Var(\varepsilon_t)$ 或 σ_ε^2；而被解释变量 R_{it} 的方差 TSS 的金融学含义恰为证券 i 的

总风险 σ_i^2。因此公式(3-21)可简写为：

$$\sigma_i^2 = \beta_i^2\sigma_m^2 + \sigma_\varepsilon^2 \tag{3-22}$$

其含义是：用方差表示的证券 i 的总风险 σ_i^2 分为系统风险和非系统风险两部分，其中 $\beta_i^2\sigma_m^2$ 表示个股受整体市场变化的影响，即系统风险。它衡量的是整个市场大势运动(在本模型中反映为市场指数的影响)引起的股票收益率波动性；σ_ε^2 为市场指数因素所无法解释的、由该股票自身因素决定的非系统风险的度量。因此系统风险在股票 i 总风险中所占比例为：

$$\delta_i = \frac{\beta_i^2\sigma_m^2}{\sigma_i^2} = \frac{\sum(\hat{R}_{it} - \bar{R}_i)^2}{\sum(R_{it} - \bar{R}_{it})^2} = \frac{ESS}{TSS} = R^2 \tag{3-23}$$

可见，一元线性回归模型 $R_{it} = \alpha_i + b_i \cdot R_{mt} + \varepsilon_t$ 的拟合优度 R^2 就是系统风险占总风险的比重。由计量经济学的知识还可知道拟合优度 R^2 还是模型解释变量与被解释变量相关系数的平方，具体到收益率的单指数模型，含义为：对于股票 i，系统风险在总风险中的构成比例为个股收益率与市场指数收益率相关系数 ρ_{im} 的平方，即：

$$\delta_i = \left(\frac{Cov(R_{it}, R_{mt})}{\sqrt{Var(R_{it}) \cdot Var(R_{mt})}}\right)^2 = \rho_{im}^2 = R^2 \tag{3-24}$$

而非系统风险在总风险中所占比例为：

$$1 - \delta_i = 1 - \rho_{im}^2 \tag{3-25}$$

由上述可知，求系统风险在总风险中的构成比例，一种方法是直接对个股的收益率序列 R_{it} 和市场指数收益率序列 R_{mt} 求相关系数，其公式是：

$$\rho_{im} = \frac{\sum(R_{it} - \bar{R}_i)(R_{mt} - \bar{R}_m)}{\sqrt{(\sum(R_{it} - \bar{R}_i)^2(\sum(R_{mt} - \bar{R}_m)^2)}} \tag{3-26}$$

然后加以平方；另一种方法是用市场指数收益率序列与个股的收益率序列建立一元线性回归模型，如模型(3-19)，直接得到模型的判定系数 R^2，即为系统风险所占的比例。可以证明，上述对单个证券期望收益率和风险结构的测定公式同样适用于证券组合收益率和风险的分析。在有关的实证文献中，上述两种方法均有应用。

下面以中国石油股份有限公司 A 股数据为例，说明其 β 系数以及系统风险占总风险比例的估算。如图 3-1 是 2009 年 5 月至 2012 年 10 月期间，在上海证券交易所上市的中国石油股份有限公司 A 股的日收盘价格与上证综合指数的日收盘指数。

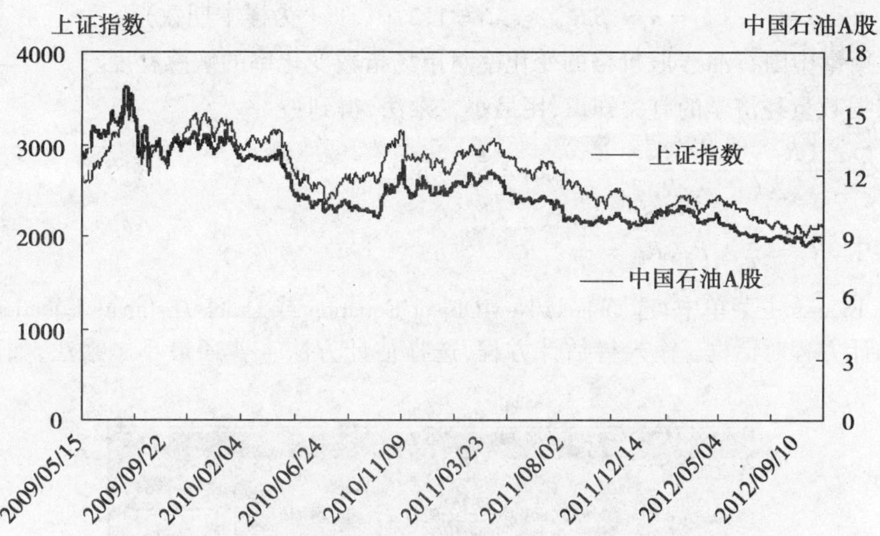

图 3－1　上证综合指数与中国石油 A 股价格的走势

观察个股的价格变化与指数的价格走势会发现，在多数情况下，当指数上升，个股的价格也上升；反之，当指数下降时，个股的价格也下降。如果我们用价格（指数）变化率来表示，即：

$$R_{it}=\frac{P_{it}-P_{it-1}}{P_{it-1}},R_{mt}=\frac{I_{t}-I_{t-1}}{I_{t-1}}\qquad(3-27)$$

中国石油 A 股日收益率（%）　　上证综合指数日收益率（%）

其中 P_{it} 和 I_t 分别为股票 i 和市场指数在 t 时刻的价格，则 R_{it} 和 R_{mt} 分别为中国石油 A 股的日收益率和上证综合指数的日收益率，在Eviews软件中键入View/Graph/Scatter/Scatter with Regression，可将其分别表示在二维空间中，如下图所示。

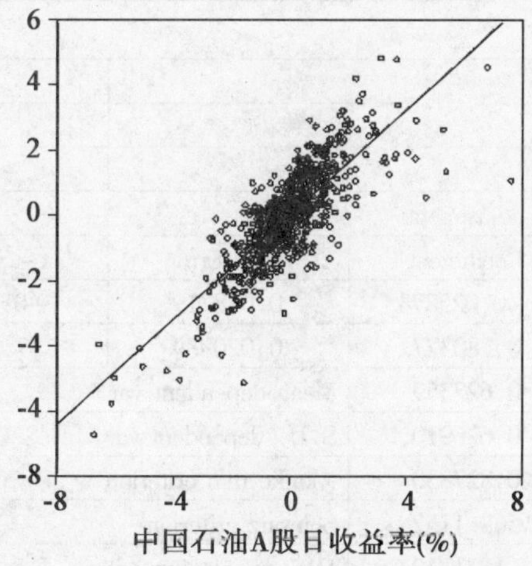

图 3－2　上证综合指数与中国石油 A 股日收益率的关系

用一元线性回归模型对 R_{it} 和 R_{mt} 之间存在的相关关系加以研究，形式为：

$$R_{it} = \alpha_i + \beta_i R_{mt} + \varepsilon_t, t = 1, 2, \cdots, T(T\text{为样本期数}) \quad (3-28)$$

β_i 衡量中国石油 A 股价格的变化率对市场指数变化率的敏感程度。

根据数量经济学的有关知识,用最小二乘法,得到:

$$\hat{\beta}_i = \frac{\sum(R_{it} - \bar{R}_{it})(R_{mt} - \bar{R}_{mt})}{\sum(R_{mt} - \bar{R}_{mt})^2}, \hat{\alpha}_i = \bar{R}_{it} - \hat{\beta}_i \bar{R}_{mt}$$

其中,$\bar{R}_{it} = \frac{1}{T}\sum_{t=1}^{T} R_{it}, \bar{R}_{mt} = \frac{1}{T}\sum_{t=1}^{T} R_{mt}$

在 Eviews 主菜单中,选 Objects/New Object/Equation 或 Quick /Estimate Equations,进入输入估计方程对话框,输入待估计方程,选择估计方法－普通最小二乘法,如图 3－3 所示。

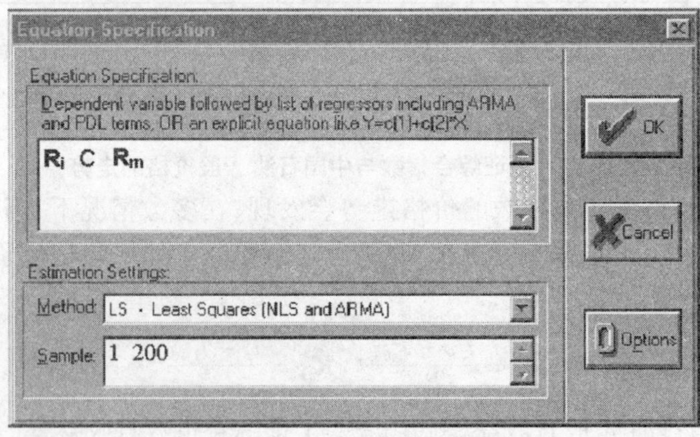

图 3－3 最小二乘法在 Eviews 中的实现

对中国石油 A 股的周收益率与上证 B 股指数周收益率的数据进行回归,其结果为:

表 3－1 中国石油 A 股的周收益率对上证 B 股指数周收益率的回归结果

Dependent Variable: Ri				
Method: Least Squares				
Date: 10/28/12 Time: 11:25				
Sample (adjusted): 2 840				
Included observations: 831 after adjustments				
Variable	Coefficient	Std. Error	t－Statistic	Prob.
C	－0.025873	0.028719	－0.900892	0.3679
Rm	0.780377	0.020889	37.35858	0.0000
R－squared	0.627359	Mean dependent var		－0.038431
Adjusted R－squared	0.626910	S.D. dependent var		1.355296
S.E. of regression	0.827830	Akaike info criterion		2.462385
Sum squared resid	568.1152	Schwarz criterion		2.473751
Log likelihood	－1021.121	Hannan－Quinn criter.		2.466743
F－statistic	1395.664	Durbin－Watson stat		1.977398
Prob(F－statistic)	0.000000			

综合结果为：

$$R_{it} = -0.0259 + 0.780R_{mt}$$

从表 3－1 中可见，R_{mt} 前的系数 β 的估计值 $\hat{\beta}$ 为 0.780，$t_{\beta=0} = \left|\frac{\hat{\beta}-0}{SE(\hat{\beta})}\right| = \frac{0.780}{0.021} = 37.36$，虚拟假设“$\beta = 0$”成立的概率 P 值 = 0，因此市场指数收益率 R_{mt} 对中国石油 A 股的收益率的影响是显著的。

模型拟合的判定系数 $R^2 = 0.63$。说明中国石油 A 股价格变化的 63%可由上证 B 股指数（市场整体走势）的变化来解释，即对中国石油 A 股这只股票而言，系统风险在投资总风险中所占的比例为 63%。

【拓展阅读】

为什么要研究系统风险占总风险的比例？

首先，这一指标在一定程度上反映了股市发展的成熟水平。例如在股市发展初期，政府的频繁干预和管理政策缺乏连续性和稳定性，使市场参与者难以形成稳定的政策预期，遇到利多消息就蜂拥买进，遇到利空消息则疯狂抛售。由于此种政策因素的影响会涉及几乎所有股票，因此它导致的系统风险构成投资风险的主要来源。另一方面，股市投资主体的个人化现象十分严重。受能力、财力及时间的限制，个人投资者显然不可能对上市公司的经营与财务状况进行全面细致的分析，他们更多是关心政策、消息对股票市场大势运动的影响，而对导致非系统风险的企业自身特点则不甚敏感，股民的操作广泛存在跟风行为，盲从导致的个性迷失也使股市价格行为呈现涨跌一致的现象。这两方面都导致系统风险在个股投资的总风险中所占比例较大。如施东晖的研究表明①，以上海证券交易所上市的 50 家 A 股为研究对象，利用 1993 年 4 月 27 日至 1996 年 5 月 31 日的数据，得出的结果是，在 50 只样本股票中，有 42 只股票的系统风险所占比例超过了 70%，平均比例达 81.37%，而西方股市中系统风险占总风险的比例如表 3－2 所示。

表 3－2　各国股市系统风险占总风险的比例

美国	英国	法国	德国	加拿大	意大利	瑞士
26.8%	54.3%	32.7%	43.8%	20%	39.8%	23.9%

由此可认为，在上海股市发展初期，系统风险占据着主导地位，股价的变化并不表现为企业的个性，而更多地表现为市场运动的共性。

从动态的角度看，随着上海股市规模的扩大和运作机制的逐步成熟，系统风险占总风险的比例呈现逐年下降的趋势，“齐涨共跌”的现象正逐步弱化，投资者在进行投资决

① 施东晖，《中国股市微观行为理论与实证》，上海远东出版社 2001 年出版，第 201－202 页。

策时更多地考虑公司本身的特点,行为模式已从前几年的"重大盘,轻个股"逐渐转变为"重个股,轻大盘",股票后面所蕴含的公司特性正逐步得以体现。耿广棋[①] 用1993年1月1日至2001年8月31日的日收益率数据,考察了上海股市风险结构的动态变化特征与趋势。如下图所示。

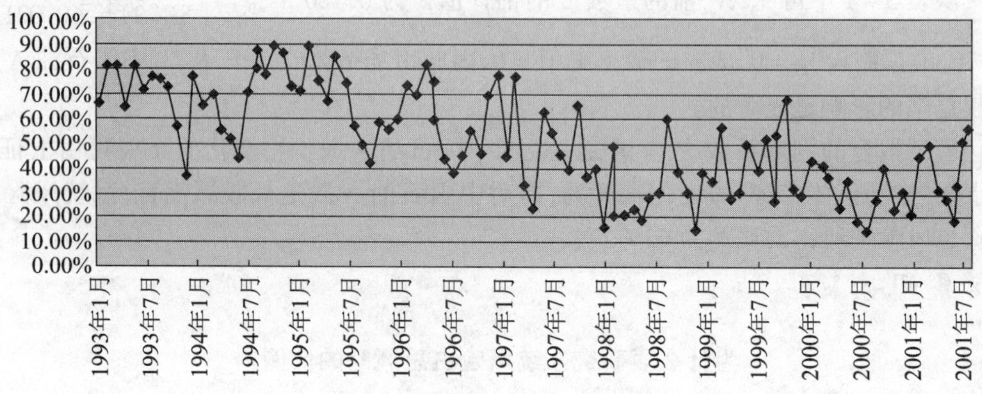

图3-4　上证A股市场系统风险

宋逢明、朱世武(2002)[②] 的研究发现:中国证券市场系统性风险占总风险的比例年均为39.8%,除了1999年系统性风险占总风险的比例比1998年回升了5个百分点外,1996-2000年中国证券市场系统性风险占总风险的比例呈逐年下降趋势,因此认为中国证券市场的个股个性得到了一定张扬,个股齐涨齐落现象已经得到了部分改观。陶晋、李峰[③] 等分别给出了以月为考察时段、以周为考察时段和以日为考察时段的中国证券市场系统性风险占总风险比例的年度平均水平,整理得到下表:

表3-3　研究周期不同时,中国股市系统风险占总风险的比例

年份	1993年	1994年	1995年	1996年	1997年	1998年	1999年	2000年	2001年
以月为考察时段	—	—	63.85	45.81	45.08	43.44	57.17	26.85	52.76
以周为考察时段	—	—	74.22	52.81	35.22	31.85	38.88	35.19	48.64
以日为考察时段	70.3	69.3	62.8	55	49	32	37	26	—

其次,考察系统风险占总风险的比例,对于股票市场投资组合规模和风险关系的实证研究也有较重要的意义。通过研究投资组合系统风险占总风险的比例,可说明如何建立一个合理规模的投资组合,以有效地降低风险、提高收益。因为过多的证券构成的组合将导致较高的管理费用,因此需要研究股票数目与风险程度的关系。其基本思路是研究股票数目增加所引起的投资组合系统风险占总风险比例指标的变化。由于投资

① 耿广棋,《中国股票市场系统风险的特征与传递机制》,深交所研究报告。

② 宋逢明、朱世武,《中国股票市场风险测度的实证研究》,《中国货币市场》2002年第4期。

③ 陶晋、李峰,《中国证券市场风险特征的实证研究》,深圳证券交易所第五届会员单位、基金管理公司研究成果评选,证券市场研究类二等奖。

组合分散风险的作用主要在于它能够消除非系统性风险，随着组合中股票数量的增加，与市场相关的系统性风险应该成为解释组合收益率变化的主要因素，系统风险占总风险的比例应该由快速上升到上升缓慢，直至为一稳定水平。此时对应的组合规模即为适度规模。

如罗林[①] 利用上海股票市场2004年的周收益率数据，采取独立随机抽样的方法，随机抽取1,2,…20只股票构成的组合，并对每一组合重复100次，以降低对单一样本的依赖，这样得到分别有1只直到20只股票构成的组合，然后计算每种组合的方差平均值，并计算系统风险占总风险的比例，结果如下表所示：

表3-4

组合规模	组合标准差	系统风险比例
1	4.84%	55.05%
2	4.43%	67.01%
3	4.04%	72.36
4	3.61%	76.02%
5	3.88%	78.72%
6	3.75%	81.83%
7	3.43%	85.02%
8	3.42%	84.39%
9	3.43%	86.25%
10	3.45%	87.72%
11	3.31%	87.44%
12	3.39%	88.29%
13	3.31%	89.39%
14	3.18%	89.72%
15	3.15%	90.36%

从表中可以看出，组合方差随着包含个股数量的增加不断下降。当组合包含个股数量在2-8之间时，方差迅速下降，当组合中股票数量超过10时，下降则非常缓慢。而且，当股票数量为10时，系统风险所占的比例提高到88%左右，其后，系统性风险占总风险的比例也不再有显著的上升，说明分散投资对消除非系统风险的效果已十分微弱，10只股票组成的投资组合已能起到很好的降低风险的作用，为适度的组合规模。有的研究表明，在美国纽约股票交易所，组合的年收益率的波动性在股票种类数超过30种以后，风险再降低的程度就不明显了[②]。

① 罗林，《中国股票市场风险结构实证研究》，《金融与经济》2006年第7期。
② 宋逢明，《金融工程原理：无套利均衡分析》，清华大学出版社1999版，第38-39页。

第二节　不满足古典假设时的计量经济问题

以上的讨论均是在一定假设条件成立的前提下进行的。在这些基本假设下，应用普通最小二乘法可以得到无偏的、有效的参数估计量。但在实际的计量经济问题中，完全满足这些基本假设的情况并不多见。如果违背某一项基本假设，那么就需要采用新的方法来估计模型。

一、异方差问题

对于模型：

$$Y_t = \beta_1 + \beta_2 X_{2t} + \cdots + \beta_K X_{Kt} + \varepsilon_t, t = 1,2\cdots T$$

同方差假设为：

$$Var(\varepsilon_t) = \sigma^2, t = 1,2\cdots T$$

用方差协方差矩阵可表示为：

$$E(\varepsilon\varepsilon') = \begin{pmatrix} \sigma^2 & 0 & \cdots & 0 \\ 0 & \sigma^2 & \cdots & 0 \\ \vdots & \vdots & \ddots & \vdots \\ 0 & 0 & \cdots & \sigma^2 \end{pmatrix} = \sigma^2 I$$

但如果古典假设的其他条件满足，唯有：

$$Var(\varepsilon_t) = \sigma_t^2, t = 1,2\cdots T$$

相应地，残差的方差协方差矩阵为：

$$E(\varepsilon\varepsilon') = \begin{pmatrix} \sigma_1^2 & 0 & \cdots & 0 \\ 0 & \sigma_2^2 & \cdots & 0 \\ \vdots & \vdots & \ddots & \vdots \\ 0 & 0 & \cdots & \sigma_T^2 \end{pmatrix} \neq \sigma^2 I$$

即随机误差项的方差不再是常数，而是互不相同，则认为出现了异方差问题。

随机误差项的方差通常是随着某一个解释变量观测值的变化而变化。例如，在研究家庭收入与支出的关系时，收入越高，其可选性(消费的变化)越大，因此有理由认为低收入家庭的支出结构比较稳定，而高收入家庭的消费行为相对来讲波动较大。这种情况下，在以收入为解释变量，以消费支出为被解释变量的回归模型中，误差项的方差就与收入变量的观测值大小有关。此时，可以证明参数的最小二乘估计仍是无偏的，但已不再具有最小方差，用于检验变量显著性与否的 t 检验也就失去了意义。因此，如何诊断回归模型的误差项是否具有异方差性，是计量经济学的一个重要课题。诊断的方法有许多种，其基本思路是检验随机误差项的方差与解释变量观测值之间是否具有相关性。一种较简单的方法是目测法。如果对异方差的性质没有任何先验或经验信息,可先在无异方差的假定下做回归分析,然后对残差的平方 $\hat{\varepsilon}_t^2=(Y_t-\hat{Y}_t)^2$ 做事后检查,看这些 $\hat{\varepsilon}_t^2$ 是否与回归模型中的某些解释变量呈现相关关系。虽然 $\hat{\varepsilon}_t^2$ 不等于 σ_t^2,但可以作为替代变量,特别是样本含量足够大时。对 $\hat{\varepsilon}_t^2$ 的检查可能出现诸如下图所示的情况。

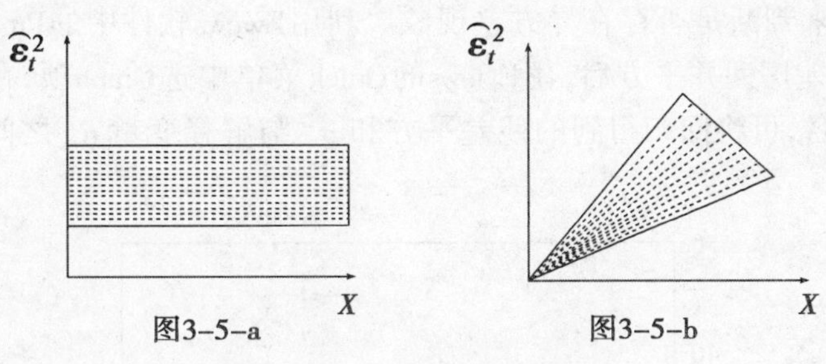

图 3-5 目测法检验异方差

图 3-5-a 未发现两个变量之间有任何系统性样式,表明数据中也许没有异方差。图 3-5-b 则表示 e_t^2 与 X 之间的一个线性关系。

另一个比较正式的方法是 White 检验。基本过程是:对于多元线性回归

$Y_t=\beta_1+\beta_2X_{2t}+\cdots+\beta_KX_{kt}+\varepsilon_t$,

$Var(\varepsilon_t)=\sigma_t^2, t=1,2\cdots T$

设定原假设 $H_0:\sigma_t^2=\sigma^2, t=1,2,\cdots T$,即同方差;备择假设 H_1:存在异方差。

检验的第一步,对原模型 $Y_t=\beta_1+\beta_2X_{2t}+\cdots+\beta_KX_{kt}+\varepsilon_t$ 用 OLS 得到残差的估计值 $\hat{\varepsilon}_t, t=1,2,\cdots T$。第二步,对模型 $\hat{\varepsilon}_t^2=\alpha_1+\alpha_2Z_{2t}+\cdots+\alpha_qZ_{qt}+\omega_t$ 用 OLS 得出判定系数 R^2,可以证明 $T\cdot R^2\sim\chi^2(q-1)$。在一定的显著性水平 α 下,如果 $T\cdot R^2>\chi_\alpha^2(q-1)$,则拒绝 $H_0:\sigma_t^2=\sigma^2$ 的假设,即存在异方差。其中第二步模型中的变量 $Z_{2t}, Z_{3t}\cdots Z_{qt}$ 包括第一步原模型中的解释变量 $X_{2t},\cdots,X_{kt}$,各解释变量的平方 $X_{2t}^2,\cdots X_{kt}^2$,以及每两个解释变量的乘积 $X_{it}\cdot X_{jt}$。

例如,对于一元线性回归模型 $Y_t=\beta_1+\beta_2X_t+\varepsilon_t, t=1,2\cdots T$,White 异方差检验的第二步模型为 $\hat{\varepsilon}_t^2=\alpha_1+\alpha_2X_{2t}+\alpha_3X_{2t}^2+\omega_t$,此时 $T\cdot R^2$ 服从自由度为 2 的 χ^2 分布;对于多元线性回归 $r_t=\beta_1+\beta_2X_{2t}+\beta_3X_{3t}+\varepsilon_t$,则 White 异方差检验的第二步模型为:$\hat{\varepsilon}_t^2=\alpha_1+\alpha_2X_{2t}+\alpha_3X_{3t}+\alpha_4X_{2t}^2+\alpha_5X_{3t}^2+\alpha_6X_{2t}X_{3t}+\omega_t$,此时 $T\cdot R^2$ 服从自由度为 5 的分布 χ^2;依此类推。

如果模型被检验证明存在异方差性,则可采用加权最小二乘法(Weighted Least Squares)及广义最小二乘法(Generalized Least Squares)等对模型进行估计。这些对异方差问题的检验及处理,在 Eviews 计量经济软件中均有相应的命令。

值得一提的是,在对一些金融时间序列,如利率、汇率、通货膨胀率、股票收益率等建立回归模型并进行预测工作时,经常会发现残差的平方序列 e_t^2 随时间的变化而变

化，这一问题引出的自回归条件异方差模型(ARCH)将在第六章中详细论述。

[案例] 中国石油股价有限公司 A 股系数估算中的异方差问题

对于前面中国石油 A 股的例子，个股收益率 R_{it} 与市场指数收益率 R_{mt} 之间的回归模型：

$$R_{it} = \alpha_i + \beta_i R_{mt} + \varepsilon_t$$

先用目测法来判断是否存在异方差现象。利用Eviews软件中的Procs/Make Residual Series功能求出残差序列并平方后，用Eviews的Quick菜单中选Graph项，在图形对话框中键入相应的序列名，可将回归得到的残差平方和 $\hat{\sigma}_t^2$ 与解释变量 R_{mt} 之间的关系用图表示如下：

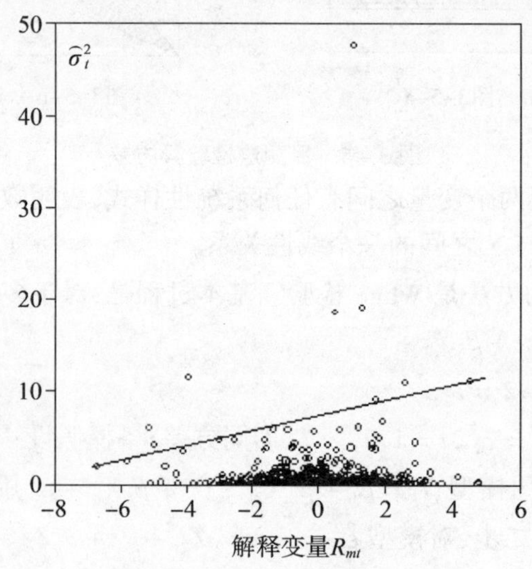

图 3-6 异方差的图形表示

从上图可见，残差平方 $\hat{\varepsilon}_t^2$ 与解释变量 - 市场收益率 R_{mt} 之间存在一定的线性关系，即有异方差现象。

用Eviews中View/ResidualTests/White Heteroskedasticity (No cross terms)提供的White异方差检验功能，得到下面的输出结果：

表 3－5　异方差的 white 检验结果

Heteroskedasticity Test: White				
F－statistic	6.709463	Prob. F(2,828)		0.0013
Obs * R－squared	13.25276	Prob. Chi－Square(2)		0.0013
Scaled explained SS	69.67534	Prob. Chi－Square(2)		0.0000
Test Equation:				
Dependent Variable: RESID^2				
Method: Least Squares				
Date: 10/28/12 Time: 15:38				
Sample: 2 840				
Included observations: 831				
Variable	Coefficient	Std. Error	t－Statistic	Prob.
C	0.513854	0.085867	6.333708	0.0000
Rm	0.079538	0.057269	1.388835	0.1653
Rm^2	0.074636	0.020625	3.618644	0.0003
R－squared	0.015948	Mean dependent var		0.683652
Adjusted R－squared	0.013571	S.D. dependent var		2.223538
S.E. of regression	2.208399	Akaike info criterion		4.426016
Sum squared resid	4038.177	Schwarz criterion		4.443065
Log likelihood	－1836.010	Hannan－Quinn criter.		4.432554
F－statistic	6.709463	Durbin－Watson stat		1.828526
Prob(F－statistic)	0.001287			

从上表可看出，对于 $R_{it}=\alpha_i+\beta_i R_{mt}+\varepsilon_t$，观察值个数 T＝831。其 White 异方差检验的回归式为：

$$\hat{\varepsilon}_t^2=\alpha_1+\alpha_2 R_{mt}+\alpha_3 R_{mt}^2+\omega_t$$

用 OLS 得出模型的判定系数 R^2，进一步得出 $T\cdot R^2=13.25276$。由前述可知，$T\cdot R^2\sim\chi^2(2)$。在一定的置信水平（如 $\alpha=0.05$）下，查表可知 $T\cdot R^2>\chi^2_\alpha(2)$。说明拒绝同方差的原假设，随机误差项存在异方差现象。另外，从上表的结果还可以看出，P 值＝0.0013，意味着原假设成立的概率只有 0.0013，作为小概率事件，也应该拒绝同方差的原假设。

二、序列相关问题

对于模型：

$$y_t = \beta_1 + \beta_2 X_{2t} + \cdots + \beta_k X_{kt} + \varepsilon_t \quad t = 1,2,\cdots T \tag{3-29}$$

随机误差项互相独立的基本假设表现为：

$$Cov(\varepsilon_i, \varepsilon_j) = 0; i \neq j, i、j = 1,2,\cdots T$$

如果古典假设的其它条件满足，但只有随机误差项互相独立这一假定不满足，即随机误差项之间出现某种相关性，表示为：

$$Cov(\varepsilon_i, \varepsilon_j) \neq 0; i \neq j, i、j = 1,2,\cdots T$$

则认为出现了序列相关性(Serial Correlation)。由于随机误差项都服从均值为 0 的正态分布，所以序列相关性又可以表示为：

$$E(\varepsilon_i \varepsilon_j) \neq 0; i \neq j, i、j = 1,2,\cdots T$$

比较简单的情况是误差项呈一阶序列相关，即：

$$\varepsilon_t = \rho\varepsilon_{t-1} + \omega_t \text{ 而 } \omega_t \sim N(0, \sigma^2),$$

则可以证明模型(3-29)随机误差项的方差协方差矩阵为：

$$Var(\varepsilon) = E(\varepsilon\varepsilon') = \frac{\sigma^2}{1-\rho^2}\begin{pmatrix} 1 & \rho & \cdots & \rho^{T-1} \\ \rho & 1 & \cdots & \rho^{T-2} \\ \vdots & \vdots & \ddots & \vdots \\ \rho^{T-1} & \rho^{T-2} & \cdots & 1 \end{pmatrix}$$

可见，与满足古典假设的情况相比，存在序列相关的随机误差项的方差协方差矩阵的特点是矩阵非对角线上的元素不为 0。

序列相关现象产生的主要原因有：经济时间序列数据本身往往呈现"惯性"的特点，相邻的观测值很可能是相互依赖或者呈现某种"滞后"效应。例如在消费支出对收入的时间序列分析中，当期的消费支出除了依赖于收入等变量外，还依赖前期的消费支出，即：

$$C_t = \beta_1 + \beta_2 I_t + \beta_3 C_{t-1} + u_t$$

如果作回归时使用的模型是 $C_t = \beta_1 + \beta_2 I_t + u_t$，则可能会出现自相关。另外，数据加工(如用月度数据加总而得到季度数据)都会在一定程度上带来序列相关的问题。其后果是使得参数的 OLS 估计量不再有效，变量的显著性检验失去意义。

序列相关的诊断方法也包括目测法、D. W. 检验及Breusch - Godlfrey检验等。其中 D.W 检验主要用于检验随机误差项是否存在一阶序列相关现象，如果计算出来的 D.W 值接近于 2，则基本上可说明不存在一阶序列相关。

Breusch - Godlfrey检验则适用于检验模型随机误差项是否存在高阶序列相关现象，即假定误差项由如下的 q 阶自回归模式产生：

$\varepsilon_t = \rho_1 \varepsilon_{t-1} + \rho_2 \varepsilon_{t-2} + \cdots + \rho_q \varepsilon_{t-q} + \omega_t$，其中阶数 q 可事先自行选定。

原假设 $H_0: \varepsilon_t$ 无自相关，即 $\rho_1 = \rho_2 = \cdots = \rho_q = 0$。备择假设为 $H_1: \varepsilon_t$ 存在自相关。

采用的检验方法是：第一步，对原模型 $y_t = \beta_1 + \beta_2 X_{2t} + \cdots + \beta_K X_{kt} + \varepsilon_t$ 用 OLS 得到残差 $\hat{\varepsilon}_t, t = 1,2\cdots T$。第二步，用模型中所有的解释变量及事先选定的 q 阶残差滞后值

对上一步得到的 $\hat{\varepsilon}_t$ 进行 OLS 回归，即：

$$\hat{\varepsilon}_t = \alpha_1 + \alpha_2 X_{2t} + \cdots + \alpha_K X_{kt} + \delta_1 \hat{\varepsilon}_{t-1} + \delta_2 \hat{\varepsilon}_{t-2} + \cdots \delta_q \hat{\varepsilon}_{t-q} + \omega_t$$

得出 R^2，可以证明 $(T-q)\cdot R^2 \sim \chi^2(q)$。若 $(T-q)\cdot R^2 > \chi^2(q)$，则拒绝 H_0 的假设，即存在自相关。如果经检验，模型的误差项存在序列相关性，则可以用广义最小二乘法及两步最小二乘法等进行校正。

[案例] 中国石油股价有限公司 A 股 β 系数估算中的序列相关问题

对于中国石油 A 股的例子，$R_{it} = \alpha_i + \beta_i R_{mt} + \varepsilon_t$，$t = 1, 2, \cdots T$

从表 3-1 显示的 D.W = 1.97 看，不存在显著的序列相关问题。用Eviews中View/ResidualTests/Serial Correlation LM Test，并在对话框中输入自相关的阶数 q，得到下表：

表 3-6　序列相关检验结果

Breusch-Godfrey Serial Correlation LM Test:				
F-statistic	0.111863	Prob. F(2,827)		0.8942
Obs * R-squared	0.224748	Prob. Chi-Square(2)		0.8937
Test Equation:				
Dependent Variable: RESID				
Method: Least Squares				
Date: 10/28/12 Time: 15:41				
Sample: 2 840				
Included observations: 831				
Presample and interior missing value lagged residuals set to zero.				
Variable	Coefficient	Std. Error	t-Statistic	Prob.
C	-3.86E-06	0.028750	-0.000134	0.9999
Rm	0.000254	0.020949	0.012121	0.9903
RESID(-1)	0.012875	0.034789	0.370084	0.7114
RESID(-2)	-0.010417	0.034856	-0.298859	0.7651
R-squared	0.000270	Mean dependent var		1.43E-17
Adjusted R-squared	-0.003356	S.D. dependent var		0.827331
S.E. of regression	0.828718	Akaike info criterion		2.466928
Sum squared resid	567.9615	Schwarz criterion		2.489660
Log likelihood	-1021.009	Hannan-Quinn criter.		2.475645
F-statistic	0.074576	Durbin-Watson stat		2.005473
Prob(F-statistic)	0.973653			

从上表中可看出,Breusch - Godlfrey test 中,q = 2,即假定干扰项由如下 2 阶自回归模式产生:

$\varepsilon_t = \rho_1 \varepsilon_{t-1} + \rho_2 \varepsilon_{t-2} + \omega_t$

检验假设为:H_0:ε_t 无自相关,即 $\rho_1 = \rho_2 = 0$。

第二步的回归方程为:

$\hat{\varepsilon}_t = \alpha_1 + \alpha_2 R_{mt} + \hat{\delta}_1 \hat{\varepsilon}_{t-1} + \hat{\delta}_2 \hat{\varepsilon}_{t-2} + \omega_t$

在一定的显著性水平下(如 $\alpha = 0.05$),$(T-2) \cdot R^2 = 0.2247 < \chi^2_{0.05}(2)$。另外,从上表结果中还可看到虚拟假设成立的概率 Prob(F - statistic) = 0.89。这都表明不能拒绝 H_0 假设,即干扰项无序列相关现象。

三、多重共线问题

多重共线是指在多元回归中,两个解释变量之间高度相关甚至是完全线性相关。例如,对于多元线性回归:$Y_t = \beta_1 + \beta_2 X_{2t} + \cdots + \beta_K X_{Kt} + \varepsilon_t, t = 1, 2 \cdots T$

模型系数估计值 $\hat{\beta} = (X'X)^{-1} X'Y$ (3 - 30)

模型系数的方差:

$$Var(\hat{\beta}) = E[(\hat{\beta} - E(\hat{\beta}))(\hat{\beta} - E(\hat{\beta}))'] = \sigma^2 (X'X)^{-1}$$

其中 $$X = \begin{bmatrix} 1 & X_{21} & \cdots & X_{K1} \\ 1 & X_{22} & & X_{K2} \\ \vdots & \vdots & \ddots & \vdots \\ 1 & X_{2T} & \cdots & X_{KT} \end{bmatrix}_{T \times K}$$

在某两个解释变量之间完全相关(相关系数 = 1)的情况下,$|X'X| = 0$,无法求出 $(X'X)^{-1}$,进而无法用最小二乘法估计回归系数;当某两个变量之间的相关系数接近于 1 时,行列式 $|X'X|$ 的值接近于 0,由此使 $(X'X)^{-1}$ 变得极大,进而导致模型估计参数的方差变得很大,t 值过小,而舍去一些重要的解释变量,得出与实际情况相悖的结论。另外,在高度相关条件下,回归系数的估计值对样本数据的微小变化非常敏感,模型的稳定性变得很差。

在各种计量经济学专著和论文中,人们已经给出了判断多重共线性存在的多种方法,但是很难找到一个统一的严格的判断准则。一般情况下,可以通过一些经验方法诊断多重相关性。常用的如:回归系数的代数符号与专业知识或一般经验相反;在解释变量总体 F 检验值较高、模型的拟合优度 R^2 值亦很大时,重要自变量回归系数的 t 值却偏小;如果增加(或删除)一个自变量,或者增加(或删除)一个观测值,模型的 R^2 并未有显著变化;某些变量间的相关系数较大等等。

四、解释变量与误差项相关

线性回归的古典假设要求解释变量为确定性变量且与误差项不相关,即 $Cov(X_t,$

$\varepsilon_t) = 0$。但在实际经济计量问题中，经常会遇到解释变量与误差项相关，即 $Cov(X_t, \varepsilon_t) \neq 0$ 的情况。其产生的原因主要有：在获得解释变量与被解释变量的数据时，存在测量误差(measurement errors)；或者在建立模型时，遗漏或多加了某些解释变量，即"确认失误"(Specification errors)。解释变量与误差项相关的问题带来的后果主要表现在模型系数的估计值不再是无偏的。

例如：对于矩阵表示的线性回归模型 $Y = X\beta + \varepsilon$

模型系数估计值

$\hat{\beta} = (X'X)^{-1}X'Y = \beta + (X'X)^{-1}X'\varepsilon$

$Cov(X_t, \varepsilon_t) \neq 0$ 将引起 $E[(X'X)^{-1}X'\varepsilon] \neq 0$，进而 $E[\hat{\beta}] \neq \beta$，即 OLS 估计不再是无偏估计。

上面谈到的由模型 $R_{it} = \alpha_i + \beta_i R_{mt} + \varepsilon_t$ 来估计证券 β 系数的做法，尽管是通用的做法，但也因存在着解释变量与误差项相关的问题而遭到质疑。其原因是所谓"市场组合"在推导 CAPM 时是指"所有证券构成的组合，在这个组合中，每一种证券的构成比例等于该证券的相对市值"①。但我们通常选择只由部分股票(指数样本股)按照某种规则计算得到的市场指数来表示市场组合收益率。这样一来就产生测量误差。例如真正的单指数模型是：

$$R_{it} = \alpha_i + \beta_i R_{mt} + \varepsilon_t$$

而我们只能观察到市场指数收益率为 r_{mt}，假定 $R_{mt} = r_{mt} + \delta_t$，则单指数模型变为：

$$\begin{aligned} R_{it} &= \alpha + \beta(r_{mt} + \delta_t) + \varepsilon_t \\ &= \alpha + \beta r_{mt} + (\beta\delta_t + \varepsilon_t) \\ &= \alpha + \beta r_{mt} + \omega_t, \end{aligned}$$

其中 $\omega_t = \beta\delta_t + \varepsilon_t$

这样在我们将个股收益率 R_{it} 对观察到的市场指数收益率 r_{mt} 进行线性回归时，会出现解释变量与随机误差项相关的问题，即 $Cov(r_{mt}, \omega_t) \neq 0$(因为 $r_{mt} = R_{mt} - \delta_t$，$\omega_t = \beta\delta_t + \varepsilon_t$，通过 δ_t，解释变量 r_{mt} 与随机误差项 ω_t 二者相关)。

在用单指数模型估计 β 系数时可能造成解释变量与误差项相关的另一个原因是，无风险收益率 r_f 随时间变化而变化，即可表示为 r_{ft}。在这种情况下，标准 CAPM 的形式为：

$$E(R_{it}) = r_{ft} + [E(R_{Mt}) - r_{ft}] \cdot \beta_i$$

用事后观察值表示为：

$$R_{it} = r_{ft} + \beta_i(R_{mt} - r_{ft}) + \varepsilon_t$$

此时在计算 β 系数时，用证券 i 的超额收益率 $R_{it} - r_f t$ 与市场组合的超额收益率 $R_{mt} - r_{ft}$，建立一元回归模型：

---

① 从理论上讲，市场组合还应包括优先股、债券、房地产等其他所有资产。

$$(R_{it} - r_{ft}) = \alpha_i + b_i(R_{mt} - r_{ft}) + \varepsilon_t$$

b_i 即为β系数是比较合适的。但如果直接用证券 i 的收益率 R_{it} 与市场组合收益率 R_{mt}，建立一元回归模型 $R_{it} = \alpha_i + b_i \cdot R_{mt} + e_t$，将 R_{mt} 前的系数 b_i 作为证券 i 的 β 系数，这种做法就会存在解释变量与误差项相关的问题。因为$(R_{it} - r_{ft}) = \alpha_i + b_i(R_{mt} - r_{ft}) + \varepsilon_t$ 可变形为：$R_{it} = \alpha_i + (1-\beta)r_{ft} + \beta_i R_{mt} + \varepsilon_t$，

对比可见，单指模型 $R_{it} = \alpha_i + b_i \cdot R_{mt} + e_t$ 实际上意味着：

$$e_t = (1-\beta)r_{ft} + \varepsilon_t$$

即 e_t 与 r_{ft} 相关。在这种情况下，若无风险收益率 r_{ft} 与市场指数收益率 R_{mt} 相关，即 $Cov(r_{ft}, R_{mt}) \neq 0$，则必定会进一步导致 e_t 与 R_{mt} 相关，即 $Cov(R_{mt}, e_t) \neq 0$，此时对单指数模型 $R_{it} = \alpha_i + b_i \cdot R_{mt} + e_t$ 而言，就出现了解释变量与随机误差项相关的问题。美国经济学家Levy在用 1948 年至 1968 年间纽约证券交易所上市的 101 只股票的数据按照单指数模型 $R_{it} = \alpha_i + b_i \cdot R_{mt} + e_t$ 估计每一只股票的β系数并进一步用于 CAPM 的实证检验，为此Miller & Scholes检验了Levy的数据，发现无风险收益率 r_{ft} 与市场指数收益率 R_{mt} 显著负相关($R_{mt} = 0.596 - 16.38r_{ft}$)，由此对 Levy 研究的有效性提出了质疑。① 在本书第三章关于 CAPM 实证检验方法的论述中，我们也可以看到，通常用超额收益率形式进行一元线性回归来计算证券 i 的 β 系数。

实证研究中，克服上述问题的方法是采用两阶段最小二乘法或工具变量法。对于线性回归模型 $Y = X\beta + \varepsilon$，找出与 X 高度相关但与 ε 不相关的变量作为工具变量。详细的做法可参见专业的计量经济学教材。

第三节　虚拟变量的应用

在经典线性回归分析中，虚拟变量的应用非常重要，主要可用于制度或属性因素对被解释变量的影响，以及与此相联系的模型稳定性问题。

一、包含虚拟变量的回归模型

在前面讲到的回归分析中，解释变量和被解释变量一般是用它们的量化值，这个量化值可能是随时间变化而变化，也可能是随个体变化而变化。但在经济现象中存在着某些不能被量化的因素，这些因素不是数量的反映，而是反映某种本质或属性，对模型的影响不能忽视。比如研究性别与收入的关系、战争时期与和平时期个人收入与个人储蓄的关系、不同交易制度下个股与市场指数之间的关系等等。这种情况下，可以在回归模型中引入虚拟变量（又称哑变量），对那些反映本质、属性或制度的因素加以量化，

---

① Elton & Gruber, "Mordern portfolio theory and investment analysis", P341 - 342。

通过检验虚拟变量的显著性来分析这些制度或属性因素对被解释变量的影响。

虚拟变量设置的原则：在模型中引入多个虚拟变量时，虚拟变量的个数应按下列原则确定。如果有 m 种互斥的属性类型，在模型中引入（m－1）个虚拟变量。例如，性别有 2 个互斥的属性，引用 2－1＝1 个虚拟变量；再如，文化程度分小学、初中、高中、大学、研究生 5 类，引用 4 个虚拟变量。否则就会使引入的多个虚拟变量之间存在完全的多重共线性，使得参数估计值不能唯一确定，即所谓的“虚拟变量陷阱”。

虚拟变量在可以用于检验股票市场的“周内效应”。所谓“周内效应”（day－of－the week effect）是指股票市场价格在一周内存在周期波动的现象，反应为日收益率在一周内的某些天显著为正，而在另外一些时间显著为负。奉立城（2000）[①] 对中国股票市场 1992 到 1998 年的日平均收益进行“周内效应”的实证分析，发现沪市有显著为正的“星期五效应”及显著为负的“星期二效应”。其检验方法就是采用了虚拟变量建立如下模型：

$$R_t = \alpha_0 + \alpha_1 D_{it} + \varepsilon_t$$

其中 R_t 为上证综合指数或深圳成份指数的日收益率，D_{it} 为一周中星期 i 的虚拟变量。例如 i＝2，如果所观察到的收益率为星期二的收益率，那么 $D_{2t}=1$；否则，$D_{2t}=0$。如果参数 α_1 在统计上显著不等于零，那么就表明存在有显著的“周内效应”，或者说“星期 i 效应”。对 1992 年 6 月 1 日至 1998 年 6 月 30 日期间上证综合指数的日收益率进行星期二效应的检验，回归结果为：

$$R_t = 0.190 - 0.608 D_{2t}$$

虚拟变量 D_{2t} 前系数的 P 值＝0.007，说明上海股市存在显著为负的星期二效应。

另一种检验周内效应的模型可定义如下：

$$R_t = \alpha_0 + \alpha_1 D_{1t} + \alpha_2 D_{2t} + \alpha_3 D_{3t} + \alpha_4 D_{4t} + \varepsilon_t$$

其中 R_t 表示第 t 日的收益率，当第 t 日为星期一时，虚拟变量 D_{1t} 取 1，其余虚拟变量取 0；当第 t 日为星期二，虚拟变量 D_{2t} 取 1，其余虚拟变量取 0；以此类推。值得注意的是，如果第 t 日为星期五，则所有虚拟变量 $D_{1t}\cdots D_{4t}$ 取 0。从模型中可以看到，α_0 表示的是样本期内星期五的平均日收益，α_1、α_2、α_3、α_4 则分别表示周一、周二、周三、周四与周五日收益率的差。若在统计上不同时等于零，则表明存在显著的“周内效应”。

【拓展阅读】

中国股票市场日历效应分析

某研究者选取 2010 年 1 月 5 日至 2011 年 6 月 31 日期间的沪深 300 指数为研究对象，并将整个样本区间分为三个时期，分别是：第一个时期（2010 年 1 月 5 日至 2010 年 6 月 30 日）；第二个时期（2010 年 7 月 1 日至 2010 年 12 月 31 日）；第三个时期（2011 年 1

① 《中国股票市场的周内效应》，《经济研究》2000 年第 11 期。

月4日至2011年6月30日)。按照回归式 $R_t = \alpha_0 + \sum_{i=1}^{4}\beta_i \cdot W_{it} + \varepsilon_t$ 检验是否存在周内效应,其中 R_t 为沪深300指数的日收益率,W_{it} 是一周中星期i的虚拟变量。利用最小二乘法得到回归结果如下:

表3-7 三个时期日历效应检验

	第一时期LS模型		第二时期LS模型		第三时期LS模型	
	估计值	p值	估计值	p值	估计值	p值
周一	0.3633	0.0000	-0.0580	0.7911	-0.0099	0.8807
周二	-0.3210	0.0000	-0.6487	0.0294	-0.0889	0.3162
周三	0.2017	0.0000	-0.4013	0.2337	-0.0416	0.6294
周四	0.2909	0.0000	-0.3825	0.2389	-0.1653	0.3595
周五	0.6458	0.0000	0.5833	0.0130	0.0908	0.0404

对三个时期收益率的估计结果进行分析。由上表可知,第一个时期,在5%的显著性水平下,周五收益率显著为正且是全周最高收益率,为0.6458%,周一在5%的显著性水平下显著为正且收益率仅次于周五,为0.3633%。从全周来看,只有周二的收益率为负值。第二个时期,模型的估计结果是:周五的收益率在5%的显著性水平下显著为正且为全周的最高收益率,收益率的最低值出现在周二,为-0.6487%,但是统计不显著。其余的收益率为负值。第三个时期,周五的收益率在5%的显著性水平下显著为正且为全周最大值,为0.0908%,其他四个交易日的统计结果均不显著。总之,总体样本出现显著为正的周五效应;第一个时期出现显著为正的周一效应和周五效应;第二个时期出现显著为正的周五效应;第三个时期出现显著为正的周五效应。我国股指收益率日历效应的存在对弱式有效市场形成了有力挑战,中国股票市场尚未达到弱式有效阶段。沪深300指数周五的收益率显著为正,存在显著的周五效应。这与2010年4月推出的股指期货有很大关联:在其他条件不变的情况下,投机者若在周一低价时买入期货合约,持有一周后在周五高价卖出即可获得超额收益,同时也带动了股指的上涨。

二、回归模型的模型稳定性检验

虚拟变量还可以用于检验回归模型的稳定性问题。利用不同时段的样本数据估计同一形式的计量经济模型,可能会得到不同的估计结果。如果估计的参数之间存在着显著差异,则称模型结构是不稳定的,反之则认为是稳定的。所谓模型的稳定性检验,简单地说即是指当回归模型采用的样本期发生变化时,模型的回归系数是否发生变化。

例如,可以利用我国改革开放前后的统计资料建立储蓄函数,通过比较两个时期的回归方程,可以分析改革开放前后居民的储蓄行为是否发生了明显变化。又如前所述,贝塔系数是用于衡量证券市场系统风险的一个重要概念。通过对贝塔系数的估计,投资者可以预测证券未来的市场风险。但是,贝塔系数必须要用过去的数据来估计。所以,除非贝塔系数具有相对的稳定性,否则,它就无法作为证券市场未来系统风险性的无偏差估计。如2010年4月,沪深300股指期货在中国金融期货交易所正式交易。由于中国石油股份有限公司A股在沪深300股价指数样本股中占有非常大的权重,为此市场人士预测,在沪深300股指期货推出之后,股指期货市场与现货市场的套利与投机行为会使中国石油A股的走势与股价指数的联系更加紧密,进而以2010年4月底为分界点,证券的β系数可能会发生变化。即对于不同样本期的数据,模型回归的系数可能会不同:

$R_{it} = \alpha_1 + \beta_{i1} R_{mt} + \varepsilon_{it}, t = 1, 2 \cdots T'$

$R_{it} = \alpha_2 + \beta_{i2} R_{mt} + \varepsilon_{it}, t = T' + 1 \cdots T$(T'为分界点)

对于上述问题,常用的检验方法有两种:

一种方法是哑变量法。令:

$Dum_t = 0, (t < T')$(即在2010年4月30日以前)

$Dum_t = 1, (t > T')$(即在2010年4月30日以后)

则原模型变为:

$R_{it} = \alpha + \beta_i R_{mt} + \gamma Dum_t + \varepsilon_{it}, i = 1, 2 \cdots T$ (T为样本期数)

待检验的原假设为$H_0: \gamma = 0$。若原假设成立,则说明交易制度的变化对证券i的β系数不具有显著性影响。

还是以前面的中国石油A股的例子,Eviews软件的回归结果可简单表示为:

表3-8　引入虚拟变量后的回归结果

Dependent Variable: Ri				
Method: Least Squares				
Date: 10/28/12　Time: 16:39				
Sample (adjusted): 2 840				
Included observations: 831 after adjustments				
Variable	Coefficient	Std. Error	t - Statistic	Prob.
C	-0.059168	0.054027	-1.095161	0.2738
Rm	0.780829	0.020904	37.35311	0.0000
DUMMY	0.046433	0.063812	0.727664	0.4670
R - squared	0.627598	Mean dependent var		-0.038431
Adjusted R - squared	0.626698	S.D. dependent var		1.355296
S.E. of regression	0.828065	Akaike info criterion		2.464152
Sum squared resid	567.7521	Schwarz criterion		2.481202
Log likelihood	-1020.855	Hannan - Quinn criter.		2.470690
F - statistic	697.7005	Durbin - Watson stat		1.978838
Prob(F - statistic)	0.000000			

$t_{\gamma-0}=\dfrac{\hat{\gamma}-0}{SE(\hat{\gamma})}=0.727$，不能拒绝 H_0，即意味着从数据的实际检验结果看，中国石油A股与上证综合指数之间的关系，进而中国石油A股的 β 系数并未因2010年4月沪深300股指期货的上市交易而发生结构上的变化。

检验模型结构稳定性的另一种方法是Chow检验。“Chow检验”是著名美籍华人、美国宾夕法尼亚大学教授邹至庄(G.C.Chow)于1960年提出的一种统计检验方法。对于不同样本期下的回归模型：

$R_{it}=\alpha_1+\beta_{i1}R_{mt}+\varepsilon_{it}$，t = 1,2…T'（样本期1）

$R_{it}=\alpha_2+\beta_{i2}R_{mt}+\varepsilon_{it}$，t = T' + 1…T(样本期2，T'为分界点)

模型稳定意味着假设 $H_0:\alpha_1=\alpha_2,\beta_{i1}=\beta_{i2}$ 成立。其检验的基本程序是先合并全部数据，用整个样本期内的数据估计模型，并得其残差平方和 RSS = S_1；其次，分别用不同子样本，估计模型，并得到各自的残差平方和 S_2、S_3；计算 $S_4=S_2+S_3$，$S_5=S_1-S_4$；根据邹检验的基本假定，可以证明统计量 $F=\dfrac{S_5/k}{S_4/(n_1+n_2-2k)}\sim F(k,n_1+n_2-2k)$。其中 n_1 和 n_2 分别为样本期1和样本期2内数据的个数，k为模型中待估计参数的个数。比较F与 F_α，若计算出的F大于所选定置信水平 α 下的临界 F_α 值，则拒绝不同样本期下回归模型系数相同的假设，即模型结构不具有稳定性。

在Eviews统计软件中，点击View/Stability tests/Chow breakpoint test，并输入相应所诊断的分界点，可得到相应的检验结果。

沈艺峰最早把“Chow检验法”用于贝塔系数稳定性检验。在《上海证券交易所上市股票的贝塔系数估计及其稳定性检验》一文里，他以1992年6月至1993年10月为检验时间段，估计出在上海证券交易所上市交易的10种股票的贝塔系数。然后，他把检验时间段划为两等分，运用“Chow检验法”对所估计的贝塔系数的稳定性进行检验。他的整个研究结果表明：“在上海证券交易所上市的这些股票的贝塔系数，绝大多数具有一定的稳定性。”[①] 但在1999年的一篇文章中，选用从1996年1月1日到1996年12月27日间所有在深圳证券交易所上市的127只股票，同样将时间段两等分，5%的显著性水平下，为使原假设 $H_0:\beta_1=\beta_2=\beta$ 成立，Chow检验的F值必须小于临界值4.043。结果显示对于被检验的单个股票而言，所有股票的F值都大于4.043。这说明假设 $H_0:\beta_1=\beta_2=\beta$ 不成立，即两个分期间的观察值不属于同一个回归模型，或者说，两个期间内的回归关系不尽一致。这意味着两个检验期间的贝塔系数不相等，单个股票的贝塔系数不具有稳定性。[②]

① 沈艺峰，《上海证券交易所上市股票的贝塔系数估计及其稳定性检验》，《跨越时空的探索》，厦门大学出版社1994年版，第38~46页。

② 沈艺峰，洪锡熙，《我国股票市场贝塔系数的稳定性检验》，《厦门大学学报(哲学社会科学版)》1999年第4期。

【拓展阅读】

货币需求模型稳定性的实证检验

货币需求及其决定因素是宏观经济理论的一个重要内容。稳定的货币需求函数对货币政策的实际运用具有重要意义。如果货币需求函数是稳定的,即货币需求和一些主要变量如规模变量(收入等)、机会成本变量(利率等)之间的关系是稳定的,那么货币供应量的变化对产出和物价的影响就比较容易预测,货币政策就能成为调节宏观经济的有效工具,反之,货币政策的效果就难以预测。凯恩斯主义与弗里德曼的货币主义的一个重要区别即在于货币需求函数是否稳定。

货币需求的决定因素可表示为:

$$\frac{M^d}{P} = f(\frac{Y}{P}, R)$$

其中,M^d 为名义货币需求;P 为物价水平;Y 为规模变量(如名义国民收入、财富总额等等);R 为各种资产(包括金融资产和实物资产)的实际收益率水平。假设货币需求函数的形式如下:

$$M_d = \gamma_1 + \gamma_2 R + \gamma_3 Y_t + \varepsilon_t$$

货币需求函数的稳定性意味着:从一个角度看,按照不同样本期数据进行回归,所得到的模型参数 γ_1、γ_2、γ_3 应该保持不变;从另一角度看,利用某一样本期数据得到的回归模型,对下一阶段的货币余额进行估测时,误差应较小。在上个世纪 70 年代以前,人们对货币需求函数稳定性的认识还比较一致,但在 70 年代中期起,一些学者开始怀疑美国和英国货币需求函数的稳定性,并将其归因于制度因素的变化等。如哈奇(Hacche)① 发现从英国 1963 - 1971 样本期的季度数据估计得到的方程,严重低估了 1972 - 1974 年英国的广义货币 M_3 的需求量,哈奇认为这主要是 1971 年进行的英国货币制度改革所致,新的竞争制度和信贷控制制度使得货币市场上的竞争更为激烈,包含大宗定期存款在内的广义货币 M_3 的吸引力大大增强,最终引致了对 M_3 的需求函数向上移动。阿提斯(Artis)和刘易斯(Lewis)② 1974 年用 Chow 检验发现,在引用新的竞争和信贷控制机制后,M_1 和 M_3 的货币需求函数均发生了明确的移动,他们对此的解释是货币供给急速膨胀,货币需求无法及时调整到相应水平。一些对美国数据的研究表明,上个世纪 70 年代中期以后,货币需求方程的估测结果系统地大于实际的货币余额,从而出现了"货币失踪"现象。Goldfeld和Sichel③ 利用传统的货币需求模型对美国 M_1 季

① Hache, 1976: "The demand for money in the United Kingdom: experience since 1971",转引自陈璋等《西方经济理论与实证方法论》,北京大学出版社 1993 年版,第 317 页。

② Artis, Lewis, 1976: "The demand for money in the United Kingdom",转引自戴维·梅斯《经济计量学的应用》,商务印书馆 1994 年版,第 117 - 118 页。

③ Friedman & Hahn主编,《货币经济学手册》第一卷,陈雨露等译,经济科学出版社 2002 年版,第 288 - 289 页。

度数据选用1952年3月-1979年3月及1952年3月-1986年4月这两个样本期进行研究,都把1974年1月作为样本分界点,用Chow检验考察货币需求模型在这两个样本期的分界点前后是否具有稳定性。结果如下:

表3-9 货币需求函数稳定性的Chow检验

样本期	分界点	F值的显著性程度
1952年3月-1979年3月	1974年1月	0.0004
1952年3月-1986年4月	1974年1月	0.0364

可见,明显应拒绝模型具有稳定性的假设。

第四节 其他形式的回归模型

一、联立方程模型(Simultaneous Equation Model,简称SEM)[①]

前面讨论的单一方程模型,是用一个方程描述某个经济变量与引起这个变量变化的各个因素之间的关系。解释变量X是被解释变量Y的原因,其因果关系是单向的。然而,经济现象是复杂的,因果关系可能是双向的,或者一果多因,或者一因多果。这时用单一方程很难完整地表达,需要用多个相互联系的方程,才能正确反映复杂的现实经济系统状况。例如股票收益率和债券收益率之间的关系可用下面两个方程组成的方程组表示:

$$\begin{cases} R_{Bt} = \gamma_1 + \gamma_2 R_{St} + \gamma_3 I_t + \mu_{1t} & (3-31) \\ R_{St} = \delta_1 + \delta_2 R_{Bt} + \delta_3 E_t + \mu_{2t} & (3-32) \end{cases}$$

其中:R_{Bt}为债券收益率,R_{St}为股票收益率,E_t为股票对应的上市公司前一年度的经营业绩指标,I_t指预期通货膨胀率。

联立方程模型中所含的变量可分为内生变量和外生变量两种。所谓内生变量,是指由模型系统内决定,其值大小由方程组的联立解得到。一般而言,内生变量既影响所在系统,又受所在系统影响。在上例中R_{Bt}和R_{St}为内生变量。而外生变量是指由模型系统外部决定,其值大小由系统之外的因素决定,如在上例中的E_t和I_t。另外,某些联立方程模型还含有滞后内生变量。一般将外生变量和滞后内生变量统称为前定变量。

根据联立方程模型的形式,可以分为结构式(structural form)和简化式(reduced form)两种。结构式模型是描述经济变量结构关系的模型,它是根据经济理论,以数学方程形

① 由于这一部分及后两部分讲到的面板数据模型及离散因变量模型比较复杂,限于篇幅的原因,本书只介绍各自的原理及在金融理论与实证中的应用。关于如何在Eviews计量经济软件中实现,可参见:《数据分析与Eviews应用》,易丹辉主编,中国统计出版社2002年出版。

式对经济变量之间真实的结构关系做出的直接表达；每个结构方程式中，内生变量是其他内生变量、前定变量和随机扰动项的函数，即当期内生变量 = f(其他当期内生变量，前定变量，随机扰动项)；在每个结构方程式中，等号右边各变量前的系数表示对各当期内生变量的直接影响，称之为结构参数。显然，模型(3 - 31)和(3 - 32)为结构式，γ_1、γ_2、γ_3、δ_1、δ_2、δ_3 为需要估计的结构参数。

简化式模型则是指在每个简化式方程中，本期内生变量只是前定变量和随机扰动项的函数，不再含有本期的其他内生变量，即内生变量 = f(前定变量，随机扰动项)。如从(3 - 31)和(3 - 32)表示的结构式方程组中解出本期的内生变量 R_{Bt} 和 R_{St}，得到简化式模型：

$$\begin{cases} R_{Bt} = \dfrac{\gamma_1 + \gamma_2\delta_1}{(1-\gamma_2\delta_2)} + \dfrac{\gamma_2\delta_3}{(1-\gamma_2\delta_2)}E_t + \dfrac{\gamma_3}{(1-\gamma_2\delta_2)}I_t + \dfrac{(\mu_{1t} + \gamma_2\mu_{2t})}{(1-\gamma_2\delta_2)} \\ \quad = \phi_1 + \phi_2 E_t + \phi_3 I_t + v_t \qquad (3-33) \\ R_{St} = \dfrac{\delta_1 + \gamma_1\delta_2}{(1-\gamma_2\delta_2)} + \dfrac{\gamma_3\delta_2}{(1-\gamma_2\delta_2)}I_t + \dfrac{\delta_3}{(1-\gamma_2\delta_2)}E_t + \dfrac{(\mu_{2t} + \delta_2\mu_{1t})}{(1-\gamma_2\delta_2)} \\ \quad = \theta_1 + \theta_2 I_t + \theta_3 E_t + \omega_t \qquad (3-34) \end{cases}$$

值得注意的是，尽管结构式模型中的参数 γ_1、γ_2、γ_3、δ_1、δ_2、δ_3 真实地反映了各变量之间相互联系、相互影响的关系，但却不能直接用普通最小二乘法对结构式模型中的各单一方程进行估计。因为，在这种情况下，单一方程中的解释变量会与随机扰动项相关，违反了 OLS 的假设，这时的估计量是真实参数的非一致估计量。例如，从简化式模型(3 - 33)和(3 - 34)中可看出 R_{Bt}、R_{St} 与 μ_{1t}、μ_{2t} 相关。因此对于(3 - 31)、(3 - 32)表示的结构式模型，均出现了解释变量和扰动项相关的问题，即 $Cov(R_{St}, \mu_{1t}) \neq 0$，$Cov(R_{Bt}, \mu_{2t}) \neq 0$。

这种情况下，一种处理方法是先按简化式模型(3 - 33)和(3 - 34)，用 R_{Bt}，R_{St} 分别对变量 E_t 和 I_t 进行回归，此时满足最小二乘法的各项假设，因而可以得出 ϕ_1、ϕ_2、ϕ_3、θ_1、θ_2、θ_3 的一致估计值，然后通过各参数的表达式组成方程组，反求出结构式模型(3 - 31)和(3 - 32)中的各项参数 γ_1、γ_2、γ_3、δ_1、δ_2、δ_3。这种方法称为间接最小二乘法(Indirect - Least - Squares Method，ILS)。但这种方法的问题是在某些情况下可能存在模型的识别问题(Identification Problem)。所谓识别问题，是指能否从所估计出的简化式模型系数求出对应结构式方程的参数估计值。如果能够，就说该方程是可以识别的(identified)；如果不能，就说所考虑的方程是不可识别的(unidentified)或不足以识别的(underidentified)。结构方程可以识别又包括两种情况：如果求解结构参数值唯一，则称恰好识别；如果求解结构参数值不唯一，则称过度识别。

结构参数求解情况	识别状态
不能求出	不可识别
可以求出:唯一	恰好识别
可以求出:不唯一	过度识别

具体的判别规则和步骤可见计量经济学的有关教材。

对于联立方程模型,特别是因出现过度识别而无法用间接最小二乘法求得结构式方程的唯一参数时,常用的另一种处理方法是二阶段最小二乘法(2SLS),其基本步骤是:第一步,把联立方程中每一个内生变量对所有外生变量进行 OLS 回归,得出各内生变量的估计值。在上例中,即是对内生变量 R_{Bt} 和 R_{St} 分别对所有的外生变量(即 E_t 和 I_t)进行 OLS 回归,也就是对简化式模型(3-33)和(3-34)用 OLS 方法,得出 R_{Bt} 和 R_{St} 的估计值 $\hat{R}_{Bt}$ 和 $\hat{R}_{St}$。第二步:将 $\hat{R}_{Bt}$ 和 $\hat{R}_{St}$ 代入结构式模型(3-31)和(3-32),即

$$\begin{cases} R_{Bt} = \gamma_1 + \gamma_2 \hat{R}_{St} + \gamma_3 I_t + \mu_{1t} \\ R_{St} = \delta_1 + \delta_2 \hat{R}_{Bt} + \delta_3 Et + \mu_{2t} \end{cases}$$

可以证明,此时消除了解释变量和扰动项相关的问题,即 $Cov(\hat{R}_{St}, \mu_{1t}) = 0$, $Cov(\hat{R}_{Bt}, \mu_{2t}) = 0$,这种情况下再次用 OLS,得到各参数的估计量将符合一致性的要求。

二、面板数据(Panel Data)模型

在金融市场的实证研究中,通常会遇到横截面数据和时间序列数据相结合的情形,称之为面板数据。例如,证券市场上一组股票在某个时段内的价格 P_{it}、分配股利 $(Div)_{it}$ 及每股税后收益 E_{it} 数据。其中下标 i 表示各个分析对象,属于横截面数据特征,而 t 表示分析对象的各时点的观察值,随时间变化而变化,具有时间序列数据的性质。综合起来,面板数据可以理解成随着时间的推移,若干个观察对象被连续不断地记录着。

例如,Chang and Lee[①]利用面板数据研究了股价 P_{it} 与每股股利 $(Div)_{it}$ 及税后收益 E_{it} 之间的关系,建立模型之一如下:

$$P_{it} = \alpha + \beta_1 (Div)_{it} + \beta_2 E_{it} + \varepsilon_{it} \qquad (3-35)$$

其中,$i = 1, 2 \cdots n$,n 为样本中股票的数目;$t = 1, 2 \cdots T$,T 为样本研究期内的时点数目。对于个股 i,在 t 从 1 至 T 的研究期内,可将上式写成:

$$p_i = \iota \cdot \bar{\alpha} + X_i \beta + \varepsilon_i \qquad (3-36)$$

① Chang&Lee, 1977: "Using Pooled Time-Series and Cross-section Data to test the firm and time effects in Financial Analyses", The Journal of Financial and Quantitative Analysis, Vol 12, Issue3, P457-471.

其中，$\iota=\begin{bmatrix}1\\1\\\vdots\\1\end{bmatrix}_{T\times1}$，$p_i=\begin{bmatrix}P_{i1}\\P_{i2}\\\vdots\\P_{iT}\end{bmatrix}_{T\times1}$，$X_i=[x_{1i},x_{2i}]=\begin{bmatrix}(Div)_{i1}&E_{i1}\\(Div)_{i2}&E_{i2}\\\cdots&\cdots\\(Div)_{iT}&E_{iT}\end{bmatrix}_{T\times2}$，

$\varepsilon_i=\begin{bmatrix}\varepsilon_{i1}\\\varepsilon_{i2}\\\vdots\\\varepsilon_{iT}\end{bmatrix}_{T\times1}$，$\beta=\begin{bmatrix}\beta_1\\\beta_2\end{bmatrix}$

把从 1 到 n 这 n 个股票的数据从上到下依次排列起来，得到：

$$p=\bar{\alpha}+X\beta+\varepsilon \tag{3-37}$$

其中，$p=\begin{bmatrix}p_1\\p_2\\\vdots\\p_n\end{bmatrix}_{nT\times1}$，$X=\begin{bmatrix}X_1\\X_2\\\vdots\\X_n\end{bmatrix}_{nT\times3}$，$\varepsilon=\begin{bmatrix}\varepsilon_1\\\varepsilon_2\\\vdots\\\varepsilon_n\end{bmatrix}_{nT\times1}$

当对于每一个体（上例为每只股票 i），在样本期内（t = 1，2…T）均有数据时，可称为平衡面板数据（balanced panel data）。当某些个体在样本期内的某些阶段缺失数据，造成不同个体的研究期内所包含的数据个数不同时，可称为非平衡面板数据（unbalanced panel data）。

在上面的模型（3 - 37）中，所有研究个体（每只股票）在整个研究期内（t = 1，2…T）都具有相同的截距项 $\bar{\alpha}$，相同的斜率系数（β_1,β_2）。这是最简单的情况。如果我们假定个体之间的随机干扰项 ε 互不相关，且有相同方差，此时可以直接用普通最小二乘法（OLS）对整合后的数据进行模型参数的估计（有的书上把这种情况下的 OLS 称为Pooled OLS，即合并普通最小二乘法）。

将上述最基本模型扩展，把随机扰动项 ε_{it} 分为两部分，$\varepsilon_{it}=\omega_i+\mu_{it}$，其中不同的个体 i 具有不同的 ω_i 部分，但对于同一个体在样本期内的不同时点（t = 1，2…T），ω 保持不变，变化的是 μ_{it}。这样，模型（3 - 35）将变为：

$$P_{it}=\alpha_i+\beta_1(Div)_{it}+\beta_2E_{it}+\mu_{it} \tag{3-38}$$

称之为固定影响模型（fixed effects model）。其中，固定影响体现在每一组有不同的截距项 α_i。这样对于个股 i，在样本期内有：

$$\begin{bmatrix}P_{i1}\\P_{i2}\\\vdots\\P_{iT}\end{bmatrix}_{T\times1}=\begin{bmatrix}1\\1\\\vdots\\1\end{bmatrix}_{T\times1}\cdot\alpha_i+\begin{bmatrix}(Div)_{i1}&E_{i1}\\(Div)_{i2}&E_{i2}\\\vdots&\vdots\\(Div)_{iT}&E_{iT}\end{bmatrix}\cdot\begin{bmatrix}\beta_1\\\beta_2\end{bmatrix}+\begin{bmatrix}\varepsilon_{i1}\\\varepsilon_{i2}\\\vdots\\\varepsilon_{iT}\end{bmatrix}_{T\times1}$$

同样简写为：

$$p_i = \iota\alpha_i + X_i\beta + \varepsilon_i，其中 \quad \iota = [1 \quad 1 \quad \cdots \quad 1]' \tag{3-39}$$

把所有研究个体(n 只股票)的数据叠加起来，整理为：

$$\begin{bmatrix} p_1 \\ p_2 \\ \vdots \\ p_n \end{bmatrix}_{nT\times1} = \begin{bmatrix} \iota & 0 & \cdots & 0 \\ 0 & \iota & \cdots & 0 \\ & & \vdots & \\ 0 & 0 & \cdots & \iota \end{bmatrix} \cdot \begin{bmatrix} \alpha_1 \\ \alpha_2 \\ \vdots \\ \alpha_n \end{bmatrix} + \begin{bmatrix} X_1 \\ X_2 \\ \vdots \\ X_n \end{bmatrix} \cdot \beta + \begin{bmatrix} \varepsilon_1 \\ \varepsilon_2 \\ \vdots \\ \varepsilon_n \end{bmatrix}_{nT\times1} \tag{3-40}$$

令 $D = [d_1 \quad d_2 \quad \cdots\cdots \quad d_n]$，其中 d_i 为哑变量，其构成是除了从第 iT 行开始至第(i+1)T 行结束的各元素为 1 之外，其余元素为 0。$\alpha = [\alpha_1 \quad \alpha_2 \quad \cdots \quad \alpha_n]'$。这样，模型(3-40)可表示为：

$$p = D\alpha + X\beta + \varepsilon \tag{3-41}$$

这一模型通常称之为最小二乘虚拟变量模型(Least squares dummy variable，简记为 LSDV)。这一模型实际上已化为古典回归模型。按照多元回归的最小二乘法，β 的最小二乘估计量可表示为：

$\hat{\beta} = [X'M_dX]^{-1}[X'M_dy]$，其中 $M_d = I - D(D'D)D'$

$\hat{\alpha} = [D'D]^{-1}D'(y - X\hat{\beta})$

通常感兴趣的是个体之间是否存在固定影响，即每一组是否有不同的截距项 α_i，这时的虚拟假设为 $H_0: \alpha_i = \alpha$，可以采用有关的统计变量加以检验。

固定影响模型(fixed effects model)把个体特性之间的差异用不同的截距项 $\alpha_1, \alpha_2, \cdots, \alpha_n$ 来反映。更加复杂的模型是随机影响模型(Random effects model)，它把各组的不同截距项看成是由共同的均值 α^* 与不同的随机扰动项 θ_i 相加组成，即 $\alpha_i = \alpha^* + \theta_i$。这样原模型可变为：

$$P_{it} = \alpha^* + \beta_1(Div)_{it} + \beta_2 E_{it} + \delta_{it} \tag{3-42}$$

其中 $\delta_{it} = \theta_i + \varepsilon_{it}, \theta_i \sim N(0, \sigma_\theta^2)$

对于股票 i，在样本期内有：

$$\begin{bmatrix} P_{i1} \\ P_{i2} \\ \vdots \\ P_{iT} \end{bmatrix}_{T\times1} = \begin{bmatrix} 1 \\ 1 \\ \vdots \\ 1 \end{bmatrix}_{T\times1} \cdot \alpha^* + \begin{bmatrix} (Div)_{i1} & E_{i1} \\ (Div)_{i2} & E_{i2} \\ \vdots & \vdots \\ (Div)_{iT} & E_{iT} \end{bmatrix} \cdot \begin{bmatrix} \beta_1 \\ \beta_2 \end{bmatrix} + \begin{bmatrix} \delta_{i1} \\ \delta_{i2} \\ \vdots \\ \delta_{iT} \end{bmatrix}_{T\times1} \tag{3-43}$$

简写为：$p_i = \iota\alpha + X_i\beta + \delta_i$

同样把所有研究个体(n 只股票)的数据叠加起来，有：

$$\begin{bmatrix} p_1 \\ p_2 \\ \vdots \\ p_n \end{bmatrix}_{nT\times1} = \begin{bmatrix} \iota & 0 & \cdots & 0 \\ 0 & \iota & \cdots & 0 \\ & & \vdots & \\ 0 & 0 & \cdots & \iota \end{bmatrix} \cdot \alpha^* + \begin{bmatrix} X_1 \\ X_2 \\ \vdots \\ X_n \end{bmatrix} \cdot \beta + \begin{bmatrix} \delta_1 \\ \delta_2 \\ \vdots \\ \delta_n \end{bmatrix}_{nT\times1}$$

引入哑变量 $D=[d_1 \quad d_2 \quad \cdots \quad d_n]$，有：

$$p=[d_1 \quad d_2 \quad \cdots \quad d_n \quad X]\cdot\begin{bmatrix}\alpha^*\\ \beta\end{bmatrix}+\delta$$

进一步表示为：$p=D\alpha^*+X\beta+\delta$ (3-44)

与固定影响模型(fixed effects model)的情况不同，可以证明，扰动项 δ 的方差协方差矩阵

$$V=E(\delta\delta')=\sigma_\delta^2\begin{pmatrix}A & 0 & \cdots & 0\\ 0 & A & \cdots & 0\\ \vdots & \vdots & \ddots & \vdots\\ 0 & 0 & \cdots & A\end{pmatrix}\neq\sigma_\delta^2 I$$

即存在异方差现象，因此只能采用广义最小二乘法(GLS)来估计模型系数 α^* 和 β，详细的做法可参见专业的计量经济学教材。

总之，对于由横截面数据和时间序列数据相结合的面板数据问题，可视情况的复杂程度及假设条件的不同，采取普通最小二乘法 OLS(适用于最简单的情况)，最小二乘虚拟变量法 LSDV(适用于固定影响模型)、广义最小二乘法 GLS(适用于随机影响模型)。Chang and Lee就分别用上述三种方法考察了股价 P_{it} 与分配股利 $(Div)_{it}$ 及税后收益 E_{it} 之间的关系，主要的结果如下，括号内的值为相应回归系数的标准差。

表 3-10 不同模型的回归结果

模型形式	采用方法	每股股利变量 $(Div)_{it}$ 的系数	税后收益变量 E_{it} 的系数	模型的拟合优度 R^2
$P_{it}=\bar{\alpha}+\beta_1(Div)_{it}+\beta_2 E_{it}+\varepsilon_{it}$	OLS	8.65 (0.78)*	12.01 (0.93)*	0.31
$P_{it}=D\cdot\alpha+\beta_1(Div)_{it}+\beta_2 E_{it}+\varepsilon_{it}$	LSDV	5.94 (1.23)*	3.12 (1.30)*	0.48
$P_{it}=\alpha^*+\beta_1(Div)_{it}+\beta_2 E_{it}+\delta_{it}$	GLS	7.05 (1.06)*	5.73 (1.17)*	0.48

可见，无论是考虑固定影响还是随机影响，或者两者都不考虑，每股股利因素及税后收益因素对股票价格水平都有显著的解释作用。

三、离散因变量模型

前面各节讲到的回归模型中，因变量(被解释变量)是连续的，离散型变量只出现在解释变量中，如取值为 0 或 1 的虚拟变量。但在许多情形中，我们要解释的现象是在若干个离散备选项中的选择行为，如上市公司是发放股利还是不发放股利，上市公司筹资的方式是债务融资还是股权融资等等。显然，这两个例子都是二元选择问题。如果我们把两个备选项一个设为 0，一个设为 1，则被解释变量(选择行为)的值或为 0 或为 1，形式上类似于虚拟变量，故离散因变量模型又可称之为虚拟因变量模型。随着问题的

复杂化,备选项个数会超过两项,即所谓的多元选择问题。本书只介绍二元离散选择模型。

对于二元选择问题,直觉上可建立如下形式的回归模型:

$$Y_i = X_i\beta + \varepsilon_i \tag{3-45}$$

其中,Y_i 为观测值是 1 和 0 的决策被解释变量,例如,我们研究上市公司发放股利的可能性与哪些因素有关,可以把发放股利设为 1,不发股利设为 0;X_i 为多个解释变量组成的一个向量,包括影响 Y 取值(发股利还是不发股利)的各种可能因素,如国家股和法人股的比例、公司规模、公司盈利能力、资产负债率、可供分配的利润、公司发展潜力等等;β 为一组参数。

对于模型(3-45)两边取期望值,可得对于任一个样本 i:

$$E(Y_i) = X_i\beta$$

但由于 Y_i 取值非 0 即 1,如设 Y_i 取 1 的概率为 P_i,则它取 0 的概率为 $1-P_i$,因此有:

$$E(Y_i) = 0\cdot(1-p_i) + 1\cdot p_i = p_i$$

显然(3-45)式的左端应有 $0 \leq E(Y_i) = p_i \leq 1$,而直接在原始数据基础上用普通最小二乘法得到的估计值 $X_i\hat{\beta}$ 并没有处于[0,1]范围内的限制,实际上可能超出[0,1]的范围。另外,可以证明当被解释变量只取 0 或 1 时,干扰项 ε 不服从正态分布,且存在异方差现象,这都说明模型(3-45)不能作为实际研究二元选择问题的模型,其原因主要是被解释变量的取值为 0 或1,而不是取 0 或取 1 的可能性(概率)。

为此,我们可以建立如下形式的模型:

$$P_i = Pr(Y_i = 1) = F(X_i\beta) \tag{3-46}$$

与模型(3-45)相比,(3-46)有两点不同:一是回归式左边,因变量的取值不再是直接由 Y_i 观测值组成的 0 或 1,而是观测值取 1 的概率 $P_i = Pr(Y_i = 1)$。在实际操作中通过对数据进行分组,用 Y_i 取 1 的相对频率作为概率 P_i①。二是回归式的右边要设计成原线性回归式 $X_i\beta$ 的函数 $F(X_i\beta)$,以保证函数值大于等于 0,且小于等于 1,即处于[0,1]范围内。

根据函数 $F(X_i\beta)$具体形式的不同,可将二元选择的离散因变量模型分成两类:

(1)Logit 模型:$P_i = Pr(Y_i = 1) = \dfrac{1}{1+e^{-X_i\beta}}$

对上式进行变形,并取自然对数,将上式改为线性形式:

$$L_i = ln\frac{P_i}{1-P_i} = X_i\beta$$

引入干扰项,得到回归式:

---

① 古拉扎蒂,《计量经济学》下册,中国人民大学出版社 2000 年版,第 550 页。

$$L_i = ln\frac{P_i}{1-P_i} = X_i\beta + \varepsilon_i \tag{3-47}$$

(2)Probit 模型:

$$P_i = Pr(Y_i = 1) = \int_{-\infty}^{X_i\beta} f(z)dz \tag{3-48}$$

其中 $f(z) = \frac{1}{\sqrt{2\pi}}e^{-z^2/2}$ 为标准正态分布的概率密度函数。可见 Probit 模型已经是非线性回归模型。

在设定模型之后,我们要对影响选择的各种因素的参数 β 进行估计。采用的方法通常是极大似然法。原理与过程比较复杂,但幸运的是利用Eviews计量软件可以方便地得到回归系数 β 的估计值。值得注意的是,由于Logit模型和Probit模型实际上都是非线性回归,因此回归系数不能像普通线性回归中那样理解为对因变量的边际效应,而只能从符号上判断解释变量的增加引起相应变量出现某种结果的概率的增减。β 系数符号为正,说明解释变量的增大会引起作出某种选择概率的提高;符号为负,则表明情况相反。另外,在普通最小二乘法中可用 F 检验统计量来检验模型的整体显着性,零假设是除常数项之外所有解释变量的系数为 0。在用极大似然法估计Logit模型和Probit模型时,对应的模型整体显著性检验指标是LR statistics(LR 统计量,又称之为似然比),它服从自由度为 n 的 χ^2 分布,其中 n 为解释变量的个数。这意味着当 LR 值大于 $\chi^2_\alpha(n)$时,应拒绝所有解释变量回归系数为 0 的假设。Eviews通常也会直接给出 LR 统计量的 p 值,来说明是否应拒绝零假设。再者,Logit模型和Probit模型的极大似然估计结果中,也有类似于线性回归中的判定系数 R^2,只是其计算方法不同。下面我们通过一个案例来说明离散因变量模型在金融实证中的应用。

[案例] 中国股民在做出股票投资决策时是否关注会计信息及其影响因素?

随着我国股票市场的不断发展,我国股市的国际化、规范化程度日益提高,国民参与股票市场的积极性也越来越高。为维护股市秩序、保护投资者利益,我国股市经过多年发展,初步形成了一套会计信息披露制度。国内外众多学者的研究表明会计信息具有价值相关性,上市公司披露的会计信息为投资者做出投资决策提供了重要的依据。但也有不少专家学者认为中国股市投机现象严重,中国股民在做出股票投资决策时普遍出现跟风等非理性投资现象,对会计信息的决策相关性提出疑问。魏剑和梁宇峰等(2007)① 选取南京市股民作为分析对象,并选择其中相关变量来分析股民做出投资决策时关注会计信息程度的影响因素。主要内容包括:

(一)研究假说

假说 1:股民的个人特征(包括文化程度、教育背景和职业)对股民在做出投资决策时关注会计信息的程度有重要影响。

---

① 魏剑、梁宇峰、代凌,《个人投资者对会计信息关注程度及其影响因素——基于南京市股民的调查分析》,《财会通讯(学术版)》2008 年 12 期。

随着文化程度的提高,股民的知识积累将会越来越丰富,同时,股民获取、理解、掌握新知识的能力将会提高。因此不论股民是否有财会方面的教育背景,文化程度越高,其对会计知识的理解能力也将会增强,对会计信息的关注程度会随之提高。

接受过财会金融方面教育或从事相关行业的股民,一般都拥有一定的会计知识,分析、理解财务报表相对容易。因此,该类股民在做出股票投资决策时对会计信息的关注程度较高。

假说 2:股民的投资状况(包括投资规模、投资占财产比重和入市年限)对股民做出股票投资决策时关注会计信息的程度有重要影响。

随着投资规模和投资占家庭财产比重的提高,投资风险对股民会产生较大影响。因此,股民的投资更具理性化,一般会通过分析上市公司披露的会计信息来评价企业的价值,以便于做出理性的投资决策,减少投资风险的发生。

随着入市年限增长,股民将会有更多的投资经验,对会计信息的了解、掌握程度更深,提高了对会计信息的分析和理解能力,也将会加大对会计信息的使用率。

(二)模型选择

本研究将股民在做出股票投资决策时关注会计信息的程度,分为关注(Y=1)和不关注(Y=0)两种情况,所以运用二元 Logit 回归分析模型,具体形式为:

$$\ln\left(\frac{p}{1-p}\right)=\beta_0+\sum\beta_i x_i+e_i$$

其中,p=p(Y=1)是 Y=1 时的概率,x_i 是解释变量,β_i 是解释变量系数,e_i 是误差项。

(三)变量选择

根据以上理论假说与模型,本文被解释变量为股民在做出股票投资决策时是否关注会计信息,如果关注,则令其为 1;相反,则为 0。解释变量分为文化程度、教育背景、职业、投资规模、投资占财产比重和入市年限六个因素,具体见表 3-11。

表 3-11　解释变量描述

变量	解释变过量含义
文化程度	1=小学以下;2=初中;3=高中或职高;4=中专;5=大专;6=大学;7=研究生及以上
教育背景	1=财会金融类;0=非财会金融类
职业	1=财会金融类;0=非财会金融类
投资规模	1=1 万元以下;2=1~10 万;3=10~20 万;4=20~30 万;5=30~40 万 6=40 万以上
占财产比重	1=10%以下;2=10%~20%;3=20%~30%;4=30%~40%5=40%以上
入市年限	1=1 年以内;2=1~2 年;3=3~4 年;4=5~6 年;5=7~8 年;6=8 年以上

(四)模型估计结果

表 3－12　Logit 模型分析结果

变量	B	S.E.	Wald	df	Sig.	Exp(B)
文化程度	0.432	0.108	16.051	1	0.000	1.541
教育背景	2.797	0.359	60.614	1	0.000	0.061
职业	0.921	0.363	6.439	1	0.011	0.398
投资规模	0.055	0.285	0.038	1	0.846	1.057
占财产比重	0.214	0.171	1.570	1	0.210	1.238
入市年限	0.390	0.213	3.356	1	0.067	1.477
常数	2.803	0.963	8.474	1	0.004	16.492
Hosmer and Lemeshow Test：Chi－square＝6.908；Sig.＝0.439；预测准确率＝85.4%						

从估计结果看，预测的准确率为 85.4%，Hosmer and Lemeshow Test 中 Sig.＝0.439，说明该模型的拟合程度较好。表中分别给出了回归系数 B、标准误 SF，Wald 统计量、自由度 df、显著度 sig。根据回归结果，股民在做出投资决策时关注会计信息程度的主要影响因素作用方向及显著性归纳如下：

(一)文化程度。文化程度通过了显著性检验且对股民关注会计信息的程度有正向影响，即股民文化程度越高，其在做出股票投资决策时对会计信息的关注程度越高。文化程度高的人对会计知识的学习和掌握能力越好，投资越具有理性，从而更加倾向于通过会计信息来对上市公司的价值做出评价，以便做出股票投资决策。

(二)教育背景和职业类别。教育背景和职业类别在 5%水平上显著，对股民关注会计信息的程度有正向影响，论证了前面的假说。接受过财会金融方面教育或从事财会金融行业的投资者对会计知识有更多的了解，能更好地理解上市公司披露的会计信息；同时，在一定程度上也能抓住上市公司披露的会计信息的重点，有效地利用会计信息，所以这两类投资者对会计信息的关注程度较高。

(三)投资规模和占财产比重。投资规模和占财产比重没有通过显著性检验，可能的原因是：2007 年是中国股市的“牛市”，多数股票价格都在涨，很多股民将大部分财产投资于股市以获取高收益。同时，又因为中国股市股票价格整体都在涨，一些股民虽然投入股市资金多、投资占家庭财产比重大，但投资风险相对较小，所以其在做出投资决策时很少对单个股票作详细分析，对会计信息的关注程度也随之减小。

(四)入市年限。入市年限对股民关注会计信息的程度有正向影响，表明投资年限越长，股民对会计信息的关注程度越高。随着股民在股市投资时间的增长，其投资经验会更丰富，对会计信息的了解程度增强，利用会计信息的效率提高，从而对会计信息的关注程度提高。

【本章小结】

1.经典线性回归模型主要包括一元线性回归模型和多元线性回归模型。对于模型中解释变量的估计通常采用最小二乘法。

2.线性回归技术可以用于估计股票 β 系数及系统风险占总风险的比例。

3.不满足古典假设时的计量经济问题主要包括:多重共线、异方差、序列相关的检验及处理方法。

4.在经典线性回归分析中,虚拟变量主要可用于制度或属性因素对被解释变量的影响,以及与此相联系的模型稳定性问题。

【复习思考题】

1.股票市场的财富效应是指股票所代表的虚拟财富的增长与下降会对人们的消费产生影响。关于财富效应是有利于经济增长还是不利于经济增长这两种观点有激烈的辩论。在 2000 年参议院银行委员会的贺词上,美国中央银行主席格林斯潘谈到,尽管他的操作目标不是股票价格,但他不得不关心股市的上涨如何转化为消费支出的增长和对商品服务需求的增长。他认为财富效应已经导致了美国需求和经济生产自身所需要的供给能力之间的不平衡,市场引发的财富所带来的吸引力是需求,并不是简单的复制供给,经济生产能力也并不简单的适应需求,“当人们有了大量的资本收益,他们中的一部分必然要增加消费,这是资本收益并不增加相应供给的特征,”因此财富相对于收入的增长隐含着需求和供给之间差距的扩大。格老认为,财富效应不能无限制的维持,因为财富效应本身建立于安全隐患之上。而华尔街和部分经济学家则认为,资产价格年增长 5% - 6% 是一个合理区间,并且是伴随新经济的发展增长的,与经济的供给能力相适应,且人们并没有因此暴富,奢侈品对大多数人来说仍是可望而不可即的,因此股价和财富的快速增长不足顾虑,它们不会成为促使经济减速的理由。研究股市财富效应,可以提高预测经济走势的精度;深入剖析财政货币政策的政策效果,因为若股票市场的财富效应比较明显,那么股票市场将通过消费影响政府的财政、货币政策,股票市场将不仅是政府调控经济的反应器,也应成为政府宏观政策的缓和剂或者放大器;指导政府对股市的定位和调控。

某研究者① 采用中国在 1996 年 1 月至 2001 年 9 月的 69 个月的月度数据,用 OLS 研究收入及财富对消费的影响,其中财富分解为居民储蓄和所持股票的市场价值,收入则分解为劳动所得和投资收益。模型为:

$$C_t = a_1 S_{t-1} + a_2 FMV_{t-1} + a_3 IN_t + a_4 FMV_{t-1} \cdot R_t + \varepsilon_t$$

其中 S_{t-1} 为期初的居民储蓄余额,FMV_{t-1} 为期初的股票市场流通市值,IN_t 为当期非投资所得,R_t 为股票投资收益率,$FMV_{t-1} \cdot R_t$ 为投资收益。结果如下表:

① 林琳,《中国股票市场财富效应的实证分析》,深圳证券交易所第四届会员优秀成果三等奖。

表 3-13 财富对消费的影响

因变量:全社会零售商品总额(亿元):C_t			
自 变 量	系数	t 检验	P 值
居民储蓄余额 S_{t-1}	0.003379	0.396	0.694
期初股票流通市值 FMV_{t-1}	-0.00927	-0.937	0.352
投资收益 $FMV_{t-1}\cdot R_t$	-0.0380	-0.871	0.387
月收入 IN_t	0.699	6.126	0.00
$R^2=0.996$, DW 检验 - 0.869			

(1)问:上面的回归结果说明什么问题?

(2)从检验结果看,上面的模型有什么缺陷?可能对回归结果造成什么影响?

2.银行汇率挂钩类结构化理财产品实际收益影响因素的定量研究。

汇率挂钩类结构化理财产品是一种产品收益与某种货币汇率的变化相挂钩的结构化产品。它可以分解成固定收益和期权两部分,其中固定收益部分通常以保证本金或利息收入等形式向投资者提供确定的收益,而期权部分则提供与挂钩标的(汇率走势)相联系的不确定收益。例如,中国农业银行发行的一款“金钥匙·汇利丰”人民币理财产品,产品期限是14天,挂钩汇率是欧元兑美元汇率,投资币种是人民币。收益决定条款是:预先设定的汇率参考区间为[1.4690,1.5490]。如果在投资期内,美元/欧元汇率始终在该区间内运行,从未突破该区间的上下限,则到期时投资者可获得1.9%的年化收益率;否则,到期收益为零。近年来,市场对人民币的升值预期强烈,导致国内市场上的外汇存款余额有较大的下降压力。在此情况下,发行汇率挂钩类结构化产品成为弥补传统的外汇储蓄存款不足、吸引投资者、挽留外汇存款的重要手段。一些商业银行特别是外资银行连续推出多款汇率挂钩类产品,以迎合高风险、高收益的投资需求。那么这些产品到期后的实际收益情况如何,收益水平的高低与哪些因素有关?一般认为,汇率挂钩结构化产品到期实际收益受产品期限、发行银行以及收益支付币种等因素的影响。

(1) 某研究者对2008年8月至2011年9月之间,主要商业银行发行产品的实际收益进行了统计,得到下表:

表 3-14 不同的发行主体与产品的平均实际收益率的关系

	发行产品数量	平均实际收益率
农业银行发行的产品	27	0.035648148
中国银行发行的产品	31	0.014922581
其它银行发行的产品	16	0.021647403

得到结论是:中国银行发行产品的平均实际收益率显著低于农业银行发行产品的实际收益。

问: 以上研究结论的得出存在何种缺陷?

(2) 进一步,该研究者建立以下回归模型:

$$ACTURAL\_R = \alpha + \beta_1 TERM + \beta_2 D\_ABC + \beta_3 D\_BOC + \beta_4 D\_RMB + \beta_5 D\_USD + \varepsilon_t$$

其中:$ACTURAL\_R$ 指该类理财产品的实际收益率;

$TERM$ 指产品期限;其他:

$$D\_ABC = \begin{cases} 1, \text{发行银行为农业银行} \\ 0, \text{发行银行为其他银行} \end{cases}$$

$$D\_BOC = \begin{cases} 1, \text{发行银行为中国银行} \\ 0, \text{发行银行为其他银行} \end{cases}$$

$$D\_RMB = \begin{cases} 1, \text{收益支付币种为人民币} \\ 0, \text{收益支付币种为其他货币} \end{cases}$$

$$D\_USB = \begin{cases} 1, \text{收益支付币种为美元} \\ 0, \text{收益支付币种为其他货币} \end{cases}$$

问:建立如上模型的目的是什么？α、β_1、$\beta_2 \cdots \beta_5$ 各代表何种含义？

3.股利政策与公司股权结构的关系研究。

股利政策是上市公司将税后收益在股东和留存收益之间进行合理配置的策略。作为公司财务政策的重要组成部分,股利政策产生于股份公司的形成,并随着资本市场的成熟而从原始的利润分配活动上升为以维持和促进公司市场价值为目标,充分协调股东利益和公司发展的重要手段。关于股利政策的理论研究与实证分析一直是现代金融与财务学的重要内容。围绕“股利政策由哪些因素决定”这一问题,学术界提出了诸如股利无相关假说、股利分配的税收效应理论、信号传递理论等等。

从公司治理与股权结构这一角度来分析股利政策的影响因素,是指在股权分散情况下,公司治理的主要矛盾是管理层和外部分散的股东之间的利益冲突,经营者损害股东的利益。解决这一问题的重要方式之一是股权集中。其理论依据是:股东对管理层的监督成本由监督者承担,但监督产生的收益却由全体股东、甚至包括债权人分享,因此对经理层的监督实际上是一种公共物品。对于小股东而言,由于监督的收益远小于提供监督的成本,小股东通常没有监督的积极性,法律也赋予小股东以脚投票的自由;而当公司的股权集中达到一定比例,出现了所谓的大股东时,监督管理者带来的收益可能超过监督成本,此时投资者才会有监督管理层的积极性。也就是说,股权集中、大股东出现,可以解决因股权分散而产生的中小股东在公司治理方面的“搭便车”问题。另一个解决股东同管理层之间矛盾的方法是较多地派发现金股利,因为这样公司管理者要将公司的很大一部分盈利返还给投资者,于是他自身可以支配的“闲余现金流量”就相应减少了,在一定程度上可以抑制公司管理者为满足个人成为“帝国营造者”的野心,过度地扩大投资或进行特权消费,进而保护了外部股东的利益。另外,较多地派发现金股利,可能迫使公司重返资本市场进行新的融资,如再次发行股票。这一方面使得公司更容易受到市场参与者的广泛监督,另一方面再次发行股票也为外部投资者借股份结构的变化对“内部人”进行控制提供了可能。这些均有助于缓解股东同管理层之间的代理问题。因此,综合看来,股权集中度与股利发放应该有相关关系。一般认为:当股权集中度较低时,股利发放与股权集中度都是减少公司代理成本的手段,因此存在替代关系。随着股权集中度增加,大股东对管理层的监督能力和动力提高,股利发放就会降低,股权集中与股利发放呈负相关关系。但当股权集中达到一定程度之后,大股东持股比率较高,可以通过制定较高的股利发放率使大股东迅速回收投资,这种理论预测企业的股利发放率和大股东持股比率成正相关关系。

刁伟程、邱贵忠(2003)① 根据53家香港上市红筹股公司1998至2000年的数据,建立如下模型:

$$DPS = \alpha + \beta_1 \cdot CR + \beta_2 \cdot CR^2 + \gamma \cdot GROW + \delta \cdot SIZE + \varepsilon$$

其中,DPS为每股股息;CR为第一大股东持股比例,反映股权集中度;GROW为净利润增长率,反映公司的成长机会;SIZE为总资产额的对数,反映公司规模。回归结果为:

表3-15　各因素对每股股息的影响

自变量	系数	t检验
α	0.967	2.68
CR	-3.44	-2.637
CR^2	2.629	2.286
GROW	-0.018	-0.264
SIZE	0.048	0.659

问:上面的统计结果说明什么问题?讨论为什么?

① 《香港特区上市的中资企业股利政策研究》,《世界经济》2002年第11期。

第四章 CHAPTER 4 一元时间序列的分析方法及其应用

【学习目标】

掌握描述时间序列常用的统计指标;掌握重要时间序列的统计特征;理解时间序列平稳性检验的理论意义及经济学含义;掌握自相关图及自相关函数法、单位根检验法的步骤及意义;熟悉市场弱式有效检验的方法与结论。

【重要概念】

平稳性　白噪声　随机游走　ADF 检验　自相关函数

所谓时间序列,就是各种社会、经济、自然现象的数量指标按照时间次序排列起来的统计数据。时间序列分析模型,是揭示时间序列自身变化规律和相互联系的数学表达式。一元时间序列分析方法的基本原理是在解释一个变量的变化或预测其未来时,不再使用一组与之有相关关系的其他变量组成回归模型,而是依据变量本身的变化规律,让变量自身的过去值及误差项来解释。例如,尽管变量 X 可能会与其他变量有关,但这些其他变量对 X 的影响已体现在 X 的过去值上。如果只是为了预测 X 的将来值,那么没有必要将这些影响变量分离出来。这有点类似于股票投资分析中技术分析与基础分析的区别。股价的变化肯定受到公司盈利水平、宏观经济变量等基本因素的影响,但技术分析,特别是技术指标分析(如移动平均指标),只是对过去股价的变化规律加以研究,以此来推测未来股价的变化趋势和程度。

时间序列分析模型分为确定性时间分析模型和随机时间序列分析模型两大类。前者主要是通过一些简单的外推技术,如移动平均、指数平滑等进行预测,不反映时间序列的随机性质。而后者则认为任何时间序列数据都可看做一个随时间变化的随机变量在不同时点取值的结果。而本章则主要介绍单一随机时间序列的分析方法。

第一节　时间序列平稳性的相关概念

对于一个具体的时间序列 X_1，$X_2 \cdots X_T$，可将其视为某个随机变量 X_t 在 t = 1，2 …T 的一个可能结果或称为实现（realization）。随机过程和它的一个实现之间的关系即可类比于横截面数据中总体和样本之间的关系。正如我们由样本数据引出关于总体特征的推断那样，在时间序列中，我们利用随机过程的一个实现去推断背后的随机过程的统计特征，并用于未来的预测。而时间序列的平稳性是进行时间序列分析的重要前提。

一、平稳性的含义

对于一个时间序列 $X_1, X_2 \cdots X_T$，平稳性(stationary)概念十分重要。所谓平稳序列，是指时间序列 X_t 的均值和方差在时间过程上都是常数，并且在任何两个时期之间的协方差值仅依赖于该两时期之间的距离。即对于平稳时间序列，满足以下三个条件：对于任意 t，$E[X_t] = \mu$；方差 $Var[X_t] = E[(X_t - \mu)^2] = \sigma_x^2$；任何两个时期之间的协方差 $Cov[X_t, X_{t+k}] = E[(X_t - \mu)(X_{t+k} - \mu)] = \gamma(k)$。

若一时间序列变量 X_t 平稳，其一个样本为 $X_1, X_2 \cdots X_T$，T 为序列的样本容量。则其主要统计特性的计算方法分别为：

a.期望值：$E[X_t] = \mu = \bar{X} = \frac{1}{T}\sum_{t=1}^{T} X_t$　　(4-1)

b.方差：$Var[X_t] = E[(X_t - \mu)^2] = \frac{1}{T}\sum_{t=1}^{T}(X_t - \bar{X})^2$　　(4-2)

c.协方差：

$$Cov[X_t, X_{t+k}] = \gamma(k) = \frac{1}{T}\sum(X_t - \bar{X}_t)(X_{t+k} - \bar{X}) \quad (4-3)$$

平稳序列的重要特征是时间轨迹围绕着固定均值上下波动，且即使短期内有幅度较大的波动，也应迅速衰减，使得这种波动不具有持久性。之所以要考虑时间序列数据的平稳性，主要是因为：1.如果要根据某序列所估计的模型来预测该序列未来的变化，我们必须假定该序列所反映的随机变量的特征在不同时期里，特别是在将来的时期里保持不变。因此要求序列平稳的简单理由是，只有序列平稳，才可根据过去数据推测出来的关于序列的统计特征应用于对序列未来时期变化的预测，从而为预测奠定有效的基础。2.在下一章的多元时间序列的分析中，会考察多个时间序列之间的关系。即使两个序列互相独立，在经济意义上无任何相关关系，但若两个序列非平稳，则用传统的回归方法及显著性检验时，仍可能会显示出两者在统计上有较高的相关关系，即所谓的"虚假回归"现象。

如果时间序列是平稳的,即其随机特征不随时间变化,则可利用类似于前面讲过的经典单方程线性回归方法加以研究。而对于非平稳时间序列,用简单的模型来反映其特征随时间变化则十分困难。但可以通过数学方法(一般是通过差分变换)将其转化为平稳时间序列加以研究。

二、重要的时间序列

(一)白噪声过程(White Noise)

对于一随机过程$\{\varepsilon_t\}$,如果其期望值为0,方差为固定值,且不同时点之间的协方差为0,即对于任意的t,有$E(\varepsilon_t)=0$、$Var(\varepsilon_t)=\sigma^2$;对于任意$k\neq0$,有$Cov(\varepsilon_t,\varepsilon_{t+k})=0$,则称$\{\varepsilon_t\}$为白噪声。如下图所示。

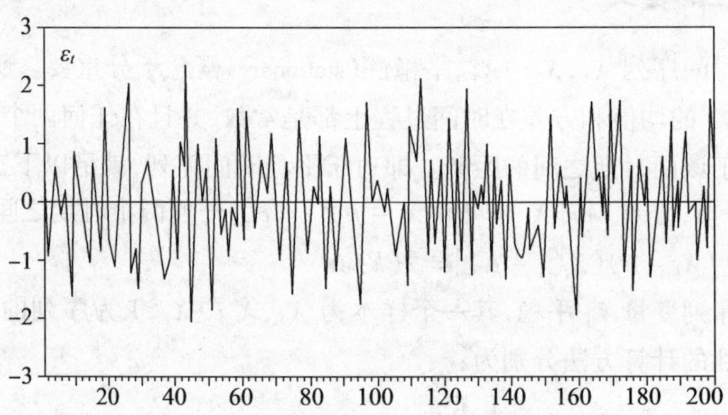

图4-1 由白噪声过程产生的时间序列

白噪声是一种十分重要的时间序列,它是其他各类型时间序列的重要部分。在金融市场效率理论中有着重要意义。

(二)一阶自回归过程

若一个随机过程X_t可表示为:

$$X_t=\phi_1X_{t-1}+\varepsilon_t, \quad (4-4)$$

其中$\{\varepsilon_t\}$为白噪声,$E(\varepsilon_t)=0$、$Var(\varepsilon_t)=\sigma_\varepsilon^2$。

则称X_t为一阶自回归过程,记为AR(1)。可以证明当系数$|\phi_1|<1$时,有:

$$E(X_t)=0,$$

$$Var(X_t)=\frac{1}{1-\phi_1^2}\sigma_\varepsilon^2,$$

$$Cov(X_t,X_{t+k})=\phi_1^k\frac{1}{1-\phi_1^2}\sigma_\varepsilon^2$$

可见序列X_t,其均值和方差在时间过程上都是常数,并且在任何两个时点之间的

协方差值仅依赖于两时点之间的距离。故 X_t 为平稳序列。对于模型(4-4),若能确定 $|\phi_1|<1$,即随机过程 X_t 为平稳的AR(1)过程时,可直接用最小二乘法,求出系数 ϕ_1 的估计值,并且可应用传统的t检验或F检验。

AR(1)过程可扩展为P阶自回归过程,记为AR(p)。模型表示为:

$$X_t = \phi_1 X_{t-1} + \phi_2 X_{t-2} + \cdots + \phi_p X_{t-p} + \varepsilon_t \tag{4-5}$$

(三)趋势平稳过程(trend - stationary)

许多时间序列数据,特别是宏观经济数据,常常显示出明显的时间趋势,如GNP大致随时间递增,这种趋势特征可归结为技术进步、劳动力及其素质的增长等。如中国实际GNP变化图:

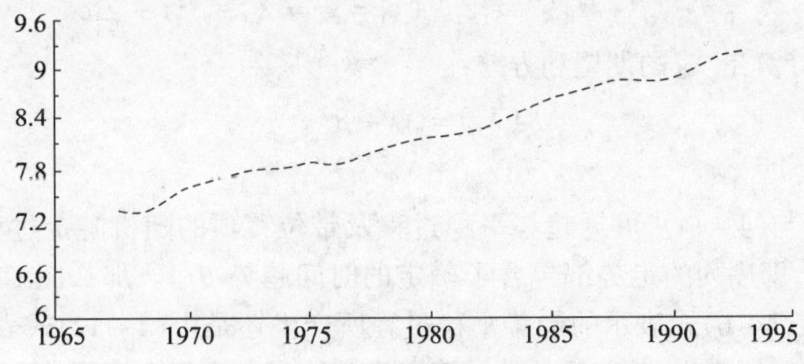

图4-2　中国实际GNP的变化图

毫无疑问,这一序列具有向上的时间趋势。描述这种趋势的一种方法是:

$$X_t = \alpha + \beta \cdot t + \varepsilon_t, \tag{4-6}$$

其中 $\{\varepsilon_t\}$ 为白噪声,且 $E(\varepsilon_t)=0$、$Var(\varepsilon_t)=\sigma_\varepsilon^2$。

计算可得:

$$E(X_t) = \alpha + \beta \cdot t \tag{4-7}$$

$$Var(X_t) = \sigma_\varepsilon^2 \tag{4-8}$$

可见,序列的期望值是时间t的函数。根据定义,序列为非平稳。之所以称为趋势平稳,是因为(4-6)式中 X_t 减去趋势项 $\alpha+\beta\cdot t$ 后,是一个平稳过程。可以证明,模型(4-6)满足第一章所讲述的经典回归假设,用普通最小二乘法对参数 α 和 β 进行回归及检验都是有效的或渐进有效的[①]。

(四)随机游走过程(Random Walk)

随机过程 $\{X_t, t=1,2,\cdots\}$ 称为随机游走过程,若

$$X_t = X_{t-1} + \varepsilon_t ; t = 1,2\cdots \tag{4-9}$$

① J. D. Hamilton著,《时间序列分析》,刘明志译,中国社会科学出版社1999年版,第558-559页。

其中$\{\varepsilon_t\}$为白噪声过程。

与AR(1)过程不同,随机游走过程为非平稳。因为不断迭代,有:

$$X_t = X_{t-1} + \varepsilon_t = \varepsilon_t + \varepsilon_{t-1} + \varepsilon_{t-2} + \cdots,$$

故:

$$E(X_t) = 0 \qquad (4-10)$$

$$Var(X_t) = Var(\varepsilon_t + \varepsilon_{t-1} + \varepsilon_{t-2} + \cdots) = t\sigma_\varepsilon^2 \qquad (4-11)$$

对比(4-11)及(4-8),可见随机游走过程的方差随时间推移而变得越来越大。

对式(4-9)扩展可得含位移项的随机游走过程:

$$X_t = \beta + X_{t-1} + \varepsilon_t \qquad (4-12)$$

对X_t不断向后迭代,可得

$$X_t = \beta + (\beta + X_{t-2} + \varepsilon_{t-1}) + \varepsilon_t = \cdots = X_0 + \beta\cdot t + \sum_{j=1}^{t}\varepsilon_t \qquad (4-13)$$

相应地,可计算出X_t的期望和方差:

$$E(X_t) = X_0 + \beta\cdot t \qquad (4-14)$$

$$Var(X_t) = t\sigma_\varepsilon^2$$

比较(4-7)与(4-14),可见趋势平稳过程及带位移项的随机游走过程,期望值都是时间t的函数,即序列的走势都包含了确定的时间趋势$\beta\cdot t$。那么图GNP表示的时间序列到底是由(4-6)式表示的趋势平稳过程所产生还是由(4-12)式表示的带位移项的随机游走过程所产生,其背后的统计意义和经济意义有很大不同。简单地说,比较(4-6)和(4-13),两者的一个重要差异是干扰项对序列影响的持续性不同。对于趋势平稳过程,t时刻的干扰项只对序列值X_t产生影响;而对随机游走过程,则序列值X_t除受t时刻的干扰项ε_t影响之外,前期的干扰项ε_{t-1},ε_{t-2}…都对X_t发生作用。即随机游走过程中,某时刻的干扰或冲击将永久地改变序列未来的水平值。体现在经济意义上,如果像GNP这样的变量遵循随机游走,则经济在某一时刻出现突发性冲击(如石油价格猛增或政府开支大减)所造成的影响不会在短期内消失;若呈趋势平稳,则冲击是持久性的。所以,对某一序列进行检验,以区分其走势是否含有随机游走的因素,具有重要的意义。

进一步复杂化,还可得到含趋势项和位移项的随机游走过程。

$$X_t = \alpha + \beta\cdot t + X_{t-1} + \varepsilon_t \qquad (4-15)$$

(五)单位根过程(Unit root)

随机过程$\{X_t, t = 1,2,\cdots\}$称为单位根过程,若

$$X_t = X_{t-1} + u_t, t = 1,2\cdots \qquad (4-16)$$

其中,$\{u_t\}$为一平稳过程,且$E(u_t)=0$、$Var(u_t)=\sigma^2$、$Cov(u_t,u_{t+k})=u_k<\infty$,这里k=1,2,……。

与随机游走过程相类似,单位根过程本身也为非平稳过程。但与随机游走过程不

同,单位根过程只要求干扰项为一平稳过程,不要求不同时点的协方差 $Cov(u_t, u_{t-k})$ 为0;而随机游走过程要求干扰项为一白噪声过程,不同时点的协方差为0,即对于任意 $k \neq 0$, $Cov(\varepsilon_t, \varepsilon_{t+k}) = 0$。显然随机游走过程只是单位根过程的一个特例。但日常应用中,在不引起混淆的情况下,往往将两者混用。

尽管单位根过程为非平稳过程,但经过一阶差分后,$\Delta X_t = X_t - X_{t-1} = u_t$ 为平稳序列。由此引出一个重要的概念—单整。如果一个序列在成为稳定序列之前必须经过d次差分,则该序列被称为d阶单整,记为I(d)。显然单位根过程为一阶单整,可记做I(1)过程。

【拓展阅读】

经济周期与冲击的持久性

经济周期表现为GDP围绕着一定的趋势而波动。传统的经济周期理论认为:产出的这些波动是暂时性的,且总需求的冲击是造成这些波动的首要原因。如Keynes强调投资的不稳定性带来对总需求的冲击;弗里德曼的货币主义及卢卡斯的理性预期假说都把经济周期看作是名义变量(特别是货币供给)出现异常变动的产物。例如,卢卡斯认为预料到的货币供给变化不会影响真实变量(如产出、就业等),未预料到的货币变化才对产出有真实影响(货币非中性)。但由于行为人对于货币供给的预期不会出现系统性错误,因此意外的货币供给变化对产出的影响仅仅是暂时的。

对于一个具有稳定增长趋势的经济,如果产出的变化可表示为:

$$y_t = \alpha + \beta \cdot t + \rho \cdot y_{t-1} + \varepsilon_t \tag{4-17}$$

其中 β 表示产出的长期增长率,$\alpha + \beta \cdot t$ 表示第t期产出的长期数据;ε_t 为白噪声,表示第t期对于产出的意外冲击。$0 < \rho < 1$,说明冲击对产出造成的影响会逐渐消失,如图4-3-1所示,在第 t_0 时刻的一个正向冲击对产出造成影响后,随时间推移,产出又回到原运行轨迹中。

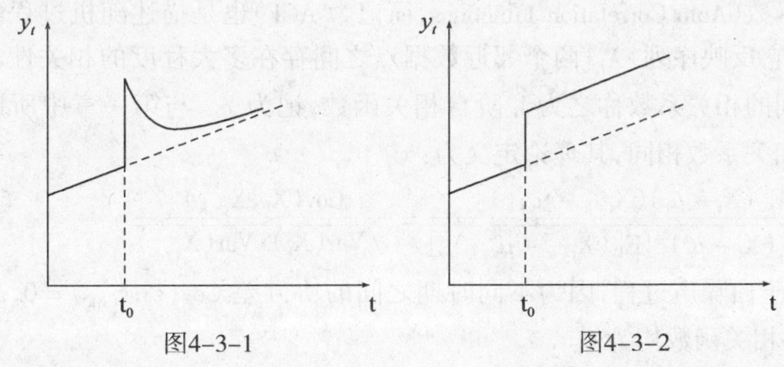

图4-3-1　　图4-3-2

图4-3

可以证明,ρ 越小,产出回复增长趋势的速度越快。特别地,当 $\rho = 0$ 时,冲击仅影响当期的产出水平。

但Nelson & Plosser(1982)年的一篇文章[①]利用时间序列分析等计量经济方法,发现产出的波动具有持久性。他们根据(4-17)式对美国产出数据的生成机制进行了考察,如利用后面讲到的DICK-FULLER检验,发现不能拒绝产出服从如下所示的带漂移的单位根过程的假设:

$$y_t = \alpha + y_{t-1} + \varepsilon_t$$

即(4-17)式中β接近于0,而ρ接近1。在这种情况下,第t_0时刻的一个正向冲击对产出造成的影响可表示为图4-3-2。

从图中可以看出,产出在受到冲击后不会回复到原来的增长趋势,而是走上了另一条增长路径,冲击对产出的影响将是永久性的。

另外,Nelson & Plosser还发现,除了产出以外,其他诸如价格、货币和工资等数据也都服从单位根过程。上述发现使得人们开始怀疑货币的非中性是否是经济周期的关键,由此促使经济学家将技术冲击引入宏观分析模型,用真实的技术冲击取代名义冲击(如货币等因素),成为解释经济周期的主要因素,这些研究被称之为"真实经济周期理论"。从这一点上看,实证结果与原有理论的不符在一定程度上促使了新理论的产生。王少平[②]采用与Nelson & Plosser相类似的方法研究了我国GNP数据的时间趋势与周期形态特征。

第二节　时间序列平稳性的检验

正如前面讲到的,时间序列是否平稳,在理论和实证中具有重要的意义。时间序列平稳性的判别方法主要有以下几种。

一、利用自相关函数及相关图进行平稳性检验

自相关函数(Auto Correlation Functions,简记为ACF)也是描述随机过程的一个重要的统计特征,它反映序列$\{X_t\}$两个邻近数据点之间存在多大程度的相关性。间隔k期的数据点之间的相关系数称之为k阶自相关函数,记为ρ_k,与第一章中所讲的两随机变量之间的相关系数相同,其理论定义为:

$$\rho_k = \frac{E[(X_t-\mu_t)(X_{t+k}-\mu_{t+k})]}{\sqrt{E[(X_t-\mu_t)^2]E[(X_{t+k}-\mu_{t+k})^2]}} = \frac{Cov(X_t, X_{t+k})}{\sqrt{Var(X_t)\cdot Var(X_{t+k})}} \tag{4-18}$$

显然,对于白噪声过程,因为不同时期之间的协方差$Cov(\varepsilon_t, \varepsilon_{t+k}) = 0$,故对于任意阶$k>0$,其自相关函数均为0。

① Nelson, C.R. and C.I. Plosser, 1982, "Trends and Random Walks in Macroeconomic Time Series: Some Evidence and Implications", Journal of Monetary Economics 10, 139-162.

② 王少平,《我国实际GNP的时间趋势与周期演变》,《经济研究》1999年第7期。

在实际应用中，由于只有有限个观测值，故我们需要估计自相关函数，即所谓的样本自相关函数：

$$\hat{\rho}_k = \frac{\sum_{t=1}^{T-k}(X_t - \bar{X})(X_{t+k} - \bar{X})}{\sum_{t=1}^{T}(X_t - \bar{X})^2}; \tag{4-19}$$

T 为时间序列的样本容量。$\hat{\rho}_k$ 同第一章讲的任何相关系数一样，落在 -1 与 +1 之间。当 k = 0 时，有 $\rho_0 = 1$。进一步，取 k = 1,2…可得到一系列的 $\hat{\rho}_k$。相应地，以 k 为横坐标、$\hat{\rho}_k$ 为纵坐标，可描绘出 $\hat{\rho}_k$ 对阶数 k 关系的图形，称为样本相关图（Sample correlogram）。其往往表现为 k = 1 时对应的一阶样本自相关函数 $\hat{\rho}_1$ 比较高，然后随着 k 的增加，$\hat{\rho}_k$ 下降。例如对于 AR(1)过程：$X_t = \phi_1 X_{t-1} + \varepsilon_t$，$0 < \phi_1 < 1$ 时的样本自相关图。

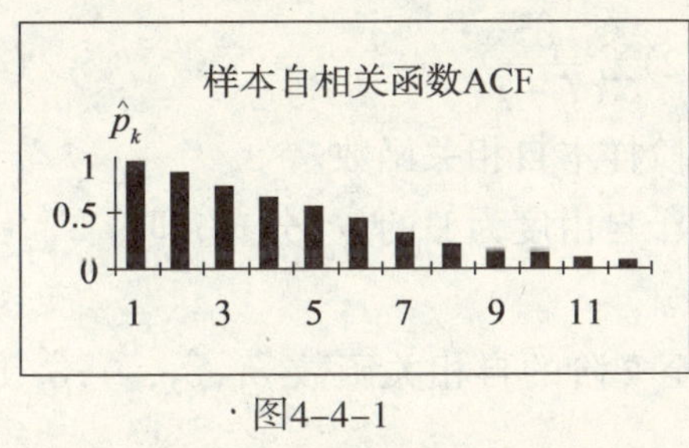

·图4–4–1

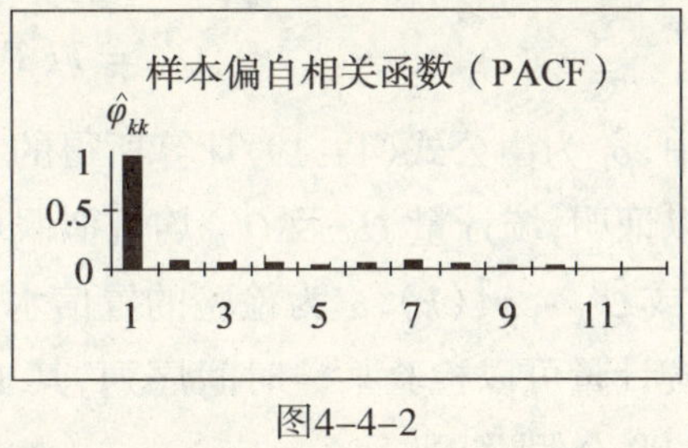

图4–4–2

图 4-4　样本自相关函数及偏自相关函数图

另一个描述随机过程的重要统计特征是偏自相关函数（PACF）。k 阶偏自相关函数 ϕ_{kk} 的样本估计 $\hat{\phi}_{kk}$，其计算方法是对模型 $X_t = \phi_{k1} X_{t-1} + \phi_{k2} X_{t-2} + \cdots + \phi_{kk} X_{t-k} + \varepsilon_t$ 用 OLS 求出变量 X_{t-k} 前回归系数的估计值。可以证明，对于 AR(p)过程，当 k ≤ p 时，$\phi_{kk} \neq 0$；当 k > p 时，$\phi_{kk} = 0$，即 AR(p)过程的偏自相关函数在滞后期 p 以后有截尾特征。例如 AR(1)过程的样本偏自相关函数图 4-4-2。

检验时间序列是否平稳的简单办法是考察样本自相关函数的变化。可以证明，平稳时间序列的样本自相关函数 $\hat{\rho}_k$ 随着阶数 k 的增加而迅速下降为 0，非平稳序列的 $\hat{\rho}_k$ 则衰减的十分缓慢。在实际应用中的一个问题是如何衡量 $\hat{\rho}_k$ 衰减为 0 的速度是快还是慢。常用的统计软件如Eviews，可以计算出对于滞后阶数 k 从 1 到 15、甚至更多时所依次对应的样本自相关函数 $\hat{\rho}_k$。如果到了滞后阶数 k 已经较大时，样本自相关函数 $\hat{\rho}_k$ 离 0 仍较远，则一般地说象征着对应的序列为非平稳。对于 $\hat{\rho}_k$ 是否已足够接近于 0 还是仍显著不为 0，可用统计检验来判断。可以证明，k 阶自相关函数的样本估计 $\hat{\rho}_k$ 近似地服从均值为 0、方差为$\frac{1}{T}$的正态分布，T 为时间序列的样本容量。根据第一章中所讲的假设检验的有关知识，对于零假设 $H_0: \hat{\rho}_k = 0$，在置信系数为 95% 的情况下，置信区间为$\left(-\frac{1}{\sqrt{T}} \times 1.96, +\frac{1}{\sqrt{T}} \times 1.96\right)$。故近似地，只要 $\hat{\rho}_k$ 落入该区间之外，即 $\hat{\rho}_k$ 大于 2/

$\sqrt{T}$或小于$-2/\sqrt{T}$时，就拒绝$\hat{\rho}_k=0$的假设，或者说表示$\hat{\rho}_k$显著不为0。在常用经济计量软件所提供的相关图中，往往会以$\hat{\rho}_k=0$为中轴，分别以$\hat{\rho}_k=2/\sqrt{T}$和$\hat{\rho}_k=-2/\sqrt{T}$画两条线。$\hat{\rho}_k$落在这两条线组成的宽带之外，意味着$\hat{\rho}_k$仍显著不为0。如果自相关图显示，随着k的增加，$\hat{\rho}_k$下降十分缓慢；k取值较大时，$\hat{\rho}_k$仍落在$(-2/\sqrt{T},2/\sqrt{T})$这两条线组成的宽带之外，则说明序列很有可能为非平稳。

大多数计量经济软件除给出样本自相关函数$\hat{\rho}_k$外，还会给出另一个统计量，称为Box－Pierce－Q统计量，其计算方法是：

$$Q_k=T\sum_{i=1}^{k}\hat{\rho}_i^2 \tag{4-20}$$

或用其变种Ljung－Box统计量：

$$Q'_k=T(T+2)\sum_{i=1}^{k}\frac{\hat{\rho}_i^2}{T-i} \tag{4-21}$$

其中，$\hat{\rho}_i$为由公式(4－19)计算所得的i阶样本自相关函数。

可以证明，统计量Q_k及Q'_k均近似服从于自由度为k的χ^2分布，即：

Q_k或$Q'_k\sim\chi_\alpha^2(k)$，α为检验的置信水平。

Q统计量可以检验某一时间序列，其1至k阶的自相关函数$\hat{\rho}_1,\hat{\rho}_2,\cdots,\hat{\rho}_k$是否同时为0的联合假设，即：

零假设$H_0:\hat{\rho}_1=\hat{\rho}_2=\cdots\hat{\rho}_k=0$

备择假设为$\hat{\rho}_1,\hat{\rho}_2\cdots\hat{\rho}_k$中至少有一个显著不为0。

这一方法可用于对白噪声过程的近似检验。由于白噪声过程的任意阶自相关函数为0，为此可设定某一较大的滞后阶数，如k＝20，按公式(4－20)或(4－21)计算出Q_{20}或Q'_{20}，若计算出的统计量Q_{20}或Q'_{20}大于显著性水平为α、自由度为20的χ^2分布的临界值，如$\alpha=5\%$，则我们有95%的把握确信实际自相关系数$\rho_1,\rho_2\cdots\rho_{20}$不全为0，即拒绝$H_0:\hat{\rho}_1=\hat{\rho}_2=\cdots\hat{\rho}_{20}=0$的零假设，意味着对应的序列不是白噪声过程；反之，若Q_{20}或$Q'_{20}<\chi_\alpha^2(20)$，则接受零假设，表示该序列为白噪声过程。

许多计量经济软件在给出自相关函数及Q统计量之外，还会给出偏自相关函数PACF，可以加以利用来辅助判断自回归阶数。与自相关函数的样本估计$\hat{\rho}_k$的分布相同，在自回归阶过程阶数＝p的假设条件下，p＋1以及更高阶偏自相关函数估计量$\hat{\phi}_{kk}$(k＞p)近似地服从均值为0、方差为$\frac{1}{T}$的正态分布。因此，根据第一章中所讲的假设检验的有关知识，对于零假设$H_0:\hat{\phi}_{kk}=0$，在置信系数为95%的情况下，置信区间为$(-\frac{1}{\sqrt{T}}\times1.96,+\frac{1}{\sqrt{T}}\times1.96)$。故近似地，对于k＞p，只要$\hat{\phi}_{kk}$落入该区间之内(表现在偏自相关图上近似为$2/\sqrt{T}$和$-2/\sqrt{T}$两条线之内)，则无法拒绝$\hat{\phi}_{kk}=0$的假设，意味着当k≤p时，$\hat{\phi}_{kk}\neq0$；当k＞p时$\hat{\phi}_{kk}=0$，综合起来说明偏自相关函数在滞后期p以后有截尾特征，即时间序列的自回归阶数为 p 阶。

［案例］　上证综合指数的周收盘序列的自相关函数及自相关图

对于 2009 年 5 月至 2012 年 10 月间上证综合指数的日收盘序列 $\{P_t\}$，在Eviews计量经济软件中，具体操作如下：

在输入序列数据之后，点击 View 键并选择 Correlogram …，后出现 Correlogram Specification对话框，选择是检验序列的水平值（level），还是一阶差分值（1st difference）或是二阶差分值（2nd difference）；再选择检验阶数（lags to include）。本例选择检验水平值，检验阶数 = 20，输出结果如下：

Autocorrelation	Partial Correlation		AC	PAC	Q-Stat	Prob
		1	0.992	0.992	829.21	0.000
		2	0.984	0.009	1646.1	0.000
		3	0.976	-0.012	2450.4	0.000
		4	0.967	-0.034	3241.6	0.000
		5	0.959	0.031	4020.6	0.000
		6	0.951	-0.013	4787.3	0.000
		7	0.943	0.009	5542.1	0.000
		8	0.934	-0.038	6284.2	0.000
		9	0.926	-0.008	7013.7	0.000
		10	0.918	0.024	7731.3	0.000
		11	0.909	-0.051	8435.9	0.000
		12	0.901	0.054	9129.1	0.000
		13	0.893	-0.021	9810.6	0.000
		14	0.884	-0.038	10480.	0.000
		15	0.875	0.005	11136.	0.000
		16	0.866	-0.027	11781.	0.000
		17	0.857	-0.032	12412.	0.000
		18	0.848	0.010	13030.	0.000
		19	0.838	-0.022	13636.	0.000
		20	0.829	-0.005	14229.	0.000

图 4－5　上证综合指数的自相关及偏自相关图

从上图可见，上证综合指数序列 $\{P_t\}$ 自相关函数下降速度非常慢，在滞后 20 期时，$\hat{\rho}_k$ 仍落在 $(-2/\sqrt{T}, 2/\sqrt{T})$ 这两条线组成的宽带之外。对于任意阶数 k，P 值为零假设 $H_0: \hat{\rho}_1 = \hat{\rho}_2 = \cdots \hat{\rho}_k = 0$ 成立时的概率。图中的数据意味着对于任意 k，k = 1，2…Q 统计量均大于 5% 显著性水平下的临界值，因此说明 $\hat{\rho}_1, \hat{\rho}_2 \cdots \hat{\rho}_k$ 均显著不为 0。这些都表明 A 股指数序列为非平稳序列。而且从偏自相关函数的情况看，上证综合指数的日收盘序列为一阶自回归过程，即 $P_t = \phi_1 P_{t-1} + \varepsilon_t$，但 $\phi_1 \geq 1$，表示序列非平稳。

对上面的指数序列 $\{P_t\}$ 求其一阶差分，得到新的序列 $\{\Delta P_t\}$，其中 $\Delta P_t = P_t - P_{t-1}$。用 Eview 软件对序列 $\{\Delta P_t\}$ 求其相关图的做法是：在菜单 View/ Correlogram … 后出现 Correlogram Specification对话框中，选择检验序列一阶差分值（1st difference）；再选择检验阶数（lags to include）= 20，输出结果如下：

Autocorrelation	Partial Correlation		AC	PAC	Q-Stat	Prob
		1	0.001	0.001	0.0007	0.979
		2	0.018	0.018	0.2804	0.869
		3	0.037	0.037	1.4118	0.703
		4	-0.040	-0.040	2.7634	0.598
		5	0.010	0.009	2.8561	0.722
		6	-0.015	-0.015	3.0419	0.804
		7	0.028	0.030	3.6907	0.815
		8	0.004	0.002	3.7019	0.883
		9	-0.036	-0.035	4.8023	0.851
		10	0.068	0.065	8.7865	0.552
		11	-0.080	-0.078	14.268	0.219
		12	0.030	0.032	15.056	0.238
		13	0.044	0.040	16.738	0.212
		14	-0.041	-0.033	18.181	0.199
		15	0.045	0.035	19.912	0.175
		16	0.015	0.020	20.117	0.215
		17	-0.045	-0.048	21.879	0.189
		18	0.032	0.031	22.777	0.199
		19	-0.002	0.005	22.782	0.247
		20	0.011	0.000	22.887	0.294

图 4-6　上证综合指数一阶差分序列的自相关函数及偏自相关函数

从上图可见，一阶差分序列$\{\Delta P_t\}$的前 20 阶自相关函数均落在$(-2/\sqrt{T}, 2/\sqrt{T})$这两条线组成的宽带之内；通过 Q 统计量的 P 值看，在 5%显著性水平下，均无法拒绝$\hat{\rho}_1$，$\hat{\rho}_2, \cdots, \hat{\rho}_k$为 0 的假设，这些都说明样本自相关函数$\hat{\rho}_k$接近于 0，故差分后的序列$\{\Delta P_t\}$为白噪声过程。综合看来，上证综合指数的周收盘序列服从随机游走过程，即$P_t = P_{t-1} + \varepsilon_t$。

二、时间序列平稳性的单位根检验(unit root test)

先从最简单的说起。正如上面所讲到的，对于一阶自回归过程：

$$X_t = \rho X_{t-1} + \varepsilon_t$$

若$\rho = 1$，则模型变为：$X_t = X_{t-1} + \varepsilon_t$，序列$X_t$为非平稳序列，且为随机游走过程。而若$|\rho| < 1$，则序列$X_t$为平稳序列。再如，对于具有明显时间趋势的序列，到底是由趋势平稳过程$X_t = \alpha + \beta \cdot t + \varepsilon_t$所产生，还是由含位移项的随机游走过程$X_t = \alpha + X_{t-1} + \varepsilon_t$所产生，具有重要的经济意义。这种情况下，也可构造回归模型：$X_t = \alpha + \beta \cdot t + \rho \cdot X_{t-1} + \varepsilon_t$，对$\beta = 0, \rho = 1$的假设进行检验。但值得注意的是，由于统计上的原因，当$\rho \to 1$时，进行上述检验时所参照的临界值不再服从传统的 t 分布，而是需要采用新的检验方法，即所谓的迪克－福勒方法(Dickey－Fuller)和菲利普斯－配荣方法(Phillips－Perron)。下面分别说明其具体的应用过程。

(一)迪克 - 福勒 (Dickey - Fuller) 方法

迪克(Dickey)和福勒(Fuller)依据回归模型和真实的数据产生过程,分为三种情况。下面只介绍其具体步骤,相应的原理可参考有关教材。

1.情况 1:

回归模型为:$X_t = \rho X_{t-1} + \varepsilon_t, t = 1,2\cdots T$ (4 - 22)

真实的数据产生过程为:$X_t = X_{t-1} + \varepsilon_t$

其中干扰项 ε_t 为白噪声过程,即 $E(\varepsilon_t) = 0$、同方差 $Var(\varepsilon_t) = \sigma_\varepsilon^2$、无序列相关,对于任意 $k \neq 0$ 有 $Cov(\varepsilon_t, \varepsilon_{t+k}) = 0$。这一假定条件在后面可进一步放松,相应地由(Dickey - Fuller) 方法扩展为增广的迪克 - 福勒方法和菲利普斯 - 配荣方法。

此时,零假设和备择假设分别设定为:

$H_0: \rho = 1$(序列 X_t 为非平稳序列);

$H_1: \rho < 1$(序列 X_t 为平稳序列)

用 OLS 对(4 - 22)式进行回归,得到系数 ρ 的估计值 $\hat{\rho}$ 及其标准差 $\sigma_{\hat{\rho}}$,由此针对零假设 $H_0: \rho = 1$ 构造并计算出两个 DF 统计量,分别记为:

DF 的 ρ - 统计量 $= T \cdot (\hat{\rho} - 1)$ (4 - 23)

DF 的 τ 统计量 $= (\hat{\rho} - 1)/\sigma_{\hat{\rho}}$ (4 - 24)

其中 T 为样本数。判断规则是:

若 DF 统计量 > 相应的临界值,则接受 H_0,序列 X_t 为非平稳序列。

若 DF 统计量 < 相应的临界值,则拒绝 H_0,表明序列 X_t 平稳,且至少为一阶单整(记为 I(1)过程)①。

值得注意的是,当 DF 统计量的计算选择 $T \cdot (\hat{\rho} - 1)$形式时,相应的临界值则应查阅附表 5 的情形 1。若 DF 统计量的计算选择$(\hat{\rho} - 1)/\sigma_{\hat{\rho}}$形式时,相应的临界值则应查阅附表 6 的情形 1。

若 DF 检验表明序列 X_t 非平稳,且至少为一阶单整,则进一步对 X_t 的一阶差分序列ΔX_t 重复以上的检验过程。若 DF 检验表明 ΔX_t 为平稳序列,则说明 X_t 为一阶单整;否则说明 X_t 至少为二阶单整(记为 I(2)过程)。这种情况下要进一步差分,直至 DF 统计量小于相应的临界值,得到平稳序列,也就确定了相应的单整阶数。一般的经济时间序列,单整阶数不会超过 2。

在实际应用中,回归式(4 - 22)也可写成:

$$\Delta X_t = \gamma \cdot X_{t-1} + \varepsilon_t \qquad (4-25)$$

---

① 这一规则与线性回归下模型系数的 t 检验规则正好相反。通常都是统计量 > 临界值时,拒绝零假设。有的书上为了保持统一,而将 DF 检验的判断规则变为“DF 统计量的绝对值”与“临界值的绝对值”相比较。如李子奈、叶阿忠,《高等计量经济学》,清华大学出版社 2000 版。

其中 $\Delta X_t = X_t - X_{t-1}$,其他条件不变。此时零假设和备择假设分别变为:

$H_0:\gamma=0$(序列 X_t 为非平稳序列);$H_1:\gamma<0$(序列 X_t 为平稳序列)。检验的方法、步骤及对照的临界值分布表同上。只是 DF 统计量的计算方法相应地变为 $T\cdot\hat{\gamma}$ 和 $\hat{\gamma}/\sigma_{\hat{\gamma}}$。特别地,$\hat{\gamma}/\sigma_{\hat{\gamma}}$ 的形式与经典线性回归中 t 统计量的计算方法相同,在一般的计量软件中均会直接给出。

[案例] 上证综合指数的迪克－福勒(Dickey－Fuller)检验

对 2009 年 5 月至 2012 年 10 月间上证综合指数的周收盘序列 $\{P_t\}$,建立回归模型为:

$$\Delta P_t = \gamma\cdot P_{t-1} + \varepsilon_t$$

零假设和备择假设分别为:

$H_0:\gamma=0$(序列 X_t 为非平稳序列);$H_1:\gamma<0$(序列 X_t 为平稳序列)。

Eviews计量经济软件未单独设立Dickey－fuller检验备选项,而是将Dickey－fuller检验看成是滞后差分项阶数为 0 的Augmented Dickey－Fuller检验。故在Eviews主界面下,点击相应的序列名,打开序列窗口,选择View/Unit root test。对于情况 1,在出现的对话框中,Test Type选择Augmented Dickey－Fuller;Test for unit root in选择Level(表示对水平序列作检验);Include in test equation选择None(表示模型不含常数项及趋势项);Lagged differences选择 0(滞后差分项阶数,对于Dickey－Fuller Test,此项均应选 0,注意对比下面讲到的增广的Dickey－Fuller检验)。界面如下:

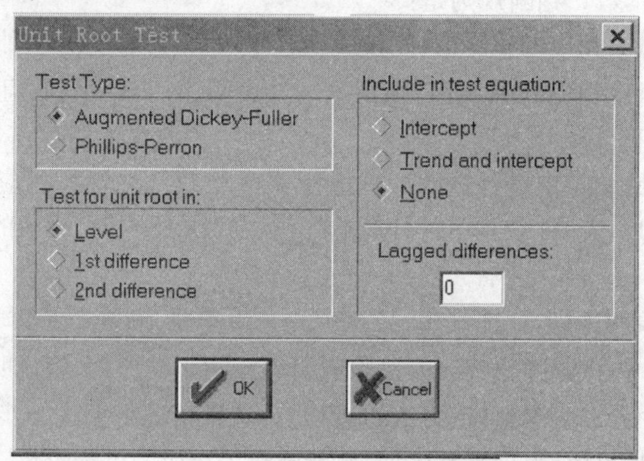

图 4－7 单位根检验在 Eviews 软件中的界面

选择完毕之后,点击 OK,得到下面结果:

表 4-1　利用情况 1 的模型对价格序列进行的 DF 检验结果

Null Hypothesis：P has a unit root				
Exogenous：None				
Lag Length：0（Automatic based on SIC，MAXLAG = 20）				
			t-Statistic	Prob. *
Augmented Dickey-Fuller test statistic			-0.658191	0.4320
Test critical values：	1% level		-2.567721	
	5% level		-1.941201	
	10% level		-1.616445	
* MacKinnon（1996）one-sided p-values.				
Augmented Dickey Fuller Test Equation				
Dependent Variable：D(P)				
Method：Least Squares				
Date：10/29/12 Time：10:22				
Sample（adjusted）：2 840				
Included observations：839 after adjustments				
Variable	Coefficient	Std. Error	t-Statistic	Prob.
P(-1)	-0.000322	0.000489	-0.658191	0.5106
R-squared	0.000193	Mean dependent var		-0.690167
Adjusted R-squared	0.000193	S.D. dependent var		38.35105
S.E. of regression	38.34735	Akaike info criterion		10.13244
Sum squared resid	1232295.	Schwarz criterion		10.13808
Log likelihood	-4249.558	Hannan-Quinn criter.		10.13460
Durbin-Watson stat	1.996883			

上表中，D(P)为被解释变量，表示价格序列 P 的一阶差分，解释变量 P(-1)表示价格序列的一阶滞后项。Eviews 软件中 DF-τ 统计量 $=\hat{\gamma}/\sigma_{\hat{\gamma}}=-0.6581$ 大于(1%，5%，10%)显著性水平下的临界值，不能拒绝 H_0，表明序列$\{P_t\}$非平稳，且至少为 I(1)过程。若进一步对$\{P_t\}$的一阶差分序列 ΔP_t 重复以上的检验过程，此时图 4-7 所示的对话框中Test for unit root in选择 1st difference(表示对一阶差分序列作 DF 检验)，回归模型变为：

$$\Delta^2 P_t = \gamma \cdot \Delta P_{t-1} + \varepsilon_t$$

结果如下：

表 4-2　利用情况 1 的模型对价格的一阶差分序列进行 DF 检验

Null Hypothesis: D(P) has a unit root				
Exogenous: None				
Lag Length: 0 (Automatic based on SIC, MAXLAG=20)				
			t-Statistic	Prob.*
Augmented Dickey-Fuller test statistic			-28.88155	0.0000
Test critical values:	1% level		-2.567724	
	5% level		-1.941201	
	10% level		-1.616445	
* MacKinnon (1996) one-sided p-values.				
Augmented Dickey-Fuller Test Equation				
Dependent Variable: D(P,2)				
Method: Least Squares				
Date: 10/29/12　Time: 10:23				
Sample (adjusted): 3 840				
Included observations: 838 after adjustments				
Variable	Coefficient	Std. Error	t-Statistic	Prob.
D(P(-1))	-0.998776	0.034582	-28.88155	0.0000
R-squared	0.499145	Mean dependent var		-0.051181
Adjusted R-squared	0.499145	S.D. dependent var		54.23013
S.E. of regression	38.37926	Akaike info criterion		10.13410
Sum squared resid	1232874.	Schwarz criterion		10.13975
Log likelihood	-4245.190	Hannan-Quinn criter.		10.13627
Durbin-Watson stat	1.998860			

上表中被解释变量变为 D(P,2)，表示价格序列的二阶差分项 $\Delta^2 P_t$，解释变量 D(P(-1))表示价格序列一阶差分项的一阶滞后项 ΔP_{t-1}。此时，DF 检验表明，序列 ΔP_t 的 DF 统计量小于(1%，5%，10%)显著性水平下的临界值，拒绝零假设，显示 ΔP_t 为平稳序列，进而说明指数序列 P_t 为一阶单整。这一结果与自相关图的检验结果相一致。

需要说明的是，Eviews 计量软件进行 DF 检验时所给出的临界值（critical value），又称之为麦金农临界值（Mackinnon critical value），是根据经济计量学家 Mackinnon 教授于 1991 年利用模拟方法得到的以样本容量 T 为自变量的临界值计算公式计算所得。许多研究文献均是利用了麦金农临界值。

2．情况 2：

回归模型为：

$$X_t = \alpha + \rho X_{t-1} + \varepsilon_t,\ t = 1, 2\cdots T \qquad (4-26)$$

真实的数据产生过程为：$X_t = X_{t-1} + \varepsilon_t$；其他条件同上。

此时零假设和备择假设仍可分别设定为：

$H_0: \rho = 1$（序列 X_t 为随机游走）

$H_1: \rho < 1$（序列 X_t 为平稳序列）

DF 统计量的计算方法及判断规则与情况 1 相同。只是当 DF 统计量为 $T\cdot(\hat{\rho}-1)$ 时，对应的临界值为附表 5 中情形 2；DF 统计量选择 $(\hat{\rho}-1)/\sigma_{\hat{\rho}}$ 时，则查阅附表 6 中情形 2。

相应地，模型（4－26）也可变为：

$$\Delta X_t = \alpha + \gamma \cdot X_{t-1} + \varepsilon_t \qquad (4-27)$$

零假设变为：$H_0: \gamma = 0$；与情况 1 类似，DF 统计量也发生相应的变化。

对前面例子中的上证综合指数序列 P_t 作 DF 检验，此时在图 4－7 所示的Eviews软件Unit root对话框中，Include in test equation栏目应选择Intercept选项（表示模型含常数项），回归模型为：

$$\Delta P_t = \alpha + \gamma \cdot P_{t-1} + \varepsilon_t$$

结果如下：

表 4－3　用情况 2 的模型对价格序列进行 DF 检验

Null Hypothesis: P has a unit root				
Exogenous: Constant				
Lag Length: 0 (Automatic based on SIC, MAXLAG = 20)				
			t－Statistic	Prob.*
Augmented Dickey－Fuller test statistic			－1.116948	0.7109
Test critical values:	1% level		－3.437920	
	5% level		－2.864771	
	10% level		－2.568544	
* MacKinnon (1996) one－sided p－values.				

（续表）

Augmented Dickey - Fuller Test Equation				
Dependent Variable: D(P)				
Method: Least Squares				
Date: 10/29/12 Time: 10:25				
Sample (adjusted): 2 840				
Included observations: 839 after adjustments				
Variable	Coefficient	Std. Error	t - Statistic	Prob.
P(- 1)	- 0.004322	0.003869	- 1.116948	0.2643
C	10.92455	10.48255	1.042166	0.2976
R - squared	0.001488	Mean dependent var		- 0.690167
Adjusted R - squared	0.000295	S.D. dependent var		38.35105
S.E. of regression	38.34538	Akaike info criterion		10.13353
Sum squared resid	1230698.	Schwarz criterion		10.14481
Log likelihood	- 4249.014	Hannan - Quinn criter.		10.13785
F - statistic	1.247573	Durbin - Watson stat		1.991496
Prob(F - statistic)	0.264337			

显示 DF 的 τ 统计量仍大于临界值；另外，还可计算出零假设：$H_0:\gamma=0,\alpha=0$ 成立时的 F 统计量为 1.598，查表可知，0.05 置信水平下的临界值为 5.7 左右；或直接参考 F 检验的 P 值 = 0.2076。故不能拒绝联合假设 $H_0:\gamma=0,\alpha=0$。因此 P_t 为非平稳过程。

3. 情况 3：

回归模型为：

$$X_t=\alpha+\rho X_{t-1}+\delta\cdot t+\varepsilon_t,\ t=1,2\cdots T \tag{4-28}$$

真实的数据产生过程为：$X_t=\alpha+X_{t-1}+\varepsilon_t$；$\alpha\neq 0$，其他条件同上。

此时零假设和备择假设分别设定为：

$H_0:\rho=1;H_1:\rho<1$

DF 统计量的计算方法同情况 1 和 2。只是当 DF 统计量为 $T\cdot(\hat{\rho}-1)$ 时，对应的临界值表变附表 5 中情形 3；DF 统计量选择 $(\hat{\rho}-1)/\sigma_{\hat{\rho}}$ 时，则查阅附表 6 中情形 3。

类似地，回归模型(4-28)也可变为：

$$\Delta X_t=\alpha+\gamma\cdot X_{t-1}+\Delta\cdot t+\varepsilon_t \tag{4-29}$$

零假设变为：$H_0:\gamma=0$。与情况 1 和 2 类似，DF 统计量也发生相应的变化。

相应地，在图 4-7 所示的Eviews软件Unit root对话框中，Include in test equation栏目应选择Trend and Intercept选项（表示模型含常数项及时间趋势项）。

(二)增广的迪克－福勒方法(Augmented Dickey－Fuller),简记为 ADF 检验

上面讲的三种情形式中,均假定回归模型和真实过程的干扰项 ε_t 同方差,且无序列相关现象,即对于任意 $k \neq 0$ 有 $Cov(\varepsilon_t, \varepsilon_{t+k}) = 0$。如果放松这一假设,允许干扰项 ε_t 序列相关,则可通过在原 DF 方法的回归模型中加入滞后的自回归项,以消除模型中 ε_t 可能存在的序列相关而给估计值带来的有偏影响。具体地,DF 检验中三种情形的回归模型相应地变为:

1.情况 1:

回归模型为:

$$X_t = \rho X_{t-1} + \theta_1 \cdot \Delta X_{t-1} + \theta_2 \Delta X_{t-2} + \cdots + \theta_p \Delta X_{t-p} + \varepsilon_t \qquad (4-30)$$

零假设为:$H_0: \rho = 1$

此时 ADF 的 ρ－统计量 $= \dfrac{T \cdot (\hat{\rho} - 1)}{1 - \hat{\theta}_1 - \hat{\theta}_2 - \cdots \hat{\theta}_p}$

ADF 的 τ 统计量 $= (\hat{\rho} - 1)/\sigma_{\hat{\rho}}$

其临界值分布表分别为附表 5 和附表 6 情形 1 所示。判断规则同 DF 检验,也是若 ADF 统计量小于相应的临界值,则拒绝 H_0,序列 X_t 为平稳序列;若 ADF 统计量大于相应的临界值,则不能拒绝 H_0,表明序列 X_t 非平稳。

同样,模型可变为:

$$\Delta X_t = \gamma \cdot X_{t-1} + \theta_1 \cdot \Delta X_{t-1} + \theta_2 \Delta X_{t-2} + \cdots + \theta_p \Delta X_{t-p} + \varepsilon_t \qquad (4-31)$$

零假设为:$H_0: \gamma = 0$。此时 ADF 的 τ 统计量变为 $\hat{\gamma}/\sigma_{\hat{\gamma}}$。

[案例]　上证综合指数的增广迪克－福勒检验

对 2009 年 5 月至 2012 年 10 月间上证综合指数的日收盘序列 $\{P_t\}$,取滞后阶数 p = 2,以消除干扰项存在的序列相关。回归模型变为:

$$\Delta P_t = \gamma \cdot P_{t-1} + \theta_1 \cdot \Delta P_{t-1} + \theta_2 \Delta P_{t-2} + \varepsilon_t \qquad (4-32)$$

此时在 Eviews 主界面下,点击相应的序列名,打开序列窗口,选择 View/ Unit root test,在出现的对话框中,Test Type 选择 Augmented Dickey－Fuller; Test for unit root in 选择 Level(表示对水平序列做检验);Include in test equation 选择 None(表示模型不含常数项及趋势项);Lagged differences 选择 2(表示模型中包括的滞后差分项阶数)。界面如下:

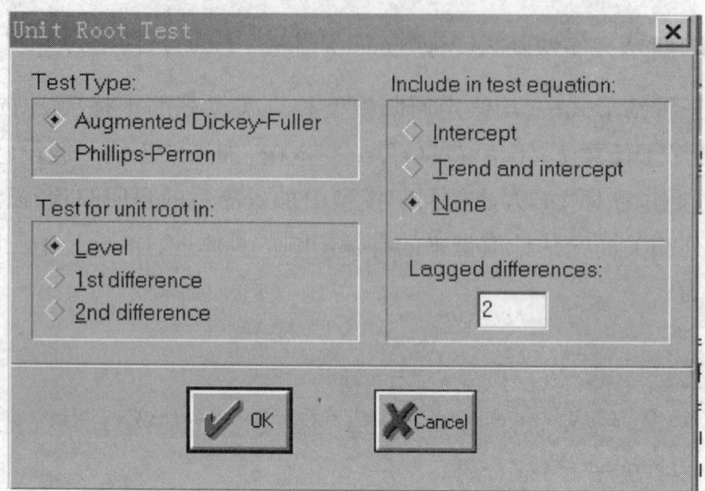

图 4-8 Augmented Dickey-Fuller检验的Eviews界面

点击 OK 后，出现如下结果：

表 4-4 利用情况 1 的模型对价格序列进行 ADF 检验的结果

Null Hypothesis: P has a unit root				
Exogenous: None				
Lag Length: 2 (Fixed)				
			t-Statistic	Prob.*
Augmented Dickey-Fuller test statistic			-0.681154	0.4219
Test critical values:	1% level		-2.567728	
	5% level		-1.941202	
	10% level		-1.616445	
* MacKinnon (1996) one-sided p-values.				
Augmented Dickey-Fuller Test Equation				
Dependent Variable: D(P)				
Method: Least Squares				
Date: 10/29/12 Time: 10:29				
Sample (adjusted): 4 840				
Included observations: 837 after adjustments				

（续表）

Variable	Coefficient	Std. Error	t－Statistic	Prob.
P(－1)	－0.000334	0.000490	－0.681154	0.4960
D(P(－1))	0.000875	0.034622	0.025282	0.9798
D(P(－2))	0.018372	0.034624	0.530606	0.5958
R－squared	0.000540	Mean dependent var		－0.729355
Adjusted R－squared	－0.001857	S.D. dependent var		38.38640
S.E. of regression	38.42203	Akaike info criterion		10.13872
Sum squared resid	1231195.	Schwarz criterion		10.15567
Log likelihood	－4240.053	Hannan－Quinn criter.		10.14522
Durbin－Watson stat	1.998897			

上表中，被解释变量变为 D(P)，表示价格序列的一阶差分项 ΔP_t，解释变量 P(－1)表示价格水平序列的一阶滞后项 P_{t-1}，D(P(－1))和 D(P(－2))表示价格序列一阶差分项的一阶滞后项 ΔP_{t-1} 和二阶滞后项 ΔP_{t-2}，计算得到 ADF 统计量－0.681，大于临界值，故不能拒绝被检验的指数序列非平稳的零假设。对其一阶差分序列 ΔP_t 进行 ADF 检验。此时，在图 4－8 所示的对话框中，Test for Unit root 项选择 1st difference 项，回归模型变为：

$$\Delta^2 P_t = \gamma \cdot \Delta P_{t-1} + \theta_1 \cdot \Delta^2 P_{t-1} + \theta_2 \Delta^2 P_{t-2} + \varepsilon_t \tag{4-33}$$

结果如下：

表 4－5　利用情况 1 的模型对价格的一阶差分序列进行 ADF 检验

Null Hypothesis: D(P) has a unit root				
Exogenous: None				
Lag Length: 2 (Fixed)				
			t－Statistic	Prob.*
Augmented Dickey－Fuller test statistic			－15.83830	0.0000
Test critical values:	1% level		－2.567731	
	5% level		－1.941202	
	10% level		－1.616444	
* MacKinnon (1996) one－sided p－values.				
Augmented Dickey－Fuller Test Equation				

（续表）

Dependent Variable：D(P,2)				
Method：Least Squares				
Date：10/29/12　Time：10:30				
Sample (adjusted)：5 840				
Included observations：836 after adjustments				
Variable	Coefficient	Std. Error	t - Statistic	Prob.
D(P(-1))	-0.943545	0.059574	-15.83830	0.0000
D(P(-1),2)	-0.055584	0.048946	-1.135619	0.2564
D(P(-2),2)	-0.036913	0.034627	-1.066029	0.2867
R - squared	0.499948	Mean dependent var		-0.012081
Adjusted R - squared	0.498748	S.D. dependent var		54.26543
S.E. of regression	38.41948	Akaike info criterion		10.13859
Sum squared resid	1229555.	Schwarz criterion		10.15556
Log likelihood	-4234.930	Hannan - Quinn criter.		10.14509
Durbin - Watson stat	1.996366			

上表显示，模型的被解释变量变为 D(P,2)，表示二阶差分项 $\Delta^2 P_t$；解释变量包括 D(P(-1))、D(P(-1),2)、D(P(-2),2)，分别对应 ΔP_{t-1}、$\Delta^2 P_{t-1}$和 ΔP_{t-2}^2。此时 ADF 统计量为 -15.838，小于相应临界值，故拒绝指数差分序列 ΔP_t 非平稳的假设。综合上述两个结果，得出指数序列$\{P_t\}$为一阶单整的结论。

2. 情况 2

回归模型为：

$$X_t = \alpha + \rho X_{t-1} + \theta_1 \cdot \Delta X_{t-1} + \theta_2 \Delta X_{t-2} + \cdots + \theta_p \Delta X_{t-p} + \varepsilon_t \tag{4-34}$$

零假设为 $H_0: \rho = 1$，ADF 的 ρ - 统计量及 τ 统计量的计算方法同情形 1，但临界值分布表则分别变为附表 5 和附表 6 的情况 2。

同样，模型也可变为：

$$\Delta X_t = \alpha + \gamma \cdot X_{t-1} + \theta_1 \cdot \Delta X_{t-1} + \theta_2 \Delta X_{t-2} + \cdots + \theta_p \Delta X_{t-p} + \varepsilon_t \tag{4-35}$$

3. 情况 3

回归模型为：

$$X_t = \alpha + \rho X_{t-1} + \delta \cdot t + \theta_1 \cdot \Delta X_{t-1} + \theta_2 \Delta X_{t-2} + \cdots + \theta_p \Delta X_{t-p} + \varepsilon_t \tag{4-36}$$

零假设为 $H_0: \rho = 1$，ADF 的 ρ - 统计量及 τ 统计量的计算方法同情形 1，但临界值分布表则分别变为附表 5 和附表 6 的情况 3。

同样，模型也可变为：

$$\Delta X_t = \alpha + \gamma \cdot X_{t-1} + \delta \cdot t + \theta_1 \cdot \Delta X_{t-1} + \theta_2 \Delta X_{t-2} + \cdots + \theta_p \Delta X_{t-p} + \varepsilon_t \quad (4-37)$$

对于上述3种情形的ADF检验,选择滞后差分项ΔX_{t-1},$\Delta X_{t-2} \cdots \Delta X_{t-p}$的个数p的原则是应在尽量小的情况下,消除干扰项中存在的自相关。比如当p=2时,ADF回归式中DW统计量的较低,则说明仍存在自相关。这时应增加p值,即在ADF回归式中再多加一个或若干个滞后差分项ΔX_{t-i},从而使干扰项中的自相关消失。另外,在进行DF回归时,若发现残差项存在自相关,则应选择ADF回归,进行ADF检验。相应地,对于Eviews计量软件的操作,在图4-8显示的对话框中,依据是否含常数项或趋势项,选择相应的选项。

(三)菲利普斯-配荣方法(Phillips-Perron),简记为PP检验

PP检验针对的是回归模型的干扰项ε_t存在异方差或序列相关现象。回归模型的3种形式及检验规则与*DF*检验相同。即:

情况1:回归模型为

$$X_t = \rho X_{t-1} + \varepsilon_t, t=1,2\cdots T \quad (4-38)$$

情况2:回归模型为

$$X_t = \alpha + \rho X_{t-1} + \varepsilon_t, t=1,2\cdots T \quad (4-39)$$

情况3:回归模型为

$$X_t = \alpha + \rho X_{t-1} + \delta \cdot t + \varepsilon_t, t=1,2\cdots T \quad (4-40)$$

PP检验统计量的临界值分布表与DF检验统计量的临界值分布表也相同。但PP检验统计量的计算与DF检验统计量的计算不同。具体地说,与DF的ρ-统计量相对应的是PP的ρ-统计量,记为Z_p;与DF的τ统计量对应的是PP的τ统计量,记为Z_τ。PP检验下,这两个统计量的计算相对复杂,是在对应DF统计量的形式上加以修正[①],大多数的计量经济软件均会加以计算;但PP检验比照的临界值分布表与DF检验下三种回归形式下的临界值分布表一样。

[案例]　上证A股数的菲利普斯-配荣检验

对2009年5月至2012年10月间上证综合指数的日收盘序列$\{P_t\}$作正式的平稳性检验。

在Eviews软件中,如图4-8显示的对话框里,Test Type项选择Phillips-Perron后,出现下面的画面,Trunction lag选项通常为4,其他项目与ADF检验类似,根据是否含常数项或趋势项做出相应的选择。

① 陆懋祖,《高等时间序列经济计量学》,上海人民出版社1999年版,第84-87页。

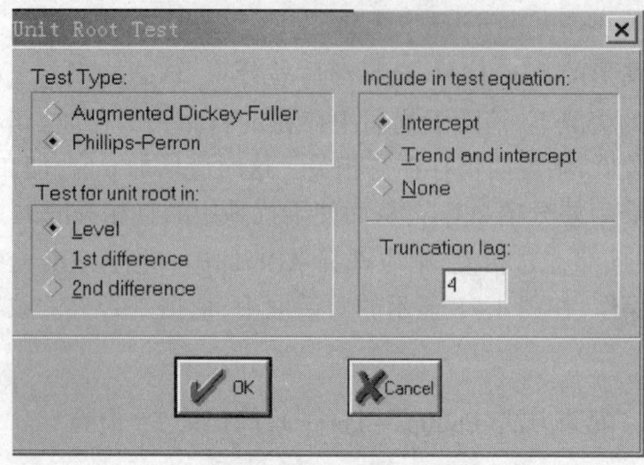

图 4－9　菲利普斯－配荣检验的 Eviews 界面

例如，还是以上证综合指数序列为研究对象，以形式 2：$X_t = \alpha + \rho X_{t-1} + \varepsilon_t$ 为回归模型，用Eview软件中（Phillips－Perron）检验功能，结果显示如下：

表 4－6　股指序列的Phillips－Perron检验结果

Null Hypothesis：P has a unit root				
Exogenous：Constant				
Bandwidth：4（Fixed using Bartlett kernel）				
			Adj．t－Stat	Prob.*
Phillips－Perron test statistic			－1.166460	0.6906
Test critical values：	1% level		－3.437920	
	5% level		－2.864771	
	10% level		－2.568544	
* MacKinnon（1996）one－sided p－values.				
Residual variance（no correction）				1466.863
HAC corrected variance（Bartlett kernel）				1536.375
Phillips－Perron Test Equation				
Dependent Variable：D(P)				
Method：Least Squares				
Date：10/29/12 Time：10:33				

（续表）

Sample（adjusted）：2 840				
Included observations：839 after adjustments				
Variable	Coefficient	Std. Error	t－Statistic	Prob.
P(－1)	－0.004322	0.003869	－1.116948	0.2643
C	10.92455	10.48255	1.042166	0.2976
R－squared	0.001488	Mean dependent var		－0.690167
Adjusted R－squared	0.000295	S.D. dependent var		38.35105
S.E. of regression	38.34538	Akaike info criterion		10.13353
Sum squared resid	1230698.	Schwarz criterion		10.14481
Log likelihood	－4249.014	Hannan－Quinn criter.		10.13785
F－statistic	1.247573	Durbin－Watson stat		1.991496
Prob(F－statistic)	0.264337			

结论仍是无法拒绝指数序列非平稳的零假设。另外，从上面可看出，PP统计值为－1.168，与对应系数的t统计值(实际上也是DF统计量值)－1.264并不完全相等，说明计算PP统计量时，对DF统计量进行了修正。

总结：上面所说的三种检验方法，都给出了3种可能的情况。但常见的单位根检验，并未依次对3个模型进行检验，而只是任选一种。显然，如何选择合适的回归模型和零假设影响了检验的效果和成败。一般地，如果待检验序列在0均值上下波动，则应该选择不包含常数和时间趋势项的检验方程，即情况1；如果序列具有非0均值，但均值变化没有时间趋势，可选择情况2；若序列随时间变化有上升或下降趋势，则可采用情况3。另外，在进行单位根检验时，也要尽量从经济学的角度考虑其背后的数据生成过程可能有的形式，比如说模型中引入常数项在经济学上是否合理等。若从经济学、统计学及其他方面的考虑不能得出明确的结论，则应尽量采用较为一般的回归模型，对其进行单位根检验。如对于前面讲到的GNP序列，从历史和经济上看，人口的增长、经济技术的持续发展等原因使得有理由假设产生数据的过程带有增长的时间趋势。但到底是由带常数项的单位根过程 $X_t = \alpha + X_{t-1} + \varepsilon_t$ 产生的，还是由趋势平稳过程 $X_t = \alpha + \rho X_{t-1} + \delta \cdot t + \varepsilon_t$ 产生，可以按上面各种检验的情况3进行判断。

第三节　一元时间序列分析方法的应用

我们以市场弱式有效假说的检验为例来说明一元时间序列分析方法的应用。市场弱式有效是指现行的股票价格已经充分反映了历史交易数据所蕴含的信息，即在t时

刻的股票价格 P_t 包含了 t 时刻及以前的所有信息。对于在 t 到 t+1 之间发生的新信息或未预期事件,由于这些新信息或事件是随机的,既可能是利空信息也可能是利多信息,故 t+1 时刻的实际价格 P_{t+1} 既可能大于、也可能小于 t 时刻的价格 P_t。或者说,用上一时刻的股价水平加上任一个随机扰动项即构成了下一期的股价水平。可表示为 $P_{t+1}=P_t+\varepsilon_{t+1}$,$\varepsilon_{t+1}$ 的白噪声过程。由于弱有效市场假说强调证券价格的变化是一个随机的、不可预测的过程,不能够利用历史价格信息对未来的价格进行预测。因此对弱式有效假说的检验主要有两个方面。

一、直接以价格为研究对象,检验独立性

从统计检验的角度,即检验价格数据在不同时点之间的"系列相关性"(Serial Correlation)或又称"自相关性"(Auto Correlation)。如果不同时点股价之间的自相关性在统计意义上显著,则意味着股价的历史水平影响了未来的价格水平,可以通过股票价格的历史信息预测未来股价,弱式有效假说不成立。

严格意义上讲,弱式有效要求股价在任意阶 k 上均不相关,但这显然无法操作。因此在实际检验中,往往对阶数 k 加以一定限制,如取 k=1,2…m,m 表示依次检验从 1 阶到 m 阶的自相关性。具体地,对股票价格序列相关性的检验又可细分为三种方法:

方法 1:计算并检验相隔 k 期的股价的自相关系数。相隔 k 期的股价之间的自相关系数 $\hat{\rho}_k$ 可表示为:

$$\hat{\rho}_k=\frac{\sum_{t=1}^{T-k}(P_t-\bar{P})(P_{t+k}+\bar{P})}{\sum_{t=1}^{T}(P_t-\bar{P})^2} \tag{4-41}$$

可依次检验零假设 $H_0:\hat{\rho}_k=0$,k 分别选择 1,2…至 m。同前面讲的一样,若 $\hat{\rho}_k$ 大于 $2/\sqrt{T}$ 或小于 $-2/\sqrt{T}$,则拒绝 $\hat{\rho}_k=0$ 的假设,或者说表示 $\hat{\rho}_k$ 显著不为 0。

另外,也和前面讲的一样,可通过 Q 统计量对各阶相关系数进行联合检验,即零假设为:

$$H_0:\hat{\rho}_1=\hat{\rho}_2=\cdots=\hat{\rho}_m=0$$

若计算得到的 Q 值大于选定置信水平下的临界值,则说明拒绝零假设,显示前后期股价存在相关性,市场不符合弱式有效的特征。

方法 2:建立股价序列的自回归模型,并对其系数进行显著性检验。

如建立股价的 m 阶自回归模型:

$$P_t=\alpha+\theta_1\cdot P_{t-1}+\theta_2 P_{t-2}+\cdots+\theta_m P_{t-m}+\varepsilon_t \tag{4-42}$$

其中参数 $\theta_1,\theta_2\cdots\theta_m$ 表示股价的滞后影响。如果市场是弱式有效的,股票的未来价格与历史价格不会存在相关性,也就是说上式中的参数 $\theta_1,\theta_2\cdots\theta_m$ 与零相比不应该具有统计意义上的显著性。否则,表明股票的历史价格影响股票将来的价格,这样的市场未达到弱式有效。

方法 3:对价格序列或其对数序列进行单位根检验,以判断其是否符合随机游走。

从公式(4-42)可见,股票市场弱式有效意味着股价序列 P_t 或者其对数形式 $\mathrm{Ln}P_t$ 呈随机游走特征,这实际上说明序列 P_t 或 $\mathrm{Ln}P_t$ 为一阶单整过程。因而对股票市场弱有效的检验可以通过对序列 P_t 或 $\mathrm{Ln}P_t$ 进行单位根检验,确定其单整阶数来进行。

[案例]　**以价格数据为研究对象,检验上海股市弱式有效假说**

邓子来、胡健[①] 选取 1997 年 6 月 1 日 ~ 1997 年 12 月 1 日期间在上海证券交易所上市交易的股票,从中各抽取 12 只股票及综合指数为样本,分别收集各自的日收盘价格及综合股价指数,形成相应的时间序列。并对每一序列建立五阶自回归模型:

$$P_t = \alpha + \beta_1 P_{t-1} + \beta_2 P_{t-2} + \beta_3 P_{t-3} + \beta_4 P_{t-4} + \beta_5 P_{t-5} + \varepsilon_t \qquad (4-43)$$

得到各自的系数估计值,汇总如下表。

表 4-7　上海证券交易所 12 只股票收盘价及综合指数的自相关模型估计值

股票名称	滞后 1 天	滞后 2 天	滞后 3 天	滞后 4 天	滞后 5 天
延中实业	0.023	0.021	0.018	0.013	0.010
真空电子	0.081*	0.034	0.025	0.030	0.027
兴业房产	0.024	0.030	0.034	0.030	0.027
二纺机	0.027	0.023*	0.019	0.014	0.001
轻工机械	0.032	0.031	0.025	0.023	0.023
嘉丰实业	0.042	0.043	0.034	0.033	0.037
联合实业	0.013	0.010	0.012	0.021	0.024
异型钢管	0.022	0.020	0.019	0.017	0.014
飞乐音响	0.024	0.023	0.039	0.036	0.034
爱使股份	0.3*	0.040	0.042	0.045	0.039
申华实业	0.014	0.017	0.098	0.016	0.093
飞乐股份	0.170*	0.023	0.022	0.024	0.015
上海指数	0.020	0.023	0.019	0.018	0.020

注:带 * 号的数字表明在 5% 的显著性水平下有显著性意义。

从上表可以看出,当显著水平为 5% 时,在上述期间从沪市所选的股票的收盘价和市场股价综合指数基本上不存在显著的自相关关系。上述 12 只股票中,除爱使股份、真空电子、飞乐股份等股票的滞后一天的相关系数在统计上显著不为 0 之外,其他滞后天数较长的相关系数都不显著,这表明上海股票市场基本上具备了弱式有效性。

马向前、任若恩[②] 选取上海股票市场 1990 年 12 月 31 日至 2000 年 12 月 31 日的收盘综合指数作为研究样本,记 P_t 为上海股市第 t 日的收盘综合指数,P_{t-1} 为上海股市第 t-1 日的收盘综合指数。选择含时间趋势项和位移项的模型来进行 ADF 检验:$\rho = 1$。

---

① 邓子来、胡健(2001),《市场有效理论及我国股票市场有效性的实证检验》,《金融论坛》2001 年第 10 期。

② 马向前、任若恩,《基于市场效率的中国股市波动和发展阶段划分》,《经济科学》。

$$\Delta X_t = \alpha + \beta t + (\rho - 1) X_{t-1} + \sum_{i=1}^{k} \vartheta_i \Delta X_{t-i} + \varepsilon_t \qquad (4-44)$$

结果如下表：

表 4-8　上证指数序列的 ADF 检验结果

变量	ADF 值	1%临界值	5%临界值	D.W.检验值
水平序列 $X_t = LnPt$	-2.9170	-5.0380	-3.4481	2.0001
一阶差分序列 $X_t = LnPt$	-6.3884	-3.4870	-2.5797	2.0178

注：滞后期 k=2 时，D.W 在 2 附近，说明随机误差项 ε_t 已不存在序列相关。

上证指数序列{LnPt}的单位根检验结果表明，在 5%和 1%的显著性水平下，ADF 值大于临界值，接受 $\rho=1$ 的零假设，意味着上证指数序列含有单位根，但还无法确定其单整阶数是否为 1。需对其一阶差分序列{LnPt}进行 ADF 检验。检验结果则显示 ADF 值小于临界值，拒绝有单位根的原假设，一阶差分序列是平稳序列。上证指数序列为非平稳序列，而它的一阶差分序列是平稳序列，这一结果表明上证指数序列为 I(1)序列，股票市场达到弱式有效。

值得注意的是，在我国股市有效性的实证研究中，一些作者因为股票价格不符合随机游走，所以得出市场无效的结论。但有些观点认为：对随机游走假说的偏离并不能证明市场是无效的，满足随机游走假说只能看作是市场弱式有效的充分条件而不是必要条件，因此检验价格序列的相关性是进行弱式有效检验的最好方法①。

二、以收益率数据为研究对象，检验独立性

除了上面讲述到的对股票价格或股价指数本身进行检验外，还可以对模型 $P_{t+1} = P_t + \varepsilon_{t+1}$ 中的干扰项序列 ε_{t+1} 进行相关性检验。例如若 ε_{t+1} 与 ε_t 存在相关性，则说明 $P_{t+1} - P_t$ 与 $P_t - P_{t-1}$ 有关，显示股票价格的升降对后来的价格变化存在着某种影响，投资人有可能利用这种非随机特征预测未来价格变化。而 $P_{t+1} - P_t$ 与 $P_t - P_{t-1}$ 相关，等价于 $LnP_{t+1} - LnP_t$ 与 $LnP_t - LnP_{t-1}$ 相关，根据百分比形式收益率序列与对数形式收益率之间的关系：

$$LnP_{t+1} - LnP_t = Ln(1 + (P_{t+1} - P_t)/P_t] \approx (P_{t+1} - P_t)/P_t = R_{t+1}$$

因此，检验股票市场弱式有效，可以将对价格序列的序列相关检验转化为对收益率序列（可以是对数形式收益率，也可以是百分比形式收益率）进行序列相关检验。股市弱式有效，意味着 R_{t+1} 与 R_t 无关。检验方法与对股价序列的相关性检验相类似，可以通过计算收益率序列 R_t 相隔 k 期的自相关系数，或是建立 R_t 的自回归模型，对其中的系数进行显著性检验。

① 张兵、李晓明，《中国股票市场的渐进有效性研究》，《经济研究》2003 年第 1 期。

[案例]　以收益率数据为研究对象,检验上海股市弱式有效假说

某研究者对上证综合指数日收盘价的对数收益率 R_t 进行分析,计算相隔 1 至 3 期收益率数据的自相关系数。相隔 k 期的股价之间的自相关系数 $\hat{\rho}_k$ 可表示为:

$$\hat{\rho}_k = \frac{\sum_{t=1}^{T-k}(R_t - \bar{R})(R_{t+k} - \bar{R})}{\sum_{t=1}^{T}(R_t - \bar{R})^2} \quad (4-45)$$

3 阶的Box - Pierce - Q统计量,其计算方法是:

$$Q(3) = T\sum_{i=1}^{3}\hat{\rho}_i^2$$

对于某一时间序列,Q(3)统计量可用于检验其 1 至 3 阶的自相关函数 $\hat{\rho}_1,\hat{\rho}_2,\hat{\rho}_3$ 是否同时为 0 的联合假设,即零假设为:

$H_0:\hat{\rho}_1 = \hat{\rho}_2 = \hat{\rho}_3 = 0$

备择假设为:$\hat{\rho}_1,\hat{\rho}_2,\hat{\rho}_3$ 中至少有一个显著不为 0。

若计算得到的 Q 值大于选定置信水平下的临界值,即 $Q(3) > \chi^2_\alpha$ 则说明拒绝零假设,显示前后期股价存在相关性,市场不符合弱式有效的特征。回归结果如下:

表 4-9　上证综合指数日收益率的自相关系数

年度	ρ_1	ρ_2	ρ_3	Q(3)
1994	0.054	0.089	0.041	3.122(0.373)
1995	0.12	-0.005	-0.251	19.695(0.000)
1996	0.063	0.033	0.146	6.630(0.085)
1997	-0.113	-0.023	-0.029	3.504(0.320)
1998	0.088	-0.077	-0.009	3.465(0.325)
1999	-0.028	-0.086	0.218	13.640(0.003)
2000	0.082	0.037	-0.086	3.7983(0.284)
2001	0.001	-0.158	0.035	6.388(0.094)
2002	0.014	0.063	-0.11	3.913(0.271)
2003	-0.017	-0.05	0.061	1.5891(0.662)
2004-2005	-0.013	-0.012	0.088	3.193(0.363)

注:Q(3)代表滞后 3 阶的 Q 统计值;括号内数值表示检验的 P 值。

表中,ρ_1、ρ_2、ρ_3 分别是滞后 1、2、3 期的序列相关系数。Q(3)为检验所有序列相关系数全部为 0 的联合假设的统计量。括号中数字为 p 值,即序列相关系数全部为 0 的联合假设成立的概率。从中可以看出,在 1995 年以前,Q(3)至少在 5%的显著性水平上显著异于 0,1996 年 Q(3)在 10%的显著性水平上显著异于 0。从 1997 年起,Q(3)与 0 在统计上已没有区别(1999 年和 2001 年是个例外,1999 年是由于 5.19 行情影响所致,2001 年是受股市大跌的影响)。

三、中国股市弱式有效的实证研究总结

关于中国股市是否达到弱式有效,理论界存在争论。部分文献的研究方法、研究样

本及研究结论汇总如下：

表 4-10　中国股市弱式有效的研究成果

时间	作者	样本	检验模型	结论
2002.1	马向前	1990.12-2000.12	序列相关性检验、ADF 检验	1993 年以后我国股市已达到程度十分低的弱式有效水平
2002.12	李金林、金珏琦	2000.1.2-2000.12.31 沪市及深市 A 股指数日收盘价	单位根检验	A 股市场为弱式有效市场
2003.4	周四军	2000.1-2000.5 上证综合；1997-2001 股指交易周数据	游程检验、序列相关检验和灵敏性检验	股市已具备弱式有效性
2003.10	李琦、郭菊娥	1992.5.21-2002.4.30 上证指数	单位根和 Box-Pierce 检验	沪市 1997 年后已达到弱式有效
2004.6	郭睿、马骥	1998.3.5-2003.7.31 上证 A 股指数和深证 A 股指数日日收盘价	自相关检验，游程检验	沪深股市已达到弱式有效
2005.11	戴晓凤、杨军、张清海	1990-2004 年上证及深圳主要指数	单位根检验	基本达到弱式有效
2006.4	刘蓬勃	1999.1 后的数据	自回归和方差比检验	股市基本达到弱式有效
2007.3	谢晓霞	2002-2004 上证综合指数收益率	序列自相关检验和游程检验	沪市未达到弱式有效
2007.11	李芳	1992.1-2007.10 上证指数与深证指数月末收盘指数	自回归移动平均模型	股市不是完全的弱式有效市场
2008.10	曾光	2000.1.7-2007.12.29 深成分指数周收盘价	游程检验	深市逐渐趋于弱式有效
2008.12	徐红雨、杨晓明、徐德卿	2003.1.2-2006.12.29 上证综合指数日数据	序列相关性检验、单位根检验和随机游程检验	认为上海证券市场已基本上达到弱式有效
2009.7	刘伟	2002.1.4-2005.8.23 沪深 300 指数	不相关检验、事件研究法	股改之后中国股票市场有效性得到增强、但仍然不是半强有效市场
2009.7	王彦	1990.12.19-2005.12.30 上证指数日收盘指数、1991.4.3-2005.12.30 日深证成分指数日收盘指数	ADF 检验和游程检验	基本达到了弱式有效

至今，有效市场理论已成为现代金融经济学和资本市场理论体系的一个重要基石，如果市场是有效的，那么就意味着证券市场能够以价格为指针引导资本资源得到有效配置，最终实现整个社会资源的最优化配置。但它也是极具争议的理论之一，其中研究最多、争议最大的是市场的弱式有效性。由于我国证券市场目前不具备半强式有效性，

因此对我国证券市场弱式有效性进行研究更具有重要的理论及现实意义。

值得一提的是，本文只是介绍单变量时间序列分析的方法在市场弱有效理论检验中的主要应用。关于股市弱有效性更为复杂的实证检验方法及讨论可见张亦春等(2001)[①] 的研究。

【本章小结】

1. 所谓平稳序列，X_t 是指时间序列 的均值和方差在时间过程上都是常数，并且在任何两个时期之间的协方差值仅依赖于该两时期之间的距离；即对于平稳时间序列，满足以下三个条件：对于任意 t，$E[X_t]=\mu$；方差 $Var[X_t]=E[(X_t-\mu)^2]=\sigma_X^2$；任何两个时期之间的协方差 $Cov[X_t,X_{t+k}]=E[(X_t-\mu)(X_{t+k}-\mu)]=\gamma(k)$。

2. 重要的时间序列主要有：白噪声过程；一阶自回归过程；趋势平稳过程；随机游走过程；单位根过程。

3. 时间序列平稳性的检验方法主要有：利用自相关函数及相关图进行平稳性检验；迪克福勒检验；菲利普斯－配荣方法。

4. 可以利用一元时间序列的平稳性检验方法来检验市场弱式有效假说。

【复习思考题】

1.购买力平价理论的单位根检验

考虑物价指数的权重不同、交易成本等因素，相对购买力平价理论认为：

$$E_t=A\frac{P_t}{P_t^*}$$

其中 P_t 和 P_t^* 为价格指数，E_t 为名义汇率。此时，实际汇率 $Q_t=E_t(P_t^*/P_t)=A$，实际汇率的对数为一常数：$q_t=e_t+p_t^*-p_t=a$。

进一步放松相对购买力平价的条件：考虑到一些外在因素的冲击，实际汇率的对数 q_t 不一定时刻等于常数 a，因此可以加上一个随机变量 ξ_t 反映外在因素冲击的短期影响，即：

$$e_t-(p_t-p_t^*)=a+\xi_t=q_t$$

但 $a+\xi_t$ 应该是一平稳的时间序列，其期望及方差等应与时间 t 无关。故在对购买力平价理论进行实证检验时，可以针对实际汇率的对数 q_t 进行分析。相对购买力平价严格成立时，实际汇率的对数序列 q_t 为一常数。再放松条件：实际汇率序列 q_t 为一平稳的时间序列。

在这种思想指导下，张晓朴[②] 对 1979－1999 年人民币的名义汇率(月度平均值)、中国消费物价指数、美国消费物价指数的关系进行了研究，按公式 $q_t=e_t+(p_t^*-p_t)$

---

① 张亦春、周颖刚，《中国股市弱式有效吗?》，《金融研究》2001 年第 3 期。

② 《购买力平价思想的最新演变及其在人民币汇率中的应用》，《世界经济与中国：2000－2001 年》，中国世界经济学会会长论文奖论文集，人民出版社。

计算出实际汇率的对数序列之后,得到下图:

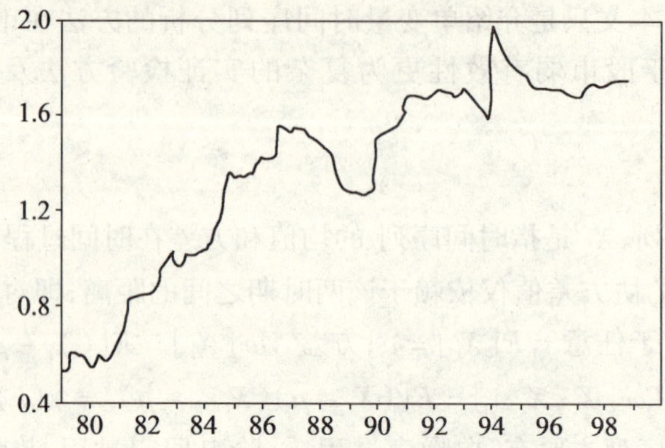

图 4-10 人民币实际汇率 q 的趋势

对 q_t 用 ADF 和 Phillips-Perron 两种方法进行了单位根检验,结果为:

ADF 统计量 = -1.754207, 5%显著性水平下的临界值 = -3.4301

PP 统计量 = -1.749420, 5%显著性水平下的临界值 = -3.4298

问:检验结果说明购买力平价在中国是否成立?

2.某研究者以 2002 年 1 月 7 日至 2009 年 9 月 29 日的沪深 300 指数,共计 1874 个日收益率作为样本数据,通过 Eviews5.0 对数据进行检验。计算出沪深 300 指数日收益率时间序列的 1-20 阶 Q 统计量。

Correlogram of LNR

Date: 03/12/10 Time: 16:34
Sample: 1 1874
Included observations: 1874

Autocorrelation	Partial Correlation		AC	PAC	Q-Stat	Prob
		1	0.024	0.024	1.0395	0.308
		2	-0.011	-0.012	1.2845	0.526
		3	0.037	0.038	3.8755	0.275
		4	0.067	0.066	12.435	0.014
		5	-0.010	-0.013	12.634	0.027
		6	-0.045	-0.044	16.414	0.012
		7	0.023	0.020	17.416	0.015
		8	-0.011	-0.017	17.651	0.024
		9	0.000	0.006	17.651	0.039
		10	0.025	0.029	18.790	0.043
		11	0.067	0.064	27.312	0.004
		12	0.039	0.037	30.147	0.003
		13	0.039	0.038	32.998	0.002
		14	0.013	0.002	33.297	0.003
		15	0.056	0.047	39.230	0.001
		16	-0.030	-0.037	40.933	0.001
		17	-0.024	-0.022	42.064	0.001
		18	0.042	0.040	45.335	0.000
		19	-0.014	-0.016	45.682	0.001
		20	-0.030	-0.023	47.384	0.001

图 4-11 沪深 300 指数日收益率序列的 Q 统计量值

问:根据上图显示的沪深 300 指数的变动特征,市场是弱式有效的吗? 为什么?

CHAPTER 5　第五章

多元时间序列的分析方法与应用

【学习目标】

理解协整的数学含义及经济学意义，了解协整在金融实证研究中的主要应用；掌握协整检验的两种方法及其在Eviews计量软件中的实现；理解误差修正模型的意义，掌握建立误差修正模型的方法；理解向量自回归模型（VAR）的意义，了解其在金融实证中的应用；理解Granger因果关系检验的意义，掌握其在 Eviews 计量软件中的实现。

【重要概念】

协整　E－G 两步法　Johansen　协整检验　误差修正模型　向量自回归模型　Granger因果关系

研究某个时间序列变量的运行规律，除了依据变量本身的变化规律，让变量自身的过去值及误差项来解释之外，还可以研究与其他序列之间的相关关系。当时间序列非平稳时，即使两个序列互相独立，在经济意义上也无任何相关关系，但用传统的回归方法及显著性检验仍可能会显示出两者在统计上有较高的相关关系，即出现所谓的“虚假回归”现象。此时，传统的统计量如 R^2、F 检验、t 检验等不能再用来作为判别非平稳时间序列之间是否存在回归关系的依据。

在实际研究中，多数经济时间序列都是非平稳的，如消费 C 和国民收入 Y 都是单位根过程。为了研究二者之间的关系，一种方法是对它们进行差分，得到平稳变量，然后对差分后的变量 ΔC 和 ΔY 进行回归。这种方法的缺陷是只揭示了收入增长和消费增长之间的关系，而不是收入和消费这两个水平变量之间的关系，忽视了水平序列所包含的有用信息。针对这一问题，20 世纪 80 年代恩格尔－格兰杰（Engle－Granger）提出协整理论，为在两个或多个非平稳变量间寻找均衡关系以及进一步用存在协整关系的变量建立误差修正模型奠定了理论基础。凭借协整理论及下一章讲到的 ARCH 模型，罗伯特·恩格尔（Robert F. Engle）及克莱夫·格兰杰（Clive W. J. Granger）获得了 2003 年度的诺贝尔经济学奖。本章即是介绍协整检验的基本方法，以及由协整思想引申出来的相关理论。

第一节　协整的含义及在实证研究中的应用

一、协整的基本思想

关于协整的含义，我们可以借助一个通俗的例子来加以解释。假设一男一女在舞厅里跳交谊舞，如果记录下男士和女士的活动轨迹，就得到了两条没有明显线性趋势的轨迹。虽然这两条轨迹都是非稳定的，但是却有一个关系是始终存在的：这两条轨迹始终受到某种规律的限制与联结（如遵照的舞曲）而保持同步。这种二者之间一起变化的关系可看作协整关系。联系到两个时间序列，尽管两个序列都是非平稳的，但它们的某种线性组合却可能是平稳的。例如消费 C_t 和国民收入 Y_t 都是单位根过程，但变量 $z = C_t - \lambda Y_t$ 却是平稳的。在这种情况下，我们称 C_t 和 Y_t 是协整的，称 λ 为协整参数。

“协整”概念与经济学的“均衡”概念有本质上的联系。协整揭示了变量之间的一种长期稳定的均衡关系，是均衡关系在统计上的表述，因此在实证检验中用来判断变量间存在均衡关系的证据。比如，两个变量，虽然它们具有各自的长期波动规律，但如果它们是协整的，则它们之间存在着一个长期稳定的比例关系；反之，如果两个变量具有各自的长期波动规律，但它们不是协整的，则它们之间就不存在着一个长期稳定的比例关系。从图形上直观地讲，图 5－1 显示 1966 年至 1993 年间中国实际国民收入 GNP 的对数序列和实际消费 C 的对数序列的变化情况，两者很可能存在协整关系，而图 5－2 显示的两序列则随时间变化相距越来越远，不可能存在均衡关系。

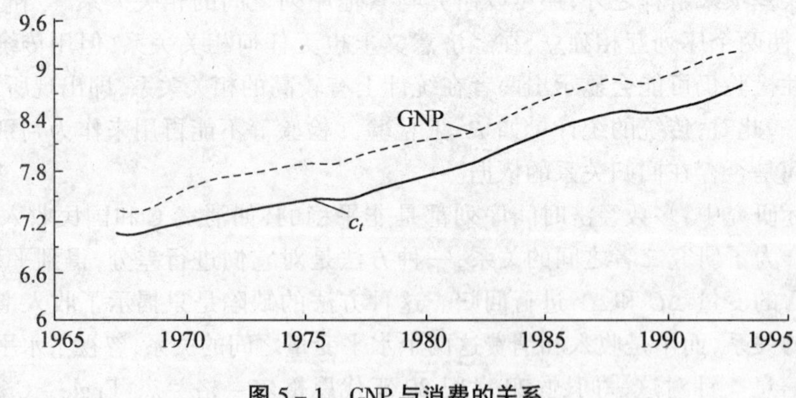

图 5－1　GNP 与消费的关系

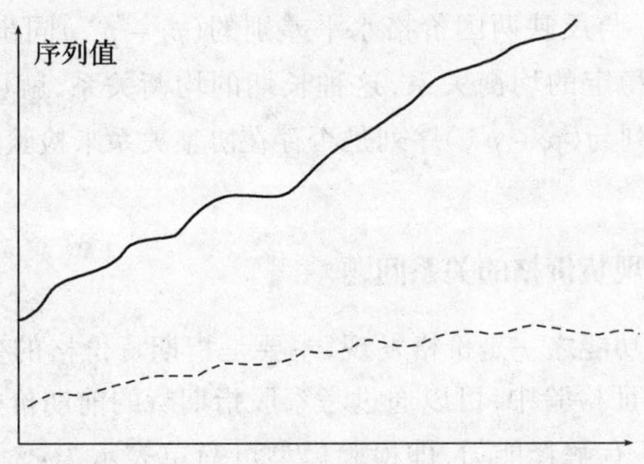

图 5-2 不可能存在均衡关系的两个序列

结合上一章讲到的单整概念，可得到关于协整的正式定义：如果序列 $X_{1t}, X_{2t} \cdots X_{kt}$ 都是 d 阶单整，存在一个向量 $\alpha = (\alpha_1, \alpha_2 \cdots \alpha_k)$，使得 $\alpha X'_t \sim I(d-b)$，其中 b > 0，$X_t = (X_{1t}, X_{2t} \cdots X_{kt})'$，则认为序列 $X_{1t}, X_{2t} \cdots X_{kt}$ 是(d,b)阶协整，记为 $X_t \sim CI(d,b)$，α 为协整向量。例如：国民收入时间序列 Y_t 为 1 阶单整序列，居民消费时间序列 C_t 也为 1 阶单整序列，如果二者的线性组合 $\alpha_1 Y_t + \alpha_2 C_t$ 构成的新序列为 0 阶单整序列，于是认为序列 Y_t 与 C_t 是(1,1)阶协整。可见，如果两个变量都是单整变量，只有当它们的单整阶数相同时，才可能协整。

二、协整理论在金融实证中的主要应用

通过检验经济时间序列之间是否存在协整关系，来判断对应变量间是否存在经济意义上的“均衡”关系，这一思路用于经济理论实证研究的较多方面。除了上面讲到的消费和收入的关系，常见的还有：

(一)购买力平价理论的检验

购买力平价理论表明：

$$P_t = E_t P_t^* \qquad (5-1)$$

P_t 和 P_t^* 分别表示两国的价格指数，E_t 为两种货币间汇率。

对(5-1)两边取自然对数，得：$LnP_t = LnE_t + LnP_t^*$，

用小写字母表示对数，重新写为：

$$e_t = p_t - p_t^* \qquad (5-2)$$

建立线性回归模型：

$$e_t = a + b \cdot (p_t - p_t^*) + \varepsilon_t \text{，} \varepsilon_t \text{ 为误差项} \qquad (5-3)$$

按传统的观点，只有当 $a = 0, b = 1$ 时，购买力平价理论成立；但现代的观点认为，由于价格度量误差、运输成本、商品与服务的品质差异等因素，使得购买力平价理论只

要求名义汇率水平 e_t 与反映两国价格水平差别的($p_t - p_t^*$)同步变化,即 e_t 与($p_t - p_t^*$)应存在一种长期稳定的均衡关系,这种长期的均衡关系,就可以用协整理论来刻画,即通过检验 e_t 序列与($p_t - p_t^*$)序列是否存在协整关系来检验购买力平价理论是否成立。

(二)期货价格与现货价格的关系问题

期货市场的基本功能之一是价格发现,主要是指期货价格的变动可以用来预测现货价格的变动。在实证检验中,可以通过考察股指期货的前期价格 $F_{t-1}, F_{t-2}, \cdots$是否对本期的现货指数 S_t 有解释能力,即检验模型可简单表示为:$S_t = f(F_{t-1}, F_{t-2}, \cdots)$。在对上式进行检验时,要注意时间序列 S_t, F_t 的平稳性问题。若两序列均为非平稳的,则传统的线性回归及检验技术(F 检验、t 检验等)会失效,即出现所谓虚假回归问题。为此现在常用的方法是协整检验。有的经济学者还在此基础上采用了误差修正模型(Error Correction Model)等。

期货市场的另一个功能是套期保值功能,主要是指投资者通过在期货市场上持有与其现货市场相反的交易部位,由期货市场上的盈利(或亏损)抵消现货市场上的亏损(或盈利),从而达到保值的效果。以股票指数期货对单个证券或证券组合进行套期保值为例,其关键问题是买卖多少数量的指数期货来对一定数量的股票资产进行套期保值,以使现货头寸和期货头寸组成的投资组合在持有期内价值波动的不确定性最小,即求最小风险的套期保值比率问题。

在实际应用中,最小风险的套期保值比率 h 可通过检验模型:

$$S_t = \alpha + \beta \cdot F_t + \varepsilon_t \tag{5-4}$$

或:

$$\Delta S_t = \alpha + \beta \cdot \Delta F_t + \varepsilon_t \tag{5-5}$$

或:

$$R_{st} = \alpha + \beta \cdot R_{ft} + \varepsilon_t \tag{5-6}$$

获得。在上面各模型中,S_t 和 F_t 分别为 t 时刻的股价指数和股指期货的报价;ΔS_t 和ΔF_t 分别为 S_t 和 F_t 的一阶差分形式;而 R_{st}和R_{ft}则分别为 S_t 和 F_t 的变动率。可以证明:上述三个模型的参数估计 $\hat{\beta}$ 等于最小风险的套期保值比率 h。在对模型(5-4)中股指现货价与股指期货价进行回归时,会碰到时间序列非稳定性引起的虚假回归问题,为此可以采用协整方法及误差修正模型(ECM)等。上述问题的研究步骤一般是:首先对现货价格 S_t 和期货价 F_t 两序列进行单位根检验,如果两序列具有相同的单位根,则进行协整检验,若存在协整关系,则用 ECM 模型来描述两序列间长期和短期的均衡与调整关系;若不存在协整关系,考虑用GRANGER因果关系检验。

严太华、刘昱洋① 利用协整检验技术,证实了重庆铜、郑州绿豆的期货价格与现货价格之间存在协整关系,并给出了它们各自的误差校正模型 (ECM)及分析和预测期货

---

① 《我国商品期货价格与现货价格协整关系的实证研究》,《预测》1999 年第 3 期。

行情的方法。

(三)股价泡沫的定量检验问题

对股票价格中内在价值部分及泡沫部分进行区分并定量研究,可以从一个基本的股利贴现模型开始:

$$P_t = \sum_{t=1}^{\infty} \frac{1}{(1+r)^i} \cdot E(D_{t+i}) + B_t \tag{5-7}$$

其中,P_t 为 t 时刻股票的市场价格;$E(D_{t+i})$ 为投资者对 t + i 时刻股利的预期;$\sum_{t=1}^{\infty} \frac{1}{(1+r)^i} \cdot E(D_{t+i})$ 为股票价格的内在价值部分,它等于 t 时刻以后至无穷的所有预期股利的贴现值;B_t 为股价中的泡沫部分,J.Y.Campbell与Robert J.Shiller指出,泡沫 B_t 具有膨胀性,是非平稳过程。若股价序列 P_t 与 D_t 股利序列均为一阶单整且存在协整关系,则说明股价中不存在泡沫①。Diba② 等人利用上述方法,对 Stand&Pool 指数 1871 至 1986 年数据进行检验,发现 P_t 与 D_t 为一阶差分平稳且具有协整关系,得出这一段时期股价中不存在泡沫的结论。周爱民、张雪莹③ 利用协整方法,对 1990 年 12 月 19 日至 1998 年 4 月 3 日上证收盘指数进行了股价泡沫的实证研究。

(四)货币需求理论的实证检验

货币需求的决定因素可表示为:

$$\frac{M^d}{P} = f(\frac{Y}{P}, R) \tag{5-8}$$

其中,M^d 为名义货币需求;P 为物价水平;Y 为规模变量(如名义国民收入、财富总额等等);R 为各种资产(包括金融资产和实物资产)的实际收益率水平。

例如,在对中国的货币需求模型进行实证检验时,建立下述模型:

$$m_t = c + a_1 y_t + a_2 i_t + \varepsilon_t$$

其中,m_t 为实际货币余额,y_t 为实际 GNP,i_t 为实际存款利率。这三个时间序列均有可能是非平稳的。因此在进行回归时,会遇到虚假回归的现象。这种情况下,协整检验成为近些年来货币需求理论实证的标准范式。

除了上述几个方面之外,协整理论还可用于检验不同市场价格之间的联动性问题,如世界主要股价指数之间的联动、我国 A 股和 B 股价格或收益率的相互影响问题等等。

---

① John Y. Campbell and Robert J. Shiller, 1987, "Cointegration and Tests of Present Value Models", Journal of Political Economy, Vol 95, 1063 - 1087.

② Diba, B, and H. Grossman, 1988, "The theory of Rational Bubbles in Stock Prices ", Economic Journal, 98, 745 - 757

③ 《股价泡沫的理论与实证》,《世界经济》1999 年第 10 期。

第二节 协整检验与误差修正模型

格兰杰定理(Granger Representation Theorem)指出:如果两个变量之间存在协整关系,那么一定可以用误差校正模型来表示。协整是误差校正模型的必要条件。因此对于多个非稳定时间序列的研究,步骤均是先进行协整检验,若证明存在协整关系,则可进一步建立误差修正模型,否则用后面讲到的 Granger 因果关系检验。在 1987 年发表于《计量经济学》(Econometrica)这一计量经济学顶级杂志的论文《协整和误差修正:表示、估计和检验》(Cointegration and Error correction: Representation, Estimation and Testing)中,恩格尔和格兰杰提出了建立误差校正模型的两步估计方法(Two - stage Estimation Method),并给出了格兰杰表示定理的严格证明。但是这种方法有一个缺陷:当我们感兴趣的序列个数多于两个时,这些序列之间可能存在不止一种协整关系,进而误差修正模型也会有所变化。而恩格尔和格兰杰方法只能处理有一种协整关系的情况。这一缺陷已经被乔根森方法(S. Johansen, 1988, 1991)①方法所弥补。下面将分别加以论述。

一、恩格尔 - 格兰杰两步估计法(Engle - Granger two - stage Estimation Method,简称 E - G 两步法)

首先以两个序列,如 Y_t 和 X_t 之间的协整检验为例,说明 E - G 两步法的过程。在进行 EG 两步法协整检验之前,要按上一章讲述的方法,对序列 Y_t 和 X_t 及相应差分序列 ΔY_t 和 ΔX_t 分别进行单位根检验,确定 Y_t 和 X_t 的单整阶数。只有两序列的单整阶数相同时,才可能存在协整关系。假设被检验的所有时间序列的单整阶数为 1,即为 I(1)。这种假设不失一般性。因为当时间序列的单整阶数不为 1 时,可通过差分变换为阶数相同的 I(1)时间序列。

E - G 两步法的第一步是用 OLS 方法估计下列方程:

$$Y_t = \alpha + \beta X_t + u_t \tag{5-9}$$

这一模型称为协整回归,β 称为协整参数,并得到相应的残差序列

$$\hat{u}_t = Y_t - (\hat{\alpha} + \hat{\beta} X_t) \tag{5-10}$$

第二步:用上一章讲到的单位根检验方法,检验 $\hat{u}_t$ 序列的平稳性。例如,用 DF 检验,回归式为:$\Delta\hat{u}_t = \gamma \cdot \hat{u}_{t-1} + \varepsilon_t$,此时称之为 EG 检验。或用 ADF 检验,回归式为:$\Delta\hat{u}_t = \gamma \cdot \hat{u}_{t-1} + \sum_{i=1}^{k}\theta_i \Delta\hat{u}_{t-i} + \varepsilon_t$,称之为 AEG 检验。零假设为 $H_0: \gamma = 0$,意味着 $\hat{u}_t$ 非平稳,至少

① Johansen S, "Statistical analysis of cointergration vectors", Journal of Economic Dynamics and Control, Vol12, 1998. Johansen S, "Estimation and hypothesis testing of cointegration vectors in Gaussina vector autoregressive models", Econometrica, Vol59, 1991.

为 I(1),说明 Y_t 和 X_t 不存在协整关系。若拒绝 H_0,则意味着 $\hat{u}_t$ 为 I(0),即 Y_t 和 X_t 存在协整关系。

Engle - Granger检验也可扩展至多变量的协整检验。比如检验 Y_t 与 N 个时间序列 $X_{1t}, X_{2t}, \cdots, X_{Nt}$之间的协整关系,则上述第一步协整回归的模型(5 - 9)变为:

$$Y_t = \alpha + \beta_1 X_{1t} + \beta_2 X_{2t} + \cdots + \beta_N X_{Nt} + u_t \quad (5-11)$$

在上述过程中,值得的注意是:由于是用协整回归的残差 u_t 的 OLS 估计值 $\hat{u}_t$ 来检验平稳性,故在检验时尽管形式与 DF 或 ADF 相同,但所对照的临界值已不再是传统 DF 或 ADF 的临界值,而是要分别参照新的临界值分布表。临界值的计算与被检验的时间序列个数、样本容量、及对残差项 $\hat{u}_t$ 进行单位根检验时采用的模型形式等因素有关。例如附表 7 给出了进行协整检验的变量个数分别为 2、3、4、5 时,样本容量分别为 50、100、200,对残差项 $\hat{u}_t$ 进行单位根检验所参照的临界值。表中显示,EG 检验采用的回归式是 $\Delta\hat{u}_t = \gamma \cdot \hat{u}_{t-1} + \varepsilon_t$,而 AEG 检验采用的回归式为:$\Delta\hat{u}_t = \gamma \cdot \hat{u}_{t-1} + \sum_{i=1}^{4}\theta_i \Delta\hat{u}_{t-1} + \varepsilon_t$。麦金农(Mackinnon,1991)①提供的协整检验临界值的计算公式,给出了任何样本容量、多个回归形式下的临界值。许多计量经济软件,如Eviews,可根据研究者选取的模型形式及样本容量,直接给出麦金农临界值。

[案例] 上证 A 股指数与 B 股指数的协整检验

采用 2008 年 3 月至 2012 年 10 月间上证 A 股指数的日收盘数据,记为序列 $PSHA_t$;另外收集同期上证 B 股指数的日收盘数据,记为序列 $PSHB_t$,共 1120 组数据,研究上证 A 股和上证 B 股之间的协整性。

首先对序列 $PSHA_t$ 和序列 $PSHB_t$ 进行单位根检验,以确定各自单整阶数。采用含常数项、滞后阶数为 4 的 ADF 检验,结果如下:

表 5 - 1 上证 A 股指数与 B 股指数的单位根检验

变量	ADF 值	5%临界值	1%临界值	结论
PSHA	- 1.34	- 1.94	- 2.57	接受 H_0,不平稳
D(PSHA)	- 33.87	- 1.94	- 2.57	拒绝 H_0,平稳
PSHB	- 0.59	- 1.94	- 2.57	接受 H_0,不平稳
D(PSHB)	- 31.42	- 1.94	- 2.57	拒绝 H_0,平稳

由上表结果可知道,序列 $PSHA_t$ 和序列 $PSHB_t$ 均为一阶差分平稳变量,即同为 I(1) 过程,因此可以进行协整检验。

建立含常数项的协整回归模型:

$$PSHA_t = \alpha + \beta \cdot PSHB_t + u_t$$

① Mackinnon J G, Critical values for cointegration tests, In R F Engle and C W Granger(eds), Long - run economic relationships, Oxford University Press, 267 - 76, 1991.

在Eviews软件中，用Procs/ Make Equation，出现回归方程设定对话框后，在Equation Specification栏中键入相应的序列名，在Esimation Settings栏中选择Least Squres，点击 OK，得到结果如下：

表 5-2 协整回归结果

Dependent Variable：PSHA				
Method：Least Squares				
Date：10/29/12 Time：15:27				
Sample：1 1120				
Included observations：1120				
Variable	Coefficient	Std. Error	t-Statistic	Prob.
C	1705.043	46.70481	36.50681	0.0000
PSHB	4.682240	0.200311	23.37487	0.0000
R-squared	0.328280	Mean dependent var		2767.643
Adjusted R-squared	0.327679	S.D. dependent var		437.3391
S.E. of regression	358.5969	Akaike info criterion		14.60406
Sum squared resid	1.44E+08	Schwarz criterion		14.61303
Log likelihood	-8176.273	Hannan-Quinn criter.		14.60745
F-statistic	546.3845	Durbin-Watson stat		0.010138
Prob(F-statistic)	0.000000			

求出其残差序列（Procs下拉菜单中的Make Residuals Series命令），并对其进行 ADF 检验。检验采用含常数项的 4 阶滞后的 ADF 模型。形式为：

$$\Delta\hat{u}_t = \gamma \cdot \hat{u}_{t-1} + \sum_{i=1}^{4}\theta_i \Delta\hat{u}_{t-i} + \varepsilon_t$$

零假设为"$H_0: \gamma = 0$"，结果如下：

表 5-3 残差序列的单位根检验

		t-Statistic	Prob.*
Augmented Dickey-Fuller test statistic		-2.126859	0.0322
Test critical values:	1% level	-2.567038	
	5% level	-1.941107	
	10% level	-1.616508	
* MacKinnon (1996) one-sided p-values.			

可见，在5%的显著性水平下，拒绝零假设，这表明残差序列 u_t 为平稳，意味着序列 $PSHA_t$ 和序列 $PSHB_t$ 存在协整关系。

关于股票市场协整现象的实证研究，还可列举以下几篇：

表 5-4　我国股票市场协整检验的研究成果

研究者	研究样本	检验方法	主要结论
高翔①	1996.1.3-2001.1.1 上证 A 股指数和上证 B 股指数的日收盘数据	Johansen 协整检验	沪市 A 股与 B 股市场之间不存在协整关系。
俞世典等②	1998.9.29 到 2000.10.23 的道琼斯指数、恒生指数、纳斯达克指数、日经指数与上证指数日数据	Johansen 协整检验	股价指数之间没有协整关系，但存在 Granger 因果关系。
秦宛顺，刘霖③	1997 年 5 月 5 日至 2000 年 4 月 28 日间 43 只垃圾股平均日收盘价格、30 只绩优股平均日收盘价格、大盘平均日收盘指数（上证综合指数与深证综合指数的对数算术平均值）	Johansen 协整检验	在比较长的时期（如三年），绩优股价格与市场指数之间不存在协整关系；垃圾股价格与市场指数之间也不存在协整关系。但是，在一段不太长的时期，尤其是在结合市场行情而界定的一段时期，确实发现了股票价格与市场指数之间的协整关系。
史代敏④	1993.1.1-2001.7.31 上证综合、上证 30、深证综合、深证成分共四种指数的日收盘数据	E-G 两步法	上证综合与深证综合指数之间存在协整关系，而上证综合与深圳成份指数、上证 30 指数与深圳综合指数、上证 30 指数与深圳成份指数之间不存在协整关系。
李峰⑤	2001 年 1 月 2 日至 2006 年 1 月 4 日期间上证 A 股指数和深证 A 股指数日收盘价	E-G 两步法	上证 A 股指数与深证 A 股指数之间存在着明显的协整关系，这说明两个市场之间长期存在着联动关系。

① 高翔，《我国 A 股市场与 B 股市场的协整研究》，《决策借鉴》2001 年第 4 期。
② 俞世典等，《主要股票指数的联动分析》，《统计研究》2001 年第 8 期。
③ 秦宛顺，刘霖，《中国股票市场协整现象与价格》，《金融研究》2001 年第 4 期。
④ 史代敏，《沪深股市股指波动的协整性研究》，《数量经济技术经济研究》2002 年第 9 期。
⑤ 李峰，《沪深股市 A 指数协整性研究》，《当代经济》2006 年 09 期。

（续表）

研究者	研究样本	检验方法	主要结论
李卫强、张静①	2000 年 1 月 4 日 - 2008 年 5 月 21 日上证综合指数和深圳成分指数日收盘价数据	Johansen协整检验	上证综指与深证成指之间不存在长期均衡的协整关系。
谢鸿飞②	1995 年 1 月 2 日至 2008 年 5 月 8 日上证 A 股指数（y1）和深证 A 股指数（x1）、上证 B 股指数（y2）和深证 B 指（x2）日收盘价	E - G 两步法	上证 A 股指数与深证 A 股指数之间存在协整关系，说明沪深 A 股市场存在着长期均衡关系。

二、误差修正模型

若序列变量 Y_t 和 X_t 存在的长期均衡关系可用协整回归模型表示为：$Y_t = k_0 + k_1 X_t + u_t$。则一个较为简单的误差修正模型（Error Correction Model，记为ECM）可表示为如下形式：

$$\Delta Y_t = \gamma_0 \Delta X_t + \theta \cdot ECM_{t-1} + \varepsilon_t \tag{5-12}$$

其中 $ECM_{t-1} = Y_{t-1} - k_0 - k_1 X_{t-1}$ 表示 t - 1 期的非均衡误差；$\theta \cdot ECM_{t-1}$ 称为误差修正项；θ 称为修正系数，表示被解释变量 Y_t 对误差的调整速度。

若两个变量存在某种长期均衡关系，则可建立两者的（5 - 12）形式的误差修正模型。它综合考虑了两个因素：一是均衡状态所含的解释变量本身发生了变化，导致系统发生了变化；另一因素是对前期非均衡状态的反向调整，这使得在其他因素不变的情况下，系统将逐渐趋向均衡。具体地说，t 时刻被解释变量如何调整（从 Y_{t-1} 变化到 Y_t，即 ΔY_t 的取值）取决于两个因素：一是在 t 时刻解释变量如何变化（ΔX_t 的取值）；二是上一期（t - 1 时刻）的 Y_{t-1} 和 X_{t-1} 之间非均衡误差的大小。即使 t 时刻解释变量不发生变化（$\Delta X_t = 0$），但只要上一期存在非均衡状态 $u_{t-1} = (Y_{t-1} - k_0 - k_1 X_{t-1}) \neq 0$，则 Y_t 相对于上一期 Y_{t-1} 要进行调整（$\Delta Y_t \neq 0$）。这个调整应该与非均衡状态反向调整（负反馈机制），即修正系数 θ 应为负值。比如 t - 1 时刻，整个系统对均衡状态发生正的偏离，$u_{t-1} = (Y_{t-1} - k_0 - k_1 X_{t-1}) > 0$，若 t 时刻解释变量 X 不发生变化（$\Delta X_t = 0$），由

$$\Delta Y_t = Y_t - Y_{t-1} = \theta_1 (Y_{t-1} - k_0 - k_1 X_{t-1}) < 0$$

可知，Y_t 将小于上一期 Y_{t-1}，以对前期正的偏离进行反向调整。反之亦然。这样，被解释变量 Y_t 就在不断“修正”前期“误差”的过程中变化，使得其与解释变量 X_t 的关

① 李卫强，张静，《沪深股市协整关系的实证分析》，《经营管理者》2009 年 05 期。
② 谢鸿飞，《沪深股市股指波动的协整研究》，《管理观察》2008 年 13 期。

系始终围绕着 $Y_t = k_0 - k_1 X_t$ 这一长期动态均衡关系。可见 ECM 模型建立的前提是变量间存在动态均衡关系,而 ECM 模型约束的结果也保证了这种均衡关系的持续。模型(5-12)中的 γ_0 和 θ 是短期参数,表示变量之间的短期调整关系。而 k_0 和 k_1 表明了 Y_t 与 X_t 之间的长期动态均衡关系。ECM 模型这种长期和短期参数的明确划分,使其成为一种把变量之间长期表现与短期效应综合在一起的有力工具。

例如,时间序列变量 Y_t(消费)和 X_t(收入)存在关系:$Y_t = f(X_t) + u_t$,当由消费和收入组成的经济系统处于均衡状态时,这种均衡关系可以用描述时间序列变量的函数关系 $Y_t = f(X_t) = k_0 + k_1 X_t$ 表达。但由于许多随机因素影响经济系统,所以 Y_t 并不是永远处于与 X_t 相对应的均衡点上,而是有所偏离,即 $u_t = Y_t - f(X_t) \neq 0$。这种偏离 u_t 称为非均衡误差,它包含丰富的信息,因为若均衡机制存在,则当系统偏离均衡点时,在随后的时间里,调节机制将使得系统移向均衡点。如 u_t 为正,说明 Y_t 相对于 X_t 所决定的均衡值偏大。下一期,即使收入 X_{t+1} 保持不变,消费 Y_{t+1} 相对于上一期 Y_t 要下降,以对前期过高值进行修正。这样可以用(5-12)所示的误差修正模型来描述 Y_t(消费)和 X_t(收入)的关系。

模型(5-12)可进一步扩展为多变量的情形。如 Y_t 和 X_t、Z_t 存在协整关系:

$$Y_t = k_0 + k_1 X_t + k_2 Z_t + u_t$$

可建立如下所示的误差修正模型:

$$\Delta Y_t = \gamma_0 \Delta X_t + \gamma_1 \Delta Z_t + \theta \cdot ECM_{t-1} + \varepsilon_t$$

其中 $ECM_{t-1} = (Y_{t-1} - k_0 - k_1 X_{t-1} - k_2 Z_{t-1})$。模型中的 γ_0、γ_1 和 θ 是短期参数,表示变量之间的短期调整关系。而 k_0、k_1 则表明了 Y_t、X_t 和 Z_t 之间的长期动态均衡关系。

对模型(5-12)还可进行另外一些延伸,如

$$\Delta Y_t = \gamma_0 \Delta X_t + \gamma_1 \Delta Y_{t-1} + \theta \cdot ECM_{t-1} + \varepsilon_t \quad (5-13)$$

是在基本的 ECM 模型中加入了 ΔY_t 的滞后变量 ΔY_{t-1}。在确定是否要引入滞后变量时,可用Hendry的从一般到特殊的方法。如首先从一个包括了尽可能多解释变量的"一般"模型开始,通过检验回归系数的约束条件逐步剔除那些无显著统计意义的变量,压缩模型规模,最终得到一个简化(或特殊)的模型。详细的思想可见Hendry教授和秦朵合著的《动态经济计量学》①。

正如前面所讲,只有当变量之间存在协整关系时,才可用ECM模型来表述序列的变化;否则只能用后面讲的格兰杰(Granger)因果检验来描述变量间的关系。因此,在实证检验中的基本步骤可分为:第一步,首先对各变量进行协整分析,以发现长期均衡关系,求出协整系数。方法是上一节讲过的(Engle - Granger approach)两步法或是下一节讲的Jonnesan检验。第二步,在变量间存在协整关系的前提下,以此构成误差修正项,将误差

---

① 上海人民出版社 1998 年出版。

项看成一个解释变量，连同其他解释变量一起建立误差修正模型，并按经典线性回归的方法求出各个参数。

【拓展阅读】

经济开放条件下的货币需求协整分析及误差修正模型

货币需求函数主要包括规模变量和机会成本变量。在经验分析中，规模变量可以选择 GDP、国民收入、工业总产值等；机会成本变量主要包括各种货币替代资产的收益率、预期通货膨胀率等。其形式可表示为：

$$\frac{M^d}{P} = f(\frac{Y}{P}, R)$$

其中，M^d 为名义货币需求；P 为物价水平；Y 为规模变量（如名义国民收入、财富总额等等）；R 为各种资产（包括金融资产和实物资产）的实际收益率水平。其基本步骤是将包含各变量的协整回归作为长期货币需求模型，而进一步的误差修正模型则看作是短期货币需求或动态货币需求模型。

易行健（2006）① 选取 1994—2004 年的季度数据作为计量分析的样本，采用 GDP 作为货币需求的规模变量；而采用人民币名义有效汇率、我国的一年期定期存款利率、美国的一年期国债利率、我国的通货膨胀率和美国的通货膨胀率作为机会成本变量。采用如下形式的货币需求函数：

$$m = \beta_0 + \beta_1 y + \beta_2 r + \beta_3 e + \beta_4 \pi + \beta_5 r^* + \beta_6 \pi^* + \varepsilon \tag{5-14}$$

其中的 m、y 与 e 分别是实际货币余额、实际的 GDP 和人民币名义有效汇率的自然对数，r、r^*、π 与 π^* 分别是国内一年期定期存款利率、美国一年期国债利率、国内通货膨胀率与美国的通货膨胀率。

根据协整检验的标准步骤，首先必须对各时间序列进行单位根检验，以判断各序列的平稳性。从表 5-5 可以看出：除开 e 与 π 是在 5% 的显著水平下一阶差分平稳，其余各序列都在 1% 的显著水平下一阶差分平稳，也就是都属于序列 I(1)。因此，它们满足构造协整与误差修正模型的必要条件。

表 5-5 各个序列的单位根检验结果

变量	检验形式 (C,T,K)	ADF 检验值	1%临界值	变量	检验形式 (C,T,K)	ADF 检验值	1%临界值
m1	(C,T,2)	-4.1683	-4.1958	dm1	(C,0,1)	-5.7107	-3.5973
m2	(C,T,1)	-3.0299	-4.1896	dm2	(C,0,1)	-6.3489	-3.5973
y	(C,T,3)	2.0149	-4.2023	dy	(C,0,2)	-6.1986	-3.6019
e	(C,0,1)	-1.4184	-3.5930	de	(0,0,2)	-2.2672	-1.9492*
r	(C,0,2)	-1.8093	-3.5973	dr	(C,0,0)	-5.0218	-3.5930

① 《经济开放条件下的货币需求函数：基于中国的实证研究》，《世界经济》2006 年第 2 期。

（续表）

变量	检验形式（C,T,K）	ADF 检验值	1%临界值	变量	检验形式（C,T,K）	ADF 检验值	1%临界值
π	（C,0, 1）	-2.3185	-3.5966	dπ	（C,T,0）	-3.9323	-3.5208*
r*	（C, T, 1）	-2.4388	-4.1923	d	（0, 0, 1）	-2.6440	-2.6626
π*	（C, 0, 1）	-2.4498	-3.5966	d	（0, 0, 1）	-3.4578	-2.6626

注：其中检验形式（C,T,K）分别表示单位根检验方程包括常数项、时间趋势和滞后项的阶数，加入滞后项是为了使残差项为白噪声；d 表示一阶差分；"*"表示 5%显著水平下的临界值。

由于样本数量的限制，该文采用Engle-Granger两步检验法来检验货币与其决定变量之间的协整关系，即第一步采用最小二乘法来估计货币需求方程，因为在狭义货币与广义货币需求方程中通货膨胀变量都不显著，因此把这两个变量剔除掉，得到方程（5-15）与方程（5-16）；第二步则对这两个方程的残差进行 ADF 检验，结果见表 5-6：

$$m1 = \underset{(23.2675)^*}{1.2560^*}\, y - \underset{(-2.9075)^*}{0.3560^*}\, e - \underset{(-2.9075)^*}{0.0340^*}\, r - \underset{(-4.0899)^*}{0.0274^*} \qquad (5-15)$$

$R^2 = 0.9884$　D.-W. stat. = 0.5667

$$m2 = \underset{(37.3822)^*}{1.3174^*}\, y - \underset{(-3.3607)^*}{0.2679^*}\, e - \underset{(-27.1932)^*}{0.0436^*}\, r - \underset{(-3.5368)^*}{0.0154^*} \qquad (5-16)$$

$R^2 = 0.9957$　D.-W. stat. = 1.2237

注：其中括号内列出的数字为系数的 t 统计值；"*"表示在 1%水平上显著。

表 5-6　方程（5-15）与方程（5-16）残差的单位根检验结果

残差序列	检验形式（C,T,K）	ADF 检验值	1%临界值
方程（5-15）的残差序列	（0,0,1）	-3.5398	-2.6199
方程（5-16）的残差序列	（0,0,0）	-4.7396	-2.6198

注：同表 5-5

从表 5-6 我们可以看出，在 1%的显著性水平下，方程（5-15）与方程（5-16）的残差不存在单位根，即都是平稳序列，这分别表示狭义货币、广义货币与国内生产总值、人民币有效汇率、国内利率与国外利率之间存在长期均衡的协整关系。

协整关系仅仅表示一种长期的均衡关系，微观经济主体还将根据经济变量的短期变化（如 GDP 的变化、利率的变化、汇率的变化以及实际货币持有量和长期均衡的货币持有量之间的残差）向长期均衡的货币持有量进行调整，这就是短期动态的货币需求函数。根据由一般向特殊的动态建模原则，从滞后四期的模型开始删除不显著的变量，得到狭义货币与广义货币的误差修正模型如下：

$$dm_1 = -\underset{(-3.4624)^{***}}{0.3523ECM1_{-1}} + \underset{(4.8784)^{***}}{0.5696dm_{1,-4}} + \underset{(4.2976)^{***}}{0.8758dy} - \underset{(-2.2189)^{**}}{0.5318dy_{-4}} - \underset{(-1.8427)^{*}}{0.0117dr}$$

$$+ \underset{(1.9364)^{*}}{0.0132dr_{-1}} - \underset{(-2.5507)^{**}}{0.0150dr_{-4}} - \underset{(-2.4223)^{**}}{0.0175dr_{-4}}$$

$R^2 = 0.5303 \quad D.W. = 2.0692 \quad J-B = 0.4726(0.7895) \quad LM(2) = 0.1637(0.8498)$

$$dm_2 = -0.3006ECM2_{-1} + 0.3221dm_{2,-1} + 0.4917dm_{2,-4} + 0.5589dy + 0.2832dy_{-2} - 0.6360dy_{-4}$$
$$(-3.1009)^{***} \quad (3.1799)^{***} \quad (3.7945)^{***} \quad (3.7908)^{**} (2.3267)^{**} \quad (-3.5815)^{***}$$
$$+0.5229de_{-2} - 0.3073de_{-3} - 0.0214dr + 0.0186dr_{-1} - 0.0112dr_{-1}$$
$$(4.1665)^{***} \quad (-2.3129)^{**} \quad (-3.9085)^{**} (3.8111)^{***} \quad (-2.1099)^{**}$$

$R^2 = 0.5472 \quad D.W.\ stat = 1.6853 \quad J-B = 0.1117(0.9456) \quad LM(2) = 0.7089(0.5015)$

括号内为 t 统计值;"*"、"**"与"***"分别表示在 1%、5%和 10%水平上通过显著性检验。

从协整方程(5-15)与方程(5-16)我们可以得知,人民币有效汇率指数的上升将显著导致经济主体对货币需求的减少,即人民币的升值将导致货币需求的显著减少,这似乎确证了广义的"资产组合调整效应"。也就是说,人民币的升值意味着以人民币来衡量的外币资产价值的减少以及外币资产价格的降低,因此导致对人民币与人民币资产需求的减少。M1 与 M2 的误差修正模型估计表明,狭义货币与广义货币的短期动态方程比较稳定。

误差修正模型还描述了各个变量之间短期波动的相互影响。M2 实际货币余额短期内是根据 GDP 的变化、利率和通货膨胀率的变化、上期 M2 实际余额的变化以及长期均衡关系的失衡程度来调整。M1 模型与 M2 模型的 ECM-1 的系数均显著为负,分别为-0.35 和-0.30,反映了 M1 和 M2 的实际值与均衡值的差距分别约有 35%和 30%得到修正或清除。这一调整的力度还是相当大的。

利用协整方法,对中国货币需求进行研究的成果可汇总如下表:

表 5-7 货币需求函数的协整检验汇总表

研究者	研究对象	研究方法	主要结果
王少平,李子奈	1976-2002 的 M1	Johansen检验	我国货币需求的长期稳定性(协整)依赖于时间趋势,货币政策目标变量为 M1,我国货币需求和利率是关于协整向量的弱外生变量。
尚铁力,王善华	1990-2002 年的狭义、广义货币需求数据,具体数据来自 2003 年版《中国统计年鉴》和《中国金融年鉴》	E-G 两步法 误差修正模型	M1、M2 实际货币余额与实际 GDP 和价格水平之间存在着长期稳定的协整关系。
叶光	1978-2007 年的货币需求量、消费者物价指数、年通货膨胀率	Johansen检验	Johansen检验表明长期经济中,系统(mp、y、△p 和 r2 四个变量)之间存在两个协整关系。

（续表）

研究者	研究对象	研究方法	主要结果
黄化化，吴晓卉	1996 年第 1 季度 – 2003 年第 3 季度的狭义货币需求（M1）和广义货币需求（M2）	E – G 两步法	M1 实际余额与银行存款实际利率和通货膨胀率存在协整关系。
高云峰	1994 ~ 2005 年 2 季度的 GDP 及其平减指数、消费物价指数和货币供应量 m1、m2 和利率数据，变量采用的各项指标均为季度数据	Johansen检验 误差修正模型	M1 和 M2 的实际余额与国民收入、银行存款利率、通货膨胀率之间存在长期的协整关系。
赵亮，王全新	M1、M2 和一年期定期存款利率 i 数据来源于《中国金融年鉴 2004》；GDP 数据、商品零售物价指数 p 数据来源于《中国统计年鉴 2004》	Johansen检验 误差修正模型	我国实际 M1、实际 M2 的短期动态需求函数不稳定。
王晓芳，王学伟	取自 1996 – 2006 年的零售物价指数，GDP 数据，去除通胀率的 1 年期定期存款实际利率 R、股市市值 SV 和预期通货膨胀率作为货币需求	Johansen检验 误差修正模型	从长期来看，我国的狭义货币余额 M1、广义货币余额 M2 和国内生产总值 GDP、利率以及通货膨胀率存在稳定的协整关系。
黄伟力	1978 – 2004 年的货币供给量 M1、M2 和定期存款利率、名义 GDP 及其平减指数等年度数据	Johansen检验 误差修正模型	无论是狭义或广义的实际货币余额需求与实际国民收入和利率之间均存在协整关系，即长期均衡关系。

第三节　向量自回归模型（VAR）与协整的 Johnansen 检验

运用前面讲的 E – G 两步法来考察变量间的协整关系需要事先能确定哪个变量作为被解释变量，哪些变量作为解释变量，进而确定一个协整关系，并在此基础上建立一个回归模型，然后对残差序列的平稳性加以检验。但在现实的经济系统中，许多相关的变量交织在一起，互相影响，很难事先对解释变量与被解释变量加以区分，而且有可能存在多个协整关系。在这种情况下，可以利用向量自回归模型中得到的Johnnasen方法对系统中所有可能存在的协整关系作总体分析，不事先假定系统中协整关系的个数，也无需事先区分哪个变量为被解释变量。

一、向量自回归模型简介

我们首先以由两个变量 y_t 和 x_t 组成的经济系统为例,说明向量自回归模型的基本原理。前面几章的基本思路均是将变量 y_t 和 x_t 分别设定为被解释变量和解释变量。对被解释变量 y_t 的变化,可用其自身的滞后值加以解释,即自回归模型,如 AR(1),可表示为:$y_t = \alpha_0 + \alpha_1 y_{t-1} + u_t$;或者与解释变量 x_t 构造协整回归模型,如 $y_t = \alpha_0 + \beta_0 x_t + u_t$;或者将上面的两个模型综合起来,并加入解释变量 x_t 与被解释变量 y_t 更多的滞后值,以增加模型的解释能力,如:

$$y_t = \alpha_0 + \alpha_1 y_{t-1} + \beta_0 x_t + \beta_1 x_{t-1} + u_t$$

并可在此形式上得到误差修正模型。但显然上述方法的特征均是单一方程的回归,且已先验地设定了变量之间的解释与被解释关系。

如果事先无法从经济理论上得出有关变量 y_t 和 x_t 之间解释与被解释关系的明确结论,则可以假定系统中每一变量都与其他变量相关,用系统中所有变量的当期值对所有变量的若干滞后值进行回归,以估计所有变量之间的动态关系。例如,国民生产总值(y_t)和货币供应量(x_t)联合地由一个含常数项的双变量的 VAR 模型决定,其形式用方程组表示为:

$$\begin{cases} y_t = a_1 + \pi_{11} y_{t-1} + \pi_{12} x_{t-1} + u_{1t} \\ x_t = a_2 + \pi_{21} y_{t-1} + \pi_{22} x_{t-1} + u_{2t} \end{cases}$$

用矩阵形式表示为:

$$\begin{pmatrix} y_t \\ x_t \end{pmatrix} = \begin{pmatrix} a_1 \\ a_2 \end{pmatrix} + \begin{pmatrix} \pi_{11} & \pi_{12} \\ \pi_{21} & \pi_{22} \end{pmatrix} \begin{pmatrix} y_{t-1} \\ x_{t-1} \end{pmatrix} + \begin{pmatrix} \mu_{1t} \\ \mu_{2t} \end{pmatrix} \tag{5-17}$$

如果将系统中包含的所有变量组成一个向量,即令向量 $Y_t = \begin{pmatrix} y_t \\ x_t \end{pmatrix}$,则上式可表示为:

$Y_t = \alpha + \Pi_1 Y_{t-1} + U_t$,其中 $U_t = \begin{pmatrix} \mu_{1t} \\ \mu_{2t} \end{pmatrix}$

这一形式称为一阶向量自回归模型,记为 VAR(1)。

如对于双变量的 VAR(2)模型可表示为:

$$\begin{cases} y_t = a_1 + \pi_{111} y_{t-1} + \pi_{112} x_{t-1} + \pi_{211} y_{t-2} + \pi_{212} x_{t-2} + u_{1t} \\ x_t = a_2 + \pi_{121} y_{t-1} + \pi_{122} x_{t-1} + \pi_{221} y_{t-2} + \pi_{222} x_{t-2} + u_{2t} \end{cases}$$

其向量形式为:

$$\begin{pmatrix} y_t \\ x_t \end{pmatrix} = \begin{pmatrix} a_1 \\ a_2 \end{pmatrix} + \begin{pmatrix} \pi_{111} & \pi_{112} \\ \pi_{121} & \pi_{122} \end{pmatrix} \begin{pmatrix} y_{t-1} \\ x_{t-1} \end{pmatrix} + \begin{pmatrix} \pi_{211} & \pi_{212} \\ \pi_{221} & \pi_{222} \end{pmatrix} \begin{pmatrix} y_{t-1} \\ x_{t-2} \end{pmatrix} + \begin{pmatrix} \mu_{1t} \\ \mu_{2t} \end{pmatrix} \tag{5-18}$$

令向量 $Y_t = \begin{pmatrix} y_t \\ x_t \end{pmatrix}$,则上式可表示为 $Y_t = \Pi_1 Y_{t-1} + \Pi_2 Y_{t-2} + U_t$,为二阶向量自回归

模型，记为 VAR(2)。

进一步扩展，

若有向量

$$Y_t=\begin{pmatrix}y_{1t}\\y_{2t}\\\vdots\\y_{nt}\end{pmatrix},Y_{t-1}=\begin{pmatrix}y_{1t-1}\\y_{2t-1}\\\vdots\\y_{nt-1}\end{pmatrix}\cdots Y_{t-p}=\begin{pmatrix}y_{1t-p}\\y_{2t-p}\\\vdots\\y_{nt-p}\end{pmatrix}$$

令

$$\prod_1=\begin{pmatrix}\Pi_{111}&\Pi_{112}&\cdots&\Pi_{11n}\\\Pi_{121}&\Pi_{122}&\cdots&\Pi_{12n}\\&\vdots&\vdots&\\\Pi_{1n1}&\Pi_{1n2}&\cdots&\Pi_{1nn}\end{pmatrix}\cdots\prod_p=\begin{pmatrix}\Pi_{p11}&\Pi_{p12}&\cdots&\Pi_{p1n}\\\Pi_{p21}&\Pi_{p22}&\cdots&\Pi_{p2n}\\&\vdots&\vdots&\\\Pi_{pn1}&\Pi_{pn2}&\cdots&\Pi_{pnn}\end{pmatrix}$$

$$\alpha=\begin{pmatrix}a_1\\a_2\\\vdots\\a_n\end{pmatrix},\mu_t=\begin{pmatrix}u_{1t}\\u_{2t}\\\vdots\\u_{nt}\end{pmatrix}$$

则可将上一章讲过的单变量的 p 阶自回归模型 AR(p)，扩展到向量的情形：

$$Y_t=\alpha\prod_1 Y_{t-1}+\prod_2 Y_{t-2}+\cdots+\prod_p Y_{t-p}+\mu_t \tag{5-19}$$

称为 p 阶向量自回归模型，记为 VAR(P)。可见，VAR 模型有两个重要的参数，一是系统中所含变量的个数 n；另一个是滞后的阶数 p。另外，更进一步扩展，如果确定某外生向量 Z_t 对所研究的系统向量 Y_t 具有影响，可以将其引入模型，即：

$$Y_t=\alpha+\prod_1 Y_{t-1}+\prod_2 Y_{t-2}+\cdots+\prod_p Y_{t-p}+BZ_t+\mu_t$$

与传统的回归方法相比，VAR 模型不以严格的经济理论为依据。在建模过程中只需明确两件事：(1)共有哪些变量存在相互关系，把有关系的变量包括在 VAR 模型中。(2)确定滞后期 p，使模型能反映出变量间相互影响的绝大部分。VAR 模型的一个特点是有相当多的参数估计。如 VAR 模型含有 3 个变量，滞后阶数为 3 时，就有 3＊3＊3＝27 个参数需要估计。另外，由于在 VAR 模型中每个方程的右侧都不含当期变量，故这种模型用于预测的优点是不必对解释变量在预测期内的取值作任何预测。比如对于变量形式下的回归模型：

$$Y_t=\beta X_t+\mu_t$$

Y_{T+1}的预测值将依赖于解释变量 X_{T+1}的值。然而在对未来进行预测时，X_{T+1}的值也是未知的，必须先对 X_{T+1}作出预测。所以对 Y_{T+1}的预测不是依赖于其真值 X_{T+1}，而是 X_{T+1}的估计值。但对于 VAR 模型，若 Y_{T+1}为向量，则 Y_{T+1}的预测值是用其滞后量的实际观测值计算的。

同单一方程模型的参数检验类似，VAR 模型可用来对变量间的关系进行检验，特别用在对多变量前期值与后期值之间的关系进行检验。

【拓展阅读】

用VAR模型研究货币政策与股票市场的关系

随着世界范围内证券市场规模的不断扩大,证券市场对国际经济、国内经济的影响力迅速上升,拉美和亚洲金融危机就是这一影响的鲜明生动的实例。在这个背景下,货币政策与证券市场的关系成为当前金融研究中最前沿的课题之一。货币政策与证券市场,从理论上看,存在互相双向影响的关系。

一方面,货币政策对证券市场既有直接影响,也有间接影响。所谓直接影响,是指货币政策的变化如利率调整等,通过改变金融市场上各种金融工具的相对价格,进而影响资金流向,最终影响股票价格;所谓间接影响,是指货币政策的变化影响实质经济增长,亦即影响证券市场的"基本面",从而对股票价格形成影响。间接影响主要是通过货币政策信号改变投资者对经济的未来预期,进而反映在股票的即期价格中。例如,货币供给量的增加将会引发通货膨胀。在通货膨胀初期,市场繁荣,企业利润上升,加上受保值意识的驱使,资金会转向证券市场,使证券价值和对证券的需求均增加,从而使股价上升。但是当通货膨胀上升到一定程度,可能恶化经济环境,将对证券市场起到反面的作用,而且市场将预期政府会采取措施,施加紧缩政策,此时,证券市场价格将会下跌。利率调整对股票价格也会产生影响,如利率下降引发替代效应,公众更乐于持有相对收益较高的股票,股价上升;但也可能引发积累效应:利率下降,安全资产收益下降,为了达到财富积累目标,投资者将更多购买高收益的风险资产,股票价格上升。

另一方面,股票价格与市值通过"q效应"、"财富效应"等渠道影响一般物价水平和实体经济运行。托宾的"q"理论认为,股价上涨使公司市值相对于其资本存量的重置成本("q"比率)随之提高,当q值大于1时,股票市值大于重置成本,刺激投资支出的增加,进而拉动了总需求与产出的扩大。传导机制为:股价↑→q↑→I投资↑→Y↑。莫迪利安尼的财富效应理论则认为,股价上升使得居民的财富增加,进而促使居民当期和未来的消费增加,并相应刺激总需求和产出的增长。传导机制为:股价↑→W财富↑→C消费↑→Y↑。无论哪一种渠道,股票价格与市值对实体经济的影响,会引发中央银行对股市的适度干预,使其对经济发展起正面的作用,尽量避免负面影响。另外,亚洲金融危机之后,在世界范围内,理论界和决策层都更强调中央银行的职责是维持金融系统的稳定,而证券市场是金融系统的重要组成部分,中央银行不能不关注证券市场的状况。这都意味着,证券市场的变化会引发货币政策的变化。

从实证研究上看,货币政策与股票市场关系的研究方法可分为三大类,即回归分析方法、事件研究方法、向量自回归分析方法①。部分检验结果如:李红艳、江涛② 检验

① 刘熀松,杨溢,《货币政策对股票市场的影响:实证与方法》,《经济管理》2003年第22期。
② 《股市价格、货币供应量与货币政策——中国1993-2001年的实证研究》,《石油大学学报》2002年第5期。

了1993年1月到1999年8月之间货币供应量和股市价格之间的关系。研究结果表明，90年代中国股票市场价格与货币供应量之间存在长期均衡的协整关系。两者的因果关系中，股市价格主要处于因方地位，货币供应量主要处于果方地位，且股票价格对不同层次的货币供应量影响不同，对非现金层次的影响要比现金层次的影响大。蒋振声、金戈[①] 利用VAR模型考察了同业拆借利率与上证指数波动的关系，文章采用了1997年1月到2000年12月的月度数据，他们发现我国同业拆借市场和股票市场之间已经具有反向的联动关系，但均衡机制并不完善。周英章、孙崎岖[②] 以1993年1月至2001年4月为样本区间，研究了不同层次货币供应量M0、M1和M2与上交所A股指数波动之间的关系。研究结果表明，从长期来看，股市价格和货币供应量二者在统计上是高度相关的；就两者的相互作用而言，股市价格占主导地位，对货币供应量的影响比较显著，而货币供应量对股市价格的推动作用则相对较弱。股价对货币供应量的影响效果各不相同，对M1影响最大，对M0影响次之，对M2影响最小。可以看出，该研究结果与李红艳、江涛的结论基本相同。李文军[③] 对货币政策和股市的互动关系进行了研究。他主要考察了1995年第二季度到2002年第一季度的样本区间，选取货币供应量和利率作为货币政策的衡量指标。通过Granger因果分析，他发现我国的货币供应量对股指的波动会产生一定的影响，而股指的波动也反过来对货币供应量产生影响，货币政策和股市之间存在一定的互动关系。同时，他还采用银行一年期定期存款利率和上证综合指数指标，考察了1991－2002期间存款利率变化率对变化当日、30日、90日股指的影响。通过分析表明，利率变化与股指变动之间存在着一定的负相关，但短期效应较小，而中期(利率变动后60日)效应较大，说明股市对利率信息的反应还不是很及时。李胜利[④](2002)通过实证研究发现，我国证券市场价格可以用货币供应量M0和M2来解释，而M1不是引起证券市场价格变化的原因。对这个结果的解释是“我国货币供应量的统计口径问题”。在我国证券市场中，中小投资者占据主流地位，股市的资金大多都来自于居民储蓄和现金。这样，以企业和机关团体存款为主的M1的变化对证券市场的冲击就不是很大。

本文以华伟荣、张志伟、宋宇的一篇研究报告[⑤] 为例，说明如何用VAR方法来研究货币政策与股票市场之间的关系。该报告研究了股市价格的变化与货币供应量变化、利率变化之间的关系。

具体地说，用 S_t 表示为上证综指月收益率，由相邻两月股指对数的一阶差分来计算，公式如下：

① 蒋振声，金戈，《我国资本市场与货币市场的均衡关系》，《世界经济》2001年第10期。

② 《中国资本市场与货币市场的均衡关系》，《世界经济》2001年第10期。

③ 《货币政策与股市的互动关系》，《中国网》2002/12/20。

④ 李胜利，《我国证券市场价格与货币供应量关系的实证研究》，《证券市场导报》2002年第3期。

⑤ 《我国货币政策与证券市场波动的关联性实证研究》，深圳证券交易所第六届会员单位、基金公司研究成果评选综合市场类三等奖。

$S_t = \ln(P_t) - \ln(P_{t-1})$，其中 P_t、P_{t-1} 分别为第 t 月和 t - 1 月的股价指数

在货币供应量方面分别选取 M0、M1 和 M2 的月度数据作为研究对象。m0、m1、m2 分别为各货币供给量的月增长率，也采取对数的一阶差分来处理，即 $m0_t = \ln(M0_t) - \ln(M0_{t-1})$。M1 和 M2 的月度增长率 m1、m2 计算方法与 m0 相同。利率变量用 20 天加权平均银行同业拆借利率来表示。其变化量 cj 为银行间同业拆借利率之一阶差分。样本期间为 2001 年 8 月 - 2003 年 7 月。

对 S、m0、m1、m2、cj 这五个变量建立 2 阶的向量自回归模型（即 VAR(2)）如下：

$S_t = a_1 + \pi_{11} S_{t-1} + \theta_{11} m0_{t-1} + \gamma_{11} ml_{t-1} + \phi_{11} m2_{t-1} + \sigma_{11} cj_{t-1} + \pi_{12} S_{t-2} + \theta_{12} m0_{t-2} + \cdots + \sigma_{12} cj_{t-1} + u_{1t}$

$m0_t = a_2 + \pi_{21} S_{t-1} + \theta_{21} m0_{t-1} + \gamma_{21} ml_{t-1} + \phi_{21} m2_{t-1} + \sigma_{21} cj_{t-1} + \pi_{22} S_{t-2} + \theta_{22} m0_{t-2} + \cdots + \sigma_{22} cj_{t-2} + u_{2t}$

$m1_t = a_3 + \pi_{31} S_{t-1} + \theta_{31} m0_{t-1} + \gamma_{31} ml_{t-1} + \phi_{31} m2_{t-1} + \sigma_{31} cj_{t-1} + \pi_{32} S_{t-2} + \theta_{32} m0_{t-2} + \cdots + \sigma_{32} cj_{t-2} + u_{3t}$

$m2_t = a_4 + \pi_{41} S_{t-1} + \theta_{41} m0_{t-1} + \gamma_{41} ml_{t-1} + \phi_{41} m2_{t-1} + \sigma_{41} cj_{t-1} + \pi_{42} S_{t-2} + \theta_{42} m0_{t-2} + \cdots + \sigma_{42} cj_{t-2} + u_{4t}$

$cj_t = a_5 + \pi_{51} S_{t-1} + \theta_{51} m0_{t-1} + \gamma_{51} ml_{t-1} + \phi_{51} m2_{t-1} + \sigma_{51} cj_{t-1} + \pi_{52} S_{t-2} + \theta_{52} m0_{t-2} + \cdots + \sigma_{52} cj_{t-2} + u_{5t}$

将上述五个模型写成简写形式，记为：

$$Y_t = \alpha + \prod_1 Y_{t-1} + \prod_2 Y_{t-2} + U_t$$

其中，$Y_t = (S_t \quad m0_t \quad m1_t \quad m2_t \quad cj_t)'$，$\alpha = (a_1 \quad a_2 \quad a_3 \quad a_4 \quad a_5)'$，

$$\prod_1 = \begin{pmatrix} \pi_{11} & \theta_{11} & \gamma_{11} & \phi_{11} & \sigma_{11} \\ \pi_{21} & \theta_{21} & \gamma_{21} & \phi_{21} & \sigma_{21} \\ \vdots & \cdots & \cdots & \cdots & \vdots \\ \pi_{51} & \theta_{51} & \gamma_{51} & \phi_{51} & \sigma_{51} \end{pmatrix}, \prod_2 = \begin{pmatrix} \pi_{12} & \theta_{12} & \gamma_{12} & \phi_{12} & \sigma_{12} \\ \pi_{22} & \theta_{22} & \gamma_{22} & \phi_{22} & \sigma_{22} \\ \vdots & \cdots & \cdots & \cdots & \vdots \\ \pi_{52} & \theta_{52} & \gamma_{52} & \phi_{52} & \sigma_{52} \end{pmatrix}$$

$U_t = (u_{1t} \quad u_{2t} \quad u_{3t} \quad u_{4t} \quad u_{5t})'$

VAR 模型回归结果如下：

表 5 - 8　股价指数、货币供应量及利率之间的关系

	S_t	$m0_t$	$m1_t$	$m2_t$	cj_t
S_{t-1}	0.475398*	-0.693463	-0.082318	-0.049285	-0.375299
t	[-2.10936]	[-1.60241]	[-0.91998]	[-0.74199]	[0.66208]
S_{t-2}	0.155014**	-0.465923	-0.075146	-0.072144	-0.287687
t	[1.69530]	[-0.92279]	[-0.68560]	[-0.88668]	[-0.41432]
$m0_{t-1}$	-0.030162	-0.455884	-0.01112	-0.007652	-0.040202
t	[-0.05448]	[-2.85610]*	[-2.35571]*	[-0.08918]	[-0.05490]

（续表）

	S_t	$m0_t$	$m1_t$	$m2_t$	cj_t
$m0_{t-1}$	-0.062687	0.107919*	0.084051	0.038513	0.549269*
t	[-0.13205]	[2.23634]	[0.84792]	[2.52338]*	[2.87468]
$m1_{t-1}$	-2.089901	2.472201	-0.101539*	-0.180745*	4.369034
t	[-0.75559]	[0.92926]	[-2.17582]	[-3.42159]	[1.69417]**
$m1_{t-2}$	0.221568	-0.97238	-0.026715	0.034206	-1.411043
t	[0.09292]	[-0.42397]	[-2.05366]*	[0.09255]	[-0.44737]
$m2_{t-1}$	5.115502*	-0.487335	-0.743964	-0.187064*	-2.763372
t	[3.03589]	[-0.10260]	[-0.72151]	[-2.24439]	[-0.42304]
$m2_{t-2}$	-1.464684	2.078706	-0.992594	-0.53027**	4.642152*
t	[-0.11293]	[0.52522]	[-1.15541]	[-1.83142]	[2.85289]
cj_{t-1}	-0.04326*	-0.169717	-0.036671	0.01656	-0.141507
t	[5.12552]	[-0.51197]	[-0.50958]	[0.31000]	[-0.31040]
cj_{t-2}	-0.158468	-0.184821	-0.079928	-0.020711	-0.17704
t	[0.47392]	[-0.57466]	[-1.14481]	[-0.39960]	[-0.40027]
a	-0.482214	0.723354	0.295201	0.036213	2.789265
t	[-0.55293]	[0.86234]	[1.62114]	[0.26790]	[2.41793]*
R-squared	0.427137	0.642561	0.730752	0.485175	0.505569
Adj. R-squared	-0.527634	0.046828	0.282006	-0.372866	-0.318483
F-statistic	0.447371	1.078606	1.62843	0.565445	0.613516
Akaike AIC	-2.092052	-2.169851	-5.224804	-5.820721	-1.532617

上表的结果对各个方程中解释变量的顺序加以重新排列，如对于 S_t 的回归方程表示为第二列：

$$S_t = a_1 + \pi_{11} S_{t-1} + \pi_{12} S_{t-2} + \theta_{11} m\theta_{t-1} + \theta_{12} m\theta_{t-2} + \gamma_{11} ml_{t-1} + \gamma_{12} ml_{t-2} + \cdots + \sigma_{12} cj_{t-2} + u_{1t}$$

由上表可知，当上证综指月收益率为因变量时，S_{t-1}、S_{t-2}、$m2_{t-1}$、cj_{t-1}的估计系数具有显著性，即上证综指收益率受其本身前一、二期及 M2 前一期以及同业拆借利率前一期的影响。当 M0 月增长率为因变量时，仅自身前一、二期即 $M0_{t-1}$、$M0_{t-2}$的估计系数具有显著性，这说明 M0 不受其他因素的影响。当 M1 月增长率为因变量时，仅与其自身前一、二期以及 M0 前一期的估计系数具有显著性。当 M2 月增长率为因变量时，$M0_{t-2}$、$M1_{t-1}$、$M2_{t-1}$、$M2_{t-2}$的系数具有显著性，这说明 M2 的变化受到 M0 前二期、M1 前一期以及其自身前一、二期的影响较大。当同业拆借利率为因变量时，$M0_{t-2}$、$M1_{t-1}$、$M2_{t-2}$的系数具有显著性，这说明同业拆借利率的变化受到 M0 前二期、M1 前一期以及 M2 前二期的影响较大。

总的来看,M2 和同业拆借利率的变化可以引起上证综指的变化,也就是可以解释上证综指的变化。而 M0 和 M1 与上证综指则没有相互因果关系。同时,上证综指的变化并没有导致货币供应量的变化。因此,央行可以借助调整 M2 的数量来调控证券市场,也可以通过利率等工具来影响同业拆借利率,进而影响证券市场的走势。这也说明,我国证券市场存在着大量的信贷资金,尽管央行明令禁止信贷资金入市,但是仍然有一部分资金通过各种渠道进入了证券市场。

国外的金融文献中,VAR 模型还可以用来检验债券利率期限结构理论及外汇市场或股票市场的效率理论。具体过程可见Cuthbertson(1999)[①]第 15 章、第 16 章。

二、Johansen approach(乔纳森方法)的基本原理与过程

VAR 模型的另一个重要应用是通过考察以协整关系为约束条件的 VAR 模型,来检验模型内各变量之间的长期动态关系,即 VAR 基础上的Johansen approach(乔纳森方法)。它与前面讲过的 E – G 两步法相比,源于不同的理论思想,在实证中较为常用。

从最简单的双变量 VAR(1)模型说起。对于两个变量 y_t,x_t 组成的系统:

$$\begin{cases} y_t = a_1 + \pi_{11} y_{t-1} + \pi_{12} x_{t-1} + u_{1t} \\ x_t = a_2 + \pi_{21} y_{t-1} + \pi_{22} x_{t-1} + u_{2t} \end{cases} \tag{5-20}$$

对应的向量形式为:

$Y_t = \alpha + \prod_1 Y_{t-1} + U_t$,其中,向量 $Y_t = \begin{pmatrix} y_t \\ x_t \end{pmatrix}$

方程组(5 – 20)可重新表示为差分形式:

$$\begin{cases} \Delta y_t = y_t - y_{t-1} = a_1 + (\pi_{11} - 1) y_{t-1} + \pi_{12} x_{t-1} + u_{1t} \\ \Delta x_t = x_t - x_{t-1} = a_2 + \pi_{21} y_{t-1} + (\pi_{22} - 1) x_{t-1} + u_{2t} \end{cases} \tag{5-21}$$

表示成矩阵形式:

$$\begin{pmatrix} \Delta y_t \\ \Delta x_t \end{pmatrix} = \begin{pmatrix} a_1 \\ a_2 \end{pmatrix} + \begin{pmatrix} \pi_{11} - 1 & \pi_{12} \\ \pi_{21} & \pi_{22} - 1 \end{pmatrix} \begin{pmatrix} y\,t-1 \\ x_{t-1} \end{pmatrix} + \begin{pmatrix} u_{1t} \\ u_{2t} \end{pmatrix}$$

令 $\Delta Y_t = Y_t - Y_{t-1} = \begin{pmatrix} \Delta y_t \\ \Delta x_t \end{pmatrix}$,$\Omega = \begin{pmatrix} \pi_{11} - 1 & \pi_{12} \\ \pi_{21} & \pi_{22} - 1 \end{pmatrix}$,则方程组(5 – 20)可表示为:

$$\Delta Y_t = \alpha + \Omega Y_{t-1} + U_t \tag{5-22}$$

假设向量 Y_t 所含的各元素 y_t,x_t 均为非平稳的,如一阶单整 I(1)(高于 1 阶,可通过差分转化为一阶),记为 $Y_t \sim$ I(1)。显然对各元素一阶差分后,组成的差分向量 ΔY_t 为平稳的,即 $\Delta Y_t \sim I(0)$。这样,模型(5 – 22)中除了 ΩY_{t-1}之外,其余各项都是平稳的。要保持等式成立,关键是 ΩY_{t-1}的特征。由于已设定 Y_t 所包含的分量均为 $I(1)$过程,

① Cuthbertson, Keith, "Quantitative Financial Economics: Stocks, Bonds and Foreign Exchange", John Wiley & Sons publishing house, ISBN 0 – 470 – 09171 – 1.

故 ΩY_{t-1} 只可能有两种情况：一是 Y_t 的分量之间不存在协整关系，此种情况下，必定有矩阵 $\Omega=0$，相应地矩阵 Ω 的秩 $rk(\Omega)=0$；另一种情况是 Y_t 的分量之间存在协整关系，因此尽管各分量本身是 I(1)过程，但与矩阵 Ω 相乘后，ΩY_{t-1} 为平稳的，即 $\Omega Y_{t-1}\sim I(0)$。此种情况下，可以证明矩阵 Ω 的秩 $rk(\Omega)$ 必定满足 $0<rk(\Omega)<n$，n 为模型中所含变量个数。可见在上面 VAR(1)模型的差分变换形式中，Y_{t-1} 前的矩阵 Ω(称之为影响矩阵或压缩矩阵)对于检验向量中各元素之间是否具有协整关系有十分重要的意义。

将上述两变量的 VAR(1)模型扩展到 n 个变量即 VAR(P)的情况：

$$Y_t = C + \prod\nolimits_1 Y_{t-1} + \prod\nolimits_2 Y_{t-2} + \cdots + \prod\nolimits_p Y_{t-p} + U_t \tag{5-23}$$

$$Y_t = (y_{1t} \quad (y_{2t} \quad \cdots \quad y_{nt})'$$

其中假定 $Y_t\sim$ I(1)。可以证明，通过整理变换，VAR(p)模型(5－23)总可表示为：

$$\Delta Y_t = C + \Gamma_1 \Delta Y_{t-1} + \Gamma_2 \Delta Y_{t-2} + \cdots + \Gamma_{p-1} \Delta Y_{t-p+1} + \Omega Y_{t-p} + U_t \tag{5-24}$$

其中，$\Gamma_i = -I + \prod\nolimits_1 + \cdots + \prod\nolimits_i,\ i = 1\cdots p$，

$$\Omega = -I + \prod\nolimits_1 + \cdots + \prod\nolimits_p$$

此时(5－24)式中除 ΩY_{t-p} 之外，所有的项都是平稳的。因此，同 VAR(1)时的情况类似，向量 Y_{t-p} 前的压缩矩阵 Ω 用于检验向量中各元素之间的协整关系。

Granger 定理指出：如果系数矩阵 Ω 的秩 $rk(\Omega)=r<n$，那么存在 $n\times r$ 阶矩阵 α 和 β，它们的秩都是 r，使得 $\Omega=\alpha\beta'$，并且 $\beta' Y_{t-p}$ 是平稳的，$\beta' Y_{t-p}\sim I(0)$。即：

$$\Omega Y_{t-p} = \alpha\beta' Y_{t-p} = (\alpha_1 \quad \alpha_2 \cdots \quad \alpha_r)\begin{pmatrix}\beta_1\\ \beta_2\\ \vdots\\ \beta_r\end{pmatrix} Y_{t-p}$$

$$= \begin{pmatrix}\alpha_{11} & \cdots & \alpha_{1r}\\ \alpha_{21} & \cdots & \alpha_{2r}\\ & \cdots & \cdots\\ \alpha_{n1} & \cdots & \alpha_{nr}\end{pmatrix}_{n\times r} \begin{pmatrix}\beta_{11} & \cdots & \beta_{1n}\\ \cdots & \cdots & \cdots\\ \beta_{r1} & \cdots & \beta_{rn}\end{pmatrix}_{r\times n} \begin{pmatrix}y_{1t-p}\\ y_{2t-p}\\ \cdots\\ y_{nt-p}\end{pmatrix}_n \times 1$$

$$= \begin{pmatrix}\alpha_{11} & \cdots & \alpha_{1r}\\ \alpha_{21} & \cdots & \alpha_{2r}\\ & \cdots & \cdots\\ \alpha_{n1} & \cdots & \alpha_{nr}\end{pmatrix}_{n\times r} \begin{pmatrix}\beta_{11} y_{1t-p} + \cdots + \beta_{1n} y_{nt-p}\\ \beta_{r1} y_{1t-p} + \cdots + \beta_{rn} y_{nt-p}\end{pmatrix}_{r\times l} \tag{5-25}$$

其中 r 是协整关系的数量；$\beta=(\beta_1 \quad \beta_2 \quad \cdots \quad \beta_r)$ 称为协整参数矩阵，其每列均为协整向量，反映出 Y_t 各分量之间的长期均衡关系；α 称为调整系数矩阵，其经济含义是反映本期变量对上期失衡的短期调整。系统内各变量的变化将可分为变量间长期均衡关系的变化(由均衡参数向量 β 体现)和短期内对非均衡状态进行修正(通过调整参数向量 α 体现)。

Johansen方法即是在VAR的形式下检验协整参数矩阵β的秩,估计协整向量和调节系数矩阵α。当然,同E-G两步法协整检验一样,在进行Johansen检验前也要对系统中所含各个变量用ADF或PP方法进行单位根检验,只有确定了各变量单整阶数相同,如均为I(1)过程后,变量之间才有可能协整,也才能进行Johansen协整检验。其基本步骤是:

首先检验协整参数矩阵β的秩r(即系统中含协整向量的个数)。开始时,零假设为“H_0:秩r=0”,备择假设为“H_1:秩r>0”。如果在零假设下,某一构造的统计值小于对应r下的关键值(可查表获得),则不拒绝H_0,表示不含协整向量,即变量间不存在协整关系,不再进行下一步。否则说明变量间至少有一个协整向量,此时待检验的零假设变为“H_0:r=1”,备择假设相应变为“H_1:r>1”,若此时构造的统计值小于对应r下的关键值,则不拒绝H_0,表示r=1,即含有一个协整向量,或变量间只存在一个协整关系。若这一步构造的统计值大于对应r下的关键值,则拒绝“H_0:r=1”的假设(说明变量间至少有两个协整向量);继续检验“H_0:r=2”,并依次类推。如果最后结果是拒绝了“H_0:秩$r=r^*-1$”,但未拒绝“H_0:秩$r\leq r$”(对应于附表8中,单位根个数为$N-r^*$),则结论是协整参数矩阵β的秩$r=r^*$,即含有r^*个协整关系。

根据检验过程中构造并用来检验的统计值的不同,Johansen协整检验又可分为两种方法:一是称之为特征根轨迹检验(trace test),其构造的统计值称之为迹统计量或似然比(Likelihood Ratio),其计算方法是:

$$LR_r = -T\cdot\sum_{i=r+1}^{n}\ln(1-\lambda_i) \tag{5-26}$$

其中λ_i为检验过程中产生的某个矩阵的特征值(eigenvalue)。似然比或迹统计量LR_r参照比较的临界值分布表见附表8。

Johansen协整检验的另一种方法是最大特征根检验(maximum eigenvalue test)。其构造的统计值为:

$$LR_{max} = -T\ln(1-\lambda_r) \tag{5-27}$$

其中λ_r为最大特征根。最大特征根检验的步骤和原则与迹统计量检验一样,也是依次检验假设秩r=0,秩r=1…直到秩r=r_0。运用最大特征根检验时,也需要参照特定的临界值分布表①。在确定了协整参数矩阵β的秩r_0后,即可相应得到协整参数矩阵β的极大似然估计量$\hat{\beta}=(\hat{\beta}_1\quad\hat{\beta}_2\quad\cdots\quad\hat{\beta}_{r0})$,其中的各个列向量即为协整向量。

上述过程已经包括在一些计量经济分析软件中,可直接使用。如Eview软件的协整检验,可以从VAR或组(Group)的工具栏中直接选择View/Cointegration Test。值得注意的是,进行Johansen检验时,迹统计量及最大特征值统计量对应的临界值分布表取决于VAR模型的形式及系统中各分量进行单位根检验的结果是否含有趋势项等因素。例

① 陆懋祖,《高等时间序列计量经济学》,第342页,上海人民出版社1999年版。

如，用Johansen方法检验两个变量 y_t 和 x_t 之间是否具有协整关系，首先对 y_t 和 x_t 分别进行单位根检验，回忆上一章的讲述，序列 y_t 和 x_t 有可能存在趋势项，如 $x_t = \alpha + \rho \cdot x_{t-1} + \delta \cdot t + \varepsilon_t$，也可能不含有趋势项，如：$x_t = \alpha + \rho x_{t-1} + \varepsilon_t$。如果检验结果表明，$y_t$ 和 x_t 均为I(1)过程，则可令向量 $Y_t = \begin{pmatrix} y_t \\ x_t \end{pmatrix}$，建立VAR模型，此时模型中可以含常数项或不含常数项，即模型可以为：$Y_t = \alpha + \Pi_1 Y_{t-1} + U_t$；也可以为：$Y_t = \Pi_1 Y_{t-1} + U_t$。因此Eviews软件中的Johansen方法需要操作者事先考虑这些情况，并且要提示给程序。附表8也给出了不同情况下迹统计量的临界值分布表。

［案例］　上证A股指数与B股指数的Johansen检验

由前面的内容可知，对2008年4月至2012年10月期间上海证券交易所A股指数日收盘序列{PSHA$_t$}和B股指数日收盘序列{PSHB$_t$}进行的单位根检验显示两序列均为I(1)过程。在Eviews中定义序列{$PSHA_t$}和序列{$PSHB_t$}为一组(Group)之后，在(Group)的工具栏中直接选择View/Cointegration Test，出现如下对话框。

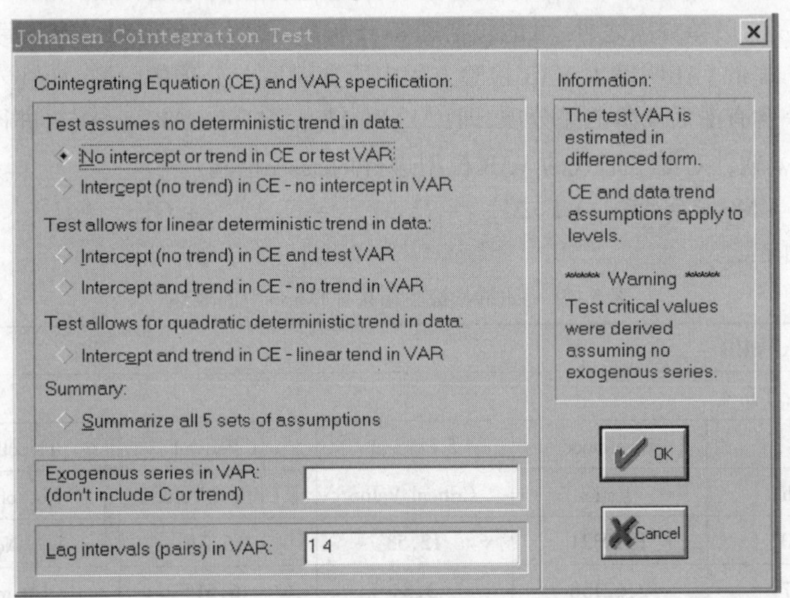

图5-3　Johansen协整检验在Eviews中的实现

在Cointegrating Equation (CE) and VAR specification栏目中有六个备选项，限定了时间序列的特点、协整方程(CE)与向量自回归模型(VAR)的形式，其中时间序列的特点主要是指待检验的序列是否含趋势项，主要有三类情况，分别为no deterministic trend in data(无趋势项，即 $PSHA_t = \alpha + \rho \cdot PSHA_{t-1} + \varepsilon_t$)、linear deterministic trend in data(有线性趋势项，即 $PSHA_t = \alpha + \rho \cdot PSHA_{t-1} + \delta \cdot t + \varepsilon_t$)及quadratic deterministic trend in data(有二次趋势项，即 $PSHA_t = \alpha + \rho \cdot PSHA_{t-1} + \delta \cdot t^2 + \varepsilon_t$)。相应地，在这三类情况下的每一种又进一步限定协整方程(CE)与向量自回归模型(VAR)的形式：协整方程的形式主要是指待

检验的两个序列的协整方程是否含截距项(intercept)、时间趋势项(trend),如No intercept or trend in CE是指无截距项及时间趋势项,即 $PSHA_t = \rho \cdot PSHB_t + \varepsilon_t$;Intercept(no trend) in CE指含截距项但不含时间趋势项,即 $PSHA_t = \upsilon + \rho \cdot PSHB_t + \varepsilon_t$;Intercept and trend in CE指既含截距项又含时间趋势项,形式为 $PSHA_t = \upsilon + \rho \cdot PSHB_t + \gamma \cdot t + \varepsilon_t$ 等。向量自回归模型(VAR)的形式主要是指 VAR 模型本身是否含截距项及时间趋势项,如令向量 $Y_t = \begin{pmatrix} PSHA_t \\ PSHB_t \end{pmatrix}$,VAR 模型中可以含常数项,如:

$$\Delta = \mathrm{Y}_t = \mathrm{C} + \Gamma_1 \Delta \mathrm{Y}_{t-1} + \Gamma_2 \Delta \mathrm{Y}_{t-2} + \cdots + \Gamma_{p-1} \Delta \mathrm{Y}_{t-p+1} + \Omega \mathrm{Y}_{t-p} + \mu_t;$$

或不含常数项,含趋势项如:

$$\Delta \mathrm{Y}_t = \Gamma_1 \Delta \mathrm{Y}_{t-1} + \Gamma_2 \Delta \mathrm{Y}_{t-2} + \cdots + \Gamma_{p-1} \Delta \mathrm{Y}_{t-p+1} + \Omega \mathrm{Y}_{t-p} + \omega \cdot t + \mu_t;$$

或二者都含,即:

$$\Delta \mathrm{Y}_t = \mathrm{C} + \Gamma_1 \Delta \mathrm{Y}_{t-1} + \Gamma_2 \Delta \mathrm{Y}_{t-2} + \cdots + \Gamma_{p-1} \Delta \mathrm{Y}_{t-p+1} + \Omega \mathrm{Y}_{t-p} + \omega \cdot t + \mu_t$$

其中图 5-3 对话框的Exogenous series in VAR栏目主要指在 VAR 模型中除了常数项、趋势项及滞后差分项之外,可能包括的解释变量,如季节哑变量等等。最后一个栏目Lag intervals in VAR明确了 VAR 检验方程中所含滞后差分项的阶数,如输入 1、4 表示 VAR 模型中含有滞后 4 阶的差分项,即:ΔY_t 对 ΔY_{t-1}、ΔY_{t-2}、ΔY_{t-3}、ΔY_{t-4}进行回归。

用Eviews软件对如下形式的 VAR 模型进行Johansen检验:

$$\Delta Y_t = \Gamma_1 \Delta Y_{t-1} + \Gamma_2 \Delta Y_{t-2} + \Gamma_3 \Delta Y_{t-3} + \Gamma_4 \Delta Y_{t-4} + \Omega Y_{t-p} + U_t,$$

结果如下:

表 5-9 Johansen检验结果在Eviews中的表达

Series: PSHA PSHB				
Lags interval: 1 to 4				
	Likelihood	5 Percent	1 Percent	Hypothesized
Eigenvalue	Ratio	Critical Value	Critical Value	No. of CE(s)
0.029107	15.0321	12.53	16.31	None
0.007379	2.62158	3.84	6.51	At most 1

表中第一列显示了由大到小排序的特征值;第二列是迹检验统计量;第三列和第四列分别是在 5%和 1%水平下的临界值;最后一列是假设协整关系的个数。根据前面讲的判别原则,对于协整关系个数为 0 的假设,迹统计量(似然比)大于 5%显著水平下的临界值,因此,我们拒绝协整关系个数为 0 的原假设;但对于至多有一个协整关系的假设则无法拒绝,由此推断,在样本区间内我国上证 A 股指数与 B 股指数之间存在一个协整关系。

从上面的讲述可见,Johansen方法的一个重要特点是不对系统中协整关系的个数作先验的假定。协整关系的个数 r 是假设检验的结果。但Johansen方法也存在一些问题，比如当检验结果认为有多个协整向量存在，即协整关系的个数 $r>1$ 时，究竟哪一个是该组经济变量之间的真实关系？如果选择某个协整向量作为该组经济变量之间的真实长期均衡关系，那么这样处理的理由是什么？其他几个协整向量怎样给以经济解释？等等。正是因为这些原因，Johansen方法也招致一些批评，但随着时间的推移，这种方法也在进一步完善。

【拓展阅读】

购买力平价理论的协整检验

在第 4 章的阅读与思考中，我们讲到购买力平价理论的一个表述形式是：

$$e_t=(p_t-p_t^*)$$

其中，e_t、p_t、p_t^* 分别为名义汇率、本国及外国物价指数的自然对数。

为此，若绝对购买力平价理论成立，则对于回归模型：

$$e_t=\alpha+\beta\cdot(p_t-p_t^*)+u_t \tag{5-28}$$

应有 $\alpha=0,\beta=1$。惠晓峰等[①] 收集了 1981 - 1995 年有关指标的样本值，运用OLS方法，得到了如下回归结果：

$$e_t=0.0814+1.4625\cdot(p_t-p_t^*)+u_t,$$

$$R^2=0.926 \quad F=164.4 \quad DW=1.60$$

但在运用最小二乘法检验购买力平价时，忽视了汇率、价格指数的非平稳性，造成了所谓的“伪回归”问题。此时，即使 t 统计量很大，也不能说明回归关系是显著的。而且现代的观点认为，由于价格度量误差、运输成本、商品与服务的品质差异等因素，使得购买力平价理论只要求名义汇率水平 e_t 与反映两国价格水平差别的$(p_t-p_t^*)$同步变化，即 e_t 与$(p_t-p_t^*)$应存在一种长期稳定的均衡关系，这种长期的均衡关系，就可以用协整理论来刻画，即通过检验 e_t 序列与$(p_t-p_t^*)$序列是否存在协整关系来检验购买力平价理论是否成立。

王一川等(2009)[②] 通过对 1994 年 1 月 - 2008 年 12 月整体时段和分时段数据进行实证检验，表明人民币兑美元汇率并不符合购买力平价理论，这一理论难以成为我国制定人民币汇率政策的依据。该文采用中美两国消费者价格指数(CPI)作为国内外物价指数。名义汇率数据采用的是直接标价法下的美元汇率(人民币/美元)。人民币名义汇率、中美两国消费物价指数 CPI 序列做自然对数变换之后，分别用 e_t、p_t、p_t^* 表示。1994 年 1 月——2008 年 12 月的整体时段检验结果表示如下：

1.整体时段的平稳性检验结果

① 《基于购买力平价和简单货币学说的人民币长期汇率组合模型》,《国际金融研究》1999 年第 10 期。

② 王一川，程昊汝，封思贤，《人民币购买力平价的实证研究》,《南京师大学报(社会科学版)》2009 年第 4 期。

表 5-10 e_t, p 和 p^* 及其差分的 ADF 检验结果(1994 年 1 月—2008 年 12 月)

变量	检验形式 (C,T,L)	t统计量	1% 临界值	5% 临界值	10% 临界值	DW 统计量
e_t	(1,1,1)	0.098	-4.017	-3.438	-3.143	1.943
p^*	(1,1,2)	-1.621	-4.018	-3.438	-3.143	1.964
p	(1,1,3)	-2.117	-4.019	-3.439	-3.144	2.041
$D(e_t)$	(1,0,0)	-7.228***	-3.472	-2.879	-2.576	1.953
$D(p^*)$	(1,0,1)	-11.048***	-3.472	-2.879	-2.576	1.975
D(p)	(1,0,2)	-3.700***	-3.473	-2.880	-2.576	2.021

注:在(C,T,L)中,C、T、L 分别代表截距项、趋势项和滞后阶数,其中阶数的确定是根据模型的 AIC 和 SC 值到达最小时确定;*、**、***分别表示在 10%、5%和 1%显著水平上拒绝零假设,下同。

表 5-10 显示,e_t、p 和 p^* 的 ADF 统计量都大于临界值,未通过单位根检验,是非平稳序列;而它们的一阶差分序列的 ADF 统计量均小于临界值,通过了单位根检验,为平稳变量序列,单数阶数都等于 1,即均服从 I(1)过程,符合协整关系的检验前提。

2.整体时段的协整检验结果

在进行Johansen协整分析前,需要事先确定无约束 VAR 模型的滞后阶数,以保证协整关系统计上的可信度。对此,通常使用 LR 检验进行取舍,即使得模型的 AIC(Akaike Information Criterion)和 SC(Schwarz Criterion)值同时最小的阶数为最优滞后阶数。通过此方法计算,得到此处最优滞后阶数为 2,再得到协整结果(见表 5-11)。

表 5-11 协整检验结果(1994 年 1 月—2008 年 12 月)

特征值	似然比	5%临界值	1%临界值	原假设
0.1227	32.0527	29.68	35.65	None*
0.0586	10.8431	15.41	20.04	At most1
0.0066	1.0664	3.76	6.65	At most2

表 5-11 显示:只有第一个似然比统计量大于 5%水平下的临界值,因而只有第一个原假设被拒绝,即有且仅有 1 个协整关系。进一步,通过标准化协整系数的计算,得到具体过程:

$$e_t = -1.6397 + 0.7189p + 0.0943p^* \qquad (5-29)$$

式(5-29)显示,中美两国 CPI 的系数都为正,因此,可得到初步结论:在一个较长的时间内(1994 年 1 月—2008 年 12 月),人民币和美元之间仅存在统计意义上的“长期均衡”关系,而购买力平价关系并不成立。

考虑分段后的情况:

表 5－12　分阶段的协整检验结果

	特征值	似然比	5%临界值	1%临界值	原假设
1994.1—1997.11	0.4162	42.4116	29.68	35.65	None**
	0.2830	18.7297	15.41	20.04	At most1*
	0.0889	4.0944	3.76	6.65	At most2*
2005.7—2008.12	0.5449	25.6689	29.68	35.65	None
	0.2401	6.7735	15.41	20.04	At most1
	0.0077	0.1849	3.76	6.65	At most2

从表 5－12 可以发现，在 1994 年 1 月—1997 年 11 月时段内，e_t、p 和 p^* 三者之间至少存在一个协整关系；但在 2005 年 7 月—2008 年 12 月时段，三者间不存在协整关系。

进一步通过对 1994 年 1 月—1997 年 11 月时段内标准化系数的计算，得到此期限内的协整方程：

$$e_t = -7.7452 + 0.8899p + 1.2948p^* \qquad (5-30)$$

式(5－30)中，p 和 p^* 系数的符号均为正。这说明：即使在 1994 年 1 月—1997 年 11 月内，人民币购买力平价也不成立。

三、Granger（格兰杰）因果关系检验

正如前面所讲，许多关于两个序列变量之间关系的实证研究所采取的步骤是：第一步，对各序列进行单位根检验，如果单整阶数相同，则可进行第二步协整关系检验。如果存在协整关系，即意味着两变量之间存在长期均衡关系，可以用误差修正模型对短期波动和长期均衡进行直接的描述。但如果第二步的检验结果表明两变量不存在协整关系，则序列之间不存在长期均衡关系，那么用误差修正模型（ECM）就不合适了，此时只有用格兰杰（Granger）因果检验来检验其因果关系。格兰杰因果检验是指：在序列 X 和 Y 消除了趋势之后，如果利用过去的 X 值和过去的 Y 值一起对本期或未来 Y 值进行预测时，比单用 Y 过去值预测的效果更好，则表明序列 X 和 Y 存在因果关系，称之为 X 是 Y 的Granger原因。即对于模型：

$$Y_t = \mu + \sum_{i=1}^{p} \alpha_i X_{t-i} + \sum_{j=1}^{q} \beta_j Y_{t-j} + \varepsilon_t \qquad (5-31)$$

零假设为“$H_0: \alpha_1 = \alpha_2 = \cdots \alpha_p = 0$”，意味着“X 不是 Y 的Granger原因”。若 F 检验拒绝了零假设，则意味着 X 变量的过去值对 Y 现值的变化具有解释能力，因此可以说 X 是 Y 的Granger原因。反之，若对于模型：

$$X_t = \mu + \sum_{i=1}^{p} \varphi_i X_{t-1} + \sum_{j=1}^{q} \delta_j Y_{t-j} + c_t \qquad (5-32)$$

零假设“$H_0: \delta_1 = \delta_2 = \cdots \delta_q = 0$”成立时，表示 Y 不是 X 的Granger原因。若 F 检验拒绝了零假设，则意味着 Y 变量的过去值对 X 现值的变化具有解释能力，因此可以说 Y

是 X 的Granger原因。在Eviews计量软件中，对于定义的组(Group)，点击View/Granger Causality后，输入相应的滞后阶数，可同时检验出两个序列之间两个方向的因果关系。

【本章小结】

1.协整揭示了变量之间的一种长期稳定的均衡关系，是均衡关系在统计上的表述，因此通过检验经济时间序列之间是否存在协整关系，来判断对应变量间是否存在经济意义上的“均衡”关系，这一思路用于经济理论实证研究的较多方面。

2.协整检验主要有两种方法：E－G 两步法和Johansen方法。

3.误差修正模型综合考虑了两个因素：一是均衡状态所含的解释变量本身发生了变化，导致系统发生了变化；另一因素是对前期非均衡状态的反向调整，这使得在其他因素不变的情况下，系统将逐渐趋向均衡。ECM 模型建立的前提是变量间存在动态均衡关系，而 ECM 模型约束的结果也保证了这种均衡关系的持续。

4.如果事先无法从经济理论上得出有关变量之间解释与被解释关系的明确结论，则可以假定系统中每一变量都与其他变量相关，用系统中所有变量的当期值对所有变量的若干滞后值进行回归，以估计所有变量之间的动态关系，进而可建立向量自回归模型。

5.格兰杰因果检验是指：在序列 X 和 Y 消除了趋势之后，如果利用过去的 X 值和过去的 Y 值一起对本期或未来 Y 值进行预测时，比单用 Y 过去值预测的效果更好，则表明序列 X 和 Y 存在因果关系，称之为 X 是 Y 的Granger原因；相应地，若 Y 变量的过去值对 X 现值的变化具有解释能力，可以说 Y 是 X 的Granger原因。

【复习思考题】

1.期货市场有效性研究

Mahmoud Wahab① 选用 1990 年 1 月 2 日至 1991 年 12 月 5 日之间 S&P500 指数现货价时间序列 S_t 和期货价序列 F_t 的日收盘价格，并分别取自然对数，检验两者间的协整关系。过程和结果如下：

第一步，按模型 $\Delta X_t = a + \gamma \cdot X_{t-1} + \sum_{i=1}^{p} \theta_i \Delta X_{t-i} + \varepsilon_t$，进行 ADF 检验。其中 X_t 分别取 $\mathrm{Ln}(S_t)$ 和 $\mathrm{Ln}(F_t)$。结果如下：

表 5－13　现货价格序列与期货价格序列的单位根检验

	$\mathrm{Ln}(S_t)$		$\mathrm{Ln}(F_t)$		临界值
	ADF	PP	ADF	PP	(10%)
水平值	－1.01	－1.03	－0.89	－1.10	－2.57
一阶差分值	－4.05	－19.66	－4.63	－21.39	－2.57

① “Price Dynamics and Error Correction in Stock Index and Stock Index Futures Markets: A Cointegration Approach”, Journal of futures markets, Vol 13. No 7. 1993

第二步，协整检验－E－G两步法

首先用OLS方法估计下列方程：

$$Y_t = k_0 + k_1 X_t + \varepsilon_t \tag{5-33}$$

其中 $Y_t = LnS_t, X_t = LnF_t$，得到相应的残差序列 $\hat{\varepsilon}_t = Y_t - (\hat{k}_0 + \hat{k}_1 X_t)$。然后，检验 $\hat{\varepsilon}_t$ 序列的单整性，回归式为：$\Delta\hat{\varepsilon}_t = \gamma \cdot \hat{\varepsilon}_{t-1} + \sum_{i=1}^{k}\theta_i \Delta\hat{\varepsilon}_{t-i} + \mu_t$（k = 13），检验零假设 $H_0: \gamma = 0$，结果是：ADF = －6.10，PP = －9.50。此时10％水平下的临界值为－3.05。

(1)问：接受 $H_0: \gamma = 0$ 意味着什么？检验结果又说明什么？

进一步，Mahmoud Wahab构造模型：

$$\Delta Y_t = \alpha + \phi \cdot \hat{\varepsilon}_{t-1} + \beta \cdot \Delta X_t + \sum_{i=1}^{m}\delta_i \Delta X_{t-i} + \sum_{j=1}^{n}\theta_j \Delta Y_{t-j} + \xi_t$$

其中，$Y_t = LnS_t, X_t = LnF_t$。回归结果如下：

表5－14　现货价格序列的误差修正模型

ΔY_t	α	ϕ	β	δ_1	δ_2	θ_1	θ_2
参数	0.00	－0.225	0.898	0.199	0.021	－0.162	0.115
t 值	(0.03)	(－6.55)	(83.2)	(4.64)	(1.96)	(－3.50)	(2.79)

模型的 $R^2 = 0.9338$

(2)问：这一模型的含义是什么？ϕ、β 各自代表什么含义？若以上是该文作者提供的所有结果，那么你认为他还应该提供哪些重要的回归结果？

2.银行间债券市场与公开市场业务的利率关系

我国自1998年取消信贷规模管理后，随着中央银行货币政策调控手段由直接方式向间接方式的转变，需要寻求新的货币政策总量调控工具来实现这一转变。公开市场业务是以市场为基础的货币政策间接调控手段，是三大货币政策工具中最具灵活性的一项工具，并依托银行间债券市场的不断发展壮大，使其迅速成为中央银行最重要的日常性货币政策操作工具。可以说，中央银行的公开市场业务操作必须借助银行间债券市场这一平台来进行债券的公开买卖，吞吐基础货币，调控市场利率，才能更好地实现货币政策的顺利传导，从而最终达到影响实体经济变量的目的。因此，公开市场业务的顺利开展与银行间债券市场的发展是紧密相连的，公开市场业务利率与银行间债券市场利率的关系问题，影响货币政策的传导效率，值得关注与研究。某研究者选取3个月期央行票据发行利率(O3M)作为衡量公开市场业务利率的指标，并选取1天及7天银行间债券市场回购利率(R01D及R07D)作为衡量银行间债券市场利率的指标，变量选取时间段为2003年4月29日至2007年7月26日，研究两者间的关系。

(1)该作者首先进行了下述检验。结果如下表。问：为什么要进行上述检验，检验结果表明什么？

表 5-15 实证指标单位根检验结果

变量	ADF 检验值	检验类型 (c,t,p)	临界值			结论
			1%	5%	10%	
O3M	0.076069	(0,0,1)	-2.577730	-1.942584	-1.615541	非平稳
△O3M	-12.03060*	(0,0,0)	-2.577730	-1.942584	-1.615541	平稳
R01D	-2.516380	(c,0,2)	-3.466580	-2.877363	-2.575284	非平稳
△R01D	-11.72477*	(0,0,1)	-2.577801	-1.942594	-1.615534	平稳
R07D	-2.508614	(c,0,3)	-3.466786	-2.877453	-2.575332	非平稳
△R07D	-11.20919*	(0,0,2)	-2.577872	-1.942604	-1.615528	平稳

注:(1)△表示变量序列的一阶差分;(2) *、* *、* * *分别表示在1%、5%、10%水平上显著;(3) c、t 和 p 分别指常数项、趋势项和滞后阶数,检验类型的选择依据 AIC 准则确定。

(2)作者建立 VAR 模型如下:

$$\text{模型一}:\begin{cases}\Delta O3M_t=\sum_{i=1}^{p}\alpha_{1i}\Delta R01D_{t-i}+\sum_{j=1}^{p}\beta_{1j}\Delta O3M_{t-j}+C_1+\mu_{1t} & (5-34)\\ \Delta R01D_t=\sum_{i=1}^{p}\alpha_{1i}\Delta O3M_{t-i}+\sum_{j=1}^{p}\beta_{1j}\Delta R01D_{t-j}+C_2+\mu_{2t} & (5-35)\end{cases}$$

$$\text{模型二}:\begin{cases}\Delta O3M_t=\sum_{i=1}^{p}\alpha_{1i}\Delta R07D_{t-i}+\sum_{j=1}^{p}\beta_{1j}\Delta O3M_{t-j}+C_3+\mu_{3t} & (5-36)\\ \Delta R07D_t=\sum_{i=1}^{p}\alpha_{1i}\Delta O3M_{t-i}+\sum_{j=1}^{p}\beta_{1j}\Delta R07D_{t-j}+C_4+\mu_{4t} & (5-37)\end{cases}$$

经Eviews5.0 试验表明,当滞后阶数 P=3 时,△O3M 分别与△R01D、△R07D 构成的两个 VAR 模型的 AIC 值和 SC 值最小,因此选择 P=3 作为最优滞后阶数。对模型一和模型二的估计结果如下表:

表 5-16 VAR 模型的回归结果

模型一			模型二		
	△O3M	△R01D		△O3M	△R07D
△O3M(-1)	0.102178 (0.07673)	0.228712 (0.15555)	△O3M(-1)	0.102481 (0.07645)	0.315606 (0.25180)
△O3M(-2)	0.084804 (0.07725)	0.215428 (0.15661)	△O3M(-2)	0.083538 (0.07691)	0.341912 (0.25332)
△O3M(-3)	0.017534 (0.07737)	0.131034 (0.15685)	△O3M(-3)	0.021857 (0.07678)	0.268050 (0.25291)
△R01D(-1)	0.018572 (0.03782)	-0.084987 (0.07668)	△R07D(-1)	0.003552 (0.02276)	-0.351738 (0.07495)
△R01D(-2)	-0.038995 (0.03784)	-0.240703 (0.07672)	△R07D(-2)	-0.017689 (0.02340)	-0.343640 (0.07709)
△R01D(-3)	0.021374 (0.03873)	0.003229 (0.07852)	△R07D(-3)	0.003212 (0.02367)	-0.199781 (0.07796)
C	0.002956 (0.00807)	-0.002192 (0.01636)	C	0.002981 (0.00809)	0.000916 (0.02665)

注:观测值个数 = 180,括号内为回归系数的标准差。

问:从上述检验结果,我们能得到哪些结论?

(3)采用Granger因果检验方法来检验 O3M 与 R01D 和 R07D 之间是否存在因果关系,序列数据选择滞后 2 期,变量之间的因果检验结果见表 5 - 17。

表 5 - 17　格兰杰因果检验结果

原假设:	观察熟	F 统计量	概率
R01D 不是 O3M 的 Granger 原因	182	0.30228	0.73951
O3M 不是 R01D 的 Granger 原因		9.28603	0.00015
R07D 不是 O3M 的 Granger 原因	182	0.08544	0.91814
O3M 不是 R07D 的 Granger 原因		17.2496	1.4E - 07

上述检验结果说明了什么问题?

第六章 CHAPTER 6

ARCH 模型族与金融时间序列波动特征的研究

【学习目标】

了解ARCH/GARCH模型族的产生背景，认识它们在分析金融风险问题中的作用；掌握ARCH、GARCH模型、ARCH－M模型、EGARCH模型的形式及含义；熟练应用ARCH/GARCH模型族分析金融时间序列，并正确解释模型结果。

【重要概念】

自回归条件异方差　广义自回归条件异方差　ARCH－M

本书前几章讨论的模型往往假设时间序列是同方差的，而现实的金融时间序列往往表现出不同的时间段有不同的方差，即方差具有随时间变化的特征。为此，本章主要介绍自回归条件异方差模型（ARCH，Auto－Regressive Conditional Heteroskedasticity Model）及其主要的扩展形式。

第一节　ARCH 模型的产生背景和主要分类

一、ARCH模型的产生背景

资产收益率的波动性是金融经济学家们长期关注的一个焦点问题。资产选择理论用方差或协方差来描述收益率的波动性，进而寻找最优资产组合。资本资产定价模型则说明投资者因承担系统风险而获得收益率的补偿。期权定价公式则更是把标的资产收益率的波动幅度作为决定期权及其他衍生资产价格的重要因素。然而，传统的金融计量学模型对风险或收益率波动特征的理解和描述是较为简单和粗糙的。一般认为方差是独立于时间变化的变量。但 20 世纪 60 年代以来，大量关于金融市场价格行为的经验研究结果证实：方差是随时间变化而变化的。例如对利率、汇率、通货膨胀率、股票收益率等序列建立回归模型并进行预测时，经常会发现这些序列的观测值在某个时间段变化波动幅度大，在另一个时间段变化波动幅度又比较小；相应地，模型的预测误差也随时间的不同而变化，在某一时期里误差相对较大，而在另一时期里则相对较小。

例如，1962 年 7 月 – 1985 年 12 月间纽约股票交易所股价指数周收益率 R_t 的变化如图 6 – 1 所示。

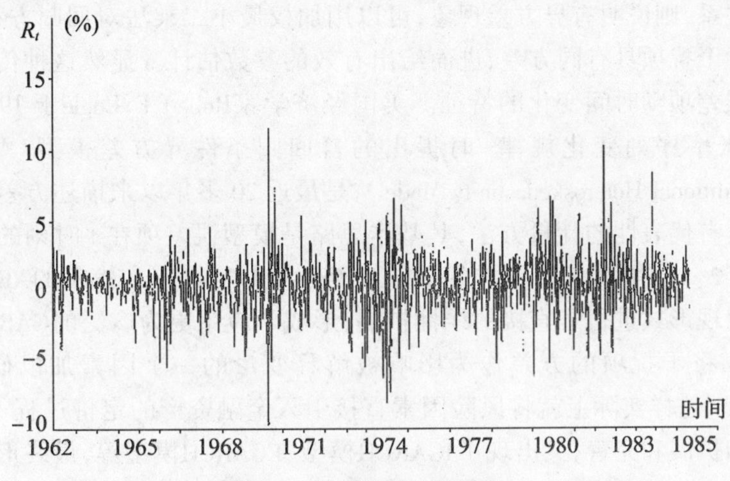

图 6 – 1　收益率的变化图

（来源 Yeutien Chou（1998）①）

上图中，在 1970 年附近、1974 年附近、1980 和 1982 年附近，收益率的波动幅度明显大于其他时期的波动。

若对上图中的周收益率 R_t 建立某一线性回归模型：$R_t = X\beta + \varepsilon$，得到观测值与模型估计值之间的误差平方序列 $\hat{\varepsilon}^2$ 随时间的变化如图 6 – 2 所示。

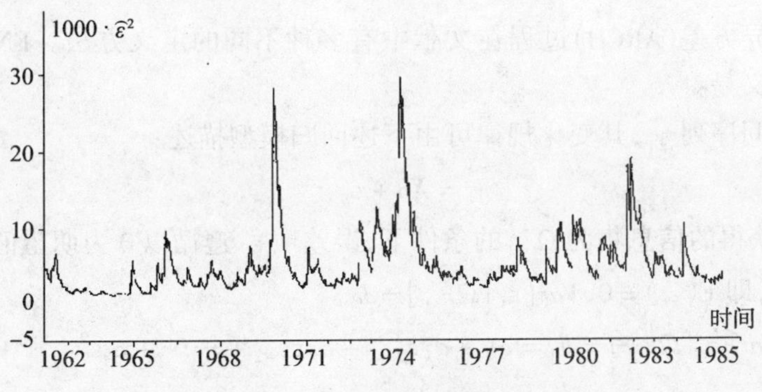

图 6 – 2　误差平方序列的变化

（来源同上）

① "Volatility Persistence and Stock Valuations: Some Empirical Evidence Using Garch", Journal of Applied Econometrics, Vol3, Issue4, 1998.

上图中也出现了较大预测误差聚集在某一时段,较小误差聚集在另一时段的所谓聚类现象(clustering)。

这种误差项随时间变化的特征与第一章所讲的经典线性回归模型的异方差现象不同。比如在经典线性回归理论中,可以先在无异方差的假定下做回归分析,然后对残差平方 ε_t^2 做事后检查,考察这些 ε_t^2 是否与回归模型中的某些解释变量呈现相关关系。若存在相关关系,则说明有异方差现象,可以用加权最小二乘法对回归方程进行变换,以使变换后的干扰项具有同方差,进而给出有效的参数估计。显然这种传统的方法并没有描述出误差项随时间变化的特征。美国经济学家Robert F.Engle于 1982 年在研究英国通货膨胀率序列变化规律[①]时提出的自回归条件异方差模型(ARCH,Auto-Regressive Conditional Heteroskedasticity Model),是最近 20 多年以来描述方差随时间的异变性问题最具有代表性的计量方法,其基本思路是模型误差项在 t 时刻的方差依赖于前期(t-1、t-2…)的模型实际误差的平方。1986 年Bollerslev[②]在Engle的ARCH模型基础上对方差的表现形式进行了直接的线性扩展,形成了应用更为广泛的GARCH模型。还有的经济学家将干扰项的方差作为影响被解释变量的一个因素加以研究,形成了ARCH-M模型,这样实际上就将风险因素直接引入金融资产的定价过程[③]。随着对上述模型进行的扩展和完善,又出现了IGARCH模型、EGARCH模型等,最终形成了一个所谓的ARCH/GARCH模型族,广泛地应用于经济领域,特别是金融变量的时间序列分析。而ARCH模型的奠基人Robert F.Engle也获得了2003 年的诺贝尔经济学奖。

二、ARCH模型族的分类

(一)ARCH模型

自回归条件异方差(ARCH)过程在文献中有多种不同的定义方法。ENGLE在 1982 年提出的原始定义是:

对于某一时间序列 y_t,其变化规律可由下述回归模型描述:

$$y_t = X\beta + \varepsilon_t \tag{6-1}$$

在 t 时刻可获得的信息集为 Ω_{t-1} 的条件下,误差项 ε_t 遵循以 0 为期望值、h_t 为条件方差的正态分布,即 $E(\varepsilon_t)=0$,$Var[\varepsilon_t | \Omega_{t-1}] = h_t$。

若 $$Var[\varepsilon_t | \Omega_{t-1}] = h_1 = \alpha_0 + \alpha_1\varepsilon_{t-1}^2 + \alpha_2\varepsilon_{t-2}^2 + \cdots\cdots + \alpha_q\varepsilon_{t-q}^2 \tag{6-2}$$

① "Autoregressive Conditional Heteroskedasticity With Estimates of the Variance of U.K. Inflation," Econometrica 50 (1982):986-1008.

② T. Bollerslev (1986),"A Generalized Autoregressive Conditional Heteroskedasticity", Journal of Econometrics 31, 306-27.

③ R.F. Engle, D.M. Lilien, and R.P. Robins(1987), "Estimating time varying risk premia in the term structure: the ARCH-M model", Econometrica 55, 391-407.

其中 $\alpha_0, \alpha_1 \cdots \alpha_q > 0$，且 $\alpha_1 + \alpha_2 + \cdots + \alpha_q < 1$，即条件方差具有q阶自回归形式，则称误差项 ε_t 服从q阶自回归条件异方差过程，记 $\varepsilon_t \sim$ ARCH(q)过程。

上面定义中所谓的条件方差，可简单理解为在已知信息集为 Ω_{t-1}（此时为前期误差项信息，如 $\varepsilon_{t-1}^2, \varepsilon_{t-2}^2 \cdots \varepsilon_{t-q}^2$）的条件下，t时刻干扰项 ε_t 的方差。对于由公式(6-2)表示的条件方差，前期的误差项（如 $\varepsilon_{t-1}^2, \varepsilon_{t-2}^2 \cdots \varepsilon_{t-q}^2$）对本期的误差项 ε_t 有着正向、并且持续的影响。通过这一机制，当前期误差值较大时，本期的误差值就较大；前期误差值较小时，本期误差值就较小。由此较好地模拟了ARCH模型所描述的聚类现象(clustering)：较大预测误差聚集在某一时段，较小误差聚集在另一时段。有关条件方差的严格解释和计算以及与无条件方差的区别可参见陆懋组(1999)[①] 的研究。

对于模型(6-1)，求序列 y_t 的期望值（均值），得

$$E(y_t) = X\beta \tag{6-3}$$

故等式 $y_t = X\beta$ 称为序列 y_t 的均值方程。由此序列 y_t 服从均值为 $X\beta$、条件方差为 h_t 的正态分布，即：

$$y_t \mid \Omega_{t-1} \sim N(X\beta, h_t)$$

其中 $Var[y_t \mid \Omega_{t-1}] = h_t = \alpha_0 + \alpha_1 \varepsilon_{t-1}^2 + \alpha_2 \varepsilon_{t-2}^2 + \cdots + \alpha_q \varepsilon_{t-q}^2$

这意味着可以用自回归条件异方差过程来描述序列 y_t 的波动特征及风险。因此，误差 ε_t 项服从q阶自回归条件异方差过程，也可以说序列 y_t 服从ARCH(q)过程。

显然最简单的ARCH过程为ARCH(1)过程，其条件方差为：

$$h_t = \alpha_0 + \alpha_1 \varepsilon_{t-1}^2 \tag{6-4}$$

ARCH(q)过程的另一种常见表达是：对于序列 $y_t = X\beta + \varepsilon_t$，其中：$\varepsilon_t = \upsilon_t \sqrt{h_t}$

$$h_t = \alpha_0 + \alpha_1 \varepsilon_{t-1}^2 + \alpha_2 \varepsilon_{t-2}^2 \cdots + \alpha_q \varepsilon_{t-q}^2 \tag{6-5}$$

υ_t 为标准正态分布，即 $\upsilon_t \sim N(0,1)$，则称干扰项 ε_t 服从ARCH(q)过程。

（二）GARCH模型

若在干扰项 ε_t 本期条件方差 h_t 的决定模型中引入条件方差本身的滞后值，如 h_{t-1}，即

$$Var[\varepsilon_t \mid \Omega_{t-1}] = h_t = \alpha_0 + \alpha_1 \varepsilon_{t-1}^2 + \beta_1 h_{t-1} \tag{6-6}$$

则称误差项 ε_t 服从广义自回归条件异方差过程，记为GARCH(1,1)。

进一步扩展，GARCH(p,q) 模型是指：

$$Var[\varepsilon_t \mid \Omega_{t-1}] = h_t = \alpha_0 + \sum_{i=1}^{q} \alpha_i \varepsilon_{t-i}^2 + \sum_{k=1}^{p} \beta_k h_{t-k} \tag{6-7}$$

相对于ARCH模型，GARCH模型的优点在于：可以用低阶的GARCH模型来代表高阶ARCH模型，从而使得模型的识别和估计都变得比较容易。比如：用GARCH(1,1)模型来

---

① 《高等时间序列经济计量学》，上海人民出版社1999年版。

拟合干扰项 ε_t 的变化特征，与用高阶的ARCH模型，如ARCH(20)，两者效果是相近的。而GARCH(1,1)需要估计的参数与ARCH(20)相比，显然要少很多。

在用GARCH(p,q)模型对金融时间序列进行估计时，模型(6－7)中的系数 α_i 和 β_i 要服从一定的条件。可以证明：若干扰项 ε_i 服从GARCH(p,q)过程，则其方差为：

$$Var(\varepsilon_t)=\frac{k_0}{[1-(\sum_{i=1}^{q}\alpha_i+\sum_{k=1}^{p}\beta_k)]}$$

其中 k_0 为一正数。方差大于0，要求上式分母大于0，即

$$\sum_{i=1}^{q}\alpha_i+\sum_{k=1}^{p}\beta_k<1 \tag{6-8}$$

此时，$Var(\varepsilon_t)<\infty$，干扰项 ε_t 为一平稳过程。若

$$\sum_{i=1}^{q}\alpha_i+\sum_{k=1}^{p}\beta_k=1 \tag{6-9}$$

则意味着干扰项 ε_t 的方差 $Var(\varepsilon_t)->\infty$，无限大的方差说明序列是不稳定的，通常将(6－9)式成立时的*GARCH*(*p*,*q*)模型称为*IGARCH*模型。

若$\sum_{i=1}^{q}\alpha_i+\sum_{k=1}^{p}\beta_k<1$成立，干扰项 ε_t 为平稳过程，从另一角度讲，可以说明外部冲击对干扰项 ε_t 的波动特征(实际上也就是序列 y_t 的波动特征)产生的影响将随着时间的推移而逐渐衰减。$\sum_{i=1}^{q}\alpha_i+\sum_{k=1}^{p}\beta_k$ 值的大小反映出外部冲击对 ε_t 波动特征产生影响的持久性。以GARCH(1,1)模型为例，若序列 y_t 服从GARCH(1,1)过程，即

$$y_t=X\beta+\varepsilon_t，其中，E(\varepsilon_t)=0,$$

$$Var[\varepsilon_t|\Omega_{t-1}]=h_t=\alpha_0+\alpha_1\varepsilon_{t-1}^2+\beta_1h_{t-1}$$

对上式两边取数学期望，且利用 $E_{t-1}\varepsilon_{t-1}^2=h_{t-1}$，我们可得到：

$$E_th_t=\alpha_0+(\alpha_1+\beta_1)h_{t-1}$$

通过不断迭代，可得：

$$E_th_{t+1}=\alpha_0+(\alpha_1+\beta_1)h_t,$$

$$E_th_{t+2}=\alpha_0[1+(\alpha_1+\beta_1)]+(\alpha_1+\beta_1)^2h_t$$

……

$$E_th_{t+m}=\alpha_0[1+(\alpha_1+\beta_1)+(\alpha_1+\beta_1)^2+\cdots+(\alpha_1+\beta_1)^{m-1}]+(\alpha_1+\beta_1)^mh_t$$

$$=\frac{\alpha_0[1-(\alpha_1+\beta_1)^m]}{1-(\alpha_1+\beta_1)}+(\alpha_1+\beta_1)^mh_t \text{①} \tag{6-10}$$

这样若t时刻某外部力量对序列 y_t 的波动率产生冲击，即 h_t 发生变化，则由(6－10)式，t时刻该冲击引起波动率的变化将会体现在t以后所有时刻(t+1,t+2…t+m)干扰项的波动(即方差)决定公式 $h_{t+1},h_{t+2}\cdots h_{t+m}$ 中，即冲击对未来时刻的波动率将产

① Cuthbertson, Keith, “Quantitative Financial Economics: Stocks, Bonds and Foreign Exchange”, John Wiley & Sons publishing house, ISBN 0－470－09171－1, P383－384.

生持续影响,其大小取决于($\alpha_1+\beta_1$)。($\alpha_1+\beta_1$)<1 显示出 t 时刻的冲击对未来各时刻的影响将呈指数衰减。此时将($\alpha_1+\beta_1$)称之为衰减系数,用以反映冲击对变量波动率产生影响的持续性。($\alpha_1+\beta_1$)越大,冲击的衰减速度越慢。如($\alpha_1+\beta_1$)=0.5,t 时刻的波动冲击在 t+4 时刻时,还残留 $0.5^4=7.25\%$;而若($\alpha_1+\beta_1$)=0.8,t 时刻的波动冲击在 t+4 时刻时,还残留 $0.8^4=40.96\%$。

波特巴和萨莫斯(Porterba & Summers,1986)的研究①显示,美国股市的波动衰减系数约在 0.97 左右。李子奈和周哲芳(2000)② 用 1993 年 1 月 1 日至 1999 年 3 月 10 日的日收益率数据计算出深市的波动衰减系数为 0.8956,意味着 30 天后冲击对股价波动所造成的影响尚存有 $(0.9817)^{180}=0.0366$;而沪市的波动衰减系数约为 0.9817,已接近于 1,表明冲击对股价波动造成的影响具有无限期延伸下去的趋势,需要 180 天,冲击存留的影响才为 =0.0360,所需时间已为深市的六倍。史代敏(2002)③ 的研究显示,1993 年 1 月 1 日至 1996 年 12 月 16 日之间的数据显示上海股市与深圳股市的衰减系数均在 0.86-0.88 左右,而 1996 年 12 月 16 日至 2001 年 7 月 31 日之间的数据则显示两市的衰减系数变为 0.96-0.98 左右。可见,1996 年以后,衰减系数变大了,说明外部冲击对市场波动影响的持续性有所增加,市场的记忆期变长了。在这种情况下,政策对股票市场的影响将是长期的。因此管理层在出台相关政策时,应当判断市场消化政策冲击的能力,从而把握好政策调节市场的力度。

(三)ARCH-M及GARCH-M模型

除了刻画干扰项 ε_t 的方差过程之外,还可以将干扰项的条件方差特征作为影响序列 y_t 本身的解释变量之一,引入序列 y_t 的均值方程,即:

$$y_t = X\beta + \delta \cdot g(h_t) + \varepsilon_t \qquad (6-11)$$

其中 $g(h_t)$是条件方差 h_t 的单调函数,可直接用条件方差 h_t,或条件标准差$\sqrt{h_t}$。$\delta g(h_t)$表示风险补偿。根据 h_t 取 ARCH 或 GARCH 形式而将模型(6-11)称之为 ARCH-M或GARCH-M模型。若 $h_t = Var[\varepsilon_t | \Omega_{t-1}]$符合ARCH过程的特征,如 $h_t=\alpha_0+\alpha_1\varepsilon_{t-1}^2$,则整个模型称之为ARCH-M(为ARCH-in-mean过程的简称)。若符合GARCH过程的特征,如 $h_t=\alpha_0+\sum_{i=1}^{q}\alpha_i\varepsilon_{t-i}^2+\sum_{i=1}^{p}\beta_i h_{t-i}$,此时整个模型称之为GARCH-M模型。这一扩展在描述资产预期收益与预期风险紧密相关的金融领域有十分重要的意义。简单地说,若用 y_t 表示某金融资产的收益率水平,方差 h_t 作为风险指标,表示收益率水平

---

① Poterba, J. and L. Summers(1986), "The persistence of volatility and stock market fluctuations", American Economic Review, 76, 1142-1151.

② 李子奈、周哲芳,《ARCH 模型的理论基础及其对于中国股票市场的实证研究》,清华大学中国经济研究中心,2000 年。

③ 史代敏,《沪深股票市场风险变异性实证研究》,《数量经济技术经济研究》2002 年第 3 期。

的波动程度。那么模型(6-11)意味着,除了包含传统的解释金融资产收益率的各因素之外(由 $X\beta$ 部分反映),还将风险因素(由 $\delta\cdot g(h_t)$ 反映)作为解释变量之一,直接引入收益率的决定过程中。而根据资产定价理论,股票风险是影响股票价格的重要因素,一个证券投资者在做出某一投资决策时,不但要考虑证券的预期收益率,而且还要考虑收益率的波动,或者说,风险的大小。方差的增加导致预期收益率的增加,因此,(6-11)所示的ARCH/GARCH-M模型恰好反映了"应该将风险因素引入金融资产定价过程"的思想,因而模型一提出即获得广泛应用。

(四)指数GARCH模型(EGARCH)

奈尔逊(Nelson)在1991年对ARCH模型作了进一步的推广,提出了指数的GARCH模型。

对于序列 $y_t = X\beta + \varepsilon_t$,其中:$\varepsilon_t = \upsilon\sqrt{h_t}$。

υ_t 为标准正态分布,即 $\upsilon_t \sim N(0,1)$。υ_t 可理解为一个冲击,通过公式(6-12)影响序列干扰项 ε_t 的条件方差 h_t:

$$Lnh_t = \alpha_0 + \sum_{j=1}^{\infty}\pi_j\cdot\{|\upsilon_{t-j}| - E|\upsilon_{t-j}| + g\cdot\upsilon_{t-j}\} \qquad (6-12)$$

则称 ε_t(或序列 y_t)服从EGARCH过程。

EGARCH模型的一个重要特征是在条件方差 h_t 中引入了参数 g,使得 h_t 在冲击 υ_t 取正、负值时有不同程度的变化,从而可以描述冲击对价格波动的非对称影响。例如,在股票市场中,若将利多消息看作是对股价的正冲击,将利空消息看作是负冲击,则股价往往对同样程度(指冲击偏离均值的大小,即 $|\upsilon_{t-j}| - E|\upsilon_{t-j}|$ 相同)的负冲击的反应更强烈。这种对正负冲击的不对称反应可以通过EGARCH模型中的参数 g 描述。如参数 g 为一负数,且 $-1 < g < 0$,那么一个负冲击($\upsilon_{t-j} < 0$)所引起的 h_t 变化($g\cdot\upsilon_{t-j} > 0$),比相同程度的正冲击($\upsilon_{t-j} > 0$)所引起的 h_t 变化($g\cdot\upsilon_{t-j} < 0$)要大;若 $g < -1$,则正冲击将降低价格的波动性(h_t),而负冲击将增加价格的波动性;反之,若 $g > 0$,同样程度的正冲击引起 h_t 变化要大于负冲击的影响;若 $g = 0$,则正负冲击对 h_t 的影响是对称的。

在实际应用中,通常对模型(6-12)加以变换。由于 $\varepsilon_t = \upsilon_t\sqrt{h_t}$,因此 $\upsilon_t = \frac{\varepsilon_t}{\sqrt{h_t}}$,模型(6-12)可变换为:

$$Ln(h_t) = \alpha_0 + \sum_{j=1}^{p}\theta_j\cdot Ln(h_{t-j}) + \sum_{i=1}^{q}\left(\alpha_i\cdot\left|\frac{\varepsilon_{t-j}}{\sqrt{h_{t-i}}}\right| + \varphi_i\cdot\frac{\varepsilon_{t-j}}{\sqrt{h_{t-j}}}\right) \qquad (6-13)$$

模型(6-13)是Eviews计量经济软件EGARCH模型回归的标准式[①]。若 $\varphi \neq 0$,说明冲

① 易丹辉,《数据分析与 Eviews 应用》,中国统计出版社 2002 年版,第 198-190 页。

击对股价的影响是非对称的。当 $\varphi<0$ 时,负冲击要比正冲击更增加股价的波动性。在金融理论中,负冲击导致股价下跌,减少了相对于公司债务的股东权益,由此增加了公司的杠杆作用,从而增加了持有股票的风险。因此公式(6-12)中当 g 为负数或公式(6-13)中 $\varphi<0$ 时,也被称之为杠杆效应。

陆蓉、徐龙炳(2004)① 将我国股市分为牛市阶段和熊市阶段,利用类似于(6-13)形式的EGARCH模型分别考察"利好"和"利空"冲击在"牛"、"熊"市中的影响是否具有不同表现。结果显示,在牛市阶段,股指收益EGARCH模型的 φ 显著为正(0.1535);而在熊市阶段,股指收益EGARCH模型的 φ 显著为负(-0.3509)。说明牛市阶段股票市场的非对称信息效应体现为显著的收益正冲击效应,即"利好"消息对股票市场的影响大于"利空"消息对股票市场的影响;熊市阶段股票市场的非对称信息效应体现为显著的收益负冲击效应,即"利空"消息对股市的影响大于"利好"消息对股票市场的影响。这体现了我国股票市场强市恒强、弱市恒弱的现象。

第二节 ARCH模型族的检验与估计

一、ARCH模型族分析的主要过程

以股票市场收益率 R_t 的波动性研究为例,ARCH模型族的分析可分为四个步骤:

第一步,考察收益率序列 R_t 的统计特征,如峰度、偏度、及Jarque-Bera的正态性检验。如果显示序列 R_t 出现高峰厚尾的分布特征(如序列呈现偏态、峰度系数大于3等),Jarque-Bera检验显示其非正态性等等,这都可初步表明,序列 R_t 可能存在ARCH/GARCH现象。

第二步,确定序列 R_t 的均值方程,即 $R_t=X\beta+\varepsilon_t$ 中 $X\beta$ 的形式。这可以用包含收益率前期值 $R_{t-1},R_{t-2}\cdots$ 的自回归模型表示,即:$R_t=\theta_0+\sum_{i=1}^{p}\theta_i R_{t-i}+\varepsilon_t$,其阶数 p 可用前面讲的自相关函数、偏自相关函数、Ljung-Box统计量来确定,而各参数 θ_i 可以用OLS求得,采用这种形式的前提是对序列 R_t 进行单位根检验,结果显示其为平稳序列。当然也可包含其他变量来解释 R_t 的变化规律,如按ARCH-M模型中将干扰项的方差或标准差引入回归方程。

第三步,按上述确定的回归方程,用OLS方法进行估计,得到相应的残差序列 $\hat{\varepsilon}_t$ 及平方残差序列 $\hat{\varepsilon}_t^2$。若平方残差序列呈现出自相关性(如自相关系数显著不为0),或者在平方残差与时间的变化关系图上观察到聚类现象,这都意味着ARCH现象存在。还可

① 《"牛市"和"熊市"对信息的不平衡性反应研究》,《经济研究》2004年第3期。

以通过较为正式的检验方法,如拉格朗日乘子检验(Lagrange multiplier test,简称 LM 检验)考察 ε_t 是否有ARCH现象。方法是对残差平方 $\hat{\varepsilon}_t^2$ 按ARCH(q)模型:

$$\hat{\varepsilon}_t^2 = \hat{\alpha}_0 + \hat{\alpha}_1 \varepsilon_{t-1}^2 + \hat{\alpha}_2 \varepsilon_{t-1}^2 + \cdots\cdots + \hat{\alpha}_q \varepsilon_{t-q}^2 \qquad (6-14)$$

进行回归,得到判定系数 R^2。可以证明 TR^2 服从 $\chi^2(q)$分布,其中 T 为观察值个数。故若 TR^2 > 一定显著性水平下 α 的临界值 $\chi_\alpha^2(q)$,则拒绝零假设:

$$H_0: \alpha_1 = \alpha_2 = \cdots = \alpha_q = 0$$

说明存在ARCH或GARCH现象。这一零假设也可以采用 F 检验。

第四步,若存在ARCH现象,可以根据ARCH/GARCH模型族,分析条件方差的变化规律,并且可对原均值方程的回归结果进行修订。

[案例] 用 ARCH 模型研究中国股市的波动特征

下面通过对上海证券交易所综合指数 2007 年 1 月至 2012 年 10 月间的周收盘序列 $\{PSHA_t\}$ 来展示ARCH模型在实证研究中的应用步骤及Eviews相应的操作方法。

首先,采用对数一阶差分计算日收益率,即 $RSHA_t = [\ln(PSHA_t) - \ln(PSHA_{t-1})]$。

$PSHA_t$ 序列随时间变化的情况如下图:

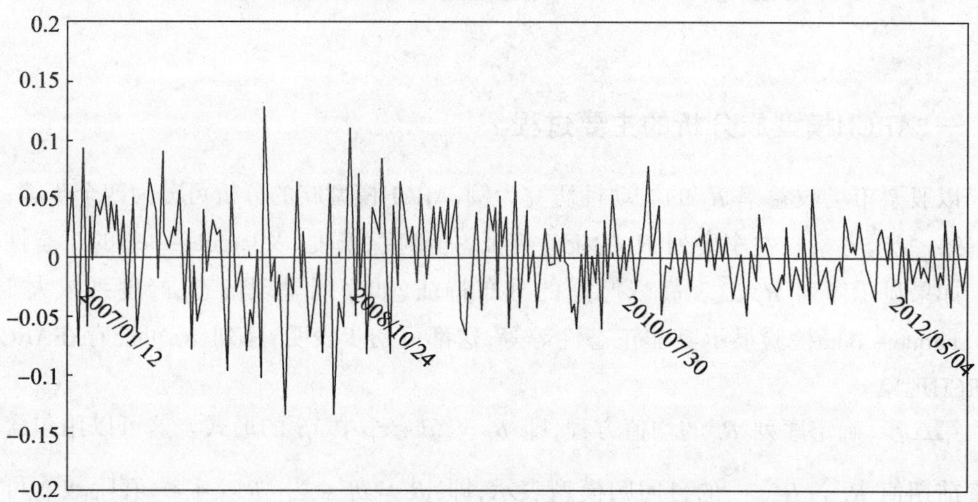

图 6-3 上证 A 股指数周收益率的变化

按第一章所讲的方法得到序列的统计特征如下:

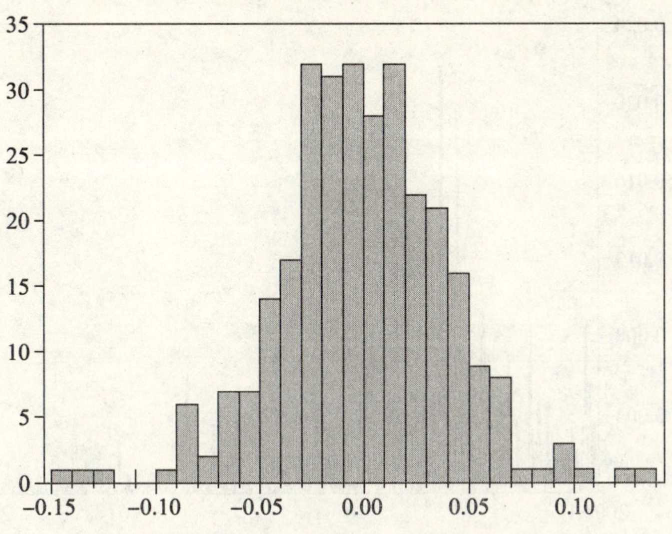

图 6－4　上证 A 股指数周收益率的统计特征

图 6－4 显示出序列 $RSHA_t$ 有高峰厚尾的分布特征(序列呈现偏态、峰度系数大于 3 等)、Jarque－Bera检验显示其非正态性等等,这可初步表明,序列有可能存在ARCH/GARCH现象。

研究$\{RSHA_t\}$的平稳性,对其进行 ADF 单位根检验,其 ADF 值为－5.557,而 1%的 Mackinnon临界值为－3.465,因此拒绝存在单位根的假设,即序列$\{RSHA_t\}$平稳。对 $RSHA_t$ 分析后,其均值方程采用如下公式:

$$RSHA_t = c + \varepsilon_t$$

由此方程对序列$\{RSHA_t\}$拟合后的残差 $\hat{\varepsilon}_t$ 及其平方 $\hat{\varepsilon}_t^2$ 的自相关系数见下表:

表 6－1　残差序列及其平方序列的自相关系数

滞后期	1	2	3	4	5	6	Q(6)	Prob
$\hat{\varepsilon}_t$	0.032	0.076	0.078	0.036	－0.036	0.043	5.1773	0.521
$\hat{\varepsilon}_t^2$	0.155	0.04	0.114	0.118	0.107	0.153	26.349	0

此表显示序列$\{\hat{\varepsilon}_t\}$不存在显著的自相关,而$\{\hat{\varepsilon}_t^2\}$有明显的自相关性。残差平方 $\hat{\varepsilon}_t^2$ 与时间的变化关系图 6－5 显示出平方误差存在聚类现象。这都初步表明 ε_t 存在 ARCH 现象。

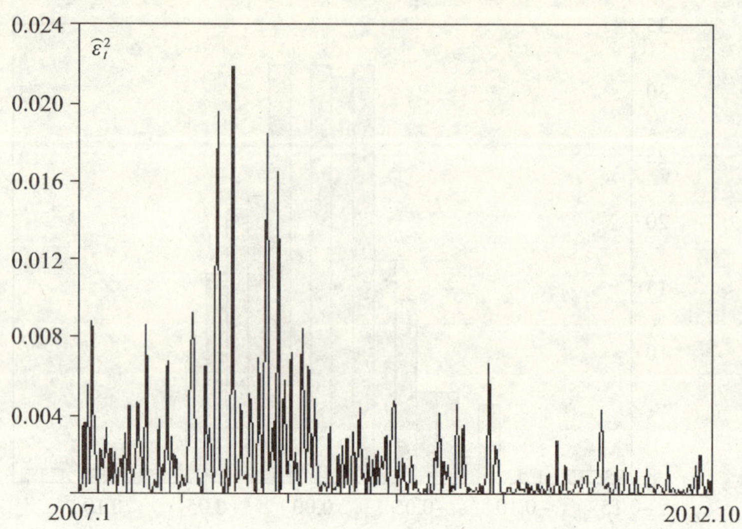

图 6-5　残差平方 $\hat{\varepsilon}_t^2$ 随时间的变化

对 ε_t 是否具有ARCH/GARCH现象进行拉格朗日乘子检验(LM 检验),模型为:

$$\hat{\varepsilon}_t^2 = \hat{\alpha}_0 + \hat{\alpha}_1\hat{\varepsilon}_{t-1}^2 + \hat{\alpha}_2\hat{\varepsilon}_{t-2}^2 + \hat{\alpha}_3\hat{\varepsilon}_{t-3}^2 + \hat{\alpha}_4\hat{\varepsilon}_{t-4}^2 \tag{6-15}$$

结果如下:

表 6-2　残差序列的 LM 检验结果

ARCH Test:				
F - statistic	3.408949	Probability		0.009611
Obs * R - squared	13.24411	Probability		0.010143
Test Equation:				
Dependent Variable: RESID^2				
Method: Least Squares				
Date: 10/31/12　Time: 15:35				
Sample (adjusted): 6 297				
Included observations: 292 after adjustments				
Variable	Coefficient	Std. Error	t - Statistic	Prob.
C	0.001058	0.000231	4.588982	0.0000
RESID^2(-1)	0.147021	0.058585	2.509532	0.0126
RESID^2(-2)	-0.006061	0.058907	-0.102899	0.9181
RESID^2(-3)	0.098414	0.058846	1.672397	0.0955

（续表）

RESID^2(-4)	0.087269	0.058514	1.491421	0.1369
R-squared	0.045357	Mean dependent var		0.001584
Adjusted R-squared	0.032051	S.D. dependent var		0.002877
S.E. of regression	0.002831	Akaike info criterion		-8.879575
Sum squared resid	0.002300	Schwarz criterion		-8.816617
Log likelihood	1301.418	F-statistic		3.408949
Durbin-Watson stat	2.004933	Prob(F-statistic)		0.009611

LM 检验显示，拒绝 ε_t 不存在GARCH/ARCH的假设。

于是，对 ε_t 建立GARCH(1,1)模型，并考虑到股票收益率受到风险水平的影响，故对 R_t 建立GARCH-M，综合表达如下：

$$\begin{cases} RSHA_t = c + \delta\sqrt{h_t} + \varepsilon_t \\ h_t = \alpha_0 + \alpha_1\varepsilon_{t-1}^2 + \beta_1 h_{t-1} \end{cases} \tag{6-16}$$

其中 $\varepsilon_t \mid \Omega_{t-1} \sim N(0, h_t)$。

在Eviews中估计GARCH和ARCH模型，可首先通过Object/New Object/Equation或Quick/Estimate Equation，在显示出的Equation Specification对话框的Method下拉菜单中选择ARCH，即得到如下的对话框：

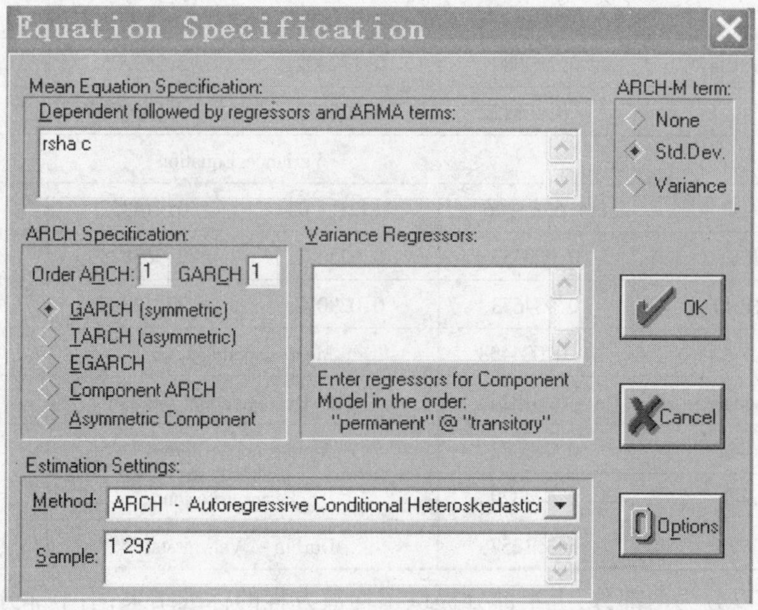

图 6-6 ARCH模型估计在Eviews中的实现

在上图中,第一个需要明确的选项是均值方程(Mean Equation Specification),可以顺次包括被解释变量、解释变量及用回归列表形式列出因变量及解释变量。如果需要一个更复杂的均值方程,可以用公式的形式输入均值方程。如果含有ARCH—M项,就要点击对话框右上方对应的按钮,选择是将干扰项的标准差(Std.Dev)还是方差(Variance)加入到均值方程中。在方差方程(Variance Regressors)栏中,可以选择列出要包含在指定方差中的变量,如哑变量等。另外,EViews在进行方差回归时总会包含一个常数项作为回归量,所以不必在方差回归的变量表中列出C。在ARCH说明(ARCH Specification)标栏下,可选择ARCH项和GARCH项的阶数。Eviews默认为选择1阶ARCH和1阶GARCH进行估计,这是目前最普遍的形式。标准GARCH模型,需点击GARCH按钮。其余的按钮将进入更复杂的GARCH模型的变形形式。点击Options按钮选择,可对软件默认的估计方法进行修改。

根据模型(6-16)选择相应的选项,点击OK之后,得到ARCH的估计结果如下:

表6-3 ARCH模型估计结果

Dependent Variable: RSHA				
Method: ML-ARCH				
Date: 10/31/12 Time: 16:41				
Sample(adjusted): 2 297				
Included observations: 296 after adjusting endpoints				
Convergence achieved after 9 iterations				
	Coefficient	Std. Error	z-Statistic	Prob.
SQR(GARCH)	0.229689	0.172802	2.329205	0.0838
C	-0.008122	0.005579	-1.455742	0.1455
		Variance Equation		
C	4.65E-06	1.12E-05	0.414852	0.6782
ARCH(1)	0.059337	0.025081	2.365823	0.0180
GARCH(1)	0.934673	0.029097	32.12309	0.0000
R-squared	-0.004458	Mean dependent var		-0.000825
Adjusted R-squared	-0.018265	S.D. dependent var		0.040009
S.E. of regression	0.040373	Akaike info criterion		-3.771120
Sum squared resid	0.474329	Schwarz criterion		-3.708783
Log likelihood	563.1257	Durbin-Watson stat		1.925432

结果可以分为两部分:上半部分提供了均值方程的标准结果;下半部分,即“方差方程”包括系数、标准误差、z—统计量和方差方程系数的p值。在方程中ARCH的参数对

应于 α,GARCH的参数对应于 β。在表的底部是一组标准的回归统计量,使用的残差来自于均值方程。注意,如果在均值方程中不存在回归量,那么这些标准,例如 R^2 也就没有意义了。

从上表中可见,模型回归结果可表示为:

$$\mathrm{RSHA_t} = -0.0081 + 0.229\sqrt{\mathrm{h_t}} \tag{6-17}$$

$$(2.33)$$

$$\mathrm{h_t} = 4.65\mathrm{E}-0.6 + 0.059\varepsilon_{t-1}^2 + 0.934\mathrm{h}_{t-1}$$

$$(2.36) \qquad (32.12)$$

由模型(6-17),GARCH-M估计结果里,均值方程中条件标准差$\sqrt{h_t}$的系数估计值显著为正,反映期望收益与期望风险的正向关系,为收益的风险溢价理论提供了证据。干扰项的GARCH(1,1)模型中系数 α_1 和 β_1 的估计值之和为0.989,小于1,说明收益率条件方差序列是平稳的,模型具有可预测性,即上海股市的风险可由过去风险加以预测。波动性的衰减系数(即 $\alpha_1+\beta_1$ 的值)为0.989,说明上海股市波动性的衰减速度比较缓慢。

二、ARCH模型族在我国的应用

近年来我国学者也利用ARCH族计量模型开展我国股市价格波动、市场价格行为与收益报酬的关系的实证分析。部分有代表性的研究成果及各自的方法见表6-4。可以相信,随着我国金融市场不断走向成熟,对ARCH族计量模型的研究和应用一定会发挥更大和更为重要的作用。

表6-4 ARCH模型族在我国的应用成果

研究者	研究样本	均值方程	条件方差模型
蒋涛(2007)	1992.5.21-2006.11.25 上证综指日收益率	$R_t=\phi_0+\sum_{i=1}^{6}\phi_i R_{t-i}+\theta_1 D_{1t}+\theta_2 D_{2t}+\varepsilon_t$	$h_t=0.000027+0.199854\varepsilon_{t-1}^2+0.781703h_{t-1}$
丁志刚(2007)	1997.1.2-2007.2.5 上证综指日收益率	$R_t=0.033120\sqrt{h_t}+0.028547R_{t-1}-0.042076R_{t-25}+0.053847R_{t-29}+0.066713R_{t-34}+0.020859R_{t-48}+\varepsilon_t$	$h_t=8.79\times10^{-6}+0.148315\varepsilon_{t-1}^2+0.822288h_{t-1}$
姜明惠 李昌振(2006)	2000.1.4-2006.6.9 深证综指日收盘价	$R_t=0.047R_{t-14}+\varepsilon_t$	$h_t=0.000017+0.11\varepsilon_{t-1}^2+0.807h_{t-1}$

（续表）

研究者	研究样本	均值方程	条件方差模型
安起光 郭喜兵 (2009)	2002.1.4－2005.12.30及2006.1.4－2007.10.16两时间段上证综指日收益率	时间段1：$r_1 = c + \varepsilon_t$ 时间段2：$r_t = c + r_{1-6} + \varepsilon_t$	时间段1：$h_t = 9.28 \times 10^{-6} + 0.111572\varepsilon_{t-1}^2 + 0.842184h_{t-1}$ 时间段2：$h_t = 3.65 \times 10^{-6} + 0.071433\varepsilon_{t-1}^2 + 0.0922218h_{t-1}$
王毅 (2010)	2005.5.10－2009.6.25上证综指日收益率	$R_t = 0.00018 + 0.0784R_{t-11} + \varepsilon_t$	$h_t = 2.32 \times 10^{-6} + 0.0661\varepsilon_{t-1}^2 + 0.9316h_{t-1}$
王蒋凤和 吴群英 (2011)	2005.4.8－2009.5.11沪深300的每日收盘价	$\ln p_t = 1.000194\ln p_{t-1}$	$\hat{\sigma}_t^2 = 1.92 \times 10^{-6} + 0.0603\hat{u}_{t-1}^2 + 0.93888\hat{\sigma}_{t-1}^2$

【本章小结】

1. ARCH(q)模型的形式是：

对于某一时间序列 y_t，其变化规律可由回归模型$_t = X\beta + \varepsilon_t$ 描述；误差项 ε_t 遵循以0为期望值、h_t 为条件方差的正态分布。若 $Var[\varepsilon_t | \Omega_{t-1}] = h_t = \alpha_0 + \alpha_1\varepsilon_{t-1}^2 + \alpha_2\varepsilon_{t-2}^2 + \cdots\cdots + \alpha_q\varepsilon_{t-q}^2$，其中 $\alpha_0, _1, \cdots, \alpha_q > 0$，且 $\alpha_1 + \alpha_2 + \cdots\cdots + \alpha_q\varepsilon < 1$，即条件方差具有q阶自回归形式，则称误差项 ε_t 服从q阶自回归条件异方差过程，记 $\varepsilon_t \sim$ ARCH(q)过程。

2. GARCH模型的形式是：

若在干扰项 ε_t 本期条件方差 h_t 的决定模型中引入条件方差本身的滞后值，如 h_{t-1}，即 $Var[\varepsilon_t | \Omega_{t-1}] = h_t = \alpha_0 + \sum_{i=1}^{q}\alpha_i\varepsilon_{t-i}^2 + \sum_{k=1}^{p}\beta_k h_{t-k}$，则称误差项 ε_t 服从GARCH(p,q)模型

3. ARCH－M及GARCH－M模型

若将干扰项的条件方差特征作为影响序列 y_t 本身的解释变量之一，引入序列 y_t 的均值方程，即：$y_t = X\beta + \delta \cdot g(h_t) + \varepsilon_t$，其中 $g(h_t)$是条件方差 h_t 的单调函数，可直接用条件方差 h_t，或条件标准差$\sqrt{h_t}$，$\delta g(h_t)$表示风险补偿。根据 h_t 取ARCH或GARCH形式而将模型称之为ARCH－M或GARCH－M模型。

4. 指数GARCH模型（EGARCH）

对于序列 $y_t = X\beta + \varepsilon_t$，其中：$\varepsilon_t = \upsilon_t\sqrt{h_t}$，若干扰项 ε_t 的条件方差 h_t 有：$Lnh_t = \alpha_0 + \sum_{j=1}^{\infty}\pi_j \cdot \{|\upsilon_{t-j}| - E|\upsilon_{t-j}| + g \cdot \upsilon_{t-j}\}$，则称 ε_t（或序列 y_t）服从EGARCH过程。

【复习思考题】

1. 上证综合指数的GARCH模型

某研究者选取 1997 年 1 月开始到 2003 年 6 月的上证综合指数每日收盘数据，计算出日对数收益率 R_t。其统计特征如下：

Mean	Median	Maximum	Minimum	Std Dev	Skewness	Kurtosis	Jarque－Bera	P－Value
0.0002	0.0004	0.094	－0.0933	0.0158	－0.1014	9.2584	2671.201	0

(1)问：上表显示的日收益率分布特征说明什么问题？

(2)对上面的收益率序列 R_t 进行了自相关检验，得到如下结果：

表 6－5　上证指数日收益率自相关检验

阶数	样本自相关	标准差	Q 统计量[P 值]
1	－0.0115	0.0247	0.22[0.64]
2	－0.036	0.0247	2.35[0.31]
3	0.0216	0.0247	3.12[0.37]
4	0.0533	0.0247	7.80[0.10]
5	－0.0156	0.0248	8.20[0.15]
6	0.0028	0.0248	8.21[0.22]
7	0.0113	0.0248	8.42[0.30]
8	－0.0441	0.0248	11.64[0.17]
9	－0.0425	0.0249	14.62[0.10]
10	0.0033	0.0249	14.64[0.15]
11	－0.0026	0.0249	14.65[0.20]
12	0.0616	0.0249	20.94[0.05]

问：上表数据说明什么问题？

(3)用ARCH/GARCH方法得到如下结果：

$$R_t = 4.4336 \times 10^{-5} + \varepsilon_t$$
$$(0.1697)$$

$$h_t = 1.7906 \times 10^{-5} + 0.3055 \cdot h_{t-1} + 0.3551 \cdot h_{t-2} + 0.3079 \cdot \varepsilon_{t-1}^2$$
$$(7.1244) \qquad (4.1077) \qquad (5.2824) \qquad (13.7134)$$

括号内的数值为 t 值。

问：为什么收益率的均值方程只有常数项？条件方差模型GARCH(p，q)中的参数 p，q 各是多少？反映收益率波动的持续性指标是什么？收益率波动具有较高的持续性吗？为什么？

2.新兴市场向 QFII 开放对本国市场风险的影响

QFII(Qualified Foreign Institutional Investor)制度，即合格的外国机构投资者制度，是指允许经核准的合格外国机构投资者在一定规定和限制下汇入一定金额的外汇资金，并转换为当地货币，通过严格监管的专门账户投资当地证券市场，其资本利得、股息等经批准后可转为外汇汇出的一种市场开放模式。该模式是在一个还未实现货币自由兑换的经济体实现其证券市场对外开放的现实选择，体现了证券市场对外开放过程的渐进性。从资金接受国的角度，通常认为，引入QFII的好处可以表现在：提高机构投资者的比重;增加资金供给,扩大市场的规模和容量;引进西方优秀的管理经验,加快金融创新和证券市场国际化的步伐等等。但另一方面,引入QFII后,也使目前国内相对规模较小的证券市场容易受到海外资金流动的冲击。可以利用自回归条件异方差模型(ARCH/GARCH)来实证研究证券市场开放对本国证券市场价格或收益率水平波动特征的影响。

例如对于收益率的时间序列 R_t,其变化规律由下述回归模型描述:

$$R_t = X\beta + \varepsilon_t$$

其中在信息集 Ω_{t-1} 的条件下,误差项 ε_t 的方差为 $Var[\varepsilon_t | \Omega_{t-1}]$。

为了反映证券市场开放对风险水平 $Var[\varepsilon_t | \Omega_{t-1}]$ 的影响,可在标准GARCH的基础上引入虚拟变量 D_t:

$$h_t = \alpha_0 + \sum_{i=1}^{q} \alpha_i \varepsilon_{t-i}^2 + \sum_{k=1}^{p} \beta_k h_{t-k} + \delta \cdot D_t \qquad (6-18)$$

其中令证券市场开放正式实施之前 $D_t = 0$,开放正式实施之后 $D_t = 1$。对虚拟变量 D_t 的系数 δ 进行显著性检验,其结果即反映了证券市场开放对风险水平的影响。另外,系数 α_i 和 β_k 反映了证券市场的波动特征对外部冲击的“记忆能力”,或者说,外部冲击影响市场波动的持续性。

Kwan & Reyes(1997)利用台湾加权指数在 1988 年 1 月 11 日到 1994 年 1 月 25 日间的周收益率数据,建立MA(1) - GARCH(1,1)模型:

$$R_t = m_0 + e_t + \theta_1 e_{t-1}$$

$$Var[e_t | \Omega_{t-1}] = h_t = \alpha_0 + \alpha_1 \varepsilon_{t-1}^2 + \beta_1 h_{t-1} + \delta \cdot D_t$$

其中,1990 年 12 月 31 日台湾向QFIIs开放直接投资之前 $D_t = 0$,1991 年 1 月 1 日开放正式实施之后 $D_t = 1$。回归结果显示如下:

系数	全部样本	开放前	开放后
m_0	0.0011 (0.390)	0.0066 (1.097)	-0.00065 (0.2141)
θ_1	0.1021 (1.604)	0.154 (1.821)	0.0530 (0.5895)
α_0	0.00056 (2.5275)	0.00028 (0.789)	0.00027 (2.6308)
α_1	0.1366 (2.58)	0.0791 (1.7849)	0.2282 (2.293)
β_1	0.7747 (11.102)	0.8752 (8.8792)	0.6007 (5.7884)
d	-0.00042 (-2.4591)		

注:括号中的数据为 t 值

问:从上表的回归结果看,能得到哪些结论?

CHAPTER 7　第七章
资产定价模型的实证检验

【学习目标】

掌握 *CAPM* 实证检验的两种经典方法;掌握三因素模型的含义及实证检验方法;了解利用中国数据进行 *CAPM* 检验及三因素检验的过程与结论。

【重要概念】

资本资产定价模型　三因素模型

资产定价是金融学的核心任务之一,各种资产定价模型总是试图找出影响资产价格,进而解释收益率差异的各种因素,以指导投资者的决策。经典的资产定价核心理论是 60 年代以夏普(*Sharpe*)、林特纳(*Lintner*)为代表的一批学者创立的"资本资产定价模型"(*CAPM*),该模型假定所有的投资者都运用马科维茨的投资组合理论在有效集里去寻找投资组合,这时资产的期望收益率与系统风险将呈现出一种清晰的线性关系。*Black*, *Jensen and Scholes*(1972)及 *Fama &Macbeth*(1973)的经典研究为 *CAPM* 提供了早期的实证检验。但自 80 年代以来大量的实证研究发现一些 *CAPM* 无法解释的异常现象,系统风险的衡量指标 β 系数不再是解释资产收益率的唯一因素,其他变量,如公司规模、账面市值比等上市公司相关特征却对收益率的变化有较高的解释能力。代表性的研究如 Fama&French 提出的三因素模型。本章主要讲述线性回归技术在 CAPM、三因素模型等资产定价模型实证检验中的应用。

第一节　资本资产定价模型实证检验的经典方法

实证检验资本资产定价模型的方法可分为两大类,一是 Black, Jensen and Scholes(简记为 BJS)在 1972 年提出的 BJS 方法;另一类是由 Fama 与 MacBeth 在 1973 年提出的

F－M方法。

一、CAPM检验的基本思想

CAPM的实质是讨论风险与收益的关系，其基本的验证思路是考察是否只有股票的系统风险(用β代表)与其预期收益率有关，且二者关系为线性正相关。如果除了系统风险外，非系统风险或其他因素也对股票的预期收益率产生影响，则说明CAPM无效。

CAPM的标准形式为：对于资产i，有 $E(R_i) = r_f + \lfloor E(R_M) - R_f \rfloor \cdot \beta_i$

从而对于证券i，若标准式CAPM成立，意味着：

$$R_{it} = r_f + \beta_i(R_{mt} - r_f) + \mu_{it} \tag{7-1}$$

若考虑到无风险利率也随时间变化而变化，则模型变为：

$$(R_{it} - r_{ft}) = \alpha_i + \beta_i(R_{mt} - r_{ft}) + \mu_{it} \tag{7-2}$$

上式实际上考察了个股相对于无风险资产的超额收益率($R_{it} - r_{ft}$)与市场指数相对于无风险资产的超额收益率($R_{mt} - r_{ft}$)之间的线性关系。CAPM的实证检验便是以此模型为主要研究对象。

如果标准式CAPM成立，则对于市场中所有的证券i(i＝1,2,…,N)，其检验模型必须符合下列条件：

(1)对于每一个证券i或证券组合而言，当以市场指数的超额收益率($R_{mt} - r_{ft}$)为解释变量，对个股或组合的超额收益率($R_{it} - r_{ft}$)进行回归时，回归式(7－2)中的截距项 α_i 必须等于或接近于0。如果 α_i 与0偏差很大，那么说明CAPM理论遗漏了影响资产收益的其他重要因素。这一步通常被称为CAPM的时间序列检验。

(2)对于不同的证券或证券组合而言，其超额收益率($R_{it} - r_{ft}$)的差别应该可以只用各自的β值加以充分解释，即将证券或证券组合的β值作为解释变量，对个股或组合的超额收益率($R_{it} - r_{ft}$)进行回归时，($R_{it} - r_{ft}$)与 β_i 应该是线性关系。回归直线的斜率应该为($R_{mt} - r_{ft}$)，且从长期看，斜率应为正，即市场组合收益率大于无风险资产率，因为市场组合的风险大于0。更进一步，证券或证券组合的β值应该是用于解释证券或证券组合超额收益率的唯一变量。如果有其他因素，如将非系统性风险、股利政策、市盈率、公司规模等加入风险资产收益率的解释模型，则这些因素变量的回归系数应该是不显著的。这一步通常被称为CAPM的横截面回归。

直观地看，可在一定样本周期内，依次对市场中所有证券按上述两个角度进行检验。但这种做法，在样本股票较多时效率较低，而且单个股票的非系统性风险较大，对其进行收益率和系统风险关系的检验易产生偏差。因此，通常对CAPM的检验是采取分组的方法构造股票组合，分散掉大部分的非系统性风险之后进行检验。主要的检验过程与方法来自于两篇经典文章，并且被后来的研究者广泛使用。下面将分别加以详述。

一、BJS 对 CAPM 的检验方法与结论

Black, Jensen and Scholes①(简记为 BJS)在 1972 年发表的一篇文章采用了如下步骤对 CAPM 进行检验：

第一步：CAPM 的时间序列检验。基本思路是：

将样本中所有的 N 种证券依据某一标准分成 L 个投资组合，对每一投资组合 p(p=1,2…L)，研究分析其超额收益率 $\tilde{R}_{pt}=R_{pt}-r_{ft}$ 与市场超额收益率 $\tilde{R}_{mt}=R_{mt}-r_{ft}$ 之间的关系。构造组合时可采用不同的标准，如按个股 β 系数的大小。可以证明，如果用某一时期的数据划分组合，并在同一时期内进行检验，会产生测量误差(measurement errors)，导致解释变量与随机误差项相关，违反线性回归的经典假设。为此 Black，Jenson 与 Scholes 先利用第一期(称为组合形成期)的数据计算股票的 β 系数，并以 β 系数的大小为标准，划分若干组合。然后，用各组合在第二期(称为检验期)的周平均收益率、无风险利率、市场指数收益率数据按模型

$$(R_{pt}-r_{ft})=\alpha_p+\beta_p(R_{mt}+r_{ft})+\mu_{pt}$$

进行回归，并检验截距项 α_p 是否等于或接近于 0。组合形成期在整个样本期内循环递进，进而检验期也相应顺次递进。

具体地说，他们利用第一期(1926－1930 年五年间，组合形成期)的数据，用模型 $(R_{it}-r_{ft})=\alpha_i+\beta_i(R_{mt}-r_{ft})+\mu_{it}$ 求出每一只股票的 β 系数。根据计算出的第一期个股 β 系数的大小划分 10 个股票组合，第一个股票组合包含 β 系数最小的一组股票，第二个股票组合包含 β 系数次小的一组股票，依次类推，最后一个组合包含 β 数最大的一组股票。β 系数大的股票组成的组合被称为“高 β 系数组合”，反之则称为“低 β 系数组合”。在分成 10 个投资组合后，对每一个投资组合 P(P=1,2,…,10)，求出其在下一年(1931 年，检验期)共 12 个月的组合月收益率 R_{pt}(组合内各个股票月收益率的加权平均)，并收集对应于 R_{pt} 时间段的无风险利率 r_{ft}、市场指数收益率 R_{mt}。然后将组合形成期向前推进至 1927－1931 五年间的数据，还是用模型 $(R_{it}-r_{ft})=\alpha_i+\beta_i(R_{mt}-r_{ft})+\mu_{it}$ 求出每一只股票的 β 系数，重复上述分组过程，对新的 10 个投资组合，依次收集出检验期(此时递推至 1932 年)内各月组合收益率 R_{pt}、无风险利率 r_{ft}、市场指数收益率 R_{mt}。这样不断循环，得出 1931.1 月至 1965.12 月之间共 420 个月，从高 β 系数组合到低 β 系数组合共 10 个组合的月收益率 R_{pt}、相应的无风险利率 r_{ft}、市场指数收益率 R_{mt}。用下表反映分组的依据及数据的来源：

① Black, F., M. Jensen, and M. Scholes, 1972, “The Capital Asset Pricing Model: Some Empirical Tests”, in Jensen, M. “Studies in the Theory of Capital Markets”, Praeger, New York.

表 7-1　组合形成期与检验期对应的时间段

求各股票的 β 系数,并依大小分组所依据的时间段(组合形成期)	计算、收集各组 R_pt、r_{ft}、R_{mt} 的时间段(检验期)
1926.1-1930.12	1931.1-1931.12
1927.1-1931.12	1932.1-1932.12
1928.1-1932.12	1933.1-1933.12
……	……
1960.1-1964.12	1965.1-1965.12

对于从高β系数组合到低β系数组合共10个组合的每一个组合用1931.1至1965.12之间的月度数据,按模型

$(R_{pt}-r_{ft})=\alpha_p+\beta_p(R_{mt}-r_{ft})+\mu_{pt}$,t=1931.1至1965.12

进行线性回归。这一步实质是对每个组合的时间序列回归,由于有10个组合,故共进行10次回归,得出10个投资组合各自的 $\hat{\alpha}_p$ 和 $\hat{\beta}_p$(P=1,2,…,10),并求出t统计量 $t(\hat{\alpha}_p)$。如表7-2。

表 7-2　时间序列回归的结果

证券组合 p	$\hat{\beta}_p$	$\hat{\alpha}_p\times100$	$t(\hat{\alpha}_p)$
1	1.56	-0.0829	-0.4274
2	1.38	-0.194	-1.9935*
3	1.25	-0.065	-0.7597
4	1.16	-0.0167	-0.2468
5	1.05	-0.0543	-0.8869
6	0.92	0.0593	0.7878
7	0.85	0.0462	0.7050
8	0.75	0.0812	1.1837
9	0.63	0.197	2.3126*
10	0.49	0.201	1.8684

从上表中可见,除证券组合2、9之外,其它组合 $\hat{\alpha}_p$ 的t统计值均较小,无法拒绝"$H_0:\alpha_p=0$"的虚拟假设。这满足了标准式CAPM成立的第一个条件。

第二步:CAPM的横截面回归。

对上面分组得到的10个证券组合,每一个证券组合P(p=1,2,…,10),求出其在整个观测期内(从1931.1至1965.12间)超额收益率的平均值 $\overline{R_{pt}-r_{ft}}=\frac{1}{T}\sum_{t=1}^{T}(R_{pt}-r_{ft})$,

与上一步求出的 $\hat{\beta}_p$，按模型

$$\overline{R_{pt}-r_{ft}}=a_1+a_2\hat{\beta}_p+\omega_p,(p=1,2\cdots10) \qquad (7-3)$$

进行回归。若标准 CAPM 成立，则应有 $a_1=0$，$a_2=\overline{R_{mt}-r_{ft}}=\frac{1}{T}\sum_{t=1}^{T}(R_{mt}-r_{ft})$。相应数据见下表：

表 7－3　横截面回归的数据

证券组合 p	$\hat{\beta}_p$	平均超额收益率 $\overline{R_{pt}-r_{ft}}$
1	1.56	0.021
2	1.38	0.018
3	1.25	0.017
4	1.16	0.016
5	1.05	0.015
6	0.92	0.014
7	0.85	0.013
8	0.75	0.012
9	0.63	0.011
10	0.49	0.009

若将对应的 $(\overline{R_{pt}-r_{ft}},\hat{\beta}_p)$ 表示在二维空间中，有下图：

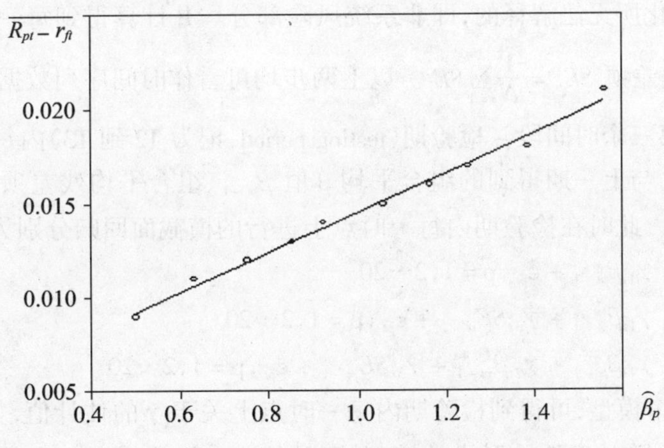

图 7－1　横截面回归结果

从上图可见，组合的平均收益率基本上与 β 系数呈正相关，但美中不足的是，实际回归结果显示：

$$\overline{R_{pt}-r_{ft}}=0.0036+0.0108\hat{\beta}_p,\ R^2=0.98$$

（0.00055）（0.00052）

对于假设 $H_0: a_1 = 0$,用 t 检验,$t(a_1) = \frac{0.0036}{0.00055} = 6.52$,显然拒绝 $a_1 = 0$ 的假设。在从 1931 年 1 月至 1965 年 12 月的 35 年间,市场指数的月超额收益率 $\overline{R_{pt} - r_{ft}}$ 的平均值是 0.0142。对于假设 $H_0: a_2 = 0.0142$,$t(a_2) = \frac{0.0142 - 0.0108}{0.00052} = 6.53$,也拒绝 $a_2 = 0.0142$ 的假设。可见从这一回归结果看,标准 CAPM 模型不符合实际。据此,Black 等提出零 β 形式 CAPM。

二、Fama and MacBeth 对 CAPM 的检验方法与结论

主要来自于 Fama 与 MacBeth 在 1973 年发表的一篇文章①。其基本思路与 BJS 方法相似,但在横截面回归时考察了非系统性风险变量是否对收益率也有解释作用。其主要过程如下:

将整个观测期分为三个时间段,一是组合形成期(portfolio formation period),可记为由 T0 至 T1。与 BJS 方法相同,利用这一时间段的数据,对每一单个证券,按模型

$(R_{ft} - r_{ft}) = \alpha_i + \beta_i(R_{mt} - r_{ft}) + \mu_{it}$,t = T0 至 T1

求出每一只股票的 β 系数,并根据个股 β 系数的大小划分 20 个股票组合。

在形成 20 个投资组合后,利用第二个时间段 - 初始估计期(initial estimation period,记为 T1 至 T2)的数据,对组合内每一股票按模型

$(R_{it} - r_{it}) = \alpha_i + \beta_i(R_{mt} - r_{ft}) + \mu_{it}$,t = T1 至 T2

求出每一股票的 β 值,作为系统风险的衡量指标。而每一次回归的残差项 SE_i 则代表了市场指数变化所无法解释的,即非系统风险部分。并计算得到每一组合的平均 $\beta_p = \frac{1}{N}\sum_{i=1}^{N}\beta_i$,平均残差项 $SE_p = \frac{1}{N}\sum_{i=1}^{N}SE_i$。以上两步均可看作时间序列数据回归。

最后,将第三个时间段 - 检验期(testing period,记为 T2 到 T3)内每一时点上的组合收益率数据 R_{pt} 与上一期得到的组合平均 β 值 β_{pt-1}、组合平均残差项 SE_{pt-1} 相匹配,进行横截面回归。此时在检验期内每一时点上进行的横截面回归分别为:

$$R_{pt} = \gamma_{0t} + \gamma_{1t}\beta_{pt-1} + \varepsilon_{pt}, p = 1,2\cdots20 \quad (7-4)$$

$$R_{pt} = \gamma_{0t} + \gamma_{1t}\beta_{pt-1} + \gamma_{3t}SE_{pt-1} + \varepsilon_{pt}, p = 1,2\cdots20 \quad (7-5)$$

$$R_{pt} = \gamma_{0t} + \gamma_{1t}\beta_{pt-1} + \gamma_{2t}\beta_{pt-1}^2 + \gamma_{3t}SE_{pt-1} + \varepsilon_{pt}, p = 1,2\cdots20 \quad (7-6)$$

相应于各个模型,可得到检验期内每一时点上关于 γ 的估计值,如 $\hat{\gamma}_{0t}$、$\hat{\gamma}_{1t}$、$\hat{\gamma}_{2t}$、$\hat{\gamma}_{3t}$,t = T2 到 T3。这样对于各种形式的模型,可计算出 $\hat{\gamma}_{0t}$、$\hat{\gamma}_{1t}$、$\hat{\gamma}_{2t}$、$\hat{\gamma}_{3t}$ 在整个检验期的平均值,即 $\bar{\gamma}_0 = \frac{1}{T}\sum_{t=T_2}^{T_3}\hat{\gamma}_{0t}$,$\bar{\gamma}_1 = \frac{1}{T}\sum_{t=T_2}^{T_3}\hat{\gamma}_{1t}$,$\bar{\gamma}_j\cdots$ 及相应的标准差 $SE(\hat{\gamma}_{jt})$,j = 0,1,2,3。然后进一

① Fama E. and MacBeth J,"Risk, Return and Equilibrium: Empirical Test", Journal of Political Economy, May - June, 1973.

步用 t 检验对整个检验期内 γ_{jt} 的取值情况进行检验。如检验 γ_{jt} 是否显著异于 0 值，此时的 t 统计量表示为 $t(\gamma_j)=\frac{\bar{\gamma}_j}{SE(\bar{\gamma}_{jt})}$。若 CAPM 成立，对于以上三种形式，应均有 γ_{1t} 显著为正，而 γ_{2t}、γ_{3t} 不具有显著的统计意义。另外，因为模型形式为收益率的回归，而不是超额收益率的回归，故 γ_{1t} 应代表无风险利率，可以显著不为 0；而若 γ_{2t} 显著，意味着收益率与 β 值存在非线性关系；若 γ_{3t} 显著，则意味着收益率也受到非系统风险的影响。这些都与 CAPM 的精神相悖。

Fama 与 MacBeth 收集并计算了 20 个组合在 1935 年 - 1968 年间共 432 个月每个月、每个组合的收益率 R_{pt}、组合平均 β 值 β_{pt}、组合平均残差项 SE_{pt}，对 20 个组合数据在每月按上述三种形式分别进行横截面回归，这样在检验期内共进行了 432 次回归，并对各模型的系数进行 t 检验。结果发现，对于以上三种形式，γ_{1t} 均显著为正，而 γ_{2t}、γ_{3t} 不具有显著的统计意义。表明股票收益率与 β 值成呈正向关系，而与其他非系统性风险因素无关，故标准式的 CAPM 成立。

第二节　中国股市 CAPM 实证检验案例

从上个世纪 90 年代初我国证券市场建立以后，经济学界对 CAPM 理论表现出了浓厚的兴趣，进行了大量检验 CAPM 在中国股市有效性的研究。本节对此加以简单介绍。

一、中国股市 CAPM 实证检验文献综述

例如，阮涛、林少宫(2000)① 利用上海股票市场的四十只股票对上海市场进行了模型的实证研究，在仅包含 β 作为解释变量的横截面回归中，β 的系数显著为零，R 仅为 0.004555；将非系统风险加进回归方程，β 的系数变为负值仍显著为零，非系统风险系数为正，且在 5%的显著性水平上不为零，从而否定了 CAPM 在上海证券市场上的有效性，但由于单只股票检验的误差较大，其结论并不可靠。毛晶莹(2004)② 利用 1997 年至 2001 年深圳股票市场的 200 多只股票进行了 CAPM 实证检验，得出的结论是：深圳证券市场的系统性风险与平均收益存在负线性相关关系，市场中存在着严重的投机性；非系统风险具有较强的解释能力，说明收益不仅受系统风险影响，也受非系统风险影响，而且非系统风险与平均收益之间存在着负线性相关关系，所以深圳证券市场不符合 CAPM 模型。并且该文从我国的证券市场发展历史短，信息公开化程度太低，股市规模小，投资者的结构畸形，个人投资者占比较大，且投资者的投资观念不成熟等方面分析

① 阮涛，林少宫，《CAPM 模型对上海股票市场的检验》，《数理统计与管理》2000，2(19)。

② 毛晶莹，《CAPM 在中国深圳市场的实证检验》，《集美大学学报》2004 年第 3 期。

了不符合的原因。许涤龙、张钰(2005)① 使用上海股票市场2000年到2002年的30多只股票的数据进行了实证研究,同时构造股票投资组合对模型进行了修正检验。他们的研究表明上海股票市场收益与系统性风险之间的正相关线性比较明显,同时他们对构造股票投资组合模型进行修正检验的结果表明系统性风险能更好地衡量股票组合的风险。但是他们的研究表明存在负的无风险收益率。顾荣宝、刘瑜华(2007)② 利用2001年1月到2005年的深圳证券市场的203只股票对CAPM在深圳A股市场是否有效进行了实证分析,得出CAPM不适合深圳股票市场的结论。他们的研究表明,深圳股市系统性风险与股票收益相关性很差,股票系统性风险在股票定价中没有起太大作用;股票的平均收益与系统性风险并不是CAPM预料的线性关系,还有其他风险因素在股票定价中起着不可忽视的作用;在深圳股票市场上,投资者的投机性很强,相当多的投资者关注的不是资本的时间价值,而是追求高风险所带来的高收益。总的来看,国内对CAPM可行性的实证研究中大多数研究的结论都否定了CAPM在我国的适用性假设,有的甚至提出了相反的结论:认为系统风险与预期收益间呈显著线性负相关关系,同时也有研究认为非系统风险在股票定价行为中具有重要作用,并分析得出股本规模、可流通股占总股本的比例、净资产收益率和成交量为影响股票收益率不可忽略的因素。

二、中国股市CAPM实证检验的案例

王军和耿建(2012)以2008年1月1日至2010年12月31日在深市A股上市的30只地产股的周收盘价为研究对象,对CAPM进行实证检验。选取深证成指作为市场组合指数,并用深证成指收益率代表市场组合收益率,采用一年期的居民存款利率3%作为无风险利率,其中一年按十二个月,每个月按四周计算,这样计算的无风险利率为0.0625%。

检验分为以下几个步骤:

1.把时间段分为三个时期:2008年1月1日-2008年12月31日;2009年1月1日-2009年12月31日;2010年1月1日-2010年12月31日。

2.利用第一时期的数据,运用OLS法进行时间序列回归,并按以下公式计算单只股票的β_i值:$R_{it}=\alpha_i+\beta_i R_{mt}+\varepsilon_{it}$;其中,$R_{it}$为股票i在第t周的收益率;$R_{mt}$为第t周市场收益率。回归结果如下表所示:

---

① 许涤龙,张钮,《资本资产定价模型与上海股票市场的实证分析》,《南昌大学学报(理科版)》2005年第4期。

② 顾荣宝,刘瑜华,《CAPM对深圳股市的实证分析》,《安徽大学学报》2007年第3期。

表 7-4　30 支深市 A 股地产股回归结果汇总表

股票代码	股票名称	α_i	β_i	R^2	α_i 的 $t-stat$	β_i 的 $t-stat$
000002	万科 A	0.003680	1.136232	0.635088	-0.39114	16.26465
000006	深振业 A	0.009993	1.375904	0.745847	1.294297	12.11331
000011	深物业 A	-0.00747	0.692114	0.305111	-0.74373	4.685501
000024	招商地产	0.006367	1.248566	0.561515	0.600284	8.001813
000029	深深房 A	0.00772	1.131963	0.665168	0.280636	9.966373
000031	中粮地产	0.008432	1.251548	0.585895	0.833596	8.410838
000036	华联控股	-0.00691	0.919248	0.452225	-0.71014	6.424818
000040	深鸿基	-0.0041	0.635668	0.268293	-0.40584	4.281743
000042	深长城	-0.00172	1.155232	0.601339	-0.18991	8.694455
000043	中航地产	0.000415	1.347257	0.776513	0.059683	13.18054
000046	泛海建设	0.006074	1.456085	0.618216	0.55222	8.99801
000150	宜华地产	0.001384	1.189728	0.519232	0.125782	7.348481
000402	金融街	0.010625	1.188714	0.708399	1.449278	11.02121
000502	绿景地产	0.017948	1.394491	0.498969	1.336153	7.056499
000511	银基发展	0.010887	1.283204	0.695661	1.334405	10.69068
000514	渝开发	0.009886	1.107306	0.434914	0.814775	6.203395
000534	万泽股份	-0.00198	1.336271	0.772586	-0.2834	13.03314
000537	广宇发展	-0.00503	1.162342	0.640978	-0.60133	9.448132
000540	中天城投	0.010581	1.199884	0.391179	0.735342	5.667978
000558	莱茵置业	0.016389	1.440974	0.684911	1.744421	10.42523
000567	海德股份	0.005753	1.326053	0.662285	0.6322018	9.902219
000573	粤宏远 A	-0.00336	0.957537	0.662361	-0.51104	9.903905
000608	阳光股份	0.000262	1.325654	0.656178	0.028431	9.768531
000609	绵世股份	0.007274	1.600646	0.641787	0.632746	9.464766
000616	亿城股份	0.007263	1.401348	0.800709	1.080744	14.17355
000667	名流置业	0.004822	1.260075	0.747505	0.685004	12.1665
000711	天伦置业	0.001372	1.118117	0.480506	0.122801	6.800547
000718	苏宁环球	0.006701	1.260184	0.611206	0.693575	8.865813
000838	国兴地产	0.005672	1.622741	0.693771	0.547301	10.64316
000926	福星股份	0.001741	1.151348	0.701584	0.241151	10.84211
平均值		0.004187	1.221156	0.607331	0.399609893	9.481596567

3.依照第 2 步估计出的单只股票的 β_i 值从小到大的顺序排列，并分成 6 个股票组合，每组含 5 只股票。组合结果使 β_i 最小的 5 只股票分在第一组合，使 β_i 最大的 5 只股票分在第六组合，构造的股票组合结果如表 7-5 所示：

表 7－5 对 30 支深市 A 股地产股进行股票组合构造表

组合	所包含的股票的代码
1	000040;000011;000036;000573;000514
2	000711;000029;000002;000926;000042
3	000537;000402;000150;000540;000024
4	000031;000667;000718;000511;000608
5	000567;000534;000043;000006;000502
6	000616;000558;000046;000609;000838

4.根据第二期的数据，对组合的收益率与市场收益率运用 OLS 法进行时间序列回归，并按以下公式计算每个组合的 β_p 值及回归残差的标准差 σ_p：$R_{pt} = \alpha_p + \beta_p R_{mt} + \varepsilon_{pt}$。其中，$R_{pt}$ 为组合在第 t 周组合的平均收益率；R_{mt} 为第 t 周市场的平均收益率。数据回归的结果如表 7－6 所示：

表 7－6 6 个股票组合的回归结果汇总表

组合	β_p	β_p 的 t－stat	R^2	σ_p
1	0.960031	9.04599	0.625468	0.035214
2	1.298397	12.73937	0.768093	0.033818
3	1.323338	14.8066	0.817325	0.029656
4	1.484403	15.17704	0.824588	0.032453
5	1.16999	12.27415	0.754576	0.031629
6	1.409328	14.63725	0.813864	0.031948

5.风险与收益关系的检验。根据第三期各组合的周平均收益率和第 4 步计算所得的各组合的 β_p 值及回归残差的标准差 σ_p 进行横截面数据回归。所需的数据计算结果如表 7－7 所示：

表 7－7 组合周平均收益率和 β_p、σp 汇总表

组合	组合周平均收益率	β_p	σp
1	－0.005970521	0.960031	0.035214
2	－0.000165924	1.298397	0.033818
3	－0.004995023	1.323338	0.029656
4	－0.006283461	1.484403	0.032453
5	－0.000160122	1.16999	0.031629
6	－0.006283461	1.409328	0.031948

分别对以下 5 个方程进行回归分析。其中，R_{pi} 是 2010 年平均周收益率；β_{pi} 是组合 i 的 β 系数；λ_0、λ_1 是待估计参数；ε_i 为残差；σ_{pi} 为非系统风险。

首先采用只包括 β 系数的回归方程：

$$R_{pi} = \lambda_0 + \lambda_1 \beta_{pi} + \varepsilon_i \tag{7-7}$$

回归结果如表 7－8 所示。

表 7－8　方程(7－7)的回归结果

Variable	*Coefficient*	*Std. Error*	*t－Statistic*	*Prob.*
C	－0.000148	0.010095	－0.014693	0.9890
β_{pi}	－0.003004	0.007852	－0.382584	0.7215
R－squared	0.035301	*Mean dependent var*		－0.003976
Adjusted R－squared	－0.205874	*S.D. dependent var*		0.002991

回归结果显示：$R^2=0.035301$，调整的 $R^2=-0.205874$，说明整体显著性很差，样本的拟合度弱；且常数项与自变量的 P 值均远大于一般的临界值 0.05，说明变量的显著性同样很差，即股票的收益与风险关系不显著；同时 λ_0 为负值，与无风险收益率 0.000625 存在偏差，说明市场存在一定的投机行为；λ_1 为负值，说明股票系统风险越大收益率越高，这有悖于 CAPM 的预期，即风险与收益呈正比。因此，股票组合的收益与市场系统风险不存在线性关系，从而否定了 CAPM 在深市 A 股地产股的有效性。

对于模型：

$$R_{pi} = \lambda_0 + \lambda_1 \beta_{pi} + \lambda_2 \sigma_{pi} + \varepsilon_i \tag{7-8}$$

回归结果如表 7－9 所示。

表 7－9　方程(7－8)的回归结果

Variable	*Coefficient*	*Std. Error*	*t－Statistic*	*Prob.*
C	0.006805	0.042793	0.159029	0.8837
β_{pi}	－0.003966	0.010674	－0.371608	0.7349
σ_{pi}	－0.176486	1.045419	－0.168818	0.8767
R－squared	0.044379	*Mean dependent var*		－0.003976
Adjusted R－squared	－0.592701	*S.D. dependent var*		0.002991

回归结果显示：$R^2=0.044379$，调整的 $R^2=-0.592701$，说明方程整体显著性很差，样本的拟合度弱；且常数项与两个自变量的 P 值均远大于一般的临界值 0.05，说明变量的显著性同样很差，即股票的收益率与系统风险和非系统性风险均相关性不强。

对于模型：

$$R_{pi} = \lambda_0 + \lambda_1 \beta_{pi} + \lambda_2 \sigma_{pi} + \lambda_3 \beta_{pi}^2 + \varepsilon_i \tag{7-9}$$

回归结果如表 7－10 所示。

表 7-10　方程(7-9)的回归结果

Variable	Coefficient	Std. Error	t-Statistic	Prob.
C	-0.186389	0.068850	-2.707158	0.1137
β_{pi}	0.254195	0.087117	2.917846	0.1001
σ_{pi}	0.919908	0.662862	1.387782	0.2996
β_{pi}^2	-0.103667	0.034910	-2.969563	0.0972
R-squared	0.823333	Mean dependent var		-0.003976
Adjusted R-squared	0.558332	S.D. dependent var		0.002991

回归结果显示：尽管 $R^2=0.823333$，调整的 $R^2=0.558332$，及各变量的 P 值相比前面的方程均有所改进，但方程整体及各变量均不显著，方程的自变量对收益率因变量解释力均不足。

根据以上回归结果，深市 A 股地产股的收益与市场收益、系统风险、非系统风险等都没有严格的线性关系，CAPM 不适用深市 A 股地产股的估值。

第三节　三因素模型实证检验的经典方法与案例

1977 年 Roll[①]发表的一篇文章对 CAPM 的实证检验提出了质疑，他认为：由于无法证明市场指数组合是有效市场组合，因而无法对 CAPM 模型进行检验。Roll 的批评使 CAPM的检验由单纯的收益与系统性风险的关系的检验转向多变量的检验，并成为八十年代以来 CAPM 检验的主流。对 CAPM 的检验的焦点变为寻找除系数之外是否存在其他变量可用来解释收益率的变化。这些变量往往与公司的会计数据相关，如公司股本大小、公司收益水平等。例如，1981 年 Banz 发现规模效应，即公司规模（用流通市值表示）对于平均收益具有解释能力。小市值股票的平均收益大大高出根据 CAPM 模型计算的（β 所预测的）收益率，而大市值股票的平均收益则较预测值低很多。他发现，在纽约证券交易所上市的股票如果按市场价值总额和大小来划分，规模最小的上市公司股票平均收益率比规模最大的上市公司股票平均收益率高出 19.8 个百分点[②]。1992 年和 1993 年，美国金融学家 Fama 和 French 联合发表的两篇经典文章，提出了资产定价的三因素模型。下面我们将分别加以阐述。

---

① Roll, R., 1977, "A Critique of Asset Pricing Theory: Part I. On the Past and Potential Testability of the Theory," Journal of Financial Economics, March, p.129-76.

② Banz R., "The Relationship between return and market value of common stocks", Journal of Financial Economics, March 1981, P3~18.

一、Fama 和 French 关于股票收益率横截面数据的研究

在 1992 年的一篇文章①中，Fama 和 French 考察了公司规模（用公司股东权益的市场价值 ME 表示）、账面/市值比（BE/ME，公司股东权益的账面价值与市场价值之比）及 β 值对证券收益率的解释能力。发现之一是，在控制了公司规模（用公司股东权益的市场价值 ME 表示）及账面/市值比（BE/ME，公司股东权益的账面价值与市场价值之比）这两个因素之后，β 值似乎对解释证券均衡收益无能为力。而 ME 及 BE/ME 却是证券收益的有利的预测工具。其原因可简单解释为：公司规模（ME）越小，风险越大，要求的收益补偿越大。而若一个公司的股票具有较高的 BE/ME 值，那么其市值相对于账面价值来说就比较低，市场对该公司的前景预期就比较差，于是该股票的风险就相对较高。这也就是说，对该公司股票的要求收益率也应该比较高。

在该文中，Fama 对所有的样本股票按股东权益市场价值（用 ME 表示）进行分组，并对分成的 12 个组合从小到大，分别计为 1A，1B，2，3…9，10A，10B。然后求出各个组合在研究期内的收益率，形成下表：

表 7－11 按市场价值分组的收益率、β 系数及市值

	1A	1B	2	3	4	5	6	7	8	9	10A	10B
收益率	1.64	1.16	1.29	1.24	1.25	1.29	1.17	1.07	1.10	0.95	0.88	0.90
β 系数	1.44	1.44	1.39	1.34	1.33	1.24	1.22	1.16	1.08	1.02	0.95	0.90
Ln(ME)	1.98	3.18	3.63	4.10	4.50	4.89	5.30	5.73	6.24	6.82	7.39	8.44

从上表中可见，随着公司规模的扩大（市场价值（ME）的自然对数ln（ME）增加），收益率下降。大市值股票组合的收益率要低于小市值公司股票组合的收益率。尽管收益率也显示出与 β 正相关，β由高到低，收益率也由高到低。但如果只按β大小分成12个组合，从低到高，也分别计为1A，1B，2，3，…9，10A，10B组合，然后求出各个组合在研究期内的收益率，会发现组合的收益率与β 系数不再具有正相关关系，如表 7－12。

表 7－12 按 β 大小分组的收益率与 β 系数

	1A	1B	2	3	4	5	6	7	8	9	10A	10B
收益率	1.20	1.20	1.32	1.26	1.31	1.30	1.30	1.23	1.23	1.33	1.34	1.18
β 系数	0.81	0.79	0.92	1.04	1.13	1.19	1.26	1.32	1.41	1.52	1.63	1.73

如果以月收益率 R 作为被解释变量，分别以 β 系数、ln（ME）、ln（BE/ME）为解释变量建立 5 种形式的线性回归模型，结果汇总如下表：

① Fama&French (1992), "The cross－section of expected stock returns", Journal of finance, 1992, Vol47.

表 7-13　月收益率的回归模型

模型编号	被解释变量	β系数	Ln(ME)	ln(BE/ME)
1	R	0.15(0.46)		
2	R		-0.15(-2.58)	
3	R	-0.37(-1.21)	-0.17(-3.41)	
4	R			0.50(5.71)
5	R		-0.11(-1.99)	0.35(4.44)

从上表中可见,当模型的解释变量只包括β系数时(如模型1),其t值只有0.46,显然β系数对收益率的变化没有显著的影响。而若将ln(ME)、ln(BE/ME)变量引入模型,则无论是单独引入(模型2、4),还是一同引入(模型5),t值显示这两个变量都通过了显著性检验。这些检验结果都表明:CAPM模型与实际并不完全相符,存在着其他因素对股票收益率产生影响。为进一步了解资产收益率与规模因素、账面价值与市值比率之间的关系,特别是将规模因素与账面市值比因素加以分离,Fama和French在1993年发表的文章中极为精巧地引入了SMB和HML变量,正式提出了三因素模型。

二、Fama和French三因素模型的主要内容①

Fama&French提出的三因素模型与其1992年的研究相比,关键的区别在于:ME变量与BE/ME变量之所以对证券收益率具有解释作用,是因为它们分别代表了某些风险因素,并得到收益率的补偿。因此可以不再直接将反映公司规模的ME变量和账面市值比变量(BE/ME)引入回归式,而是将某些能反映公司规模和账面市值比因素的其它变量作为替代,与市场收益率因素一起,引入对个股或组合收益率的回归模型。具体而言,Fama和French建立的三因素模型如下:

$$E(R_t)-R_{ft}=b\cdot[(E(R_{mt})-R_{ft}]+s\cdot E(SMB)_t+h\cdot E(HML)_t \quad (7-10)$$

其中市场收益率 R_m 为一因素;小股票收益率减大股票收益率(Small minus Big, SMB)为一因素,反映了由于公司规模不同所造成的收益率差异;高账面价值与市值比股票(被称为价值股)收益率减去低账面价值与市值比股票(被称为增长股)收益率(High minus Low, HML)为一因素,反映由于账面市值比不同产生的收益率差异。

将模型(7-10)改写成回归式:

$$R_t-R_{ft}=a+b\cdot[R_{mt}-R_{ft}]+s\cdot SMB_t+h\cdot HML_t+\varepsilon_t \quad (7-11)$$

下面我们详细说明Fama和French采用的数据处理方法及检验结果。

(1)被解释变量 R_t-R_{ft} 的计算

自1963年7月至1991年12月,根据每年6月底股票的市值(ME),将样本股票由小到大分成5组。每组再根据前一年12月底每只样本股的账面值 BE 和市值 ME 之比,按照比值由低到高分成5组,这样得到25个组合。分别求出每个组合自本年7月

① "Commom risk factors in the returns on stock and bonds", Journal of Financial economomics, Vol 33, 1993, 7-56.

至下一年 6 月的月收益率(组合内每只个股收益率的加权平均)R_{pt} 及对应的同期无风险收益率 R_{ft}(同期的 30 天国债收益率),按年度顺次递进,得到整个研究期内 25 个组合在各月的超额收益率($R_{pt}-R_{ft}$)作为被解释变量。例如,首先是根据 1963 年 6 月底所有个股的 ME 数据从小到大分成 5 组,对于每组再分别对组内各只股票 1962 年 12 月底的 BE/ME 由低到高分成 5 组,收集这 25 个组合在 1963 年 7 月至 1964 年 6 月共 12 个月的组合收益率及同期的无风险利率;然后,再根据 1964 年 6 月底的所有个股的 ME,1963 年 12 月底的 BE/ME 分成 25 个组合,收集 1964 年 7 月至 1965 年 12 月的组合收益率及无风险收益率…依次类推。

对这 25 个组合月超额收益率数据从时间序列的角度,在整个研究期内求均值、标准差及进行显著性 t 检验。下表给出每个组合所有月份的平均超额收益率(单位:%)。

表 7-14 按(BE/ME)及 ME 分组后的月平均超额收益率

	按(BE/ME)高低分组					
	组别	Low	2	3	4	High
按 ME 大小分组	Small	0.39	0.70	0.79	0.88	1.01
	2	0.44	0.71	0.85	0.84	1.02
	3	0.43	0.66	0.68	0.81	0.97
	4	0.48	0.35	0.57	0.77	1.05
	Big	0.40	0.36	0.32	0.56	0.59

上表显示:公司规模(ME)与超额收益率负相关,账面市值比(BE/ME)与超额收益率呈更为明显的正相关。规模小和账面市值比高的股票平均收益率都较高,而规模大和账面市值比低的股票平均收益率都较低。

(2)解释变量 SMB 和 HML 的计算

1963 年 7 月至 1991 年 12 月间每个月的[$R_{mt}-R_{ft}$]直接来自于市场数据。

1963 年 7 月至 1991 年 12 月间每个月的 SMB_t 和 HML_t 的计算方法为:根据本年 6 月底股票的市值(ME),将样本股票均分为大(B)和小(S)两组;每组再按账面市值比(BE/ME)分为高、中和低三组,比例分别为 H(30%)、M(40%)、L(30%);这样共形成 6 个组合,分别为 SL(表示小规模-低账面市值比组合)、SM(小规模-中账面市值比组合),SH(小规模-高账面市值比组合),类推至 BL,BM 和 BH。用表显示为:

	按账面市值比(BE/ME)分组			
		低(L)	中(M)	高(H)
按 ME 分组	小(S)	SL	SM	SH
	大(B)	BL	BM	BH

分别计算这 6 个组合在本年 7 月至下一年 6 月的月收益率。

对于每个月分别求出三个小股票组合(SL,SM,SH)和三个大股票组合(BL,BM,BH)

的简单平均收益率，然后计算两者之差，得到当月的 SMB，即：

$$SMB_t = (SL_t + SM_t + SH_t - BL_t - BM_t - BH_t)/3$$

可见 SMB 是通过对各种 BE/ME 的情况作了平均，剔除了 BE/ME 因素，而只单独考虑了由于规模(ME)不同而造成组合收益率的差距。

对于每月分别求出两个高 BE/ME 组合(SH，BH)和两个低 BE/ME 组合(SL，BL)的简单平均收益率，然后计算两者之差，得到当月的 HML，即：

$$HML_t = (SH_t + BH_t - SL_t - BL_t)/2$$

HML 是对各种 ME 的情况作平均，剔除了 ME 因素，而只单独考虑了由于 BE/ME 不同而造成组合收益率的差距。

对每一年重复上述分组及计算过程，得到 1963 年 7 月至 1991 年 12 月间每个月的 SMB_t 和 HML_t。

(3)回归结果

根据上述被解释变量和解释变量数据的计算结果，对 25 个组合，均采用下面三个模型进行回归：

模型 1：$R_t - R_{ft} = a + b \cdot [R_{mt} - R_{ft}] + \varepsilon_t$

模型 2：$R_t - R_{ft} = a + s \cdot SMB_t + h \cdot HML_t + \varepsilon_t$

模型 3：$R_t - R_{ft} = a + b \cdot [R_{mt} - R_{ft}] + s \cdot SMB_t + h \cdot HML_t + \varepsilon_t$

采用模型 1 的情况下，回归结果为：

表 7－15　模型 1 回归结果

按 ME 大小分组	Low	2	3	4	High	Low	2	3	4	High
			h					t(h)		
Small	1.40	1.26	1.14	1.06	1.08	26.33	28.12	27.01	25.03	23.01
2	1.42	1.25	1.12	1.02	1.13	35.76	35.56	33.12	33.14	29.04
3	1.36	1.15	1.04	0.96	1.08	42.98	42.52	37.50	35.81	31.16
4	1.24	1.14	1.03	0.98	1.10	51.67	55.12	46.96	37.00	32.76
Big	1.03	0.99	0.89	0.84	0.89	51.92	61.51	43.03	35.96	27.75
			R^2							
Small	0.67	0.70	0.68	0.65	0.61					
2	0.79	0.79	0.76	0.76	0.71					
3	0.84	0.84	0.80	0.79	0.74					
4	0.89	0.90	0.87	0.80	0.76					
Big	0.89	0.92	0.84	0.79	0.69					

采用模型 2 的情况下，回归结果为：

表 7－16　模型 2 回归结果

按 ME 大小分组	Low	2	3	4	High	Low	2	3	4	High
			s					t(s)		
Small	1.93	1.73	1.63	1.59	1.67	22.52	21.38	21.88	22.30	22.16
2	1.52	1.46	1.35	1.18	1.40	17.23	17.68	17.08	15.47	16.42
3	1.28	1.12	1.05	0.93	1.16	14.43	13.89	13.42	12.13	13.45
4	0.86	0.82	0.77	0.72	0.95	10.16	9.64	9.29	8.57	10.02
Big	0.28	0.35	0.22	0.29	0.44	3.70	4.39	2.79	3.69	5.02
			h					t(h)		
Small	－0.95	－0.57	－0.35	－0.18	0.01	－9.72	－6.19	－4.10	－2.20	0.16
2	－1.23	－0.66	－0.38	－0.16	0.00	－12.25	－7.02	－4.20	－1.82	0.05
3	－1.09	－0.65	－0.31	－0.11	－0.01	－10.84	－7.07	－3.43	－1.23	－0.12
4	－1.11	－0.65	－0.36	－0.11	－0.01	－11.43	－6.69	－3.80	－1.12	－0.09
Big	－1.07	－0.65	－0.42	－0.06	0.08	－12.46	－7.07	－4.64	－0.66	0.81
			R^2							
Small	0.65	0.60	0.60	0.60	0.59					
2	0.59	0.53	0.49	0.42	0.44					
3	0.51	0.43	0.37	0.31	0.35					
4	0.43	0.30	0.24	0.18	0.23					
Big	0.34	0.18	0.08	0.04	0.06					

采用模型 3 的情况下，结果如下：

表 7－17　模型 3 回归结果

按 ME 大小分组	Low	2	3	4	High	Low	2	3	4	High
			b					t(b)		
Small	1.04	1.02	0.95	0.91	0.96	39.37	51.80	60.44	59.73	57.89
2	1.11	1.06	1.00	0.97	1.09	52.49	61.18	55.88	61.54	65.52
3	1.12	1.02	0.98	0.97	1.09	56.88	53.17	50.78	54.38	52.52
4	1.07	1.08	1.04	1.05	1.18	53.94	53.51	51.21	47.09	46.10
Big	0.96	1.02	0.98	0.99	1.06	60.93	56.76	46.57	53.87	38.61
			s					t(s)		
Small	1.46	1.26	1.19	1.17	1.23	37.92	44.11	52.03	52.85	50.97
2	1.00	0.98	0.88	0.73	0.89	32.73	38.79	34.03	31.66	36.78

（续表）

按 ME 大小分组	Low	2	3	4	High	Low	2	3	4	High
		b						t(b)		
3	0.76	0.65	0.60	0.48	0.66	26.40	23.39	21.23	18.62	21.91
4	0.37	0.33	0.29	0.24	0.41	12.73	11.11	9.81	7.38	11.01
Big	-0.17	-0.12	-0.23	-0.17	-0.05	-7.18	-4.51	-7.58	-6.27	-1.18
		h						t(h)		
Small	-0.29	0.08	0.26	0.40	0.62	-6.47	2.35	9.66	15.53	22.24
2	-0.52	0.01	0.26	0.46	0.70	-14.57	0.41	8.56	17.24	24.80
3	-0.38	-0.00	0.32	0.51	0.68	-11.26	-0.05	-9.75	16.88	19.39
4	-0.42	0.04	0.30	0.56	0.74	-12.51	1.04	8.83	14.84	17.09
Big	-0.46	0.00	0.21	0.57	0.76	-17.03	0.09	5.80	18.34	16.24
		R^2								
Small	0.94	0.96	0.97	0.97	0.96					
2	0.95	0.96	0.95	0.95	0.96					
3	0.95	0.94	0.93	0.93	0.93					
4	0.94	0.93	0.91	0.89	0.89					
Big	0.94	0.92	0.88	0.90	0.83					

对比这三个模型的回归结果，可以发现很多结论，例如：当只考虑市场因素对组合收益率的影响，即采用模型 1（实际上就是 CAPM 模型）时，判定系数 R^2 大部分在 0.7－0.8 左右，25 个组合中只有 2 个组合 R^2 超过 0.9；采用模型 2，不考虑市场因素变量，规模变量 SMB 及账面市值比因素 HML 已经可以对组合收益率具有一定的解释作用，25 个组合中有 20 个组合回归的判定系数 R^2 超过 0.2，其中有 8 个甚至超过了 0.5，大部分组合 SMB 及 HML 变量的系数都通过了 t 检验；采用模型 3，SMB、HML 及市场因素共同解释组合收益率的变化时，25 个组合中有 21 个模型的判定系数在 0.9 以上，说明三因素模型的拟合效果要大大优于只考虑市场因素的 CAPM 模型。其他一些有价值的结论可参见原文。

三、三因素模型在中国股市的实证检验案例

刘维奇、牛晋霞和张信东（2010）[①] 以截至 1996 年 12 月 31 日已上市的 202 家沪市 A 股为研究对象，以 2005 年 4 月 29 日为实质性股权分置改革分界点，分析比较股改前

① 《股权分置改革与资本市场效率—基于三因子模型的实证检验》，《会计研究》2010 年第 3 期。

后三因子模型的市场拟合情况。其具体步骤是：

本文以 SIZE、BM 值将样本分成 25 个组合，同时考察 25 个组合的回归结果。具体设计方案和计算过程如下：

1.BM 和 SIZE 的计算

根据样本第 t－1 年末的每股账面权益 BE 与第 t－1 年最后一个交易日收盘价 ME 的比值来计算第 t 年的 BM 值，即 BM＝BE/ME；用第 t 年 6 月底股票的流通市值来度量公司第 t 年 SIZE 的大小。

2.分组设计

自 1997 年 7 月至 2009 年 4 月，根据每年 6 月底股票的流通市值(SIZE)，将样本股票等分为 5 组，每组再按照账面市值比(BM)由低到高等分成 5 组，这样就得到 25 个组合。

3.被解释变量组合超额收益率的计算

分别求出 25 个组合每年 7 月到下一年 6 月的月收益率(以每组中个股的流通市值占组合总流通市值的比例为权重)，减去对应的同期无风险收益率(用三个月定期存款利率所折算的月收益率)，即为组合的超额收益率。

4.解释变量市场超常收益率、SMB 和 HML 的计算

因所取样本均来自于上海证券交易所，因此整个样本期的 Rmt 由上证综指收益率来代替。根据第 t 年 6 月底股票流通市值(SIZE)，将样本股票均分为大(B)和小(S)两组；每组再按第 t－1 年末的账市比 BM 的值分为高(H)、中(M)、低(L)三组，样本比例分别为 30%，40%，30%，这样形成 SL、SM、SH、BL、BM、BH 6 组，分别计算这 6 个组合从 t 年 7 月到 t＋1 年 6 月的月收益率(以组合中个股流通市值占组合总流通市值的比例为权重)，SMB 则为三个小股票组合(SL、SM、SH)和三个大股票组合(BL、BM、BH)简单平均收益率之差，即：SMB＝（SL＋SM＋SH－BL－BM－BH）/3，SMB 通过对各种 BE/ME 的情况作了平均，剔除了 BM 因子，而只考虑规模因子对组合超额收益率的贡献；HML 则为两个高 BE/ME 组合(SH、BH)和两个低 BE/ME 组合(SL、BL)的简单平均收益率之差，即：HML＝（SH＋BH－SL－BL）/2，HML 是对各种 ME 的情况作平均，剔除了 SIZE 因子，而只考虑由于账市比因子不同而造成组合收益率的差距。

5.回归系数的含义

回归系数 b、s、h 分别代表市场、规模、账市比三个因子的风险载荷。如果小规模组合的 s 值大于大规模组合的 s 值，则表明小规模组合的风险高于大规模组合；如果高账面市值比组合的 h 值大于低账面市值比组合的 h 值，则表明高账市比组合的风险高于低账市比组合。

6.股改前 SIZE 和 BM 效应检验

表 7－18 列示了根据 SIZE 和 BM 分组所得 25 个组合在股改前所有月份的平均超额收益率。从表 7－18 可见，股改前 BM 值溢价仅从 0.17%增长到 0.49%，变化不是很明显，5 个 t 值均在 5%的显著性水平下不显著。平均而言，从 1997 年 7 月至 2005 年 4

月，高 BM 组合平均每月比低 BM 组合高出 0.25%（t = 0.72）。同样的，SIZE 溢价从 0.89%增长到 2.36%，5 个 t 值中 4 个在统计上显著，平均 SIZE 溢价为 1.82%（t = 3.57），这表明小 SIZE 组合平均每月比大 SIZE 组合的收益率高出 1.82%。由此看出，中国股市在股改前存在 SIZE 效应，而 BM 效应不明显。

表 7－18　25 组合股改前平均超额收益率的 SIZE 效应和 BM 效应(1997.7－2005.4)

平均超额收益率		账面市值比 BM 分组						
		Low	2	3	4	High	H－L	t(H－L)
规模 SIZE 分组	Small	0.0097	0.0013	0.0110	0.0124	0.0084	－0.0013	－0.17
	2	－0.0011	－0.0027	0.0008	－1.44E－05	0.0032	0.0043	0.74
	3	－0.0054	0.0036	－0.0015	0.0028	－0.0005	0.0049	0.92
	4	－0.0027	－0.0008	－9.45E－05	－0.0028	－0.0010	0.0017	0.35
	Big	－0.0114	－0.0076	－0.0095	－0.0112	－0.0084	0.003	0.48
	S－B	0.0211	0.0089	0.0205	0.0236	0.0168		
	t(S－B)	2.33	1.28	3.12	3.56	2.87	–	–

注：按照 BM 和 SIZE 进行 5＊5 独立分组，每组平均超额收益率是组内各股票超额收益率的加权平均，权重是分组时每年 6 月底的流通市值，而后在时间序列上取平均值。

表 7－19 列示了依 SIZE 和 BM 分组所得 25 组合在股改后的月度平均超额收益率。从表 7－19 来看，股改后 BM 溢价从 0.76%增长到 1.81%，5 个 t 值均不显著，平均而言，从 2005 年 5 月至 2009 年 4 月，高 BM 组合平均每月比低 BM 组合高出 0.58%（t = 1.24）。同样的，SIZE 溢价从 0.39%增长到 2.35%，5 个 t 值均不显著，平均 SIZE 溢价为 1.46%（t = 1.40），这样看来，中国股市在股改后不存在 SIZE 和 BM 效应。

表 7－19　25 组合股改后平均超额收益率的 SIZE 效应和 BM 效应(2005.5－2009.4)

平均超额收益率		账面市值比 BM 分组						
		Low	2	3	4	High	H－L	t(H－L)
规模 SIZE 分组	Small	0.0443	0.0403	0.0427	0.0504	0.0428	－0.0015	－0.06
	2	0.0392	0.0490	0.0575	0.0495	0.0471	0.0079	0.88
	3	0.0350	0.0426	0.0371	0.0468	0.0426	0.0076	0.78
	4	0.0386	0.0236	0.0431	0.0446	0.0337	－0.0049	－0.43
	Big	0.0208	0.0207	0.0266	0.0411	0.0389	0.0181	1.59
	S－B	0.0235	0.0196	0.0161	0.0093	0.0039		
	t(S－B)	1.70	1.49	1.38	0.62	0.33		

注：计算同表 7－18。

表 7－20 列示了股改前三因子模型的回归结果。结果显示，25 组合中的 a 值全部无异于 0，25 个 b 值在 0.8 左右且都显著不等于 0，18 个 s 值显著不等于 0，15 个 h 显著不等于 0。同时，成长型投资组合对 HML 的回归系数大部分为负（其中有 1 个组合为

正,但都不显著),价值型投资组合对 HML 的回归系数全部为正,类似地,大股票投资组合对 SMB 的回归系数全部为负,小股票投资组合对 SMB 的回归系数全部为正,这与传统文献的结果是一致的。可见,上述三因子对组合收益率的构成和影响比较显著,加上本文表 7-22 给出回归方程的拟合系数来看,在样本期间内三因子模型能够较好地解释中国股市横截面收益率 60.33% 的变化。另外还发现,三因子在解释股票组合收益率中,市场因子仍然起到主导作用,这与实际中个股与大盘"齐涨共跌"现象相同。

表 7-20 股改前 Fama-French 三因子模型回归结果(1997.7-2005.4)

规模 SIZE	账面市值比(BE/ME)分组									
	Low	2	3	4	High	Low	2	3	4	High
Regression: $R_{pt} - R_{ft} = a_p + b_p^* (R_{mt} - R_{ft}) + s_p^* SMB_t + h_p^* HML_t + \varepsilon_p$										
	a					t(a)				
Small	0.007	-0.002	0.005	0.008	0.002	1.509	-0.416	1.065	1.314	0.424
2	0.002	-0.003	-1.3E-006	-0.004	-0.022	0.337	-0.572	0.000	-0.797	-0.330
3	-0.006	-0.003	-0.001	0.002	-0.005	-1.146	0.591	-0.188	0.430	-0.866
4	0.003	0.004	0.003	0.000	-0.001	0.516	0.728	0.518	-0.057	-0.161
Big	3.79E-005	0.003	-0.003	-0.006	-0.005	0.007	0.453	-0.709	-1.305	-0.864
	b					t(b)				
Small	1.154	0.767	0.806	0.986	0.674	16.391	10.155	11.827	11.267	9.671
2	0.922	0.798	0.724	0.866	0.866	11.834	10.686	10.089	11.574	11.615
3	0.763	0.748	0.786	0.866	0.854	11.028	10.412	9.569	12.475	11.504
4	0.849	0.885	0.688	0.767	0.790	10.460	10.110	9.859	10.590	10.770
Big	0.794	0.792	0.768	0.729	0.894	10.314	9.974	11.052	10.901	11.304
	s					t(s)				
Small	1.252	0.977	1.024	0.931	0.884	8.755	10.155	7.390	5.231	6.232
2	0.562	0.601	0.552	0.850	0.738	3.552	3.959	3.782	5.586	4.869
3	0.573	0.505	0.592	0.392	0.576	4.077	3.458	3.499	2.777	3.814
4	0.097	0.087	0.127	0.049	0.295	0.588	0.488	0.897	0.330	1.979
Big	-0.324	-0.347	-0.184	-0.141	-0.134	-2.071	-2.149	-1.300	-1.040	-0.835
	h					t(h)				
Small	-0.537	-0.228	0.178	0.227	0.350	-3.365	-1.328	1.153	1.143	2.210
2	-0.560	-0.160	-0.049	0.206	0.536	-3.166	-0.947	-0.304	1.211	3.167
3	-0.165	0.016	0.279	0.353	0.630	-1.054	0.098	1.480	2.424	3.739
4	-0.334	-0.219	0.001	0.236	0.275	-1.814	-1.102	0.009	1.438	1.650
Big	-0.752	-0.468	0.022	0.046	0.470	-4.301	-2.600	-0.137	0.306	2.618

进一步,表 7-22 给出了股改前后三因子模型的市场拟合系数 R^2 值,进而观察股改是否从整体上促进了市场效率的提升。

表 7-21　股改后 Fama-French 三因子模型回归结果(2005.5-2009.4)

规模	账面市值比(BE/ME)分组									
SIZE	Low	2	3	4	High	Low	2	3	4	High
Regression: $R_{pt}-R_{ft}=a_p+b_p^*(R_{mt}-R_{ft})+s_p^*SMB_t+h_p^*HML_t+\varepsilon_p$										
	a					t(a)				
Small	-0.004	-0.002	-0.004	0.055	-0.009	-0.338	-0.169	-0.285	0.391	-0.827
2	-0.006	0.007	0.016	0.005	-0.003	-0.422	0.431	1.031	0.451	-0.211
3	0.006	0.005	0.000	0.002	-0.001	0.396	0.368	-0.018	0.152	-0.098
4	0.010	-0.004	0.007	0.005	-0.004	0.692	-0.292	0.533	0.368	-0.337
Big	0.001	-0.001	-0.002	0.007	0.007	0.092	-0.053	-0.166	0.433	0.653
	b					t(b)				
Small	1.035	0.938	1.062	1.097	1.124	9.754	9.247	9.201	9.399	11.510
2	1.064	1.101	0.958	1.000	1.040	9.219	8.055	6.969	9.731	8.740
3	1.016	0.932	1.066	1.057	1.063	8.477	8.078	10.166	9.531	9.811
4	1.088	1.008	1.025	1.033	1.032	8.585	9.343	8.780	3.273	9.416
Big	1.120	1.049	0.973	1.162	1.073	13.459	9.782	9.066	8.563	12.388
	s					t(s)				
Small	1.904	1.878	1.722	1.558	1.931	7.518	7.678	6.252	5.596	8.284
2	1.715	1.361	1.305	1.373	1.661	6.226	4.170	3.976	5.600	5.850
3	1.073	1.199	1.177	1.565	1.371	3.754	4.355	4.706	5.915	5.301
4	0.764	0.658	0.884	1.002	1.045	2.528	2.556	3.173	3.273	3.995
Big	0.470	0.489	0.290	0.173	0.379	2.368	1.909	1.132	0.534	1.834
	h					t(h)				
Small	0.369	0.046	0.430	0.459	0.632	1.378	0.178	1.479	1.560	2.567
2	0.226	0.463	0.815	0.773	0.931	0.775	1.342	2.353	2.983	3.105
3	-0.309	0.726	0.271	0.558	0.688	-1.023	2.496	1.024	1.997	2.518
4	-0.142	0.002	0.827	0.855	0.524	-0.444	0.007	2.812	2.643	1.895
Big	-0.525	-0.415	0.938	1.313	0.999	-2.501	-1.534	3.466	3.839	4.574

表 7-22　股改前后三因子模型拟合系数 R^2 的比较

回归方程拟合优度		按(BE/ME)高低分组									
		股改前					股改后				
按 SIZE 大小分组	组别	Low	2	3	4	High	Low	2	3	4	High
	Small	0.786	0.603	0.684	0.634	0.610	0.765	0.745	0.731	0.727	0.818
	2	0.628	0.582	0.557	0.649	0.661	0.725	0.651	0.614	0.753	0.730
	3	0.598	0.568	0.545	0.657	0.653	0.648	0.673	0.736	0.740	0.746
	4	0.551	0.532	0.521	0.566	0.582	0.641	0.680	0.693	0.660	0.711
	Big	0.589	0.555	0.584	0.577	0.610	0.813	0.695	0.709	0.698	0.818

分析表 7-21 和表 7-22,发现:

第一,25 个投资组合截距项的 t 值都不显著,意味着截距项与 0 无显著差异,所有组合均没有超额收益率,这与股改前是一致的,说明在股改前后三因子模型均能很好地解释股票组合收益率。第二,25 个投资组合的市场因子回归系数均在 1 左右,相对于股改前有所上升。由此可见,股改后系统风险在总风险中所占比例上升,系统风险正逐步起到主要作用。第三,小规模组合的回归系数大于大规模组合,说明沪市仍存在着"小公司效应",即公司收益与规模成反比,但相对于股改前,25个投资组合的规模因子回归系数在整体上有所上升。分析其原因有二:其一,股改前,由于非流通股的市值难以客观度量,传统文献在选取划分组合依据时仅把流通股纳入研究范围,忽略了非流通股的影响,这样容易把流通值较小的公司与小规模公司均划分在小规模组合中,造成回归结果的偏差。股改后,非流通股逐步上市流通,流通市值客观反映上市公司的规模,以此作为划分依据修正了前期回归结果的偏差。其二,股改完成后,中国资本市场步入全流通时代,股票流动性相对于股改前有所增强,系数的整体提高是流动性对组合收益的一种补偿。第四,同股改前相比,高账市比组合的回归系数仍大于低账市比组合,说明高账市比公司有较高的风险,但从整体上看,25个组合的回归系数在整体上有一个"上拔",意味着账市比因子在解释收益率变化时的作用越来越重要。第五,从拟合系数来看,股改后的三因子能够解释组合收益率71.68%的变化,相对于股改前的60.33%有很大的提高,说明股改促进了三因子模型在整体上对组合收益率的解释程度。

近些年来,其他一些研究成果如下:

作者	研究样本	研究结论
王源昌、汪来喜、罗小明(2010年)	2005年4月—2009年10月中证100样本股(数据完全的90只股票)周交易数据	国内股市上的确存在着同发达国家成熟市场类似的规模溢价和价值溢价现象
赵华、吕雯(2010年)	1997年1月至2008年6月上海股票交易所所有A股上市公司月交易数据	规模因素对动态风险溢价的解释强于市场因素,账面市值比因素的解释能力最弱;投资组合中配置太多小规模公司股票不能够有效地分散投资风险
王海龙(2012年)	1999-2010年A股市场上市公司的交易数据	在我国A股市场上,不仅存在显著的市场溢价,而且还存在显著规模溢价和账面市值比溢价
梁颖琳(2012年)	2009年9月到2010年1月在中国A股市场上市并发行的108只股票	Fama-french模型能够较好的解释我国A股股价波动的影响因素:公司的规模小、成长性高、市场平均收益率高等因素都要求股票具有更高的收益率,但是规模因素(SMB)对于创业板投资组合的影响并不显著

【本章小结】

1.CAPM检验的基本思想是考察是否只有股票的系统风险与其预期收益率有关,且二者关系为线性正相关。如果除了系统风险外,非系统风险或其他因素也对股票的预期收益率产生影响,则说明CAPM无效。

2.CAPM实证检验的方法可分为两大类,一是Black, Jensen and Scholes提出的BJS方法;另一类是由Fama与MacBeth提出的F-M方法。两类方法的基本步骤都是先分组,然后进行时间序列检验和横截面检验。

3.Fama和French建立的三因素模型为:

$$E(R_t)-R_{ft}=b\cdot[E(R_{mt})-R_{ft}]+s\cdot E(SMB)_t+h\cdot E(HML)_t$$

其中市场收益率 R_m 为一因素；小股票收益率减大股票收益率（Small minus Big, SMB）为一因素，反映了由于公司规模不同所造成的收益率差异；高账面价值与市值比股票（被称为价值股）收益率减去低账面价值与市值比股票（被称为增长股）收益率（High minus Low, HML）为一因素，反映由于账面市值比不同产生的收益率差异。

【复习思考题】

1. Levy 根据 1948 年 – 1968 年在纽约股票交易所上市的 101 只股票作为样本，来验证 CAPM 模型。其回归模型是：

$$\bar{R}_i = \gamma_1 + \gamma_2\beta_i + \varepsilon_i$$

其中 $\bar{R}_i$ 为证券 i 在样本期内的平均年收益率；β_i 为证券 i 的 Beta 系数。

结果为：

$$\bar{R}_i = 0.109 + 0.037\beta_i$$

标准差为：(0.009)　(0.008)，判定系数 $R^2 = 0.21$。

(1) 若 1948 年 – 1968 年间无风险年收益率为 8%，而纽约股票交易所股价指数年收益在 6%左右。问：这些结果支持了 CAPM 模型吗？为什么？

(2)考虑另一模型：

$$\bar{R}_i = \gamma_1 + \gamma_2\beta_i + \gamma_3 SE_i + \varepsilon_i$$

其中 SE_i 为求证券 i 的 Beta 系数时的残差平方。

结果为：

$$\bar{R}_i = 0.106 + 0.024\beta_i + 0.021SE_i$$

标准差为：(0.008)　(0.007)　(0.038)，判定系数 $R^2 = 0.39$。

问：这一结果支持 CAPM 模型吗？为什么？

2. 陈小悦[①] 等利用 1994 年 9 月至 1998 年 9 月深沪两市 269 只 A 股的数据对 CAPM 在中国的适应性进行检验。其中将各只股票的月超额收益率对其 β 系数、公司规模变量（用流通股市值 ME 的自然对数 Ln(ME)表示）进行线性回归。结果如下表：

表 7 – 23　月超额收益率对 β 系数、公司规模的回归结果

模型编号	被解释变量	解释变量	
		β系数	Ln(ME)
1	R	2.49(0.98)	
2	R		0.44(0.57)
3	R	2.47(0.84)	0.29(0.34)

问：从上表中能得出什么推论？

① 陈小悦，孙爱军，《CAPM 在中国股市的有效性检验》，《北京大学学报》2000 年第 4 期。

CHAPTER 8 第八章

有效市场假说与事件研究法

【学习目标】

掌握市场有效三种形式的定义及政策含义;熟悉市场有效三种形式的主要检验方法与结论;掌握事件研究法的步骤及检验程序;能够利用事件研究法进行市场半强式有效的实证检验。

【重要概念】

有效市场假说　弱式有效　半强式有效　强式有效　事件研究法

有效市场假说(EMH)是现代资本市场理论的重要基石。美国著名经济学家保罗·萨缪尔森(Paul Samuelson)曾说过:如果金融经济学是社会科学王冠上一个明珠的话,那EMH将占去它一半的光彩。本章即介绍有效市场假说的主要内容及其检验方法。

第一节　有效市场假说的主要内容

一、有效市场假说的基本含义

效率是现代经济学的核心概念。在实体经济领域,效率一般是指资源是否在不同生产目的之间得到了合理配置,从而使人们获得了最大程度的效用;而股票市场的效率则有多种含义,如运作效率(operational efficiency)是指股票市场的交易执行效率,即股票市场能否在最短的时间内以最低的成本为投资者执行交易,它反映了股票市场内部组织功能和服务功能的效率。本章所论述的主要是指股票市场的信息效率,即股票价格是否能够充分和迅速地反映相关的信息。由于金融资产价格是资本配置的重要信号,因此价格对信息的反映程度影响资本配置的效率。而有效市场假说(efficient market hypothesis，EMH)的基本含义就是:股票价格已经完全反映了所有的相关信息,人们无法通过某种既定的分析模型或操作始终如一地获取异常利润。

较早地对股价的信息含量进行研究的是1953年的英国学者莫里斯·肯德尔,他在对股票价格的统计分析中发现,股价波动没有任何规律可循,它就像“一个醉汉走路一样,又若机会女神每天掷出一个随机数字,把它加在目前价格上,以此决定明天的价格,股价变化似乎表现为随机漫步(Random Walk)的形式”。上述发现使学者们感到困惑和迷惘,因为这似乎表明股票市场成了无序运行的非理性市场,但深入的研究使学者们形成一致的看法和结论,即股价随机变化体现的正是一个功能良好、信息有效的市场。

二、有效市场假说的分类及政策意义

按照股价反映信息集的大小,市场有效一般可分为三种形式:弱有效形式、半强有效形式和强有效形式。

弱有效形式(weak - form):如果信息集仅包括股票历史交易记录所蕴含的信息,如历史价格、成交金额与数量等,即现行的股票价格只是充分反映了历史交易数据所蕴含的信息,这种有效性称为弱式有效。当市场达到了弱式有效时,由于股票现价已经反映了所有历史价格及成交量的变化规律,因此以历史价格或成交量为主要分析对象的技术分析就不再对股价具有预测能力。投资者无法通过技术分析来获取长期稳定的异常利润。

半强有效形式(semistrong - form):如果信息集不仅包括股票历史交易记录,还包括了其他的公开信息,如股利分配、兼并收购、公司盈亏、经济景气等信息,并且这些与公司前景有关的公开信息已经在股价中得到反映,则这种有效性称为半强式有效。市场达到半强式有效时,不但历史价格及成交量不具有对未来股价变化的解释预测能力,而且公司财务数据及其他宏观面的公开信息也不再具有对股价的预测能力,即技术分析与基本分析均不具有实用价值。

强有效形式(strong - form):信息集不但包括了弱式和半强式有效所蕴含的信息,还包括了其他未公开的内幕信息。即当现行股价充分反映所有公开渠道和其他私下渠道信息时,市场就达到了强式有效性。这里的内幕信息除了指公司内部人员掌握的信息外,从定义上还包含专业机构的专业人员因其具备专门的分析技巧和预测方法,且同各股份公司联系密切,因而能够掌握比一般投资者更多的信息和资料。市场强式有效,不但直接否定了技术分析方法与基本分析方法存在的基础,而且同时否定了任何内线交易人获得异常利润的可能。或者说,市场上不可能存在能长期稳定地获得异常投资收益的“庄家”。

用下图来表示信息集之间的关系。

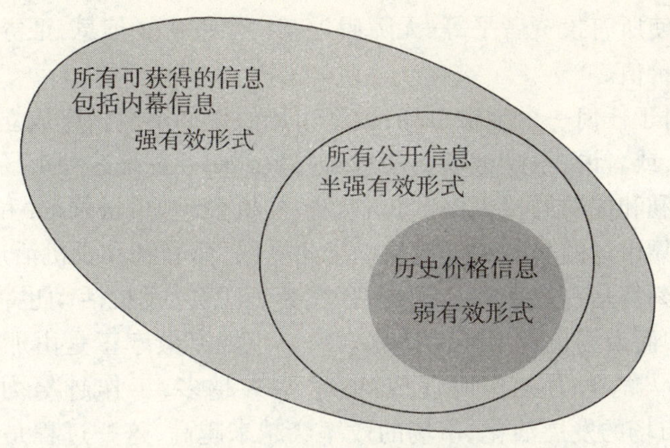

图 8－1　信息集之间的关系

相应地，市场有效三种形式的政策含义如图 8－2 所示。

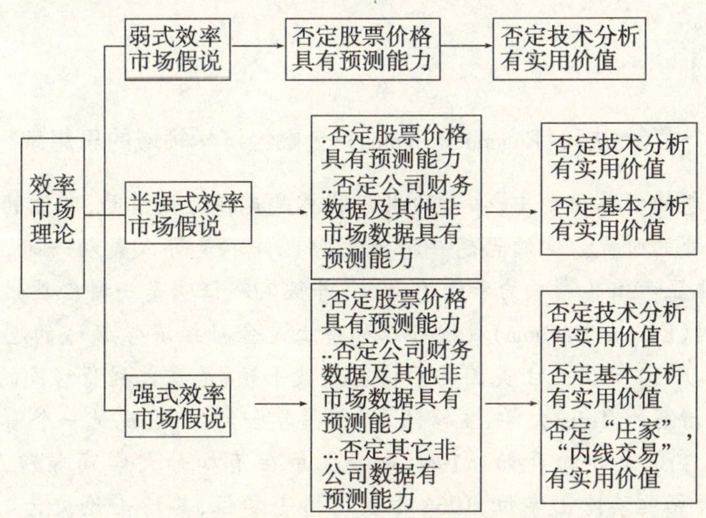

图 8－2　效率市场三种形态的政策含义

（来源：《系统分析方法》，波涛著）

正确研判证券市场效率，有助于政府实施正确有度的干预政策，也有助于投资者制定和调整自身的投资策略。首先，从宏观角度来看，证券市场的效率状况是政府制定干预政策的基础。证券市场的非效率意味着“市场失灵”，政府利用其“有形之手”进行弥补就具备了合理的经济学基础；若证券市场是有效率的，政府的最佳策略则是最低限度的市场干预。而且，证券市场效率程度不断提高的变迁过程，也是政府“有形之手”不断“归位”的过程，即干预程度不断弱化的过程。其次，从微观角度来看，证券市场的效率状况也是市场投资者制定盈利策略的基础。在非效率市场中，投资者需要更多地应用技术分析、基础分析的方法帮助决策。而在高效的证券市场中，这些方法则无多大作为。再次，证券市场效率状况的改善也有利于证券市场的公平、健康发展。因为，有效的证券市场可以使所有投资者平等、无障碍地获得全部市场信息,证券价格能够真实地反映证券的内在价值。

必须承认,对于任何一个金融市场,效率市场假说都不能始终成立。市场在一定程度上是无效率的,或者说,至少市场会偶然地失效。而且正是这种市场的暂时性失效为在市场上进行套利和成功的投机提供获取效益的机会。如 Grossman 和 Stigliz 认为:“市场的有效率是依靠市场的套利和投机活动来建立的,而套利和投机活动都是有成本的;如果市场每时每刻都是有效率的,则不会存在套利机会,投机活动也将无利可图,套利和投机就会停止,而市场也就不能保持有效率。市场有效率正是由那些认为市场无效率或效率不高的人的努力工作所促成的,这些人越多,工作越努力,市场就越有效率。”①随着金融市场的发展演化,市场的效率会越来越高,这一过程是无止境的。特别是金融工程的创新活动,支持了利用市场失效的机会进行套利和投机,在这个过程中,同时也就提高了市场的效率。金融工程所创造的新的套利和投机技术,成为提高市场效率的推动力。

【拓展阅读】

尤金·法玛(Eugene F. Fama):金融经济学领域的思想家

在人类思想的发展历史中,伟大的思想家总是走在时代前面,即他的思想总是超越或是领先他所处的时代。他的思想在刚产生时也许不是那么轰动一时,但是随着时间的推移,会日益显示出其影响力和深远意义,并被实践证明是一种经典性的理论。

尤金·法玛(Eugene F.Fama)教授可以称得上是金融经济学领域的思想家。法玛教授在1939年2月14日出生于美国马萨诸塞州波士顿,是意大利裔移民的第三代。1960年毕业于马萨诸塞州 Tufts 大学,主修法文,获得学士学位,这就是一个看起来不像是日后会成为财金学界大师的开始。1960－1963年在芝加哥大学商学院研究生院攻读 MBA,1963年开始攻读博士学位,1964年获得博士学位,其博士论文为“股票市场价格走势”。其后,法玛教授主要在芝加哥大学商学院任教。

法玛教授的研究兴趣十分广泛,包括投资学理论与经验分析、资本市场中的价格形成、公司财务、组织形式生存的经济学。他在经济学科的若干领域都作出了重要的贡献,在金融学独立为一个学科以及成为经济学中一个独立领域的进程中,是当之无愧的先驱。其主要的研究领域已贯穿于经济学、商务学和金融学。法玛教授的论文是以严谨的理论性与实证方法的运用相结合为显著特征的,这些实证方法建立在统计与经济分析基础上,用实际数据、以具体的调查来证明定义严谨的抽象的问题。

法玛教授最主要的贡献是提出了著名的“有效市场假说”(Efficient Market Hypothesis,EMH)。该假说认为,相关的信息如果不受扭曲且在证券价格中得到充分反映,市场

① Grossman, S. and J. Stilglitz,“On the Impossibility of Informantionally Efficient Markets”, American Economic Review, 1980－06(70),393－408.

就是有效的。有效市场假说的一个最主要的推论就是,任何战胜市场的企图都是徒劳的,因为股票的价格已经充分反映了所有可能的信息,包括所有公开的公共信息和未公开的私人信息,在股票价格对信息的迅速反应下,不可能存在任何高出正常收益的机会。简洁明快的 EMH 体现了经济学家们一直梦寐以求的东西,那就是市场均衡。EMH 实际上是亚当·斯密"看不见的手"在金融市场的延伸。EMH 的成立,保证了金融理论的适用性,是经典金融经济学的基础。自从 EMH 被正式提出后,30 多年来围绕它的争论从来就没有停止过,这些争论不仅使得 EMH 理论和实证研究不断完善,也促进了许多其他科学的蓬勃发展。法玛教授是有效市场理论的集大成者,他为该理论的最终形成与完善做出了卓越的贡献。1970 年他在最有声望的专业金融杂志即《金融》杂志上发表了具有影响力的一流的关于 EMH 的经典论文《有效资本市场:理论与实证研究回顾》,该论文不仅对过去有关 EMH 的研究作了系统的总结,还提出了研究 EMH 的一个完整的理论框架。在此以后,EMH 蓬勃发展,其内涵不断加深、外延不断扩大,最终成为现代金融经济学的支柱理论之一。正如题目所暗示的一样,该论文集注意力于有效资本市场的理论与实证证据,体现了这样一个思想:市场参与者的相互作用与信息传播的扭曲阻止了个人投资者在竞争的资本市场上获得既定收益。该文章中一些重要的论点是基于法玛教授自身的研究的。包括他 1965 年在商务杂志上发表的著名的论文《股票市场价格走势》,在这篇文章中他以有效市场假说下的价格走势的随机游走模型为基础提出了强制性的统计证据。该文在证明有效市场假说的有效性以及其潜在失败的根本原因时被大量文献索引。

法玛教授的另一个有重要影响的学术贡献便是他和 Kenneth R. French 教授合作提出的三因素模型。他们在 1992 年发表的论文《股票期望收益率的横截面差异(The cross - section of expected stock returns)》获得当年《金融》杂志(Journal of Finance)最佳论文奖。1993 年发表的另一篇文章《股票与债券收益中的一般风险因素(Commom risk factors in the returns on stock and bond)》也被后来的研究者广为引用。另外,法玛教授与诺贝尔奖获得者、同是芝加哥大学的米勒教授合著的《财务理论》和《基础财务学》也成为理财学发展的里程碑,标志着西方财务管理理论已经发展成熟。

总的来讲,在金融学发展成为一个独立的学科的进程中,法玛教授作出了巨大的贡献,因而他一直是历年诺贝尔经济学奖热门人选之一。

第二节 有效市场假说的实证检验

关于有效市场问题的研究,通常都是通过实证检验来进行的。本节分别介绍各种形式有效市场假说的检验方法。

一、弱有效市场假说的检验

主要验证从股票价格数据中,是否可以发现任何能识别和利用的规律来预测未来的变化,进而可通过该种规律或模式来获得异常收益。如果不能发现这种规律或模式,则说明市场已达到弱式有效。这一类实证检验主要按以下基本方向进行:

第一,检验股票价格数据间的独立性。从统计检验的角度说,即检验股价数据间的"系列相关性"(Serial Correlation)或又称"自相关性"(Auto Correlation)。如果不同时点的股价之间存在统计上显著的系列相关性,说明股票价格的升降对后来的价格变化存在着某种影响,即可以从股票价格的历史变化中发现预测未来股价的规律,弱式有效假说不成立。

第二,检验股票价格变化的随机性。从统计检验的角度说,如果股价变化不具有统计上显著的随机性,则投资人有可能利用该非随机特征获取异常收益。具体的检验方法见下一章的有关论述。

第三,检验各种股票技术分析方法及交易规则的有效性。如对过滤法则(Filter Rules)的检验。所谓"过滤法则"是指当证券价格上涨X%时,立即购买并持有这一证券直到其价格从前一次上涨时下跌X%;当证券价格从前一次下降中上涨X%时,立即卖出持有的证券;如此循环操作。如当X%取1%时,则意味着交易规则是:"当股价上涨1%时,买入它;直至其价格由前一高点滑落大于1%时,再出售它。"亚历山大、法玛和布卢姆发现,考虑到佣金等原因后这些过滤规则通常不能产生交易利润。这就支持了弱式有效假说。又如对证券市场的"时间效应"的检验,也可划到弱有效检验的范畴。如果市场存在"周末效应"或"周内效应",即证券市场中一周内各交易日收益率存在差异。如周一的股价较低,周五的股价达到最高。这样,若周一购买后在周五售出,则可获得一定的异常收益。同样还有"年末现象",在年底股价下降,年初又迅速回升。因此,年末买入后在来年年初卖出,也可获得一定的异常收益。如果上述两种现象存在,且异常收益并未因交易费用而抵消,则说明股市未达到弱式有效。再如对某种技术分析指标的检验。选择一个与股票价格变化有关的指标,然后按照这一指标数值的指示决定买入卖出某种股票。如果这种操作策略在扣除风险和交易成本等因素后,能比一般投资者取得较高的收益率,则技术分析有效,对应的是证券市场无效。反之,证券市场的有效性越强,技术分析的有效性越弱。

从西方成熟证券市场的实证研究看,结果普遍支持弱式有效市场的假说。

二、半强式有效的检验

主要验证股票价格是否能充分迅速地反映任何公开信息。如果能,则投资者不可能利用任何公开信息获取异常收益;反之,如果股票价格对任何公开信息的反映具有滞后性或者不完整性,则投资人便可能利用该公开信息获取异常收益。这里所指的公开信息包括:公司规模、股票拆细、盈利报告公布、资产重组、股利分配、增发新股等等。

在实证检验时,主要是检验股票价格围绕重大信息公布时间前后的波动特征,特别是检验股价调整时机与信息公布时机两者之间的关系。这种关系通常表现为四种状态:①在信息公布之前,股价已调整至理论水平,信息公布之后,股价不再有显著变化;②股价调整时机在信息公布之前,但反应过度,在信息公布之后,股价走势与信息公布前趋势相反,反向修正;③股价调整时机与信息公布同步;④股价调整时机对信息公布滞后。以某一利好消息对股价的影响为例,将上述四种情况表示为下图。

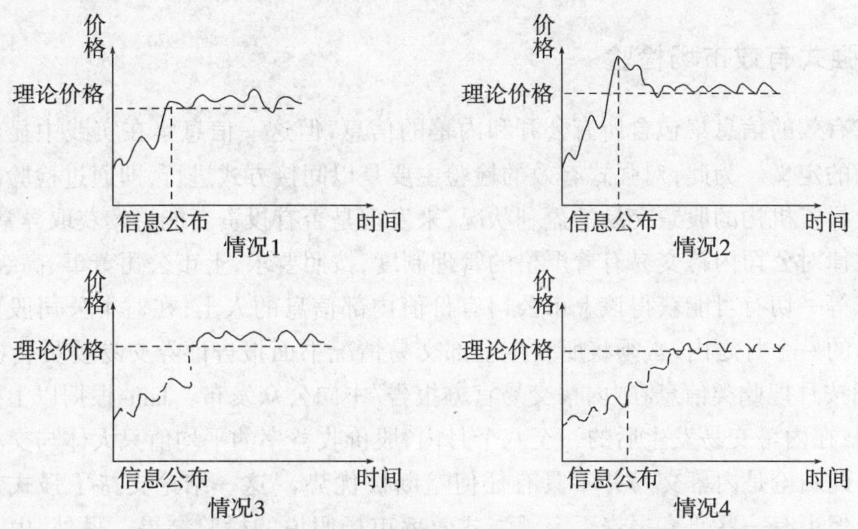

图 8-3　股价调整时机与信息公布时机之间关系的四种情况

利空消息对股价的影响则与上图相反。总之,若情况①或③发生,则支持了半强式有效市场假说。当④发生时,即出现了滞后反应,则否定了半强式有效市场假说。当②发生时,出现过度反应,也否定了半强式有效市场假说。因为在②或④这两种情况下,股价都未对事件或新信息作出迅速、正确的反应,产生的偏离可能使投资获取异常利润。

常见的实证研究主要有:股票价格对公司盈利信息公布的反应,如Ball和Brown发现股价在企业正式宣布其收益变化之前就已按相应的方向做了调整,即在公司正式宣布收益增加或减少之前股价已先行上升或下降,从而肯定了市场的预测能力和效率①。股利分配信息对股票价格的影响,如Fama、Fisher和Jensen等人利用纽约证券交易所 1927 至 1959 年期间的股票除权及红利数据进行的研究表明,股价调整均发生在除权信息公布之前,除权信息本身并不能帮助投资人获得异常收益,在除权公布日之后购买该股

① R. Ball and P. Brown, "An Empirical Evaluation of Accounting Income Numbers", Journal of Accounting Research, Autumn 1968, 159 - 178.

票,已不能使投资人受益。这一统计现象支持了半强式效率市场假说①。资产重组或购并对股票价格的影响,如Keown和Pinkerton对企业购并消息公布前后被收购公司股票的额外收益进行了研究,结果发现在消息正式公布前约15天,股价已提前做出了反应,而在正式公布收购消息之后,股价不再有显著变化。这一现象也与效率市场假说一致②。另外,“小公司效应”的研究也可划入半强式有效市场假说的检验范围。因为若排除风险因素之后,购买小公司股票的收益率要明显高于购买大公司股票的收益率,则意味着股价没有充分迅速反映公司规模这一公开信息,即股市未达到半强式效率。

三、强式有效市场检验

强式有效的信息集包含所有公开和内幕的信息,但这一信息集在实践中显然难以进行精确的定义。为此,对强式有效的检验主要是以间接方式进行,即通过检验内部人员和专业投资机构的股票交易的盈利状况,来发现是否有投资者能持续获取异常利润。如美国法律对公司内幕交易有着严格的管理制度,按照要求,上市公司董事、高级主管、主要股东等一切有可能获得该上市公司有价值内部信息的人士,在对本公司股票发生交易之日的一个月之内,必须将所发生全部交易情况书面报告证券交易委员会(SEC)。而SEC则按月把此类信息在“内幕交易官方报告”中向公众发布。Jaffe根据以上数据的研究表明:在内幕交易发生后的一至八个月内,股价收益率的平均值只大体与交易成本相当。因此结论是内幕交易并不具有任何垄断性优势。③这一结论支持了强式效率市场假说。但也有一些研究报告否定了强式效率市场假说的检验结果。另外,由于专业投资机构人在日常经营活动中,通常都会迅速建立起自已与政府间、自己与投资对象间、自已与社会相应部门间广泛而缜密的关系网,以尽可能地获取第一手情报。因此专业投资机构也有可能获得垄断性的未公开信息。如果有证据表明机构投资人能够获取“异常”收益,则否定了强式效率市场假说;反之,则支持了强式效率假说。目前,对机构投资人的研究主要围绕着“共同基金”进行。结果表明绝大多数投资基金的表现都不能持续平稳地超过市场平均表现,因此,这一事实支持了强式效率假说。但也有少数研究报告支持共同基金具有获取“异常收益”能力的观点。

四、关于中国股市有效性的检验

近年来,对中国股市有效性的实证研究正逐步兴起。谭新(2011)④ 将学术期刊网

① Eugene F. Fama, Lawarence Fisher, Michael C. Jensen and Richard Roll, “The Adjustment of Stock Prices to New Information,” International Economic Review (February 1969), 1-21.

② Arthur Keown and John Pinkerton, “Merger Announcements and Insider Trading Activity”, Journal of Finance, 36 (1981, September).

③ Jeffrey F. Jaffe, “Special Information and Insider Trading,” Journal of Business (July 1974), P410-428.

④ 《关于我国证券市场有效性的文献综述》,《时代金融》2011年11月下旬刊。

上的55篇研究中国股市有效性的文献按两个时间阶段进行分类。阶段一:文献所研究的样本区间属于2000年以前的中期与短期数据;阶段二:文献所研究的样本区间属于2000年以后的短期数据,或者包含2000年以后和2000年之前的时限超过5年的中长期数据(以2000年为分界点的重要原因是我国股市是在1990-1996年六年间发展的基础上,经过1997—1998年两年整顿规范而逐步走向成熟的,再者通过1997-1998年两年的整顿规范,我国股市基本与1999年达到相对规范)。结果显示,在2000年以前样本区间的25篇文献中,认为我国股市已达到或接近弱式有效的为13篇,占52%;认为我国股市尚未达到弱式有效的为10篇,占40%;另有2篇尚难认定,占8%。而2000年以后的短期和包含2000年以后长期数据的33篇文献中,认为我国股市已达到或接近弱式有效的为23篇,占74%(其中6篇认为我国股市的有效性是一个发展的过程,正逐步趋于或已经弱式有效);认为我国股市尚未达到弱式有效的为7篇,占23%;另有1篇尚难认定,占3%。通过对这两个区间的分析我们可以看出绝大多数的文献认为,我国股市已经达到弱式有效,且由第一个区间的52%发展至第二个区间的74%,说明我国股市正在逐步由非有效发展至弱式有效。

值得一提的是,尽管一些学者采用西方的研究方法和中国股市数据,对中国股市的有效性进行了多方面实证检验,但也有少数学者认为中国股市目前发展尚不规范、投资者之间信息不对称现象较为严重,股票价格的形成还较多地受到行政管制等非市场因素的影响,因而在这种情况下,简单地按照国外已有的研究方法,对中国股市有效性进行实证研究所获得的结论都只有参考意义,而不构成对市场有效程度进行实质判断的证据①。"与其埋头于研究海面水平与否、波浪大小及持续时间,不如致力于对海底构造或海啸产生机制的研究;与此相似,与其投入大量精力分析市场的效率性,不如加强对如何才能减少信息的不完全性、信息的非对称性以及投资者的非理性,如何才能提高市场的透明度和投资者的素质等方面的研究,这更有益于提高资本市场的效率性、公正性和健全性②"。但我们认为在实证检验过程中所采取的一些方法还是值得我们学习的。本章重点介绍在研究半强式市场有效时的重要手段之一——事件研究法(Event Study)。利用时间序列方法对弱式市场有效的实证检验,已经在第四章给以介绍。

第三节　事件研究法及其应用案例

事件研究(event study)法最早由Fama、Roll等人在1969年分析股票拆细信息对股票价格的影响时提出。其原理是根据研究目的,选择某一特定事件,以研究事件发生前后某一段时间内样本股票价格或收益率的变化,进而解释特定事件对样本股票价格或收

① 施东晖,《中国股市微观行为理论与实证》,上海远东出版社2001版,第163页。

② 翟林瑜,《信息、投资者行为与资本市场效率》,《经济研究》2004年第3期。

益率的影响。事件研究法被普遍应用于与企业有关事件和经济类事件的分析，例如公司的兼并和收购、盈利公布、新股增发、财务报表公布、资产重组、内幕交易、宏观经济变量(如贸易赤字)的变化等事件对股票价格的影响。事件研究法的突出优点是，其研究过程具有简单、明了的逻辑线索，即某事件的发生是否影响了价格的时间序列数据。这种影响的程度是用非正常收益来计算，故又称之为累积异常收益率法(CAR，Cumulative Abnormal Return)。另外，事件研究方法还被美国高等法院作为审理证券欺诈案件时确定受偿水平的参照方法。而深圳证券交易所的一篇研究报告也以大庆联谊的诉讼案例为例，探索了在中国运用事件研究法确定“虚假陈述行为”赔偿标准的可行性①。本节介绍事件研究法的主要过程，并提供两个案例。

一、事件研究法的主要过程

事件研究法一般可以分为以下几个步骤：

(1)定义所要研究的具体事件及相应的事件窗口。

根据研究目的，选择特定事件或信息，然后就股价对事件信息的反应速度，确定对其进行检验的时间区间，这个时间区间称为事件窗。例如，检验盈利公布对股价的影响，盈利公布就可以看作事件，事件窗可以选为事件公布的这一天或第2天。但在实际分析中，市场价格对不同的信息往往有不同的反应速度，所以选择“最优事件窗”也因事而异。如中国股市信息披露不规范，某一事件的信息在正式公布前一段时间内，就已在市场上流传，进而对股价产生影响。因此，可扩展事件窗，以便较全面地把握该事件对股价的影响。但扩展事件窗时要注意，事件窗越大越可以捕捉该事件对股票价格的影响；但事件窗过长，引入研究事件以外的、不相干因素干扰的可能性越大。如在研究盈利公布的事件窗口内，某股票发生了资产重组，那么这两个事件都会对股价产生影响，难以将它们相互分离。当然，针对这一问题，也可以在选样时将同时发生其他事件的个体剔除。

事件分析的时间轴可表示如下：

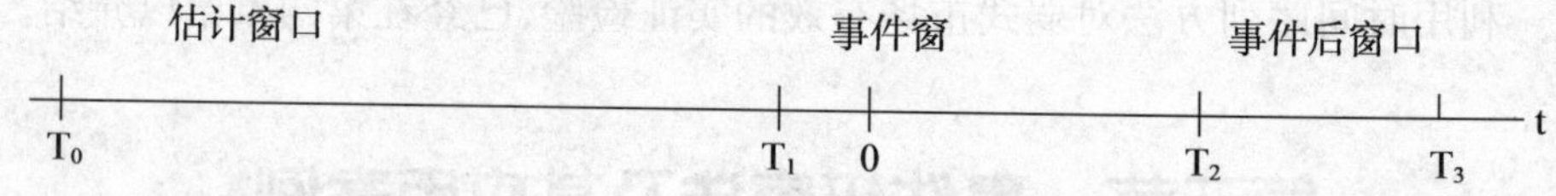

图8-4 事件分析的时间轴

用t=0表示事件发生日期，t=T_0到t=T_1表示估计窗口，t=T_1到t=T_2表示事件窗。设$L_1 = T_1 - T_0$，$L_2 = T_2 - T_1$，分别表示估计窗口和事件窗的长度。位于事件窗的异常收益测度因事件发生而对股价的影响程度；估计窗口则用于衡量事件未发生时的

① 陈向民，陈斌，《确定“虚假陈述行为”的赔偿标准－事件研究法的司法运用》，《证券市场导报》2002年7月号。

正常收益。由于股票价格的变化是由事件引起的，在划分估计窗口和事件窗时，两者最好没有重叠，以免在估计正常收益时受到事件的影响，使得事件研究方法出现问题。如果考虑事件对以后收益的影响，还可以设定从 $t=T_2+1$ 到 $t=T_3$ 为事后事件窗口，$L_3=T_3-T_2$ 为事后事件窗长度。例如资产重组后对股东财富的影响、重组对企业经理约束力的影响，都会在资产重组之后的较长一段时间内影响股票价格，因而有的研究也对事件后的股价或异常收益率进行分析。

(2)样本选取。

在确定了所感兴趣的事件后，需要制定一定的原则来确定对哪些公司进行事件研究。一个重要的原则是所选取的样本公司在事件窗口内没有发生其他重大信息，以消除其他事件对其市场表现的影响。

(3)正常收益(normal return)和异常收益(Abnormal return)的度量。

为了评价事件对所研究样本中个体 i 收益水平的影响，需要对异常收益进行度量。假设事件没有发生或没有这个事件，此时个体 i 的收益称为正常收益，一般用事件没有发生时的预期收益 $E[R_{it}\mid I_t]$ 来表示。但现在由于事件发生了，其收益成为事后或实际收益 R_{it}。异常收益 AR_{it} 则是事件窗中的事后收益(实际收益)减去正常收益或预期收益。即对第 i 个公司和事件窗 $[T_1+1,T_2]$ 中的 t 时刻有：

$$AR_{it}=R_{it}-E[R_{it}\mid I_t]，其中\ t\in[T_1+1,T_2] \quad (8-1)$$

显然，如何设计和选择计算正常收益的模型是整个事件研究法的基础性步骤。在计算正常收益时，有许多模型可以选择，常用的有：

a.市场模型。其理论基础是市场中任何证券的收益与市场投资组合的收益存在相关性。如对第 i 种股票，有：

$$E[R_{it}\mid I_t]=\hat{\alpha}_i+\hat{\beta}_i R_{mt}，其中\ t\in[T_1+1,T_2] \quad (8-2)$$

其中 R_{mt} 为市场投资组合 m 的收益率。$\hat{\alpha}_i$、$\hat{\beta}_i$ 分别为市场模型的参数。在应用中，市场投资组合的收益一般选为综合指数的收益。而参数 $\hat{\alpha}_i$、$\hat{\beta}_i$ 则要利用估计窗口 $[T_0,T_1]$ 内的数据按市场模型加以估计。例如，选择事件前 120 天作为估计窗口。对模型：

$$R_{it}=\alpha_i+\beta_i R_{mt}+\varepsilon_{it}，其中\ t\in[T_0,T_1] \quad (8-3)$$

运用 OLS，得出 $\hat{\alpha}_i$、$\hat{\beta}_i$。显然这样做暗含假定：估计窗口内的参数 $\hat{\alpha}_i$、$\hat{\beta}_i$ 与事件窗口内的参数 $\hat{\alpha}_i$、$\hat{\beta}_i$ 相等；或者说，股票个体本身的特性(参数 $\hat{\alpha}_i$、$\hat{\beta}_i$)不受事件发生的影响。这一假定也成为市场模型受到攻击的一个方面。

上述过程的一个特例是，在事件窗口内直接以市场收益率 R_{mt} 作为第 i 种资产的正常收益率，即：

$$E[R_{it}\mid I_t]=R_{mt}，其中\ t\in[T_1+1,T_2] \quad (8-4)$$

b.常数均值模型(Constant Mean Return)。常数均值模型假定个体 i 在事件窗口内的正常收益是常数，

$$E[R_{it}\mid I_t]=\mu_i，其中\ t\in[T_1+1,T_2] \quad (8-5)$$

此时 $\mu_i = \frac{1}{T_1 - T_0} \sum_{t=T_0}^{T_1} R_{it}$,其中 $t \in [T_0, T_1]$ (8-6)

即用估计窗口$[T_0, T_1]$内实际收益率的平均值作为事件窗口$[T_1+1, T_2]$内的正常收益或预期收益。

除了上述两种模型之外,还可以用多因素模型,如FAMA的三因素模型作为正常收益率模型;或是资本资产定价模型(CAPM),即 $E[R_{it} \mid I_t] = r_{ft} + \beta_i \cdot (R_{mt} - r_{ft})$等等。在70年代的事件研究中广泛应用资本资产模型。有一些经验性的结果证实,用以上不同的方法估计正常收益,其效果相差不大。陈汉文与陈向民的研究表明:虽然市场模型具有某些优点,但在针对我国证券市场的研究中则需要注意其有更容易拒绝原假设的倾向。这意味着它在运用于一些价格反应力度较小或不易确定的研究中,对结果的阐述需要慎重。而均值模型在不同情况下对事件研究有很多优于市场模型的特点。运用均值模型可以更有效地达到探测股票价格事件性表现的目的①。另外,用CAPM或者三因素模型估计正常收益,实际上使得事件研究成为对CAPM或三因素模型和市场半强式有效假说的双重检验(joint test)②。

在运用特定模型求出样本中个体i在事件窗口内的正常收益后,用实际收益率和正常收益率的差作为事件窗口内异常收益率的估计,即:

当用市场模型估计正常收益时:个体i的异常收益为:

$AR_{it} = R_{it} - E[R_{it} \mid I_t] = R_{it} - \hat{\alpha}_i - \hat{\beta}_i R_{mt}$,其中 $t \in [T_1+1, T_2]$; (8-7)

而用常数模型估计正常收益时,异常收益率为:

$AR_{it} = R_{it} - E[R_{it} \mid I_t] = R_{it} - \mu_i$,其中 $t \in [T_1+1, T_2]$; (8-8)

整个样本中所有N种股票在t时刻的平均异常收益率:

$$\mathrm{AAR_t} = \frac{1}{\mathrm{N}} \sum_{i=1}^{\mathrm{N}} \mathrm{AR_{it}} \qquad (8-9)$$

事件窗口内,从时点 τ_1 到时点 τ_2 之间的时间段(其中 $\mathrm{T_1} < \tau_1 \leq \tau_2 \leq \mathrm{T_2}$),对于第i只股票,其累积异常收益率为:

$$CAR_i(\tau_1, \tau_2) = \sum_{t=\tau_1}^{\tau_2} AR_{it} \qquad (8-10)$$

整个样本的N种股票从时点 τ_1 到时点 τ_2 的平均累积异常收益率为:

$$CAR(\tau_1, \tau_2) = \frac{1}{N} \sum_{i=1}^{N} CAR_{it} \qquad (8-11)$$

许多研究文献在计算平均累积异常收益率时,往往从事件窗口的起点 $\mathrm{T_1}+1$ 开始,到事件窗口内的另一时点 $\mathrm{t}(\mathrm{t} \leq T_2)$ 结束,对于第i只股票这一段时间累积异常收益率

① 陈汉文,陈向民,《证券价格的事件性反应——方法、背景和基于中国证券市场的应用》,《经济研究》2002年第1期。

② Fama, E.F.1998, "Market Efficiency, Long-term returns, and Behavioral Finance", Journal of Financial Economics 49, 283-306.

为：

$$CAR_{it} = \sum_{\tau = T_1 + 1}^{t} AR_{i\tau} \quad (8-12)$$

整个样本的全部 N 种股票在$[T_1 + 1, t]$($t \leq T_2$)内的平均累积异常收益率为：

$$CAR_t = \sum_{\tau = T_1 + 1}^{t} AAR_\tau = \frac{1}{N}\sum_{i=1}^{N} CAR_{it} \quad (8-13)$$

(4)实证结果的表述和检验。

可以用事件窗口内，样本中所有股票的平均累积异常收益率 CAR_t 曲线随时间 t 的变化规律来反映事件发生对股价的影响。CAR_t 曲线的变化形态有多种。例如，在一个半强式有效市场中，当事件发生或信息公布后(即事件窗口内的时刻 $t>0$ 时)，CAR_t 应保持不变。如果 CAR_t 持续上升，表明事件发生后市场并没有迅速反应，买入股票仍可获得一定的异常收益，市场未达到半强式有效；如果 $t>0$ 时 CAR_t 呈下降走势，则表明市场对事件的发生存在过度反应，事件公布后投资者对预期重新作出调整，股票价格出现回落。

除了上述利用 CAR 曲线的变化规律来反应事件发生对股价的影响之外，还可以辅之以严格的统计检验。可以证明：如果事件发生对股价无影响，那么对于事件窗口内的任一时点 t，整个样本的平均异常收益率 AAR_t 应服从均值为 0 的正态分布；对于事件窗口内任两个时点 τ_1 到 τ_2($T_1 < \tau_1 \leq \tau_2 \leq T_2$)之间的平均累积异常收益率 $CAR(\tau_1, \tau_2)$也应服从均值为 0 的正态分布。因此，许多实证研究通过检验事件窗口内时点 t 的平均异常收益率 AAR_t 或截至 t 时点的累积异常收益率 CAR_t 的均值是否为 0，来确定事件发生对股价是否产生影响。即对于时点 t，原假设为：

$H_0: \overline{AAR_t} = 0$(或$\overline{CAR_t} = 0$)

其检验统计量为传统的 t 检验，分别为：

$$T_{AAR} = \frac{AAR_t}{S(AAR_t)/\sqrt{n}} \quad (8-14)$$

其中，$S^2(AAR_t) = \frac{1}{n-1}\sum_{j=1}^{n}(AR_{jt} - AAR_t)^2$

$$T_{CAR} = \frac{CAR_t}{S(CAR_t)/\sqrt{n}} \quad (8-15)$$

其中，$S^2(CAR_t) = \frac{1}{n}\sum_{j=1}^{n}(CAR_{jt} - CAR_t)^2$，n 为样本中所含股票数目。

设定显著性水平 α，通过上述公式对事件窗口内每一时点($t = T_1 + 1 \cdots 0 \cdots T_2$)的 AAR_t 和 CAR_t 进行检验，计算出的 T 统计量大于临界值，则拒绝原假设，表明所研究事件的发生或信息的披露对股价产生了影响。

另外，相应地，还可结合 CAR 曲线，分析股价对事件发生或信息公布呈滞后反应还是过度反应。

二、事件研究法的应用案例

下面通过对两篇论文的分析，来说明事件研究法的应用。

【案例】准备金比率上调对市场利率的影响

调整法定存款准备金率是我国中央银行近些年来的一个重要货币政策工具。理论上讲，法定存款准备金率的变动，会改变商业银行可贷资金总量，因而会影响到市场流动性，从而促使市场利率发生相应变化。然而，政策的实施效果很大程度上却取决于市场的流动性状况、市场对政策调整的预期及政策透明度等诸多因素。考察各类市场利率对存款准备金率调整事件的反应，将在一定程度上有利于弄清存款准备金率这种货币政策工具的有效性。2006 年至 2011 年期间，我国共上调存款准备金率 31 次，市场利率是否在准备金率上调信息正式公布前的几个交易日内即做出提前反应，在准备金率上调信息宣告之后，市场利率的反应是否具有持续性，关于这些问题可采用事件研究法进行分析。其基本思想是：对于某种利率来说，先求出假设准备金率上调事件未发生情况下的所谓“正常利率水平”；然后用事件发生前后一段时间内（事件窗口）的实际利率数据减去“正常利率”，由此得到利率的异常变化；再对其进行相应的统计研究以反映“准备金率上调”信息宣告对该种利率的影响。

将估计窗口设定为 5 个交易日，即准备金率调整信息宣告日 t_0 前 8 天至前 3 天，从而避免因估计窗口过长而可能受其他事件的干扰（比如在有些准备金率调整前 10 天或 15 天内出现了存贷款利率调整事件）。由此，对于第 i 次准备金率调整宣告事件，某类利率 R 的正常值可按下式计算。

$$E[R_i \mid I_t] = \frac{1}{5}\sum_t R_{it}，其中\ t \in [t_0 - 8, t_0 - 3] \tag{8-16}$$

将观察市场利率可能出现异常变化的事件窗口定为准备金调整信息宣告前两天至后 20 天，即 $[t_0 - 2, t_0 + 20]$。选择从信息宣告前两天开始观察，是因为市场利率对于准备金调整信息的公布可能出现提前反映。而将观察期延长至信息宣告后第 20 个交易日，首先是因为利率变化可能出现滞后反应；其次，经计算，对于样本期内的这 30 次准备金率上调宣告事件，其正式生效实施日均是在上调信息宣告日之后的 5 – 15 个交易日左右，由此本文通过事件研究法中的累积平均异常值（CAAR）曲线，可以同时较为直观地反映各类市场利率在“准备金率上调信息宣告”以及“准备金率上调实施生效”这两个时点前后的变化情况。

为此，对于第 i 次准备金率调整信息宣告，在事件窗口内的每个交易日，某类市场利率发生的异常变化值可按下式计算：

$$AR_{it} = R_{it} - E[R_i \mid I_t]，其中\ t \in [t_0 - 2, t_0 + 20] \tag{8-17}$$

从而对于样本期内所有 30 次准备金调整信息宣告事件，某种利率在事件窗口内各交易日的平均异常变化值为：

$$\overline{AAR_t} = \frac{1}{30}\sum_{i=1}^{30} AR_{it}\text{，其中 } t \in [t_0 - 2, t_0 + 20] \tag{8-18}$$

通常假设平均异常变化值服从均值为 0 的正态分布，从而对于事件窗口内的每一交易日 t，计算统计量：

$$J = \frac{\overline{AAR_t}}{\sqrt{Var(AAR_t)}} \tag{8-19}$$

其中，

$$Var(AAR_t) = \frac{1}{(30-1)\cdot 30}\cdot\sum_{i=1}^{30}(AR_{it} - \overline{AAR_t})^2 \tag{8-20}$$

设定显著性水平 α，对于事件窗口内每一时点，如果计算出的 J 统计量大于正态分布的临界值，则拒绝原假设，表明准备金率上调信息的宣告对该日利率产生了显著影响。

进一步可通过累积平均异常变化值（CAAR）随时间的变化来直观反映事件窗口内某种利率的变化情况。具体地，对于某个利率指标 R，整个样本的 30 次准备金调整事件，从事件窗口的起点（t_0-2）到终点（t_0+20），各日的平均累积异常变化值为：

$$CAR_m = \sum_{t=t_0-2}^{m}\overline{AAR_t}\text{，其中 } m \in [t_0 - 2, t_0 + 20] \tag{8-21}$$

如果在准备金率上调信息宣告前（即事件窗口内时刻 t_0-2 至 t_0 之间），CAAR 曲线即出现显著的上升走势，则表明市场对"准备金率上调宣告"提前预期并作出反应；而准备金率上调信息宣告之后（即事件窗口内 t_0 之后）CAAR 曲线的走势则可揭示出准备金率上调对某个利率指标影响的持续性。结果如下：

表 8-1　利率序列在事件窗口内发生异常变化的日均值及显著性检验

	信息宣告前两个交易日（t_0-2）	信息宣告前一交易日（t_0-1）	信息宣告当日（t_0）	信息宣告后首个交易日（t_0+1）	信息宣告后第二个交易日（t_0+2）
货币市场短期利率					
SHIBOR1 周	-5.31 (-0.65)	-7.75 (-0.71)	-17.43 (-1.60)	29.67 (1.72)*	31.69 (1.57)
回购 R007	-3.84 (-0.46)	-7.85 (-0.72)	-14.25 (-1.30)	26.97 (1.88)*	32.77 (1.73)*

对累积平均异常值（CAAR）曲线进行观察。

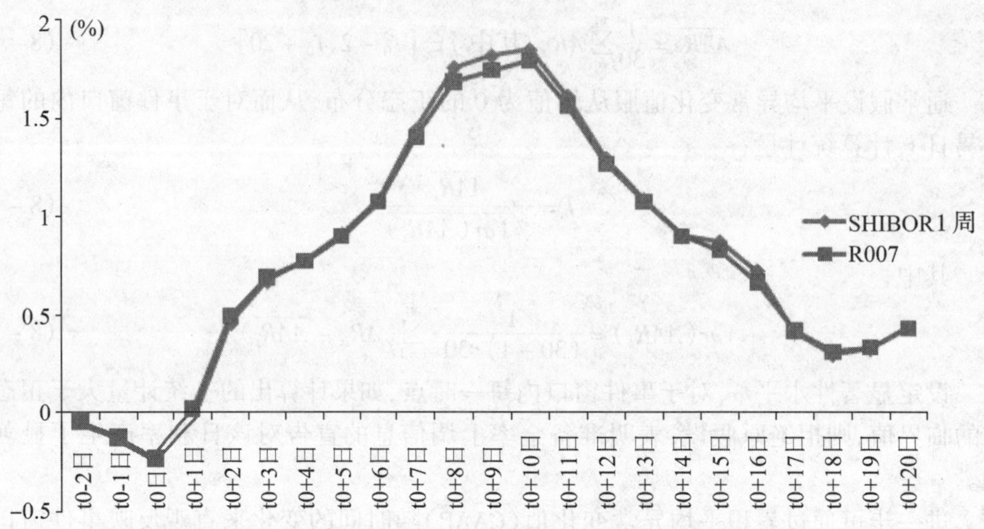

图 8-5 SHIBOR1 周和 7 天国债回购利率的 CAR 曲线

由图 8-5 可见，在准备金率上调信息宣告日(t_0)之后，各类利率变化的累积平均异常值(CAAR)曲线均出现持续上升。货币市场短期利率在信息公布之后的第 10 天达到最高点，其后出现明显下降。

【案例】 中国证券市场半强态有效性检验———买壳上市分析①

作者收集了 94 例有确切信息公布时间的买壳上市，考察信息公布前后股价的反应，研究半强态市场有效性。其主要过程为：

(1) 事件窗口的定义。

以买壳上市信息公布日为事件日(即 $t=0$)，事件窗口设定为公布日前后各 60 个交易日，表示为[-60, +60]。

(2) 样本选择。

选取 1997 年和 1998 年沪深两市买壳上市信息公布日期准确的 94 例个股。其中，按时间分，1997 年 25 例，1998 年 69 例；按所在的交易所分，深市 43 例，沪市 51 例。这样共可分成 4 组样本。

(3)正常收益率模型的选择。

采用市场模型来估测事件窗口内未受事件影响时的正常收益率。即对样本中的第 i 种股票，有：

$$E[R_{it} \mid I_t] = \hat{\alpha}_i + \hat{\beta}_i R_{mt}, \text{其中 } t \in [-60, +60] \quad (8-22)$$

其中 R_{mt} 为相应市场指数的收益率。$\hat{\alpha}_i$、$\hat{\beta}_i$ 分别为市场模型的参数，可利用估计窗口[T_0, T_1]内的数据按市场模型加以估计。选择买壳上市信息公布日前 60 天作为估计窗口，即对模型：

① 靳云汇，李学，《金融研究》2000 年第 1 期。

$$R_{it} = \alpha_i + \beta_i R_{mt} + \varepsilon_{it}\text{，其中 } t \in [-120, -60] \quad (8-23)$$

运用 OLS，得出 $\hat{\alpha}_i$、$\hat{\beta}_i$。

(4)异常收益率的计算。

用实际收益率和正常收益率的差作为事件窗口内异常收益率的估计，即：对于样本中的个体 i，其异常收益为：

$$\begin{aligned} AR_{it} &= R_{it} - E[R_{it} \mid I_t] \\ &= R_{it} - \hat{\alpha}_i - \hat{\beta}_i R_{mt}\text{，其中 } t \in [-60, +60]; \end{aligned} \quad (8-24)$$

整个样本中所有 N 种股票在 t 时的平均异常收益率：

$$AAR_t = \frac{1}{N}\sum_{i=1}^{N} AR_{it}\text{；其中 } t \in [-60, +60] \quad (8-25)$$

整个样本 N 种股票在截止到 t 时刻的平均累积异常收益率为：

$$CAR_t = \sum_{\tau=-60}^{t} AAR_\tau\text{；} t \in [-59, +60] \quad (8-26)$$

结果如下表：

表 8-2　深沪两市 1997、1998 年买壳上市累积平均超额收益率

t	深市 car_t	沪市 car_t	1997 年 car_t	1998 年 car_t	t	深市 car_t	沪市 car_t	1997 年 car_t	1998 年 car_t
-60	0.007	0.004	0.013	0.003	1	0.145	0.093	0.083	0.117
-55	0.008	0.019	0.028	0.009	2	0.136	0.088	0.079	0.110
-50	0.015	0.034	0.022	0.023	3	0.128	0.076	0.075	0.097
-45	0.028	0.041	0.028	0.035	4	0.126	0.077	0.078	0.095
-40	0.026	0.033	0.020	0.030	5	0.127	0.078	0.082	0.095
-35	0.038	0.047	0.036	0.042	10	0.115	0.067	0.087	0.078
-30	0.043	0.049	0.013	0.050	15	0.116	0.050	0.078	0.065
-25	0.055	0.052	0.005	0.062	20	0.127	0.051	0.091	0.069
-20	0.079	0.059	0.033	0.070	25	0.112	0.034	0.088	0.048
-15	0.073	0.058	0.030	0.066	30	0.117	0.018	0.096	0.039
-10	0.094	0.070	0.037	0.090	35	0.106	0.007	0.101	0.020
-5	0.109	0.080	0.061	0.098	40	0.105	0.006	0.104	0.016
-4	0.121	0.082	0.064	0.105	45	0.100	0.008	0.119	0.011
-3	0.124	0.088	0.072	0.110	50	0.098	0.004	0.140	0.000
-2	0.133	0.093	0.083	0.113	55	0.099	0.003	0.120	0.004
-1	0.143	0.099	0.094	0.120	60	0.098	0.009	0.141	0.001
0	0.147	0.093	0.091	0.119					

对于各组样本可画出其平均累积异常收益率 CAR_t 曲线随时间 t 的走势。例如，1997 年和 1998 年两组样本的 CAR_t 曲线的变化图如下：

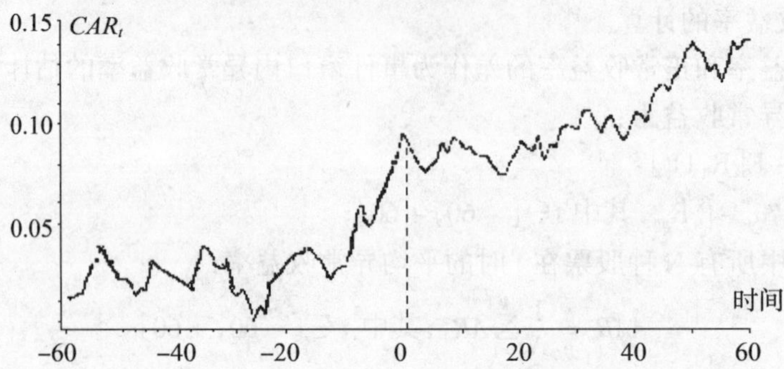

图 8-6 1997 年买壳上市累积平均异常收益率变化图

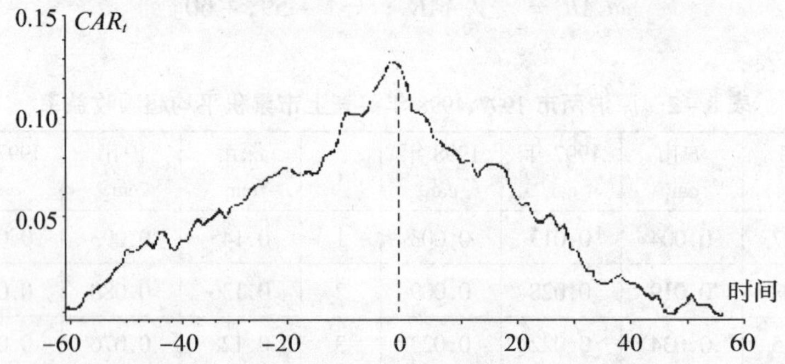

图 8-7 1998 年买壳上市累积平均异常收益率变化图

对比上面两图，对于 1997 年发生买壳上市事件所组成的样本，在事件信息公布后，累积超常收益率 CAR_t 继续呈上升走势，表明市场对信息公布的反应不充分。而对于 1998 年发生买壳上市事件所组成的样本，在信息公布后，累积超常收益率 CAR_t 持续下降，表明信息公布前，市场已对信息提前做出了过度反应，信息公布后股价反向修正。这两种情况都说明市场半强式有效性不成立。

另外，值得注意的是，上面两图也反映了 1997 与 1998 这两年我国证券市场的特点。1997 年沪深股市重视炒作绩优股，因而对以绩差股为主的资产重组板块挖掘不够，因此股价并没有在资产重组消息出台之前得到炒作，体现为累积平均收益率在重组消息出台之后仍会有上升走势；而 1998 年资产重组板块火爆，股价在重组消息出台之前，已过度反应。

三、应用事件研究法的有关文献汇总

由于事件研究法在经验研究中所占据的重要地位，当中国证券市场积累了足够的数据后，许多学者开始运用该方法来对各种问题进行分析。在模型选择、事件窗长度、正常收益度量等方面都进行了广泛的探索。

下表为利用事件研究法的有关文献汇总。

表 8-3　事件研究法在中国的应用

作 者	研究事件	事件窗口	正常收益的计量	结 论
魏刚①	股利分配公告	公告日前后各 5 天即[-5,+5]	市场模型,用[-25,-6]期间的数据估计[-5,0]阶段的正常收益,用[-20,0]估计[+1,+5]阶段的正常收益	股价对事件存在过度反应,市场未达半强式有效。
陈信元、张田余②	资产重组公告	公告日前 10 天至公告日后 20 天,即[-10,+20]	市场模型,用[-20,-5]期间的数据估计[-10,0]阶段的正常收益,用[-15,0]估计[1,20]阶段的正常收益	股权转让、资产剥离和资产置换类公司的股价在公告前上升,但在公告日后逐渐下降,说明股价对事件存在过度反应。但对兼并收购类公司,股价对公告没有出现显著波动。
陈晓、陈小悦和倪凡③	股利分配公告	公告日前后各 20 天,即[-20,+20]	CAPM 模型,用[-80,-21]作为估计窗口	现金股利、股票股利、混合股利三类公告均能导致大于 0 的超额收益,但显著性水平不同。短期内投资者有可能采取某种投资策略取得超额收益。
杨朝军等④	控制权转移公告	公告日前 40 天,公告日后 20 天,即[-40,19]	CAPM 模型,用 1993.1.1-1997.12.31 作为估计窗口,得出回归参数。同时也试验了直接以市场指数收益率作为个股的正常收益率	累积收益率在消息公布前 40 天开始单边上升,但在消息公布日后出现反向修正,股价出现过度反应。不能否认存在信息提前泄露、股价受机构操纵的可能。

① 魏刚,《我国上市公司股利分配的实证研究》,《经济研究》1998 年第 6 期。

② 陈信元,张田余,《资产重组的市场反应——1997 年沪市资产重组实证分析》,《经济研究》1999 年第 9 期。

③ 陈晓,陈小悦和倪凡,《我国上市公司首次股利信号传递效应的实证研究》,《经济科学》1998 年第 5 期。

④ 靳云汇,李学,《金融研究》2000 年第 1 期。

（续表）

作 者	研究事件	事件窗口	正常收益的计量	结 论
李梦军等①	增发新股公告	公告日前后各 20 天，即[－20，+20]	市场模型，估计窗口为[－60，－21]	累计超额收益率从公告日前 19 日开始就步入负值，并从公告日起，其累计负超额收益加速下跌迹象明显。至于在公告日之前股价就已步入调整，大概是因为现阶段由于信息不对称，部分投资者有其他信息来源，从而引致在公告之前股价便有所反映。另外，还可看出公司增发新股的市场认同度较小。

【本章小结】

1. 有效市场假说的基本含义就是：股票价格已经完全反映了所有的相关信息，人们无法通过某种既定的分析模型或操作始终如一地获取异常利润。

2. 按照股价反映信息集的大小，市场有效一般可分为三种形式：弱有效形式、半强有效形式和强有效形式。各自有不同的政策含义。

3. 半强式有效假说的主要检验方法是事件研究法。事件研究法一般可以分为以下几个步骤：定义所要研究的具体事件及相应的事件窗口；样本选取；度量正常收益（normal return）和异常收益（Abnormal return）；利用 CAR 曲线及显著性检验等方法，表述实证结果。

【复习思考题】

1. 事件研究法的司法应用

事件研究法（Event Study），被美国高等法院接受作为在审理证券欺诈案件时确定受偿水平的参照方法。某研究者用事件研究法分析了大庆联谊石化股份有限公司因虚假陈述行为（包括自 1997 年 4 月，通过提供虚假股权托管证明和虚拟法人股金、资本公积金、虚报企业利润等手段骗取上市资格、及上市后违规使用募集资金等等）而于 2000 年 3 月受到中国证监会处罚，相应地股票价格发生变化而给投资者造成损失的赔偿问题。根据中国证监会 2000 年 3 月 31 日公布的"关于大庆联谊石化股份有限公司违反证券

① 李梦军，万勇和王向晖，《上市公司增发新股公告与资本利得的实证研究》，《技术经济与管理研究》2001 年第 4 期。

法规行为的处罚决定”，该公司主要有两个违规事实，欺诈上市和对1997年报有关问题的虚假陈述。作者将1997年5月27日至2000年3月31日作为整个事件研究的窗口。在整个“事件窗”内由于股票价格变化给投资者造成的损失中，要扣除由于市场平均收益水平的变化（整个证券市场的波动）而给投资者带来的损失，剩余部分才可作为因虚假陈述行为给投资者带来的损失，并且可以向虚假信息的行为人（上市公司）求偿。我们称这部分需要剔除的因素为市场平均收益。因此，可以按公式：超额收益率＝实际收益率－市场平均收益率，分离出因虚假信息行为给股票价格带来的变化，然后根据不同投资者所涉及的“事件窗”将超额收益率进行累加，累加的结果与买入的金额相乘则可得到确定投资者受偿程度的一个参考标准。如本章所讲的，计算市场平均收益率可分别用市场模型和均值调整模型来计算。下表节选了1998年6月26日至1998年7月24日间两种市场平均收益率模型下的超额收益率计算结果。超额收益率计算的起点为1997年5月27日。

表8－4

日期	超额收益 a	超额收益 b	累积超额收益 a	累积超额收益 b
19980626	－0.0141	－0.0078	－0.4128	0.1894
19980629	－0.0175	－0.0357	－0.4303	0.1537
19980630	0.0112	－0.0037	－0.4190	0.1500
19980701	－0.0081	－0.0255	－0.4271	0.1245
19980702	－0.0061	0.0068	－0.4332	0.1314
19980703	－0.0016	0.0012	－0.4347	0.1326
19980706	－0.0033	－0.0219	－0.4380	0.1108
19980707	－0.0043	0.0046	－0.4423	0.1153
19980708	－0.0055	0.0060	－0.4478	0.1213
19980709	0.0017	0.0083	－0.4461	0.1296
19980710	－0.0119	0.0078	－0.4580	0.1374
19980713	－0.0246	－0.0200	－0.4826	0.1174
19980714	－0.0002	－0.0181	－0.4828	0.0993
19980715	－0.0208	－0.0189	－0.5036	0.0804
19980716	0.0106	0.0062	－0.4930	0.0865
19980717	－0.0053	－0.0148	－0.4983	0.0717
19980720	－0.0033	－0.0220	－0.5017	0.0497
19980721	0.0157	0.0353	－0.4859	0.0850
19980722	－0.0063	－0.0164	－0.4922	0.0686
19980723	－0.0008	0.0177	－0.4930	0.0864
19980724	0.0004	0.0086	－0.4926	0.0950
19980727	－0.0118	－0.0124	－0.5044	0.0826
19980728	0.0038	0.0033	－0.5006	0.0859
19980729	－0.0068	－0.0135	－0.5075	0.0724

如果甲投资者1998年7月14日买入大庆联谊,投资额为10000元,于1998年7月29日卖出。问:在用市场模型计算平均收益率的情况下,按事件研究法确定的求偿准则,大庆联谊公司因虚假信息而应给投资者赔偿多少元?

2.阅读并讨论以下案例:

主动型基金能打败市场吗?

主动型基金是由基金经理人积极选择股票、积极进行交易的基金,与消极管理的指数基金不同。主动型基金需要基金经理,需要大量研究和交易人员,需要对财务报表、政策和新消息迅速做出反应。所以,主动型基金要收取高昂的管理费。主动型基金的命运是怎样的呢?王牌基金经理人和训练有素的投资专家能不能取得比指数更高的回报呢?他们能打败市场吗?有些观点认为:中国股市特有的低效性,大量散户的存在,以及内幕交易等原因,使中国的主动型基金可以打败市场。那么事实是怎样的呢?

嘉实基金是国内开放式基金资格最老的巨头之一,曾经创下单日募集资金的世界纪录。其旗下的嘉实策略增长基金是一只纯粹的股票型基金,主要投资于高速增长的行业和企业。在最近2年的大牛市行情中,它的评级一直比较高,是目前规模比较大的开放式基金。它打败了市场吗?或者说超越了沪深300指数吗?让我们看看图表吧。以下图表显示的是2005年9月到2007年9月的业绩,黑色为嘉实策略增长的净值(已经考虑红利再投资和拆分等因素),红色为沪深300指数。

由上图可见,两年以来,沪深300指数的涨幅超450%,而嘉实策略增长的涨幅不到300%——落后市场150个百分点!

广发策略优选基金是另一个大基金公司——广发基金旗下最大的股票基金之一,它的历史比较短,是2006年成立的,所以我只选择2006年9月到2007年9月的一年做比较。这一年并不完全是单边上涨,其中经历了2006年第四季度的整理、2007年的多次急速下跌和6月的大幅度回调,应该说可以比较公平的反映基金的管理能力。在过去一年里，沪深 300 指数的总回报率约为 300%，而广发策略优选的总回报率只有 200%。仅仅一年，就产生了大约 100 个百分点的差距，可以说广发策略优选的战绩比嘉实策略增长还要差得多。

对易方达旗下最大的股票基金之一——易方达策略成长的业绩，其与沪深 300 指数进行比较。比较期限为 2005 年 9 月到 2007 年 9 月。易方达策略成长也没有打败沪深 300 指数，但是"仅仅"落后约 60 个百分点。

仔细端详这张业绩对比图，我们会发现，易方达策略成长在 2006 年 11 月之前一直是超越沪深 300 指数的，最多超越约 20 个百分点。从 2006 年年底到 2007 年 2 月，它一直和沪深 300 指数杀得难解难分，直到 3 月以后才开始落后。

一只积极管理的基金（即主动做出买入卖出决策，而不是消极盯住某一个指数，比如上证指数或沪深 300 指数的基金）可以在以下多个方面损害你的利益，作为一个明智的投资者，除非你认为以下成本是合理合法的，否则，投资于积极管理的基金不是你明智的选择:1.基金需要支付手续费。2.基金需要支付税收。3.积极管理基金需要你支付很高的管理费,一般为1%左右,有的接近2%;而指数基金的管理费几乎都低于1%,有的低于0.5%。4.中国的积极管理基金的收益率没有持续性。观察晨星基金排名你会发现,在持续经营两年以上的股票型基金中,只有一只基金在过去一年中始终排在五星级基金之列。我们耳熟能详的许多知名基金,诸如上投摩根中国优势基金、嘉实服务增值策略基金等等,经常在三星和五星之间颠簸。当然,某些基金的表现始终高于平均水平,但是它们未必真能战胜指数基金——要知道,在中国股市目前的十余只股票指数基金里,也有三到五只始终高于积极管理基金的平均水平。

CHAPTER 9 第九章

利率期限结构理论与利率模型

【学习目标】

掌握利率相关的主要概念；埋解利率期限结构的主要理论及与货币政策的关系；掌握利率期限结构的估计方法；熟悉主要利率模型的形式。

【重要概念】

即期利率　远期利率　利率期限结构　预期理论　息票剥离法　样条估计法　Nelson - Siegel 模型　BDT 模型

本章主要介绍金融计量技术在固定收益证券研究与实践中的应用。关于固定收益证券，著名金融学家Emanuel Derman在其著作《宽客人生 - 华尔街的数量金融大师》(《My Life As A Quant》)一书中这样写道："股票缺少数学味道 - 如果你持有一张股票，没人保证你会得到什么；你能知道的就是股价可能上涨或下跌。与之相反，债券这样的固定收益证券有着漂亮的运作机制，承诺在将来定期支付利息，到期偿付本金。这种细节上的确定性使得固定收益证券跟股票相比更像是一桩可以算得出来的生意，也是一个更加可以根据数学分析作出调整的证券。跟股票买卖相比，固定收益证券的交易要求掌握更好的技术和数量方法。一次我对一位做交易员的朋友评论道，我所认识的固定收益证券交易员看上去似乎比股票交易员聪明，他听了以后简短地作了一个总结，说：'那是因为，做股票没必要聪明'"。这一论述形象地说明了计量技术在固定收益证券研究中的作用。本章从利率的相关概念讲起，介绍固定收益证券研究中最基本、也是最重要的利率期限结构理论和利率模型。

第一节 利率的相关概念与计算

利率是固定收益证券理论与实践中最核心、最基本的概念,我们首先有必要对与利率相关的几个重要概念进行定义和解释。

一、固定收益证券的定义及分类

固定收益证券(fixed - income instrument)是一大类重要金融工具的总称,它通常是指持券人可以在特定的时间内取得固定的收益并预先知道取得收益的数量和时间。固定收益证券能提供固定数额或根据固定公式计算出的现金流。然而,固定收益证券的期限、支付条款以及现金流的特征等却是多种多样的,由此可有多种分类。

按照有效期内现金流的特征,可分为零息债券和附息债券。零息债券,又称为贴现债券,是指在债券有效期内没有票息收益,而只是在到期日(期末)获得一个固定的现金流。通常以低于面值的价格发行。

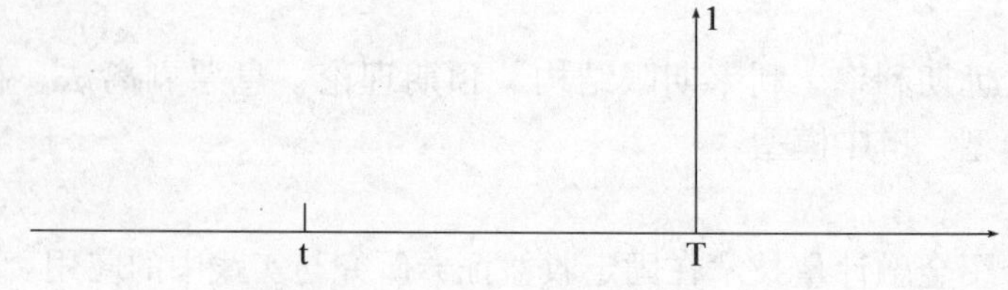

图 9 - 1

附息债券则是指在每一期都能获得一个现金流量的债券,又叫息票债券。又可进一步细分为固定票息债券和浮动票息债券。

按发行主体分为:1.国债:国债是指由国家财政部发行的,以解决由政府投资的公共设施或重点建设项目的资金需要和弥补国家财政赤字为主要目的的债券;2.地方政府债券,又称市政债券;3.企业债券:企业债券是指企业依照法定程序发行、约定在一定期限内还本付息的有价证券。在我国,企业债券泛指各种所有制企业发行的债券。在西方国家,由于只有股份公司才能发行企业债券,企业债券即公司债券,它包括的范围较广,如可转换债券和资产支持证券等。

按债券期限的长短可分为长期债券、中期债券和短期债券。长期债券期限在 10 年以上,短期债券期限一般在 1 年以内,中期债券的期限则介于二者之间。债券的期限越长,债券的投资风险也越高,为了获取与所遭受的风险相对称的收益,债券的持有人当然对期限长的债券要求较高的收益率,因而长期债券价格一般要高于短期债券的价格。

固定收益证券的基本要素主要包括:债券面值、债券期限、票面利率(coupon rate)、付息日和付息次数、到期日、剩余期限、债券价格等。

二、贴现因子和零息债券利率

零息债券是不派息的债券，其以低于面值的价格购买，在到期时按照票面金额兑付，避免了投资者在持有债券期间所获得利息的再投资风险。由于这一特性，零息债券成为最基本的债券，而附息债券则可以看作是由持有期内各付息现金流所代表的若干个零息债券的组合。因此，对于债券价格及利率的研究，可以从零息债券价格及零息债券利率开始。具体地，我们将在到期日 T 支付面值为 1 元的零息债券在期初 t 时的价格，记为 B_t^T，称为贴现因子。而将其在期初 t 至到期日 T 之间的收益率，称之为零息债券利率，或又称为即期利率（spot interest rate）。

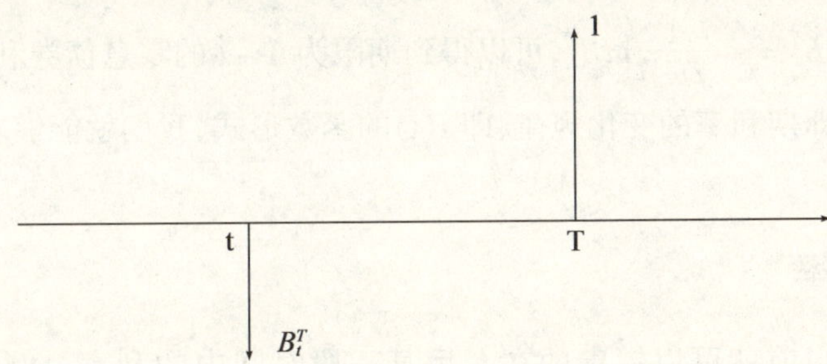

图 9－2

如果我们将 t 时点、到期日为 T 的零息债券利率（即期利率），记为 R_t^T，则在年度复利（annual compounding）的计息方式下，有以下关系式：

$$B_t^T = 1\cdot(1+R_t^T)^{-(T-t)} \tag{9-1}$$

$$或：R_t^T = (B_t^T)^{-1/(T-t)} - 1 \tag{9-2}$$

在连续复利（Continuous compounding）的情况下，零息债券利率可表示为：

$$B_t^T = 1\cdot e^{-R_t^T(T-t)} \tag{9-3}$$

进而：

$$R_t^T = -\frac{1}{T-t}\ln B_t^T \tag{9-4}$$

贴现因子函数的用途很多，其一是任何现金流的现值能够通过贴现因子的合适值与现金流的名义值相乘得到。例如，债券的理论定价可表示为：

$$P = \sum_{i=1}^{q} CF(t_i)B(t_i) \tag{9-5}$$

P 为债券的理论全价，$CF(t_i)$ 表示债券在其持续期内（自分析日至到期日期间）发生的第 i 次现金流，如支付的票面利息及到期兑付时的本金；$B(t_i)$ 是债券第 i 次现金流发生时所对应的贴现因子；t_i 是债券 k 第 i 次现金流发生时所对应的时间。

由零息债券利率（即期利率）派生出来的一个重要的概念是瞬时即期利率

(instantaneous spot rate),其定义式为:

$$r(t)=\lim_{T\to t}R_t^T=R(t,t) \tag{9-6}$$

可见,瞬时即期利率实际上表示在无穷小时间(t,t+△t)内,零息债券的投资收益率。瞬时即期利率有时也被称之为“短期利率”(short rate)。在理论研究和实践中,通常可以用某些具体的短期债券利率,如隔夜拆借利率、7天回购利率或一月期国债利率等指标来近似反映。

在引入瞬时即期利率这一变量之后,根据积分的数学含义,我们可以将债券持有期(t至T之间)无限细分,进而将到期日T时的面值向期初t不断贴现,从而可推出期初t时的债券价格 B_t^T 与瞬时短期利率r(t)之间的关系:

$$B_t^T=exp\left(-\int_t^T r(s)ds\right) \tag{9-7}$$

并进而利用 $R_t^T=-\frac{1}{T-t}\ln B_t^T$,可以得到期限为T-t的零息债券利率。可见,一旦我们知道了瞬时即期利率的变化规律、即r(t)的函数形式,我们就能够求得其他一系列的债券相关指标。

三、远期利率

远期利率是当前就可以锁定的在今后某一段时间内的利率。例如,在当前时刻(t),已知自未来T时刻起至S时刻(S>T)之间的利率可计为 $f_t^{T,S}$。可见,即期利率和远期利率的区别在于计息日起点不同,即期利率的起点在当前时刻,而远期利率的起点在未来某一时刻,两者之间的关系可用下图反映。

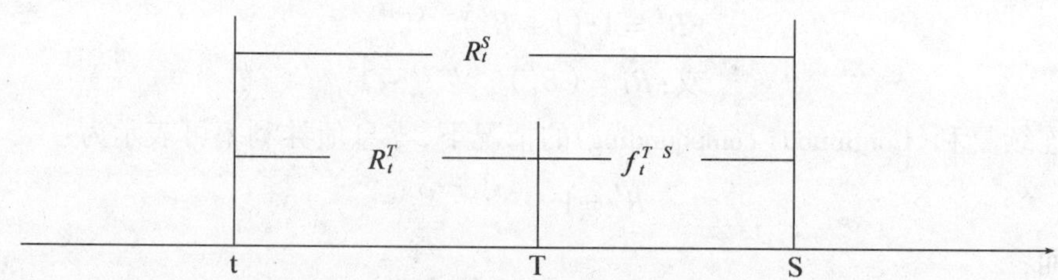

图9-3

由上图可见,由S时刻的终值1贴现至当前时刻t,应该等价于由S贴现至T、再由T贴现至t,因而在年度复利的情况下,有以下关系式成立:

$$(1+R_t^S)^{-(S-t)}=(1+R_t^T)^{-(T-t)}\cdot(1+f_t^{T,S})^{-(S-T)} \tag{9-8}$$

从而:

$$f_t^{T,S}=\frac{(1+R_t^T)^{-(T-t)/(S-T)}}{(1+R_t^S)^{-(S-t)/(S-T)}}-1 \tag{9-9}$$

如果用 B_t^T 和 B_t^S 分别表示到期期限为T和S的贴现因子,显然

$$B_t^S=(1+R_t^S)^{-(S-t)},B_t^T=(1+R_t^T)^{-(T-t)} \tag{9-10}$$

从而，可以将公式(9－8)写为：

$$B_t^S = B_t^T(1+f_t^{T,S})^{-(S-T)} \quad (9-11)$$

进而，远期利率也可表示为：

$$f_t^{T,S} = \left(\frac{B_t^T}{B_t^S}\right)^{1/(S-T)} - 1 \quad (9-12)$$

容易证明，在连续复利的情况下，远期利率与贴现因子之间的关系为：

$$B_t^S = B_t^T \cdot e^{-f_t^{T,S}(S-T)} \quad (9-13)$$

从而有：

$$f_t^{T,S} = \frac{\ln B_t^S - \ln B_t^T}{S-T} \quad (9-14)$$

进一步，由公式(9－14)还可得到连续复利下，远期利率与零息利率(zero－coupon rates)之间的关系：

$$f_t^{T,S} = \frac{R_t^S \cdot (S-t) - R_t^T(T-t)}{S-T} \quad (9-15)$$

在现代金融分析中，远期利率有着非常广泛的应用。它们可以预示市场对未来利率走势的期望，也是中央银行制定和执行货币政策的参考工具。更重要的是，在成熟市场中几乎所有利率衍生品的定价都依赖于远期利率。虽然我国目前还没有利率衍生品，但随着金融全球化的发展，我国对外开放的进一步扩大和利率市场化改革的全面推进，引进这些金融工具是势在必行的，进而对远期利率变化特征的研究也是十分必要的。

与瞬时即期利率类似，将当前时间 t 的远期利率 $f_t^{T,S}$ 对应的未来期限 S－T 无限细分，即 S 无限逼近 T，由此可引出瞬时远期利率(instantaneously compounded forward rate)，即：

$$f_t^T = f(t,T) = \lim_{S \to T^+} f_t^{T,S} = -\frac{\partial \ln B_t^T}{\partial T} = -\frac{\partial B_t^T/\partial T}{B_t^T} \quad (9-16)$$

可见，瞬时远期利率 f(t,T)表示 t 时点确定的、在将来无限小的期间(T,T＋dt)之内的远期利率，也可看做是在 t 时刻下，将来时刻 T 的瞬时利率；而瞬时利率 r(t)则表示当前时间 t 的瞬时利率。在数学关系上，将瞬时远期利率对时间积分，可求算各种期限的远期利率。因此，瞬时远期利率可说是各期限远期利率的基础。

四、零息票债券价格(B_t^T)、即期利率(R_t^T)、瞬时远期利率(f_t^T)之间的关系

根据积分所表示的“累积”的数学意义，我们可以得到瞬时远期利率与零息债券即期利率之间的关系：

$$B_t^T = e^{-\int_t^T f_t^u du} \quad (9-17)$$

从而，由公式(9－15)，可推导出：

$$f_t^T = \frac{\partial[R_t^T \cdot (T-t)]}{\partial T} = R_t^T + \frac{\partial R_t^T}{\partial T}(T-t) \quad (9-18)$$

相应地,由公式(9-17)和(9-18),可得:

$$R_t^T = \frac{1}{T-t}\int_t^T f_t^u du \tag{9-19}$$

这表明零息债券利率实际上可看做是对瞬时远期利率取了平均值。

结合前面的公式,我们可以得到:

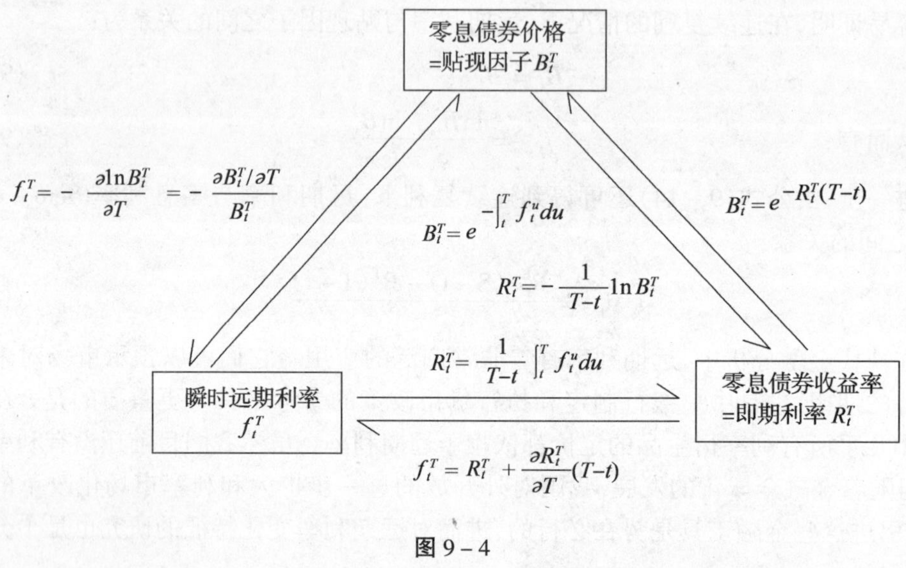

图 9-4

第二节　利率期限结构及收益率曲线

利率作为反映资金成本的重要指标,不同期限的利率不同。本节介绍如何从理论及实证角度描述不同期限利率之间的关系。

一、利率期限结构及相关概念

所谓的利率期限结构(term structure of interest rates,简称TSIR)是指在某个时点,不同时期的零息债券即期利率的集合。利率期限结构曲线(the Term Structure Curve of Interest Rates,以下简称TSCIR)则是指一条描述在某一时点,零息债券即期利率与到期期限的关系的曲线。其横轴为时间轴,表示在 t 时点下的不同到期期限,纵轴为不同期限对应的零息债券利率。如图 9-5 所示。

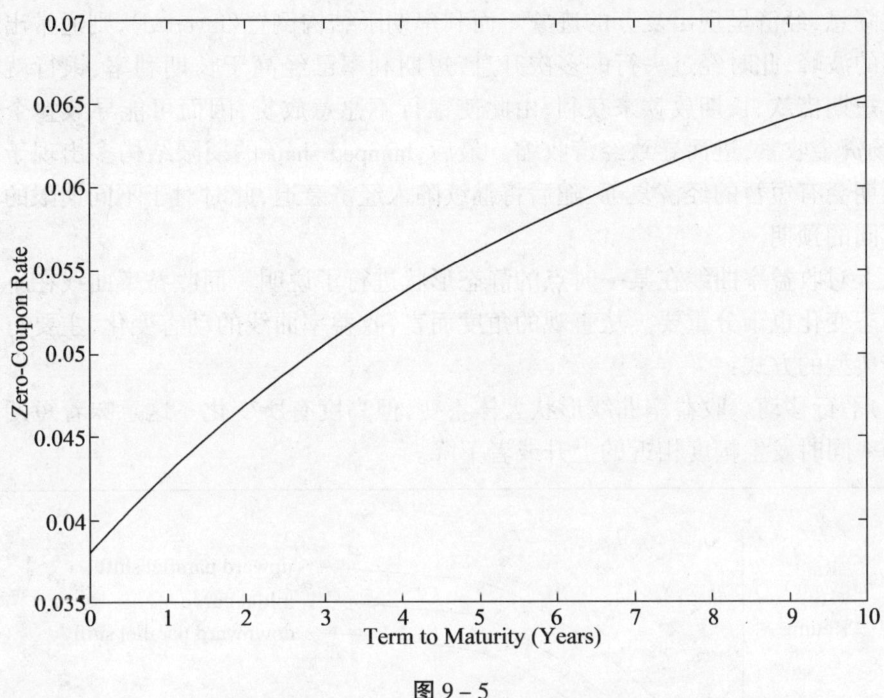

图 9－5

利率期限结构曲线有时也称之为零息债券收益率曲线(Zero－coupon yield curve)，或者称之为收益率曲线(yield curve)。主要有以下几种常见的形状：

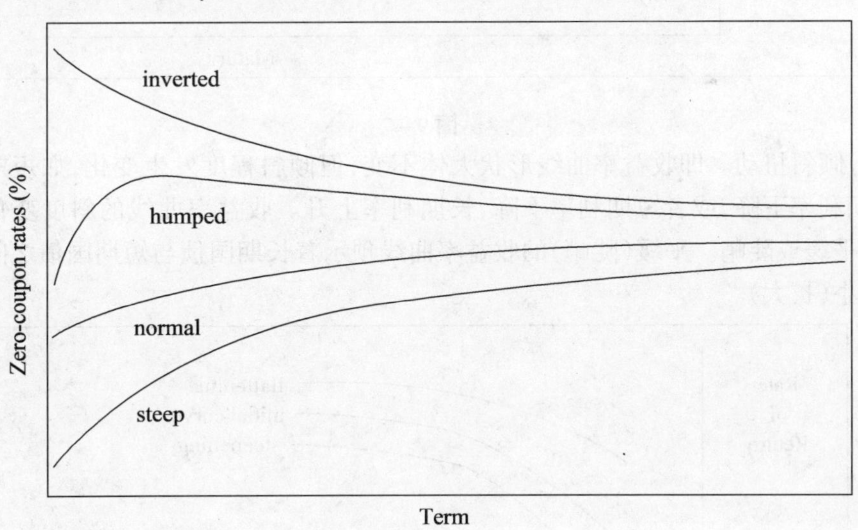

图 9－6

各种形状的收益率曲线有不同的意义：正常形态的利率期限结构通常反映出经济处于正常的扩张期。此时长期利率要高于短期利率，表明长期投资承担的风险要高于短期投资。而陡峭上升的利率期限结构则通常发生在经济周期的波谷，此时经过央行的多次降息，经济呈现出复苏的迹象。而利率期限结构倒置(inverted)，则通常出现在经济周期的波峰，此时经过央行的多次升息，短期利率已经高于长期利率，银行就再也不能通过短期借款、长期放款来获利，由此使银行不愿意放贷，因而可能导致整个信贷收缩，市场资金收紧，进而导致经济收缩。最后，humped shape的期限结构多出现于市场投资者预期会有短暂的经济复苏、随后将继续陷入经济衰退，此时对于不同期限的利率水平有不同的预期。

以上对收益率曲线在某一时点的静态形状进行了说明。而收益率曲线在不同时点间的动态变化也十分重要。从直观的角度而言，收益率曲线的动态变化，主要有以下三种比较典型的方式：

(1)平行移动。收益率曲线形状大体不变，但高度有所变化。这意味着短期、中期、长期利率同时发生幅度相近的上升或者下降。

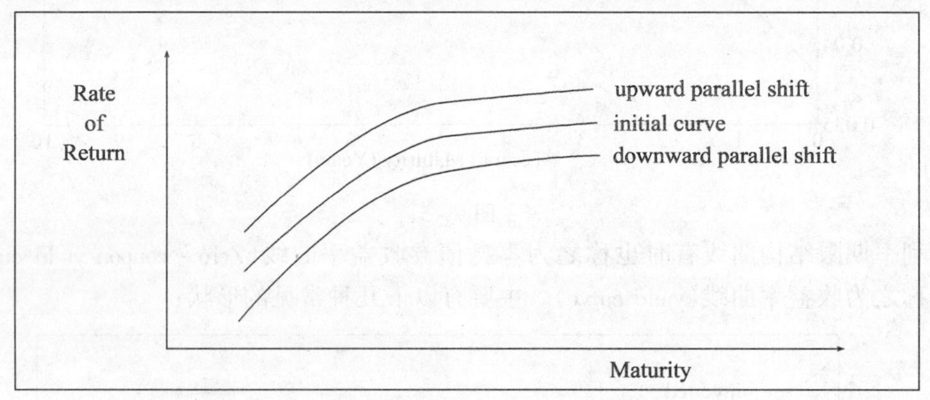

图 9 – 7

(2)倾斜扭动。即收益率曲线形状大体不变，但倾斜程度发生变化，如短期利率上升、长期利率下降，或者短期利率下降、长期利率上升。收益率曲线的斜度变化是指曲线趋向平缓或陡峭。平缓(陡峭)的收益率曲线预示着长期国债与短期国债之间的利差趋于减小(扩大)。

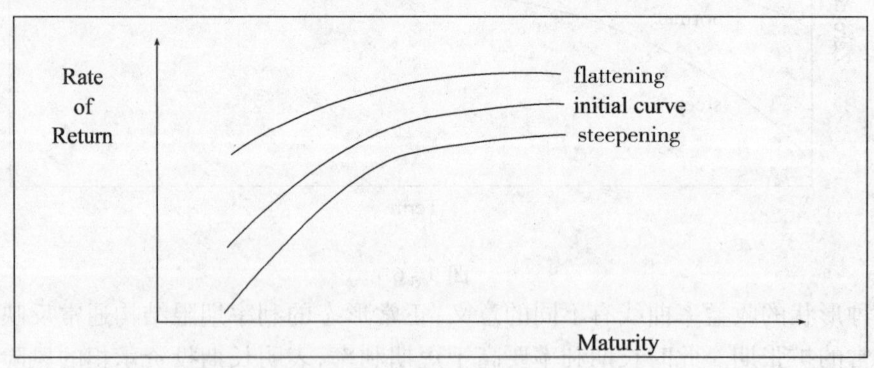

图 9 – 8

(3)蝴蝶形变动。即曲线的弯曲程度发生变化，如上凸程度减小，变成接近直线，甚至变成下凹，或者反过来变化。

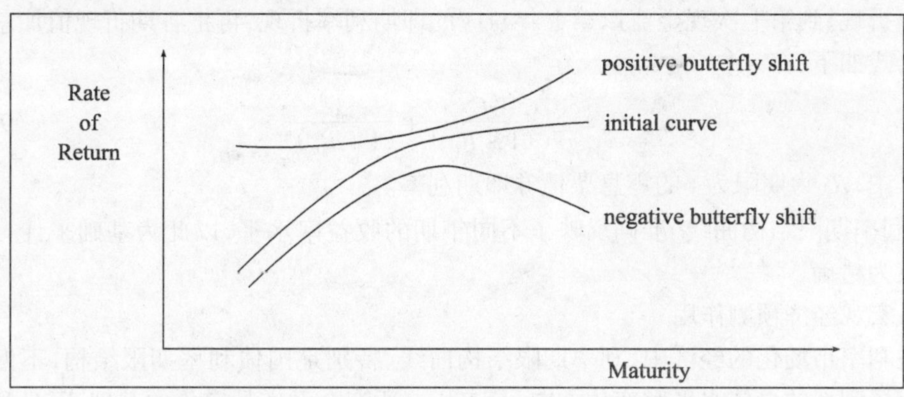

图 9－9

如果将收益率曲线在某一时点的静态形状与一段时间内的动态变化相结合，可以用三维图来加以反映。在三维空间内，即将到期（剩余）期限、研究周期、零息债券即期利率分别用 X 轴、Y 轴和 Z 轴表示，如下图是 2004 年至 2009 年期间收益率曲线的变化图。

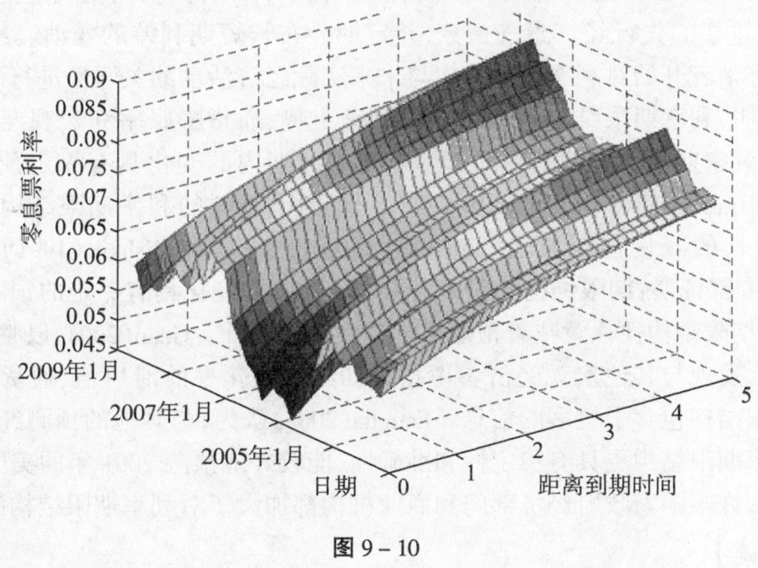

图 9－10

二、利率期限结构的研究意义

1．债券定价

利用“利率期限结构曲线”所反映的信息对息票债券进行定价。将息票债券看作是一个不同期限零息票债券的组合，这样对于 n 期内的不同时点所发生的现金流就可以按照零息票债券利率期限结构曲线上对应的利率进行折现加总，由此计算得到息票债券在期初(t时刻)的理论价格。比如一个十年期的债券,剩余年限为七年,每一年付息一次,则第一次现金流以第一年对应的即期利率折现,第二次现金流以第二年对应的即期利率折现,到第七次现金流以第七年对应的即期利率折现,再把各期折现值加总在一起。公式如下:

$$P_0=\sum_{t=1}^{n}\frac{C}{(1+R_t)^t}+\frac{1}{(1+R_n)^n} \tag{9-20}$$

其中,R_t 为期限为t的零息票债券即期利率。

"利率期限结构曲线"准确反映了不同年期的收益率水平,以此为基础来计算债券价格较为精确。

2.宏观经济预测作用

在利率市场化的经济中,利率期限结构曲线、特别是国债利率期限结构,不但能够反映市场利率的总体水平和变化方向,是市场上所有金融产品定价的基础;而且利率期限结构本身暗含了许多经济信息,这些信息通过利率曲线的形状、长短期利率的利差、利率水平的高低等因素反映出来。对这些因素进行分析,可以清楚地了解宏观经济变量与利率期限结构之间的关系,判断未来经济的走势。利率期限结构的货币政策含义受到了各国的高度重视。英格兰银行的《通货膨胀报告》从1994年开始定期公布根据利率期限结构推导出来的预期通货膨胀率。早在1996年,美联储就决定把利率期限结构作为一个重要的先行经济景气指数,并定期公布长短期利差的变动。20世纪90年代以来,国外学者开始对利率期限结构与未来实际经济活动的关联性进行研究,大量的实证结果表明,利率期限结构包含了未来利率走势、通货膨胀率和宏观经济变动的信息。特别是利率期限结构的斜率对于经济未来时期内的变化具有一定预测作用。例如,Estrella和Hardouvelis(1991)的研究表明,一个向下倾斜的利率期限结构往往伴随着未来经济增长的减慢甚至衰退。Mishikin(1991)、Jorion和Mishkin(1991)以及Gerlach(1997)的研究都证明:期限结构的斜率对未来通货膨胀变化具有一定的预测作用,一个向上倾斜的期限结构往往意味着预期通货膨胀率的上升。Gnan(2004)以整个欧盟区域为研究对象,发现与其他宏观经济参考指标如经济变化率的滞后值、通货膨胀率等相比,利率期限结构包含了更多的信息。Estrella(2005)认为,与其他的预测经济衰退的模型相比,利率期限结构更具有稳定性和准确性,能较好地预测2001年的美国经济衰退。正因为如此,许多国家政府经济部门和商业机构都加大了对利率期限结构的研究力度。

【拓展阅读】

自80年代末,人们开始将利率期限结构作为解释因素,通过其自身包含的信息,考察与其他经济指标及现象的关联性质。从货币政策角度看,对利率期限结构的研究可以分为三个方面。首先是收益率曲线斜率对未来经济萧条发生概率的预测。如Bernard & Gerlach(1998)通过对各国研究发现,在美国、德国、加拿大,长短期利差对于经济萧条的预测效果最好,英国、法国次之,而日本和荷兰的预测能力最弱。第二个方面,长短期利差对经济增长的预测。Plosser & Rouwenhorst(1994)等都证明了利差对于经济增长(一般都指 GDP 增长)有很好的预测效果。但每个国家的情况都不一样。如 Plosser & Rouwenhorst发现在美国,加拿大,德国的预测效果最好,但在法国、英国却不能预测。第三个方面则是利率期限结构对于通货膨胀率的预测能力。由于大量研究都说明利率期限结构对于一些重要经济指标(如 GDP,通货膨胀率,消费等)都有着较好的预测能力,因此陆续有国家将利率期限结构列为经济先行指标。

在国内,由于利率市场化改革的目标尚未完全实现,对利率期限结构在经济运行(尤其是通胀)预测作用方面的研究仍然处于起步阶段。主要的研究成果汇总如下表所示:

表 9-1 我国利率期限结构对未来宏观经济变量的解释与预测

文献	利率期限结构指标	宏观经济变量	计量方法	研究结论
郭涛和宋德勇(2008)	上交所国债利率期限结构	通货膨胀率	相关性分析,协整分析	利率期限结构的水平因子对未来通货膨胀有预测能力
于鑫(2008)	上交所国债利率期限结构	综合反映宏观经济走势的中经一致指数	线性回归模型	利差与未来经济变化具有负的相关性,有一定预测能力
石柱鲜、孙皓(2008)	银行间同业拆借市场利率期限结构	GDP 增长率;通货膨胀率、7 天短期利率	向量自回归模型	期限利差对经济增长率、通货膨胀率、短期利率有预测能力;但强弱有所不同
何志刚和倪官良(2010)	上交所国债利率期限结构	通货膨胀率	相关性分析,线性回归模型	上交所国债收益率曲线不具有预测未来通货膨胀率变化的能力
康书隆、王志强(2010)	上交所国债利率期限结构	消费者价格指数(CPI)、宏观经济景气指数	相关分析图形比较	长期利率和长短期利差对 CPI 及经济景气指数序列有预测能力
李宏瑾等(2010)	银行间国债市场 1 年期以下的利率期限结构	月度环比 CPI	协整检验,似不相关回归(SUR)	中国短期利率期限结构包含了未来通胀变动的信息,可以作为判断未来通胀走势的预测变量
孙皓和石柱鲜(2011)	银行间同业拆借市场利率期限结构	国家统计局公布的一致合成指数	Probit 模型	利率期限结构变动对未来 3 个月的经济周期波动状态具有比较稳定的指示作用
姚余栋和谭海鸣(2011)	银行间国债市场利率期限结构	预期通货膨胀率	相关性,图示比较分析	我国国债利率期限结构的水平因子 L 能够反映金融市场投资者对通胀的预期,对货币政策制定有参考意义

三、传统利率期限结构的理论与实证

(一)传统利率期限结构理论

由于受到数学分析工具的限制,早期的利率期限结构理论尚未涉及利率变化与债券市场均衡的动态性质与特征,而是以对投资者的债券种类选择行为提出某种假说来定性解释实际市场中观察到的收益率经验曲线。归纳起来,根据假说的不同,主要有四种理论,分别是预期理论(Expectations Hypothesis)、流动性偏好理论(Liquidity Preference Theory)、期限偏好理论(Preferred Habitat Theory)和市场分割理论(Market Segmentation Theory)。其中,流动性偏好理论和期限偏好理论是在预期理论的基础上,针对其对经验事实解释能力的不足而提出的。

1.预期理论

预期理论最早由费雪于1896年提出,其后,希克斯(Hicks,1939)和卢茨(Lutz,1940)发展并完善了这一假说。关于债券收益率水平及其与到期期限之间的关系,预期理论认为,投资者的资金可以在长期和短期债券市场中自由转移,收益率高的债券吸引资金流入,反之,收益率低的债券导致资金流出;根据市场的无套利(no arbitrage)原则,在均衡状态下,不论投资于何种期限的债券,投资者在同一时期跨度内所获得的收益水平将趋于一致。由此,长期债券在n个时期中的收益率等于每一期债券在n期中的复合收益率。

$$(1+R_t^{(n)})^n=(1+r_t)(1+Er_{t+1}^{(1)})(1+E_tr_{t+2}^{(1)})\cdots(1+E_tr_{t+n-1}^{(1)}) \qquad (9-21)$$

对等式两边取自然对数,使用近似值 $\ln(1+z)\approx z$,对 $|z|<1$,近似地有:

$$R_t^{(n)}=\frac{1}{n}\sum_{i=0}^{n-1}E_tr_{t+i}^{(1)}$$

$$R_t^{(n)}=(1/n)[r_t+E_tr_{t+1}^{(1)}+E_tr_{t+2}^{(1)}+\cdots+E_tr_{t+n-1}^{(1)}] \qquad (9-22)$$

可见,长期利率是该期限内预期的短期利率的加权平均值。在t时点,如果预期未来的短期利率上升,即 $E_tr_{t+j}^{(1)}>E_tr_{t+j-1}^{(1)}$,则由(9-22)式可知,$R_t^{(n)}>R_t^{(n-1)}>\cdots\cdots>r_t$,即到期期限越长,利率水平越高,这意味着收益率曲线将呈现向上倾斜的形状。由此,一条上升的收益率曲线(长期利率大于短期利率)可以解释为投资者预期未来利率将上升。同样的,一条下降的收益率曲线可以解释为投资者预期未来利率将下降。

2.流动性偏好理论

在预期理论中,投资者并不偏好某种期限的债券,各种期限债券互为完全替代品,在均衡状态下,根据长期债券与短期债券的投资收益水平相同这一关键假设求出短期利率与长期利率的关系,进而得出利率期限结构曲线的形状。但在实践中,人们发现长、短期利率与债券价格的关系并不完全符合预期假设,在相同的收益水平下,人们似乎更偏好短期债券,未来总是充满太多的不确定性变化,长期债券唯有价格更低、收益率更高方能吸引投资者。希克斯(1939)提出利率期限结构的流动性偏好理论。在希克斯看来，为稳定未来的资本金供给，资金的借方总是希望借贷期越长越好；资金的贷方为避免未来收益的不确定性，则希望借贷期越短越好，期限越长资金的流动性越差；投机者的存在弥合了资金借贷、供求在期限长短上的错位，他们借短而贷长，同时索求相应的期限溢价以补偿损失的资金流动性和所承担的风险。由此，长期债券收益水平要高于未来短期债券的预期即期利率，两者之间的差额就是所谓的期限风险溢价。

3.优先置产理论

优先置产理论和流动性偏好假设较为接近，也认为利率期限结构的形成主要取决于市场对未来短期利率的预期和期限溢价，但前者认为风险溢价可正可负，甚至会随着时间不断变化，这主要是由改变投资者偏离其配置资产的期限偏好所需的代价来决定的。由于在实际中，流动性偏好和优先资产配置这两方面的影响因素同时存在，也就是说，长期利率是在短期利率基础上加一个可变的、可正可负的期限风险溢价。有的研究者将早期的预期理论称为纯预期理论（PEH，pure expectation theory），而将流动性偏好理论和优先置产理论统称为有偏预期理论。

Campbell（1986）[①]、Cuthbertson（2005）[②]用以下公式来反映长期利率与预期未来短期利率之间的关系：

$$R_t^{(n)} = \frac{1}{n}\sum_{k=0}^{n-1} E_t[r_{t+k}] + \Phi_t^{(n)} \tag{9-23}$$

其中，$R_t^{(n)}$ 为到期期限为 n 的长期债券利率，r_{t+k} 代表不同时刻的短期利率，$\Phi_t^{(n)}$ 反映了长期债券相对于短期债券的风险溢价，而 E_t 表示在 t 时刻的市场信息基础上的条件期望。大量的实证研究发现正是因为国债风险溢价 $\Phi_t^{(n)}$ 随时间 t 的变化而变化，影响了短期利率与长期利率之间的关系，并可能导致利率预期理论不成立。例如，自2004年6月至2007年3月，美国中央银行（联邦储备基金委员会）采取紧缩的货币政策，连续十七次提高基准短期利率，联邦基金利率由1%上升至4.5%，而10年期国债利率却由2004年6月的4.6%逐波下探至2005年3月份的4%左右，后才小幅回升至4.7%左右，这种长期利率与短期利率走势背离的现象曾经被前任美联储主席格林斯潘称之为一个“谜”（Conundrum）。而现任美联储主席本·伯南克在2006年3月的一篇演讲中，认为“对长期债券净需求的增加，导致长期债券风险溢价下降”，是分析这个“谜”、并且制定相应货币政策时所需要考虑的重要因素之一。

4.市场分割理论

卡尔伯特森（Culbertson，1957）提出市场分割（market segmentation）假设来加以解释，在他看来，不同投资者对长期和短期债券都有自己的强烈偏好，债券的短期市场和长期市场是完全有效分割的，它们分别在相互分离的市场中交易，某种期限债券期望收益率

---

① Campbell，J. Y.（1986），“A Defense of Traditional Hypotheses About the Term Structure of Interest Rates”［J］，The Journal of Finance 41，617－630.

② Cuthbertson，K（2005），“Quantitative financial economics：Stocks，Bonds and Foreign Exchanges”［M］，2nd Edition，John Wiley Press.

的变动不影响市场对另一种期限债券的需求,债券投资的短期收益和长期收益由各自市场上的供给与需求决定,两种期限债券之间的相互替代弹性为零。一般而言,投资更偏好期限短、风险低的短期债券,债券价格高而收益率低;与此相反,期限长、风险高的长期债券需求强度小,债券价格低而收益率高,因此,利率期限结构收益率曲线通常总是向上倾斜的。显然,卡尔伯特森的假设有一定的解释能力,莫迪利亚尼和萨奇(Modigliani & Sutch,1966)的期限偏好理论推广了卡尔伯特森的市场分割假设,认为市场有N种期限债券,由于投资者所在行业以及资金来源等原因,他们对各种期限的债券各有偏好,一般情况下,他们只投资于所偏好的"最安全"的债券。因此,投资者的种类和偏好成为债券期限结构收益率曲线形状的决定因素。当市场投资者主要由人寿保险公司和退休金基金会等机构构成时,它们更注重投资的安全性,长期的"安全"债券是其首选,类似地,对长期债券需求的增强将压低长期利率,期限结构收益率曲线向下倾斜;商业银行为代表的投资者更注重资金的流动性与盈利性,短期债券更受其青睐,从而,短期利率变低,期限结构收益率曲线将向上倾斜。因此,期限偏好理论同样能够解释不同形状的收益率曲线,流动性偏好理论可视为它的一个特例,即假定市场的所有投资者都偏好短期债券。长期与短期收益完全由各自的、分割的市场供给与需求决定。这就是市场分割理论。

因为在目前的市场上,投资者的数量众多,市场之间的联系日益紧密,所以市场分割假设就逐渐被淘汰,现在主要是将流动性偏好和市场期望假设结合起来,以便能够更好的解释利率的变化。实证检验也主要以此为对象而进行。

(二)利率期限结构理论的实证检验

1.检验模型

按照前面的介绍,期限结构的合理预期理论认为,投资n期的预期收益等于未来投资于一系列即期利率得到的预期收益加上一个期限风险溢价,且溢价不随时间变化。令 $R_t^{(n)}$ 为n期的即期利率,则预期理论用公式可以表示为:

$$R_t^{(n)} = \frac{1}{n}\sum_{k=0}^{n-1} E_t[r_{t+k}] \tag{9-24}$$

利率期限结构预期理论的一般形式是描述了n期利率和m期利率之间的关系

$$R_t^{(n)} = (1/s)\sum_{i=0}^{s-1} E_t R_{t+im}^{(m)} \tag{9-25}$$

其中,s=n/m为一整数,这意味着可将n期按照m的长度平均分为s等份。如当n=6,m=2时,上式变为:

$$R_t^{(6)} = (1/3)[E_t(R_t^{(2)} + R_{t+2}^{(2)} + R_{t+4}^{(2)}] \tag{9-26}$$

可解释成6个月期的即期利率是未来两个月期预期利率走势的加权平均值。在这种(9-25)形式下,可分别建立两个回归方程:

$$(1/s)\sum_{i=1}^{S-1}(R_{t+im}^{(m)} - R_t^{(m)}) = \alpha + \beta\cdot(R_t^{(n)} - R_t^{(m)}) \tag{9-27}$$

它表示长期利率(n 期)与短期利率(m 期)之间的利差可以预测短期利率(m 期)在未来长期中的一系列变化。

或者:

$$(R_{t+m}^{(n-m)} - R_t^{(n)}) = \alpha + \beta \cdot [m/(n-m)] \cdot (R_t^{(n)} - R_t^{(m)}) \quad (9-28)$$

它表示长期利率与短期利率之间的利差可以预测长期利率在未来短期内的变化。

2. 国内外实证研究结果

在合理预期理论提出之后,国外许多学者对这个理论进行了实证检验,而大部分的实证研究都否定了这个理论(这方面存在大量的文献,主要可以参考 Melino,1988;Shiller,1990;Campbell,1991)。而否定的原因主要是学者们发现了随着时间变化的期限风险溢价。这些否定的研究绝大部分都是采用美国的利率期限数据,而利用其他国家的数据进行研究的比较有限。在 20 世纪 90 年代,一些研究者们也开始采用其他发达国家和地区(如加拿大、英国和香港)的利率期限数据进行实证检验。如 Macdonald (1991)对英国的政府债券及数据进行了检验,发现不接受预期理论;Stefan Gerlach (2003)以 1 月、3 月、6 月、9 月和 12 月的香港银行间拆借利率为分析对象,以 1992 年 1 月至 2000 年 3 月为分析时段,研究发现加权平均利差不含未来短期利率的信息,证明利率期限结构的预期理论不成立。

国内的实证研究很多是关于利率期限结构的估计(陈雯、陈浪南,2000;范龙振,2005;刘金全、郑挺国,2006),而对于利率期限结构预期理论的检验则相对较少,且集中于银行间拆借利率、短期回购利率。这是因为国外的研究主要采用月度数据,美国等发达国家利率期限结构的数据相当完备,使得研究者可以采用大量的数据进行检验(一般是几十年的月度数据);而国内由于债券市场发展相对滞后,现有的软件仅能提供从 2002 年开始的银行间与交易所市场的收益率数据,因此不能进行较长时期的期限结构检验。而对于短期的利率指标,由于短期国债(到期期限小于 1 年)发行的匮乏,使得在二级市场上短期债券的交易不够活跃,交易价格缺乏足够的市场代表性,因此国内学者更多借助回购利率、拆借利率来表示短期利率。

在银行间市场方面,唐齐鸣,高翔(2002)选取 1996 年 1 月 3 日到 1998 年 12 月 31 日的日数据,对 7 天、30 天、60 天和 120 天的拆借市场利率数据进行检验,证明我国的同业拆借市场利率总的来说是符合利率期限结构中的预期理论的。史敏等(2005)选取同业拆借市场的周加权平均利率数据,时间跨度为 1996 年 1 月 1 日至 2003 年 7 月 21 日共 395 个交易周,发现亚洲金融危机对中国银行间同业拆借市场具有较强的影响,金融危机发生前,利率基本符合预期理论,但金融危机发生后,同业拆借利率不再符合预期理论,还需要纳入时变的期限风险溢价才可以。范龙振(2007)以银行间市场的回购利率为研究对象,发现回购利率具有明显的期限风险溢价,风险溢价随时间变化,并通过构造单因子、两因子线性仿射模型来解释回购利率的变化及风险溢价,发现在回购利率期限结构扣除单因子模型给出的利率风险溢价后,服从纯预期假设。

在交易所市场方面,目前国内学者主要集中在上交所国债回购市场的利率数据分析上。李彪(2006)利用1996年7月22日到2005年12月13日的上交所国债回购日数据,对R003、R007、R014、R091和R182五种不同到期期限的利率,利用单位根检验和多变量协整方法检验利率预期理论,发现利率期限结构预期假说在短期利率水平上是有效的。

【案例】 利率期限结构预期理论在我国的实证检验

某研究者选取七天(7d)、十四天(14d)、一个月(1m)、两个月(2m)、三个月(3m)以及六个月(6m)的月度加权平均全国银行间市场债券回购利率来检验我国利率期限结构的预期理论。选取的数据时间跨度是1997年6月到2004年12月。用 r_t 表示一个单位时间段的收益率,R_t 表示两个单位时间段的收益率,从而对于如下回归式:

$$r_{t+1} - r_t = \alpha + \beta \cdot (R_t - r_t) + \upsilon_{t+1} \tag{9-29}$$

按照预期理论,应有 $\beta = 2$。但利用我国的实际数据得到的检验结果如下表所示:

表9-2 利率曲线的预测(回购利率)

利率种类	因变量:$r_{t+1} - r_t$			
	r = 7d, R = 14d	r = 14d, R = 1m	r = 1m, R = 2m	r = 3m, R = 6m
常数项系数	-0.1095	-0.1253	-0.1278	-0.0545
p值	0.0014	0.0008	0.0000	0.3172
$(R_t - r_t)$项系数	0.6756	0.3281	1.1299	0.3123
p值	0.0018	0.0437	0.0000	0.0039
调整后的 R^2	0.1004	0.0354	0.3023	0.1328
D.W.检验值	1.6532	1.7865	1.2380	1.6292
标准误	0.2952	0.3021	0.2748	0.3552
F检验值	10.3698	4.1920	39.5674	9.1136
F检验的对应概率	0.0018	0.0437	0.000	0.0000

该研究者在对数据进行了必要的序列平稳性检验之后,分别检验了利率曲线的斜率对七天、十四天、一个月和三个月银行间债券市场回购利率的预测能力,尽管息差($R_t - r_t$)的系数均为正,并且显著地不为零,但仍然距离理论值2相去甚远,可以拒绝预期理论中关于 $\beta = 2$ 的原假设。从表9-2可以看到,几个方程的估计结果存在显著的差异。其中,两个月与一个月期回购利率的利息差,对于一个月期回购利率的预测能力最强,调整后的 R^2 达到了0.3以上,但是D.W检验没有通过,方程估计的系数值近似为1.13,虽然不等于2,但已十分接近。可以这样认为,不划分时间段落的前提下,上述结果尽管没有完全证实预期理论,但是,一个月期的利率曲线斜率确实包含了一个月期回购利率变动轨迹的相当一部分信息(大约是30%)。十四天与七天期回购利率的息差对七天期回购利率,以及六个月与三个月期回购利率的息差对三个月期回购利率的预测结果不如两个月与一个月期回购利率的利息差对一个月期回购利率的预测结果令人满意。这两个方程调整后的 R^2 都仅是后者的1/3左右,而一个月与十四天期回购利率的

息差对十四天期回购利率的预测能力几乎可以忽略不计,因为调整后的 R^2 只有 0.03。

四、利率期限结构与收益率曲线的拟合技术

要研究利率期限结构以及相关的模型理论,对利率期限结构的估计是第一步的工作。对那些零息票债券而言,它的到期收益率就是这个时期的利率水平,因此可以直接从零息债券的价格以及期限中求出利率的期限结构。但是对于息票债券而言,它就没有办法直接求出,只能通过其他方法进行估计。

假设零息票债券到期获得的现金流量都为 1,则期限为 n 的零息票债券的价格可以表示为:

$$P_{nt}=\frac{1}{(1+r_{nt})^{n}} \tag{9-30}$$

以连续复利收益率表示则为:

$$p_{nt}=e^{-nr} \tag{9-31}$$

比如,在某个时点 t,市场有 $P_{1t},P_{2t}\cdots P_{nt}$ 的零息票债券的市场价格,我们就可以通过上式分别计算出 $r_{1t},r_{2t}\cdots r_{nt}$,这就是一个时点 t 的利率期限结构。所以,利率期限结构可以直接从零息票债券价格中计算出来。但在金融市场交易的大部分是息票债券,零息票债券数量十分有限,这样零息票债券收益率的计算就需要借助一些数学方法。代表性的方法有息票剥离法、样条估计法、Nelson - Siegel模型和Svensson模型。

(一)息票剥离法(bootstrap method)

所谓息票剥离法,就是将息票从债券中进行剥离并在此基础上估计无息票债券利率水平的一种方法。例如,一个三年期、半年付息一次的息票债券可以认为是六个纯贴现债券。这就意味着一个债券的价值可以看作是以到期收益率折现的未来现金流的现值,也可以认为是各个纯贴现债券的折现价值之和。传统的息票剥离法通常是求解非线性联立方程,以得到不同期限的收益率数据。如果拥有足够多的无违约风险的国债交易数据,就可以利用息票剥离法来推导出收益率曲线,但标准的息票剥离法只能解决债券之间期限间隔是完美匹配的,如 6 个月期限、12 个月期限、18 个月期限债券等等。比如假定有如下四种债券,每半年付息一次,其有关数据如表 9 - 3。

表 9 - 3

债券种类	到期期限(年)	年利息支付(元)	债券价格(元)
1	0.5	0	92
2	1	4	94
3	1.5	8	96.8
4	2	12	101

以 r_t 表示到期期限为 t 的债券的收益率,则通过求解下面的非线性联立方程

$92 = 100 \cdot e^{r_{0.5} \times 0.5}$

$94 = 2 \cdot e^{-r_{0.5} \times 0.5} + 102 \cdot e^{-r_1 \times 1.0}$

$96.8 = 4 \cdot e^{-r_{0.5}} \times 0.5 + 4 \cdot e^{-r_1} \times 1.0 + 104 \cdot e^{-r_{1.5} \times 1.5}$

$101 = 6 \cdot e^{-r_{0.5} \times 0.5} + 6 \cdot e^{-r_1 \times 1.0} + 6 \cdot e^{-r_{1.5} \times 1.5} + 106 \cdot e^{-r_2 \times 2.0}$

即可得到各个期限的债券收益率 $r_{0.5}, r_1, r_{1.5}, r_{2.0}$。这种方法即是传统意义上的息票剥离法，由于四个方程存在四个未知收益率，可以求解。

如果现有的债券期限并不像如上所示1年、1.5年、2年、2.5年、3年等呈准确的规则分布，而是不规则分布，例如市场上存在期限为2.3年、票息率为6%的债券价格为98元，期限为2.7年、票息率为6.5%的债券价格为99元，则可先对这两个数据点进行线性插值，近似地估计出期限为2.5年票息率为6.25%的债券价格为98.5元，依此类推[①]。

可见，息票剥离法是单个利率水平从短期到长期的不断单变量求解，最后将这些利率水平连接起来，就构成利率期限结构。息票剥离法由于是不断地进行单变量求解，因此它的计算误差相对比较小，但计算相对比较麻烦。而且对不规则的债券市场资料而言，息票剥离法往往是在假定两个最近期间之间的利率服从线性变化关系的条件下进行估计的，也就是某个时期的利率水平只跟最近两个时期的利率水平线性相关，因此对利率随期限变动的描述上就显得简单。基于此，目前实务界往往较多地应用其他方法，如样条估计法及Nelson-Sigel模型等。

（二）样条估计法（Spline Approximation）

样条估计法假定整条利率期限结构在整个样本区间内服从某种非线性关系，在此基础上得到贴现函数，并将不同时期的息票和本金贴现到现在，进而得到理论债券价格，再和目前的实际债券价格进行拟合，从而估计出不同期限的贴现函数，最终得到不同期限的利率水平。由于样条估计法则是一种非线性拟合，可以考虑更为复杂的利率期限结构的形状。

样条估计法又可分为多项式样条法和指数样条法。两种方法的原理基本相同，其基本步骤是：

（1）确定贴现函数的形式

期限为T的贴现函数 $B(t)$ 是指期限为t的单位零息债券（到期支付1元面值）的贴现值。

（2）在设定分析日为0时刻的情况下，可以通过贴现函数求出样本债券k的理论定价：

$$P'_k = \sum_{i=1}^{q} CF(t_{k,i}) B(t_i) \tag{9-32}$$

① Hull, P98, 7th edition.

P'_k 为债券的理论全价；$CF(t_{k,i})$表示债券 k 在其持续期内(自分析日至到期日期间)发生的第 i 次现金流，如支付的票面利息及到期兑付时的本金；$B(t_i)$是债券 k 第 i 次现金流发生时所对应的贴现函数(贴现值)；t_i 是债券 k 第 i 次现金流发生时所对应的时间。

(3)收集样本债券 k 在分析日的实际收盘全价 P_k。

(4)求出所有样本债券的误差平方和：

$$J = \sum_{k=1}^{S} \omega_k \cdot (P_k - P'_k)^2 \tag{9-33}$$

其中，S 是样本债券的个数，ω 是第 k 个债券的权重因子。Vasicek和Fong将这些权重因子取为和债券的久期的平方成正比的数值[①]，这样，长期债券将占有较大的权重。而另外一些研究人员则选择反比于久期平方的权重，这使得短期债券占有较大的权重。也有的做法是取 $\omega = 1/s$ ，这样所有的债券将具有相等的权重。

(5)对目标函数 $J = \sum_{k=1}^{S} \omega_k \cdot (P_k - P'_k)^2$ 求最小化，从而确定模型中的未知参数，进而得到贴现函数 $B(t)$。

(6)根据贴现函数和零息债券即期利率之间的关系式：

$$R(t) = \frac{-\ln B(t)}{t} \tag{9-34}$$

得到点(t, $R(t)$)，并画出曲线，即为利率期限结构曲线。

多项式样条法和指数样条法的区别主要在于贴现函数 B(t)的形式不同。在具体实施时，两类方法均是首先在整个期限结构曲线上选择若干节点(Knotpoints)，由此将期限结构曲线分成若干段，对每一段期限采用相同类型的贴现函数(如多项式函数、指数函数等)加以描述。函数中各参数的设定要求使拟合得到的期限结构曲线光滑、连续。较为常见的是将整个期限分为三段，以分别对应短期、中期和长期。

多样式样条法主要是以McCulloch[②]提出的三次样条估计法为代表，它将贴现函数的形式设定为：

$$B(t) = \begin{cases} B_0(t) = d_0 + c_0 t + b_0 t^2 + a_0 t^3, t \in [0, n] \\ B_n(t) = d_1 + c_1 t + b_1 t^2 + a_1 t^3, t \in [n, m] \\ B_m(t) = d_2 + c_2 t + b_2 t^2 + a_2 t^3, t \in [m, T] \end{cases} \tag{9-35}$$

其中 n, m 是样条函数的节点。为了满足贴现函数及其导数的连续性，我们有

$$B_0^{(t)}(n) = B_n^{(t)}(n) \tag{9-36}$$

$$B_n^{(t)}(m) = B_m^{(t)}(m) \tag{9-37}$$

$$B_0(0) = 1 \tag{9-38}$$

① Vasicek O A, Fong H G, "Term Structure Modeling Using Exponential Splines"[J]. Journal of Finance, 1982: 339 - 348.

② McCulloch, J. H., (1971), "Measuring the Term Structure of Interest Rates", Journal of Business, 44, 19 - 31.

在上面的式子中 i=0,1,2 分别表示对相应函数的导数阶数。利用以上约束条件，我们可以将样条函数中的参数减少到 5 个并取为 a_0,b_0,c_0,a_1,a_2。将贴现函数用这些参数表示，我们有：

$$B(t)=\begin{cases}B_0(t)=1+c_0t+b_0t^2+a_0t^3,t\in[0,n]\\B_n(t)=1+c_0t+b_0t^2+a_0[t^3-(t-n)^3]+a_1(t-n)^3,t\in[n,m]\\B_m(t)=1+c_0t+b_0t^2+a_0[t^3-(t-n)^3]+a_1[(t-n)^3-(t-m)^3]\\+a_2(t-m)^3,t\in[m,20]\end{cases}\tag{9-39}$$

例如，一些文献选用了下面的多项式样条函数形式①：

$$B(t)=\begin{cases}B_0(t)=d_0+c_0t+b_0t^2+a_0t^3 & 其中\ t\in[0,5]\\B_5(t)=d_1+c_1t+b_1t^2+a_1t^3 & 其中\ t\in[5,8]\\B_8(t)=d_2+c_2t+b_2t^2+a_2t^3 & 其中\ t\in[8,T]\end{cases}\tag{9-40}$$

此时，利用约束条件，可以将相互间独立的参数从 12 个缩减到 5 个。如下式：

$$B(t)=\begin{cases}B_0(t)=1+c_0t+b_0t^2+a_0t^3 \quad 其中\ t\in[0,5]\\B_5(t)=1+c_0t+b_0t^2+a_0[t^3-(t-5)^3]+a_1(t-5)^3 \quad 其中\ t\in[5,8]\\B_8(t)=1+c_0t+b_0t^2+a_0[t^3-(t-5)^3]+a_1[(t-5)^3-(t-8)^3]\\+a_2(t-8)^3 \quad 其中\ t\in[8,T]\end{cases}\tag{9-41}$$

参数估计的标准是使样本函数的定价误差(理论价格与实际价格的差别)最小。②

考虑到贴现函数基本上是一个随期限增加而指数下降的函数，Vasicek和Fong提出了指数样条法(Exponential spline fitting)，将贴现函数用分段的指数函数来表示。同样为了保证曲线的连续性和平滑性，我们通常采用三阶的指数样条函数(exponential Cubic Splines)。例如：

$$B(t)=\begin{cases}B_0(t)=d_0+c_0e^{-ut}+b_0e^{-2ut}+a_0e^{-3ut},t\in[0,n]\\B_n(t)=d_1+c_1e^{-ut}+b_2e^{-2ut}+a_1e^{-3ut},t\in[n,m]\\B_m(t)=d_2+c_2e^{-ut}+b_2e^{-2ut}+a_2e^{-3ut},t\in[m,T]\end{cases}\tag{9-42}$$

同样，也要求指数样条函数必须满足函数平滑度以及可导性的约束条件，利用约束条件消去其中的 7 个参数而得到：

① 王晓芳，《上海证券交易所国债利率期限结构的实证分析——三次样条函数法》，《中国经济评论》2005 年第 1 期。

② Sanjay K. Nawalkha, Gloria M. Soto, "A Practical Guide to Term Structure Estimation with Excel".

$$B(t)=\begin{cases}B_0(t)=1+c_0(e^{-ut}-1)+b_0(e^{-2ut}-1)+a_0(e^{-3ut}-1),t\in[0,n]\\B_n(t)=1+c_0(e^{-ut}-1)+b_0(e^{-2ut}-1)+a_0[e^{-3ut}-(e^{-ut}-e^{-un})^3-1]\\+a_1(e^{-ut}-e^{-um})^3,t\in[n,m]\\B_m(t)=1+c_0(e^{-ut}-1)+b_0(e^{-2ut}-1)+a_0[e^{-3ut}-(e^{-ut}-e^{-un})^3-1]\\+a_1[(e^{-ut}-e^{-un})^3-(e^{-ut}-e^{-um})^3]+a_2(e^{-ut}-e^{-um})^3,t\in[m,T]\end{cases}\tag{9-43}$$

这样，可以将样条函数中的参数减少到 6 个：a_0,b_0,c_0,a_1,a_2u。另外，同三次样条函数一样，我们可以取分界点，例如 n = 5，m = 10。

关于样条函数到底取多少个分界点，或者说将整个期限分成多少段，在已有的文献中还没有确切的定论。一般是先根据所选数据期限长短的不同分类，尽可能地使每个样条函数包含大致一样的样本数，这样估计出来的每个样条函数中的参数才可能更准确一些。McCulloch也给出了确定节点数的具体原则。

（三）Nelson – Siegel模型和Svensson模型

上述三次样条法及指数样条法都是首先假设贴现函数 B(t)的形式，并通过债券理论价格与实际价格的偏差最小化拟合出贴现函数 B(t)，然后再根据 R(t) = lnB(t)/t 求得即期利率 R(t)，从而得到收益率曲线。由于样条法的灵活度较大，对于债券市场数据过于敏感，市场价格的很小变化可能会造成估计参数的较大变化；而且，这些参数的设定完全是以拟合数据为目的，并没有什么经济意义。

Nelson和Siegel①在 1987 年提出了一个用参数表示的瞬时远期利率函数，形式为：

$$f(t)=\alpha_1+\alpha_2\cdot\exp\left(-\frac{t}{\beta}\right)+\alpha_3\cdot\left(\frac{t}{\beta}\right)\cdot\exp\left(-\frac{t}{\beta}\right)\tag{9-44}$$

由此得到即期利率的函数形式：

$$R(t)=\frac{\int_0^t f(s)ds}{t}=\alpha_1+(\alpha_2+\alpha_3)\cdot\left[\frac{\beta}{t}\right]\cdot\left[1-exp\left(-\frac{t}{\beta}\right)\right]-\alpha_3\cdot exp\left[-\frac{t}{\beta}\right]\tag{9-45}$$

式中 $\alpha_1,\alpha_2,\alpha_3$ 和 β 是需要估计的自由参数。

虽然参数的个数不多，但这样的函数形式已经有足够的灵活度来拟合很多不同形状的收益率曲线，例如递增、递减、水平和倒置等四种债券收益率曲线。而且，与样条估计法不同的是，Nelson – Siegel模型中的这四个参数都有明确的经济含义。总的来看，α_1，α_2 和 α_3 是改变收益率曲线的主要因素。其中，α_1 的变化对应着收益率曲线的平移(parallel change)、α_2 的变化主要导致了收益率曲线斜率(slope)的变化；而 α_3 的变化反

① Nelson, C.R. & Siegel, A. F., (1987), "Parsimonious modeling of yield curves", Journal of Business 60(4): 473 – 489.

映了收益率曲线曲度(curvature)的变化。

根据上式的即期利率函数,我们可以求出债券 k 的理论价格:

$$P'_k = \sum_{i=1}^{n} \frac{CF_{kt}}{(1+R_t)^i} + \frac{面值}{(1+R_n)^n} \tag{9-46}$$

并且与债券 k 的实际价格 P_k 相比较;由此,求出所有样本债券的误差平方和:

$$J = \sum_{k=1}^{S} (P_k - P'_k)^2 \tag{9-47}$$

并求其约束条件下的最小化问题,即求解如下的非线性最优化问题,从而估计出即期利率函数的参数。

$$\underset{\alpha_1,\alpha_2,\alpha_3,\beta}{Min} \sum_{k=1}^{S} (P_k - P'_k)^2 \tag{9-48}$$

约束条件为:$\alpha_1 > 0$,限定了当时间 t 趋于无穷时的即期利率(consol rate,consol为英国无限期国债之意)为正;$\alpha_1 + \alpha_2 > 0$,限定了瞬时短期利率为正;$\beta > 0$ 保证了收益率曲线在长期将收敛。借助于Excel或Matlab等软件,可以求解出上述非线性最优化问题的参数估计结果。

值得注意的是,在Nelson Siegel模型所限定的即期利率函数形式下,无法推导出 V 形或驼峰形等更为复杂的收益率曲线。Svensson(1994)[①]将Nelson - Siegel模型作了推广,引进了另外两个参数 α_4、γ,从而将即期利率的函数变为如下形式:

$$R(t) = \alpha_1 + (\alpha_2 + \alpha_3)\cdot\left[\frac{\beta}{t}\right]\cdot\left[1 - exp\left(-\frac{t}{\beta}\right)\right] - \alpha_3\cdot exp\left[-\frac{t}{\beta}\right] + \alpha_4\cdot\left[\frac{\gamma}{t}\cdot\left(1 - exp\left(-\frac{t}{\gamma}\right)\right) - exp\left(-\frac{t}{\gamma}\right)\right] \tag{9-49}$$

Svensson模型允许收益率曲线存在两个极值点,这使得计算短期债券价格时的灵活性大大增强。这个模型也被称为扩展的Nelson - Siegel模型,已为国际上许多大的银行所采用,如法国中央银行、加拿大银行都采用这个模型构造收益率曲线。目前,一些文献或网站上提供了样条估计法、Nelson - Siegel模型的Excel工作文件模板,可直接方便使用。另外,也可以直接利用Matlab软件提供的固定收益证券工具箱中的相关命令与程序来拟合利率期限结构。

【拓展阅读】

国内外利率期限结构曲线拟合的实践

由于 NS 模型和 SV 模型采用指数多项式函数,利率曲线处处多阶可导,满足光滑性,同时模型参数有较强的经济含义,模型拟合结果比较符合利率期限结构预期理论,因此许多国家的中央银行采用 NS 模型或 SV 模型。根据国际清算银行(BIS)2005 年 10

① Svensson, L.,(1994),"Estimating and interpreting forward interest rates: Sweden 1992 - 4", Discussion paper, Centre for Economic Policy Research(1051).

月的技术文档,中央银行在估算利率期限结构中,多数采用 NS 模型或 SV 模型,只有日本单独采用 SS(smoothing Splines)平滑样条模型,美国同时采用 SS 和 SV 模型,英国同时采用 VRP(Variable Roughness Penalty)和 SV 模型(1998 年 4 月后仅 VRP 模型)。

表 9-4 世界主要发达国家中央银行采用的利率期限结构模型

中央银行	模型	模型使用起始日期	计算频率	最小目标	年限
比利时 Belgium	SV - NS	1997.9.1	日	P - w	0 ~ 10
加拿大 Canada	SV	1998.6.23 - 2003.10.15	日	P - w	1 ~ 10
	SS	1986.1.1	日		5/12 ~ 30
芬兰 Finland	NS	1997.11.3	周;日(1999.1.4 -)	P - w	1 ~ 10
法国 France	SV - NS	1992.1.3 - 2004.7.1	周	P - w	0 ~ 10
德国 Germany	SV	1997.8.7	日	Y	0 ~ 10
	SV	1973.1	月		—
	SV	1997.8.28	日		0 ~ 10
	SV	1973.1	月		0 ~ 10
意大利 Ialy	NS	1996.1.1	日	P - w	0 ~ 10

转引自周子康等,《中国国债利率期限结构模型研究与实证分析》,《金融研究》2008 年第 3 期。

我国不少学者对国债现货市场利率期限结构模型进行了研究,如:郑振龙(2003)利用息票剥离法与样条估计法对中国 2001 ~ 2002 的利率期限结构进行了静态估计。周荣喜(2004)、王晓芳(2005)利用多项式样条函数等方法对我国利率期限结构进行了实证分析。朱世武(2003)利用 NS 模型与 SV 模型对我国国债即期收益率曲线进行了拟合估计。另外,中央国债登记结算公司(2007)的做法是,先确定出当日若干剩余年限与对应收益率的样本点,然后采用单调三次Hermite多项式插值模型将这些样本点相连,构造出国债收益率曲线。

邵斌等(2008)通过实例对常用的四种收益率曲线构造方法——多项式样条法、指数样条法、Nelson - Siegel 模型和 Svensson 模型——进行了比较,发现这些方法虽然都能很好地拟合市场收益率,得到相近的即期利率和平价票面利率,但得到的远期利率却有很大差异,从而导致利率衍生品定价的偏差。该文还对模型参数的稳定性进行了比较分析,发现样条法的参数很不稳定,而 Nelson - Siegel 模型和 Svensson 模型的参数较稳定,尤其是 Nelson - Siegel 模型的参数变化更为合理。因此根据市场收益率的拟合度、远期利率曲线的变化及参数的稳定性,考虑到目前债券品种较少的现状,该文建议使用 Nelson - Siegel 模型用于构造我国的国债收益率曲线。另外,我国市场上一些商业性的债券分析软件,如北方之星的 α 系统采用了多项式样条法,红顶系统采用了指数样条法,兴创网站则采用了 Nelson - Siegel 模型和 Svensson 模型。郭涛和李俊霖(2007)[①] 选取 2006 年 5 月 31 日上交所 38 只附息国债的收盘价(债券全价)为样本数

① 《利率期限结构曲线的估计方法——基于上交所国债的实证分析》,《南方经济》2007 年第 12 期。

据，分别采用三段三次样条、三段指数样条、和 Nelson – Siegel 模型对当日利率期限结构曲线进行估计，所得到的估计参数如下表所示：

表 9 – 5　利率期限结构曲线估计参数表

估计方法	估计的参数
三段三次样条	$b_1=-0.015, c_1=-0.0032, d_1=0.0003, d_2=-0.0002, d_3=0.0001$
三段指数样条	$\alpha=0.1256, a_1=0.651, b_1=0.3802, c_1=0.1924, d_1=-0.2236, d_2=-0.2243, d_3=-0.2296$
N – S 模型	$\theta_1=0.0361, \theta_2=-0.0214, \theta_3=0.0224, r=6.0913$

相应地，不同模型的利率期限结构曲线图如下所示：

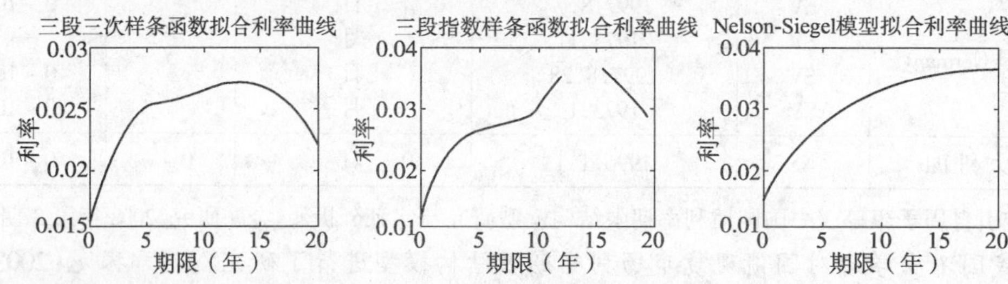

图 9 – 11

作者进一步重点对三次样条函数和Nelson – Siegel参数模型进行了样本内和样本外分析。从对上交所国债数据的拟合来看，Nelson – Siegel模型以其符合理论原则、拟合精度高、估计参数少、参数具有明确的经济学含义等优点，就我国交易所国债期限结构而言，无论对于市场交易者还是货币政策制定者央行而言，均是最佳的估计方法；而三次样条函数和指数样条函数更适用于国债数量众多的成熟市场。因此，应根据债券市场具体情况和应用需要选取合适的利率期限结构曲线估计方法。

第三节　常见的利率模型

在第一节中讲到，可以将到期日 T 支付面值为 1 元的零息债券在期初 t 时的价格 B_t^T 称为贴现因子，从而可以进一步通过将贴现因子与债券有效期内发生的现金流相乘得到债券的理论定价，而贴现因子 B_t^T 与瞬时短期利率 r(t) 之间具有如下关系：

$$B_t^T=\exp\left(-\int_t^T r(s)\,ds\right) \tag{9-50}$$

并且利用 $R_t^T=-\dfrac{1}{T-t}\ln B_t^T$，还可以得到期限为 T – t 的零息债券利率，即利率期限结构。可见，瞬时短期利率的变化规律：即 $r(t)$ 的函数形式，在整个固定收益证券的定价中处于核心位置。另外，对于近些年来出现的大量的固定收益衍生产品，如利率互换、利率期权等等，其现金流收付、乃至价格变化都在较大程度上依赖于市场利率的变化，这也要求我们对瞬时短期利率 $r(t)$ 的变化规律有一个清楚的认识。

从实践角度来看，如何衡量对于后期利率走势的预期，在目前市场情况下也存在较大的技术性障碍，投资者常常是利用目前市场中的收益率曲线去推算隐含的远期利率曲线，利用远期利率与目前利率水平的对比来形成对利率走势的预期，但是这里面可能存在一个问题，利用即期收益率曲线推算出来的远期利率与未来实际形成的即期利率是完全不同的，这是经过历史检验的一个真理，所以可以说由于利率期货等产品的缺失，导致目前中国利率市场中缺乏对利率预期衡量的有效工具，进而导致市场对期权产品定位的模糊。

从理论发展上讲，以某种假设来说明债券期限结构收益率曲线的形状，这是早期理论的基本特点。由于受到数学分析工具的限制，早期理论尚未涉及利率变化与债券市场均衡的动态性质与特征。七十年代之后，在布莱克和斯科尔斯(1973)研究方法的启发下，研究人员尝试运用维纳过程等连续时间数学分析工具来研究利率变化的动态性质。最初的研究通常假定短期利率是影响债券价格变化的唯一状态变量，如默顿(1973)、瓦西塞克(1977) 和 CIR(1985b)等模型，此后又有研究人员将短期利率之外的随机变量引入状态变量集中，认为多种因素共同影响和决定债券价格及相应衍生品价值的变动。由此，根据状态变量集中随机变量的个数，理论界将利率期限结构模型区分为单因素和多因素模型两大类，并进一步发展出标定的扩散模型(calibrated diffusion models)、HJM 模型(Heath - Jarrow - Morton，HJM models)以及市场模型(market models)等，本章将依次对此加以介绍。值得说明的是，由于内容庞杂，“利率模型”现在已成为独立的一门学科，而本节对此只给以简单的介绍。

一、Vasicek model

在现实世界中，利率总是表现出均值回归(mean reversion)的特点，如果当前利率很高，则将来利率回落的可能性很大；反之，如果当前利率很低，则将来利率上升的可能性较大，利率有向均值回归的倾向。而Vasieck模型就具有这种均值回归的性质。

在Vasicek利率模型下，瞬时利率服从如下过程：

$$dr_t = \kappa(\theta - r_t)\,dt + \beta dZ_t \tag{9-51}$$

其中，κ、θ 与 β 都是大于 0 的常数，dZ 为现实世界概率测度下的标准布朗运动。当瞬时利率 $r_t > \theta$ 时，利率动态过程的漂移项为负值，因而随着时间的推移，瞬时利率将逐步回落至 θ；如果 $r_t < \theta$，则利率动态过程的漂移项为正值，短期利率将上升至 θ。由此，瞬时利率将一直趋向于向 θ 运动，我们称 θ 为瞬时利率的长期水平(long - term level of the short rate)。参数 κ 决定了调整的速度。

在这一形式下，到期日为 T 的零息债券在 t 时的价格：

$$B_t^T = B^{t+\tau}(r,t) = e^{-a(\tau)-b(\tau)r}, \tag{9-52}$$

其中,$b(\tau)$满足普通差分方程:$\kappa b(\tau) + b'(\tau) - 1 = 0, b(0) = 0$

由此解出:

$$b(\tau) = \frac{1}{\kappa}(1 - e^{-\kappa\tau}) \tag{9-53}$$

进而:

$$a(\tau) = R_\infty[\tau - b(\tau)] + \frac{\beta^2}{4\kappa}b(\tau)^2 \tag{9-54}$$

经过整理可得:

债券价格 $$B_t^T = \exp\left(\frac{1}{\kappa}[1 - e^{-\kappa\tau}]\cdot(R_\infty - r) - R_\infty\cdot\tau - \frac{\beta^2}{4\kappa^3}\cdot[1 - e^{-\kappa\tau}]^2\right) \tag{9-55}$$

其中,$R_\infty = \lim\limits_{T\to\infty} R_t^T = \theta - \frac{\beta\lambda}{\kappa} - \frac{\beta^2}{2\kappa^2} = \hat{\theta} - \frac{\beta^2}{2\kappa^2}$为到期期限趋于无穷时的利率。

相应地,在 t 时刻、持续期为 τ 的零息债券收益率 $R^{t+\tau}(r,t)$可表示为:

$$R_t^T = R_t^{t+\tau}(r,t) = R_\infty + \frac{[r - R_\infty]\cdot[1 - e^{-\kappa\tau}]}{\kappa\tau} + \frac{\beta^2}{4\kappa^3\tau}[1 - e^{-\kappa\tau}]^2 \tag{9-56}$$

[案例] Vaseick 模型的 Excel 模拟

由第一章的知识,可以将(9-51)所示的连续时间下的Vasicek利率模型转化为离散时间下的变化过程:

$$r_{t_i} = r_{t_{i-1}} + \kappa(\theta - r_{t_{i-1}})\cdot(t_i - t_{i-1}) + \beta\varepsilon_i\cdot\sqrt{t_i - t_{i-1}} \tag{9-57}$$

在上式中,瞬时利率 r_t 的初始值 r_0 可以选择某个常用的短期利率指标,如隔夜拆借利率、7 天回购利率或一月期国债利率等。例如,通过Nelson Sigel模型估计出某一天(期初时刻 t_0)的国债利率期限结构,其一月期利率作为 γ。瞬时利率的长期水平 θ 可以用利率期限结构中的长期利率水平,如 20 年期利率来反映。关于瞬时利率的波动率 β 可以采用市场上交易的利率衍生产品(如利率上限、利率互换)价格所反映的利率隐含波动率;而利率均值回复的速度 κ 可以通过尝试某些取值,并且将得到的瞬时利率变化过程、进而得到的利率期限结构与Nelson - Siegel模型得到的利率期限结构相比较,通过对二者的偏差求最小化,来确定最终 κ 的取值。ε_i 为服从标准正态分布的随机数,可以用Excel软件中的随机数发生器,如Rand()函数,或者 = NORMINV(RAND(),0,1)等函数获得。而 $\Delta t = (t_i - t_{i-1})$为模型所设定的时间间隔,可适情况选择并且换算为以年为单位,例如,对于瞬时利率的变化图线,$\Delta t = 7/365$(反映每周瞬时利率的变化)要比 $\Delta t = 1/12$(反映每月瞬时利率的变化)表现的光滑一些。

在下图显示的例子中,瞬时利率初始值 4.5%、瞬时利率的长期水平 8%、均值回复的速度 1、瞬时利率的波动率 1.5%、时间间隔(1/12)分别在单元格 C4、C7、C8、C9 和 C11 中。G 列单元格中的数据为按照公式(9-57)计算出的各时点的瞬时利率 r_i。

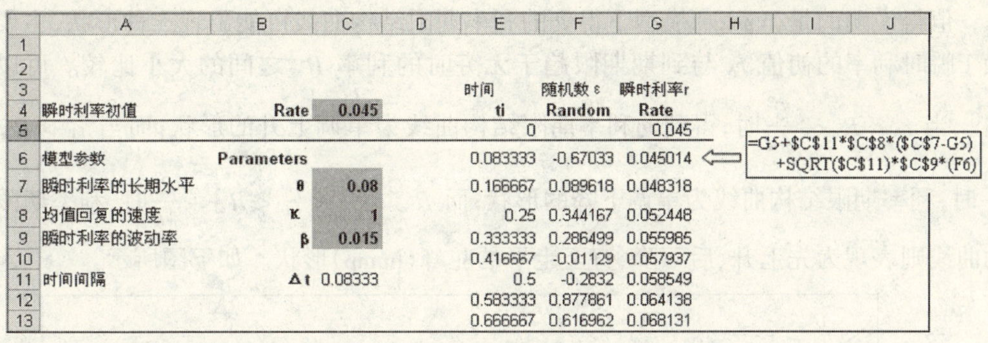

	A	B	C	D	E	F	G	H	I	J
1										
2										
3					时间	随机数 ε	瞬时利率r			
4	瞬时利率初值	Rate	0.045		ti	Random	Rate			
5					0		0.045			
6	模型参数	Parameters			0.083333	-0.67033	0.045014			
7	瞬时利率的长期水平	θ	0.08		0.166667	0.089618	0.048318			
8	均值回复的速度	κ	1		0.25	0.344167	0.052448			
9	瞬时利率的波动率	β	0.015		0.333333	0.286499	0.055985			
10					0.416667	-0.01129	0.057937			
11	时间间隔	Δt	0.08333		0.5	-0.2832	0.058549			
12					0.583333	0.877861	0.064138			
13					0.666667	0.616962	0.068131			

图 9－12

相应地,可将瞬时利率 r_i 的变化情况表示如下图:(下图中时间的单位为月)

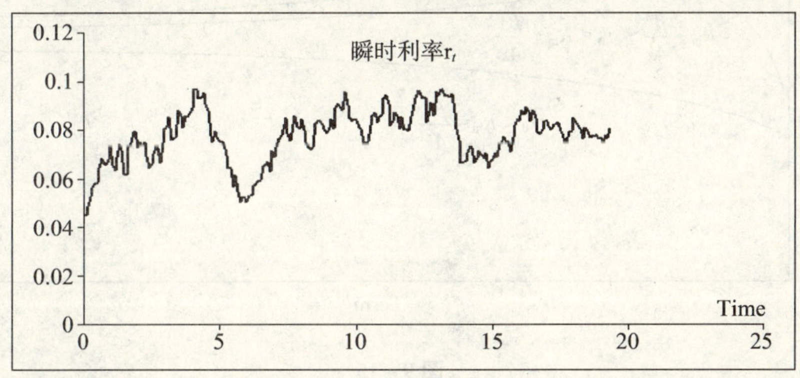

图 9－13

进一步,按照公式(9－55)容易计算得到期初时刻 t、持续期为 τ 的零息债券价格;另外,按公式(9－56)还可计算出零息债券收益率 $R^{t+\tau}(r,t)$、即相应的利率期限结构曲线。

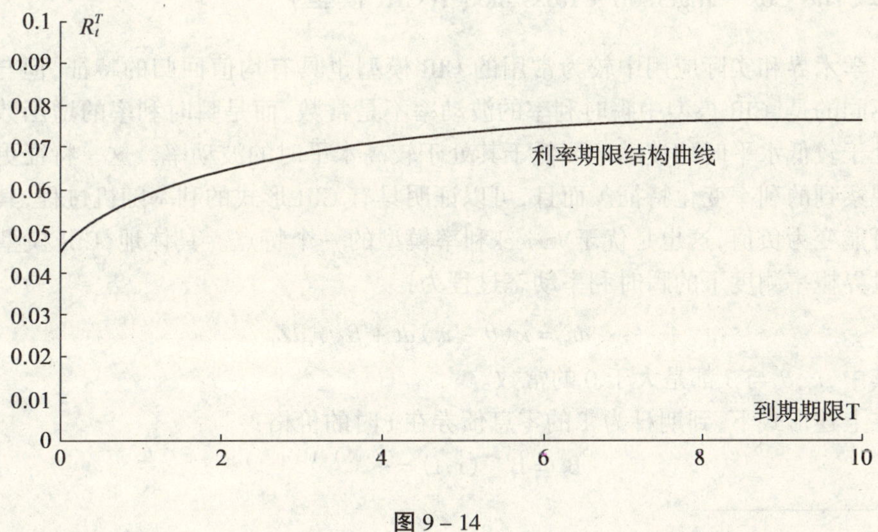

图 9－14

值得说明的是，Vasicek模型下得到的利率期限结构曲线可能出现三种形状，主要依赖于瞬时利率的初值 r_0 与到期期限趋于无穷时的利率 R_∞ 之间的大小比较。可以证明①，当 $r_0 < R_\infty - \frac{\beta^2}{4\kappa}$ 时，得到的利率期限结构曲线为单调上升的形状；而当 $r_0 > R_\infty + \frac{\beta^2}{4\kappa}$ 时，利率期限结构曲线为单调下降的形状；而 $R_\infty - \frac{\beta^2}{4\kappa} < r_0 < R_\infty + \frac{\beta^2}{4\kappa}$ 时，利率期限结构曲线则表现为先上升、后下降、直至走平的驼峰（hump）形状。如下图所示。

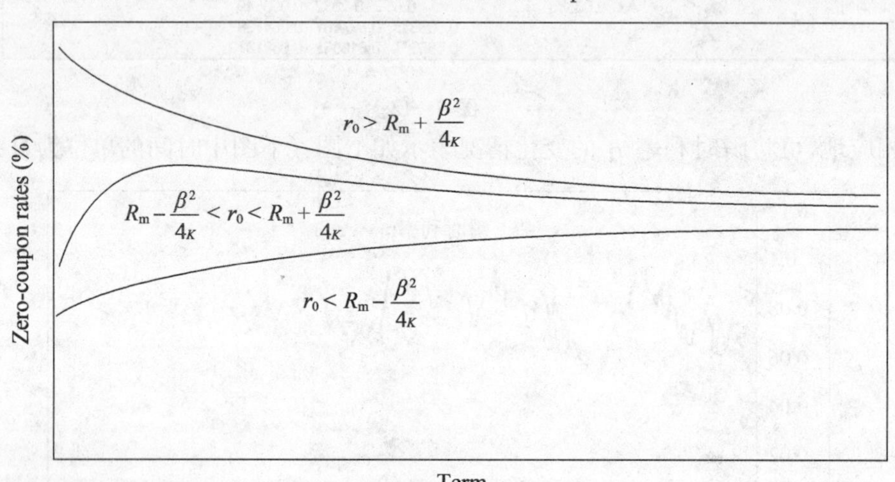

图 9－15

Vasicek利率模型的一个重大缺陷是它并不能消除瞬时利率在未来的运动中出现负值的可能性。

二、The Cox－Ingersoll－Ross model（CIR 模型）

在学术界和实际应用中较为常用的 CIR 模型也具有均值回归的特征，但与Vasicek模型不同的是，CIR 模型中瞬时利率的波动率不是常数，而是瞬时利率的增函数。所以利率处于较低水平时的波动率要低于其处于较高水平时的波动率。这一特征更加符合实际观察到的利率变化特征。而且，可以证明具有 CIR 形式的利率随机过程，其短期利率不可能变为负值，这也是优于Vasicek利率模型的一个特点。具体地，CIR 模型假设在现实世界概率测度下的瞬时利率动态过程为：

$$dr_t = \kappa(\theta - r_t)dt + \beta\sqrt{r_t}dZ_t \tag{9-58}$$

其中，κ、θ 与 β 都是大于 0 的常数。

在上述形式下，到期日为 T 的零息债券在 t 时的价格：

$$B_t^T = B^{t+\tau}(r,t) = e^{-a(\tau)-b(\tau)r} \tag{9-59}$$

① Claus Munk，“Fixed Income Analysis：Securities，Pricing，and Risk Management”.

其中：

$$b(\tau)=\frac{2(e^{\gamma\tau}-1)}{(\gamma+\hat{\kappa})(e^{\gamma\tau}-1)+2\gamma} \tag{9-60}$$

$$a(\tau)=-\frac{2\kappa\hat{\theta}}{\beta^2}\left(\ln(2\gamma)+\frac{1}{2}(\hat{\kappa}+\gamma)\tau-\ln[(\gamma+\hat{\kappa})(e^{\gamma\tau}-1)+2\gamma]\right) \tag{9-61}$$

$$\gamma=\sqrt{\hat{\kappa}^2+2\beta^2} \tag{9-62}$$

相应地，在 t 时刻、持续期为 τ 的零息债券收益率 $R^{t+\tau}(r,t)$ 可表示为：

$$R_t^T=R_t^{t+\tau}(r,t)=\frac{1}{\tau}\cdot a(\tau)+\frac{1}{\tau}\cdot b(\tau)\cdot r \tag{9-63}$$

其中，$a(\tau)$ 和 $b(\tau)$ 由公式(9－60)至(9－62)定义。由式(9－63)可知：

$$R_t^t=\lim_{T\to t}R_t^T=\lim_{\tau\to 0}R_t^{t+\tau}(r,t)=r \tag{9-64}$$

$$R_\infty=\lim_{T\to\infty}R_t^T=\frac{2\kappa\theta}{\hat{\kappa}+\gamma} \tag{9-65}$$

即：t 时点利率期限结构曲线的截距项就是当时的瞬时利率；期限趋于无穷时的利率（长期利率）趋向于常数 R_∞，不受瞬时利率 r 变化的影响。另外，也可以证明[①]，与 Vasicek模型类似，瞬时利率 r 的初值、$\hat{\kappa}$、θ 等参数的取值决定了 CIR 模型下得到的利率期限结构曲线也可能出现单调上升、单调下降以及驼峰（hump）形状。

同样，我们也可以借助于 Excel 工作表，对 CIR 利率模型进行模拟，并且得到相应的利率期限结构曲线。其基本原理和过程与 Vasicek 利率模型下的情况类似，只是将连续时间下的 CIR 利率模型转化为离散时间下的变化过程时，要按照以下公式：

$$r_{t_i}=r_{t_{i-1}}+\kappa(\theta-r_{t_{i-1}})\cdot(t_i-t_{i-1})+\beta\cdot\sqrt{r_{t_{i-1}}}\cdot\varepsilon_i\cdot\sqrt{t_i-t_{i-1}} \tag{9-66}$$

三、标定的利率模型（Calibrated Model）

对于上述单因素利率模型，其特点是假设利率的变化依赖于一个状态变量，而状态变量的变化则服从于由一些固定参数（与时间无关的）决定某些特征（如漂移项和波动项）的随机过程；进而债券价格及利率期限结构都是这些状态变量及参数的函数。这样得到的利率期限结构不能够完全拟合实际观察到的、随时间变化而变化的利率期限结构，由此也无法准确地对利率衍生产品进行定价。为了使利率模型能够完全拟合实际观察到的利率期限结构，一个途径是把利率模型中的某些参数用一个精心挑选的、与时间有关的函数来表示，使得经过这样处理后的利率模型与市场观测到的利率期限结构一致。这样得到的利率模型称之为"用市场利率期限结构标定的利率模型"。由于标定的利率模型与实际观察到的利率期限结构是一致的，由标定利率模型计算得到的债券价格与在市场中交易的债券价格一致，市场上没有套利机会，因此这一类模型也称之为无套利模型。标定利率模型主要用于为利率衍生工具定价。

① Claus Munk, "Fixed Income Analysis: Securities, Pricing, and Risk Management".

由于标定利率模型的核心思想就是选择利率模型的参数,使得通过利率模型得到的利率期限结构曲线与市场期限结构曲线一致,为此我们需要将利率模型参数设定为随时间变化的形式。

常见的几个著名的标定利率模型为:Hoo - Lee模型、BDT模型、Hull - White模型等。例如,Hoo and Lee(1986)模型假设风险中性概率下的短期利率服从随机过程:

$$dr_t = \hat{\varphi}(t)dt + \beta \cdot dZ_t^Q \tag{9-67}$$

其中,β 为常数,$\hat{\varphi}(t)$趋势项为时间的函数,其形式设定为:$\hat{\varphi}(t) = F_t(0,t) + \sigma^2 \cdot t$,以确保模型与期初利率期限结构一致。

Hull - White利率模型则假设风险中性概率下的短期利率服从随机过程:

$$dr_t = \kappa[\hat{\theta}(t) - r_t]dt + \beta dZ_t^Q \tag{9-68}$$

而 BDT(1990)利率模型假设风险中性概率下的短期利率服从随机过程:

$$d\ln r_t = \left[\hat{\theta}(t) - \frac{\partial\sigma(t)/\partial t}{\sigma(t)}\ln r(t)\right]dt + \sigma(t)\cdot dZ_t^Q \tag{9-69}$$

可见,利率的波动率为时间的函数,且利率的动态变化也具有均值回归的特征,均值回归调整速度为$\frac{\partial\sigma(t)/\partial t}{\sigma(t)}$。可见,Black - Derman - Toy模型包含两个时间函数 θ(t) 和 σ(t)。其中,θ(t)的选择应当使得模型可以拟合即期利率期限结构;而 σ(t)的选择应当使得模型可以拟合即期利率的波动特征。一旦两个时间函数 θ(t)和 σ(t)的形式被选择确定,未来整个的短期利率波动就被确定下来了。

BDT(1990)利率模型的一个简单形式假设利率的波动率为常数,只有漂移项为时间的函数,从而有:

$$d\ln r_t = \hat{\theta}(t)dt + \sigma \cdot dZ_t^Q \tag{9-70}$$

【拓展阅读】

BDT 模型在含权债券定价中的应用

债券中经常会包含一种或数种内嵌期权,当债券中包含的期权和债券无法分割时,称为“内嵌期权”。可提前赎回债券就是属于这种类型。这种债券允许发行人根据一组预先设定的赎回价格来赎回债券,可是这些期权不可以独立交易。可赎回债券给予发行人以事先规定的价格提前买回债券的权力,这种情况一般出现在利率下降、债券价格上升的时候。由此可知,发行人持有的赎回权是一个在标的价格上升的时候购买标的资产的权力,所以它是一个看涨期权。在发行人持有赎回权的情况下,会限制投资者因为债券价格上涨而获得的利润。

在可赎回债券与对应的普通债券之间,存在一种重要的关系。设 P_C 和 P_{NC} 分别代表可赎回债券和普通债券的价格,C 代表赎回权的价格,则理论上应该有 $P_C = P_{NC} - C$。而可回售债券则给予投资人以事先规定的价格将债券提前卖还给发行人的权力,这种情况一般出现在利率上升、债券价格下降的时候。由此可知,投资者持有的回售权是一个在标的价格下跌的时候出售标的资产的权力，所以它是一个看跌期权。在存在回售条款的情况下，投资者有权根据设定的价格出售债券，这将限制投资者因为利率上升而遭受的损失。设 P_P 和 P_{NP} 分别代表可回售债券和普通债券的价格，P 代表投资者持有的回售权的价格，则 $P_P = P_{NP} + P$。

我们可以通过二叉树模型来给含权债券定价，用 P_{NC} 代表普通债券在某一个节点的价值，r 代表该节点对应的利率，P_C 为可赎回债券的价格，X 代表赎回价格，C^u 和 C^d 代表上行和下行状况下赎回权的价值，而 C 代表该节点的选择权的价值。由于在发行人持有赎回权的情况下，理性的发行人会通过最大化赎回权的价值以降低投资者持有的可赎回债券的价值，所以计算每个节点上可赎回债券价值的一般法则是：

$$C_{持有} = \frac{0.5C^u + 0.5C^d}{1 + r}$$

$$C_{执行} = Max(0, P_{NC} - X)$$

$$C = Max(C_{持有}, C_{执行})$$

$$P_C = P_{NC} - C$$

从后面的节点回溯，就可以得到某节点可赎回债券的价值。同理，计算可回售债券价值的一般法则是：

$$P_{持有} = \frac{0.5P^u + 0.5P^d}{1 + r}$$

$$P_{执行} = Max(0, P_{NP} - X)$$

$$P = Max(P_{持有}, P_{执行})$$

$$P_P = P_{NP} + P$$

据此，通常使用流行的 BDT 模型估计利率动态，BDT 模型的基本结构如下：

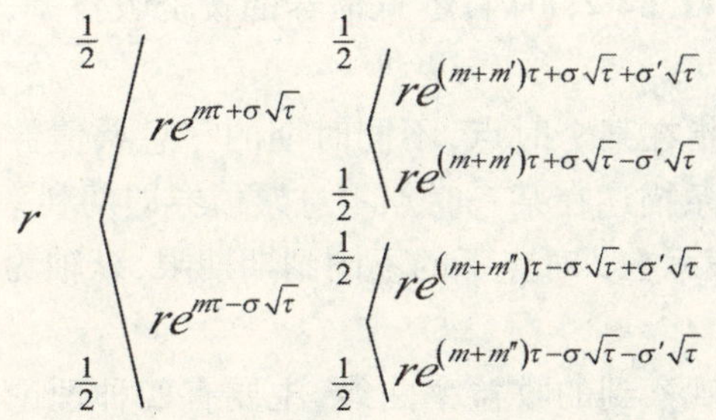

$$r \begin{cases} \frac{1}{2} \quad re^{m\tau + \sigma\sqrt{\tau}} \begin{cases} \frac{1}{2} \quad re^{(m+m')\tau + \sigma\sqrt{\tau} + \sigma'\sqrt{\tau}} \\ \frac{1}{2} \quad re^{(m+m')\tau + \sigma\sqrt{\tau} - \sigma'\sqrt{\tau}} \end{cases} \\ \frac{1}{2} \quad re^{m\tau - \sigma\sqrt{\tau}} \begin{cases} \frac{1}{2} \quad re^{(m+m')\tau - \sigma\sqrt{\tau} + \sigma'\sqrt{\tau}} \\ \frac{1}{2} \quad re^{(m+m')\tau - \sigma\sqrt{\tau} - \sigma'\sqrt{\tau}} \end{cases} \end{cases}$$

其中，r 是短期利率，σ 是利率的波动率，m 是利率的漂移率。BDT 模型实际上是假设利率服从对数正态分布。要估计利率动态首先要有利率期限结构的数据。然后在此基础上根据 BDT 模型来估计利率的二叉树图。

郑振龙和康朝锋(2005)按照上述过程，对我国 6 只可赎回债券(02 国开 06，02 国开 15，02 国开 18，03 国开 02，03 国开 13，03 国开 14)和 5 只可回售债券(01 国开 20，02 国开 05，03 国开 15，03 国开 16，04 国开 02)。对起息日时的理论价格进行估算，即选起息日为定价日，因为所选样本债券都是按面值 100 发行的，所以如果债券的理论价格高于

100,说明债券被低估,反之债券被高估。

表9-6　国开行可赎回债券的定价结果

债券简称	02国开06	02国开15	02国开18	03国开02	03国开13	03国开14
起息日	2002-6-16	2002-10-26	2002-12-10	2003-3-31	2003-7-29	2003-7-29
普通债券价值	105.07	114.94	117.31	103.43	108.80	108.80
赎回权价值	10.79	15.26	15.59	12.68	13.08	13.08
可赎回债券价值	94.28	99.68	101.72	90.76	95.72	95.72

表9-7　国开行可回售债券的定价结果

债券简称	01国开20	02国开05	03国开15	03国开16	04国开02
起息日	2001-12-21	2002-5-9	2003-8-28	2003-9-4	2004-2-25
普通债券价值	104.96	122.61	106.50	130.58	108.32
回售权价值	0.00	0.00	0.00	0.00	0.00
可回售债券价值	104.96	122.61	106.50	130.58	108.32

从表9-6、表9-7可以看出,可赎回债券的价值被高估,说明投资人没有认识到赎回权对投资收益带来的限制。可回售债券的价值被低估,原因可能是当时市场处于降息通道,从国债数据估计出来的利率动态上升的概率很小,几乎不会触发回售,同时也造成投资者没有充分认识到回售权对规避利率上升风险的好处。

【本章小结】

1.贴现因子是指在到期日T支付面值为1元的零息债券在期初t时的价格。即期利率,又称零息债券利率,是指零息债券在期初t至到期日T之间的收益率。瞬时即期利率表示在无穷小时间(t,t+△t)内,零息债券的投资收益率,有时也被称之为短期利率。

2.利率期限结构是指在某个时点,不同时期的零息票债券即期利率的集合。利率期限结构曲线则是指一条描述在某一时点零息票债券即期利率与到期期限的关系的曲线。其横轴为时间轴,表示在t时点下的不同到期期限,纵轴为不同期限对应的零息票债券利率。

3.解释实际市场中观察到的收益率曲线,主要有四种理论,分别是预期理论、流动性偏好理论、期限偏好理论和市场分割理论。

4.关于利率期限结构与收益率曲线的拟合技术,代表性的方法有息票剥离法、样条估计法、Nelson-Siegel模型和Svensson模型。

5.常见的利率模型主要有Vasicek model,CIR模型,Hoo-Lee模型、BDT模型、Hull-White模型等。

【复习思考题】

1.已知某一天收盘时市场上一些债券的情况,这些债券均是每半年付息一次,试用息票剥离法计算该日的利率期限结构。

表 9-8

债券号	债券价格(元)	年利息支付(元)	到期期限(年)
1	102.2969	6.125	0.5
2	104.0469	6.25	1
3	104	5.25	1.5
4	103.5469	4.75	2
5	109.5156	7.25	2.5
6	111.1719	7.5	3
7	122.4844	10.75	3.5
8	119.6094	9.375	4
9	111.3281	7	4.5
10	108.7031	6.25	5

2.根据下表提供的数据,试用三次样条法估计该时刻的利率期限结构。

表 9-9

债券名称	待偿期限(年)	债券全价格(/百元面值)	到期时间	年息票率(%)	年付息次数	到期收益率(%)
96 国债(6)	2.216	129.617	2006-06-14	11.83	1	2.295
99 国债(5)	3.400	102.459	2007-08-20	3.28	1	3.119
97 国债(4)	3.444	127.912	2007-09-05	9.78	1	2.826
02 国债 14	3.578	98.491	2007-10-24	2.65	1	3.437
21 国债 3	4.079	101.610	2008-04-24	3.27	1	3.644
21 国债 15	4.732	97.726	2008-12-18	3.00	1	3.719
02 国债 10	5.392	93.954	2009-08-16	2.39	1	3.960
99 国债(8)	5.496	98.594	2009-09-23	3.30	1	3.929
02 国债 15	5.699	96.213	2009-12-06	2.93	1	3.856
03 国债 01	5.904	93.895	2010-02-19	2.66	1	3.885
21 国债 10	7.501	94.251	2011-09-25	2.95	1	4.084
21 国债 12	7.597	94.698	2011-10-30	3.05	1	4.064
02 国债 03	8.066	91.510	2012-04-18	2.54	1	4.154
02 国债 13	13.493	92.163	2017-09-20	2.60	2	3.329
21 国债 7	17.356	102.870	2021-07-31	4.26	2	4.080
03 国债(3)	19.068	90.990	2023-04-17	3.40	2	4.207

3.假设瞬时利率初始值4.5%、瞬时利率的长期水平8%、均值回复的速度1、瞬时利率的波动率1.5%,试分别用Vasicek模型和CIR模型模拟瞬时利率在一年内的变化路径及相应的利率期限结构。

4.阅读有关利率模型在中国市场实证检验的文章,汇总其主要的研究方法和研究结论。

第十章 CHAPTER 10

金融衍生产品定价理论与实现技术

【学习目标】

熟悉重要随机过程的形式及模拟方法;熟悉常见期权的形式及定价公式;理解金融工程组合分解技术的基本原理;掌握利用蒙特卡罗方法模拟资产价格变化路径的主要步骤。

【重要概念】

随机过程　布朗运动　伊藤过程(Ito process)均值回归过程　平方根过程　奇异期权　金融工程的组合分解技术　蒙特卡罗模拟方法

金融衍生产品是近些年发展起来的一类重要的金融资产。其定价过程与方法一直是金融理论界与实务界十分关注的问题。本章简单介绍金融计量与计算技术在金融衍生产品定价中的应用。

第一节　随机过程与资产价格的变化

金融资产价格的运动随时间变化,形成一个随机过程。本节主要介绍几种常见随机过程的形式及相关意义。

一、随机过程的含义

在金融现象中,一些主要价格指标,如利率、汇率、股票指数、价格等,都表现出一定的随机性(randomness)。而随机过程(Stochastic Process)就是对一连串随机事件动态变化的定量描述。标准的数学定义如下:

假设 $\Omega=\{\omega\}$ 是随机试验的样本空间,T 是一个参数集(往往是时间),如果对于每

一个 $t \in T$,都有随机变量 $X(\omega, t)$ 与之对应,则称依赖于 t 的一族随机变量 $X(\omega, t)$ 为随机过程。有时候,我们会把一个随机过程简记为 X(t),t∈[0,T]。

直观上理解,不妨假定我们每隔一分钟抛一枚硬币,那么 Ω = {正、反}就是随机试验的样本空间,记时间为 t_1, t_2…则随机变量族 X(正,t_1)、X(反,t_2)…就是一个随机过程。又比如,一个醉汉在路上行走,以概率 p 前进一步,以概率 1 - p 后退一步,则以 X(t)记他 t 时刻在路上的位置,则 X(t)也是一个随机过程。显然,在任一特定时刻 t^*,随机过程 X(t)退化为一个普通的随机变量 X(t^*),从这个角度看,我们可以把随机过程理解为一系列随机变量的总和,也就可以将随机变量的某些数值特征,如数学期望和方差等,扩展到随机过程。只是随机过程的数值特征不再是确定的数,而是确定的时间的函数。例如,下图:

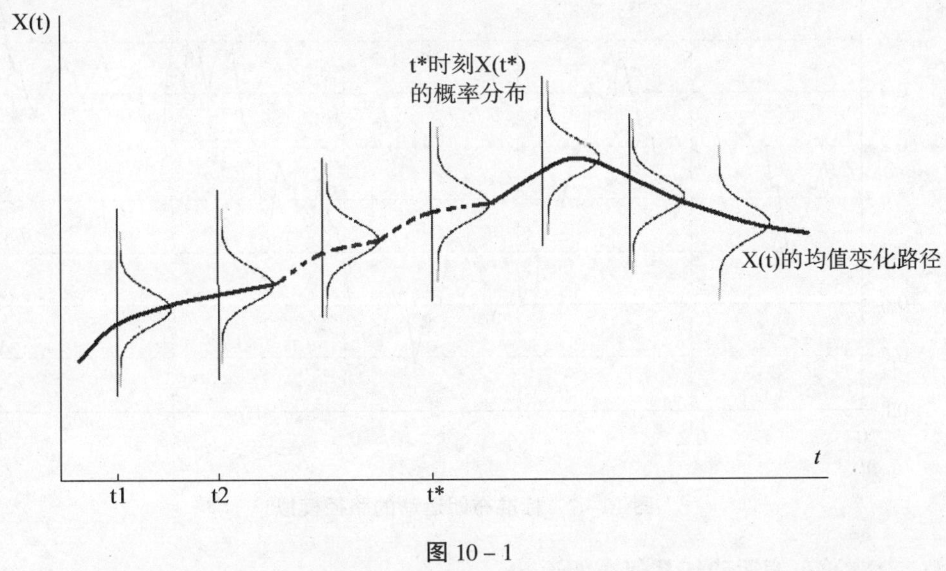

图 10-1

二、一些重要的随机过程及模拟实现

(一)标准布朗运动(Standard Brownian Motion)

布朗运动是历史上最早被认真研究过的随机过程。1827 年,英国生物学家布朗(Robert Brown)首先观察和研究了悬浮在液体中的细小花粉微粒受到水分子连续撞击形成的运动情况,布朗运动也因此而得名。1900 年,法国人路易·巴舍利耶(Louis Bachelier)用它来描述股票价格运动过程。1918 年维纳(Wiener)在数学上严格地定义了标准布朗运动(因此它有时也称为维纳过程),其后成为定量描述各种金融变量的基石。

设 Δt 代表一个小的时间间隔长度,Δz 代表变量 z 在一个微小时间间隔 Δt 内的变化,如果 Δz 和 Δt 的关系满足以下条件:

(1)$\Delta z = \varepsilon \sqrt{\Delta t}$

其中，ε 代表从标准正态分布(即均值为 0、标准差为 1.0 的正态分布)中取的一个随机值。

(2)对于任何两个不同时间间隔 Δt，Δz 的值相互独立。

则称随机变量 Z 的运动遵循标准维纳过程或者布朗运动。显然，遵循标准布朗运动的变量 z 在任意长度的时间间隔 T 中的变化量{z(T) - z(0)}也具有正态分布特征，其均值为 0，方差为 T，标准差为$\sqrt{T}$。

我们可以按照 $z_{t_i} = z_{t_{i-1}} + \varepsilon_i \cdot \sqrt{t_i - t_{i-1}}$，$i = 1,2\cdots n$，模拟出标准布朗运动的变量 z 在 $t_0, t_1 \cdots t_n$ 时点的运动轨迹，其中 $\varepsilon_1, \varepsilon_2 \cdots \varepsilon_n$ 为由标准正态分布函数中抽取的随机数。

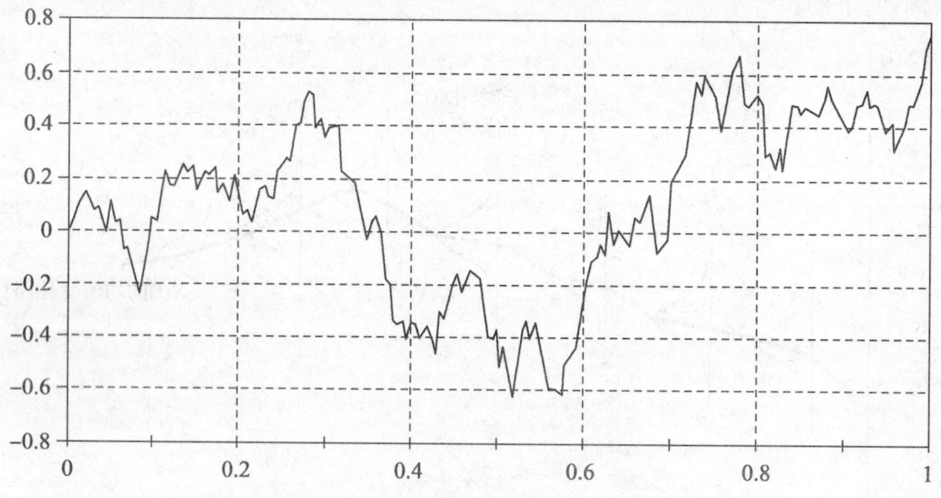

图 10-2　标准布朗运动的路径模拟

(二)普通布朗运动与几何布朗运动

如果变量 X 的运动规律服从以下形式：

$dX = \mu dt + \sigma dz$，其中，μ 和 σ^2 均为常数，dZ 遵循标准布朗运动　　(10-1)

则我们称 X 服从普通布朗运动或维纳过程(generalized Brownian motion, or a generalized Wiener process)。其中，μ 为漂移率(Drift Rate)，表示单位时间内变量 z 均值的变化值；σ^2 为方差率，表示单位时间内变量 z 的方差。漂移率为 0 意味着在未来任意时刻 z 的均值都等于它的当前值。方差率为 1.0 意味着在一段长度为 T 的时间段后，z 的方差为 1.0×T。显然，标准布朗运动的漂移率为 0，方差率为 1.0。普通布朗运动可拆分为两个部分：一是 μdt 部分，可看作是不包括随机因素后的线性部分。由 $dX = \mu dt$ 可解得 $X = X_0 + at$，其中 X_0 为零时刻 X 的初值。这是一个有着固定成长率(斜率) a 的线性方程，如下图 10-3(a)所示。第二部分则是加到既定线性轨道上的波动 σdz，如图 10-3(b)所示。它实质上可看做是被放大了 σ 倍的标准维纳过程，其中这里的 σ 在构造金融资产价格运动模型时反映了不可预料的变化给金融产品价格带来的冲击。

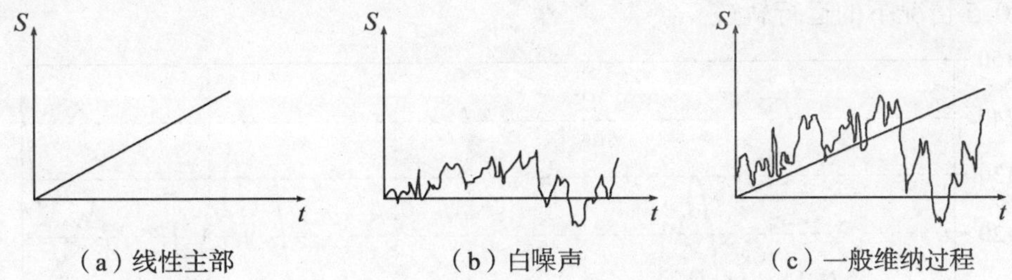

图 10－3　一般维纳过程的分解与合成

我们可以按照 $x_{t_i}=x_{t_{i-1}}+\mu\cdot(t_i-t_{i-1})+\varepsilon_i\cdot\sigma\cdot\sqrt{t_i-t_{i-1}}$，$i=1,2\cdots n$，模拟出普通布朗运动的变量 x 在 $t_0,t_1\cdots t_n$ 时点的运动轨迹，其中 $\varepsilon_1,\varepsilon_2\cdots\varepsilon_n$ 为由标准正态分布函数中抽取的随机数。μ 决定了变量变化的趋势，σ 决定了变量围绕趋势波动的幅度。下图表示了初始值 $x_0=0$，$(t_i-t_{i-1})=1/200$，$\sigma=0.5$ 和 $\sigma=1.0$ 情况下的运行轨迹。其中，直线反映了 $\sigma=0$，即 x_t 变化的趋势线。

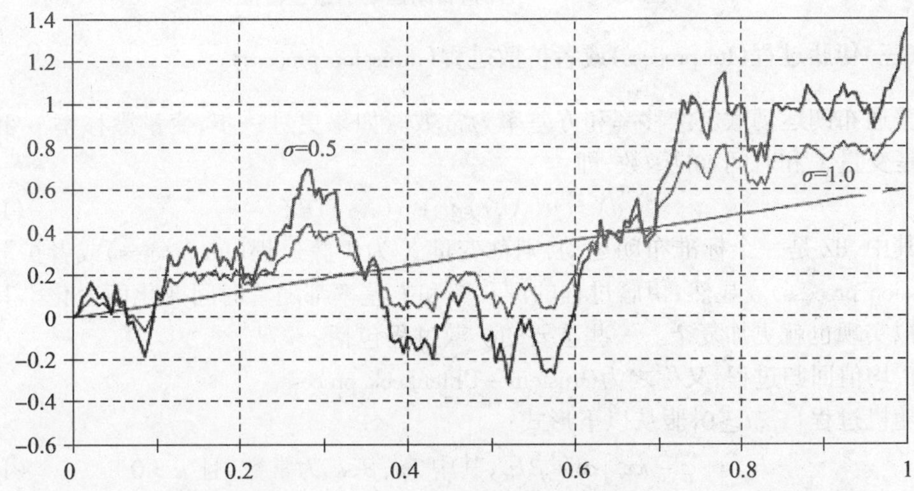

图 10－4　一个普通布朗运动的路径模拟

与普通布朗运动较为接近的是几何布朗运动（geometric Brownian motion），其形式为：

$$dX=\mu Xdt+\sigma XdZ \tag{10－2}$$

显然，上式可变为：$\frac{dX}{X}=\mu dt+\sigma dz$，可见，它可看作是随机变量 X 的相对变化（即价格变化率或收益率）、而不是绝对变化，服从普通布朗运动。

我们可以按照 $x_{t_i}=x_{t_{i-1}}+\mu\cdot x_{t_{i-1}}\cdot(t_i-t_{i-1})+\sigma\cdot x_{t_{i-1}}\cdot\varepsilon_i\cdot\sqrt{t_i-t_{i-1}}$，$i=1,2\cdots n$，模拟出几何布朗运动的变量 x 在 $t_0,t_1\cdots t_n$ 时点的运动轨迹，其中 $\varepsilon_1,\varepsilon_2\cdots\varepsilon_n$ 为由标准

正态分布函数中抽取的随机数。下图表示了初始值 $x_0=100$，$(t_i-t_{i-1})=1/200$，$\sigma=0.2$ 和 $\sigma=0.5$ 情况下的运行轨迹。

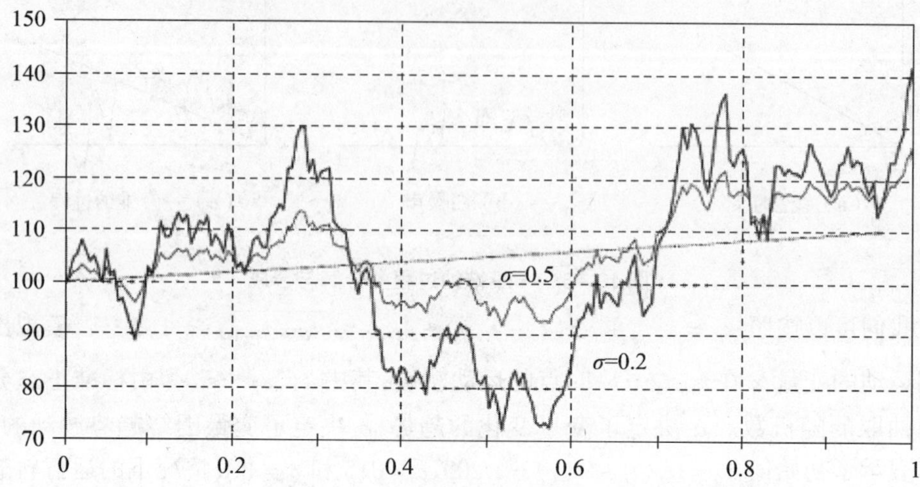

图 10-5　一个几何布朗运动的路径模拟

(三)伊藤过程(Ito process)或者扩散过程(difussion process)

普通布朗运动假定漂移率和方差率为常数。如果更进一步，变量漂移率 μ 和方差率 σ 是变量 X 和时间 t 的函数，即：

$$dX=\mu(X,t)\,dt+\sigma(X,t)\,dZ \tag{10-3}$$

其中，dZ 是一个标准布朗运动，则称变量 X 为伊藤过程(Ito process)或者扩散过程(difussion process)。显然，伊藤过程的漂移率和方差率都随着时间变化而变化。其形式及模拟实现也就更加复杂。一些重要的扩散过程包括：

1.均值回归过程，又称之为Ornstein-Uhlenbeck process。

随机过程 $\{x_t,t\geq 0\}$ 服从以下形式：

$$dx_t=[\varphi-\kappa x_t]\,dt+\beta dz_t\text{，其中，}\varphi,\beta,\kappa\text{ 为常数，且 }\kappa>0 \tag{10-4}$$

也可写成：$dx_t=\kappa[\theta-x_t]\,dt+\beta dz_t$，其中 $\theta=\varphi/\kappa$　(10-5)

由上式可见，当 $x_t<\theta$ 时，漂移项为正值，而当 $x_t>\theta$ 时，漂移项为负值，由此使得 x_t 的运行轨迹从长期看趋近于 θ。κ 反映了 x_t 向长期水平 θ 调整的速度。均值回归过程的运行路径可能通过下式来模拟：

$$x_{t_i}=x_{t_{i-1}}+\kappa[\theta-x_{t_{i-1}}]\cdot(t_i-t_{i-1})+\beta\cdot\varepsilon_i\cdot\sqrt{t_i-t_{i-1}},\ i=1,2,\cdots,n \tag{10-6}$$

2.平方根过程。

随机过程 $\{x_t,t\geq 0\}$ 服从以下形式：

$$dx_t=[\varphi-kx_t]\,dt+\beta\cdot\sqrt{x_t}\cdot dz_t\text{，或：}dx_t=\kappa[\theta-x_t]\,dt+\beta\cdot\sqrt{x_t}\cdot dz_t \tag{10-7}$$

其中，$\theta=\varphi/\kappa$，$\theta,\varphi,\beta,\kappa$ 为大于 0 的常数。随机过程 $\{x_t,t\geq 0\}$ 的初值 x_0 为正值。

平方根过程与均值回归过程的区别在于波动率不同,平方根过程的波动率为 $\beta^2 x_i$,与变量的水平值 x_t 呈正比例相关。

运行路径可通过下式来模拟:

$$x_{t_i} = x_{t_{i-1}} + \kappa[\theta - x_{t_{i-1}}]\cdot(t_i - t_{i-1}) + \beta\cdot\sqrt{x_{t_{i-1}}}\cdot\varepsilon_i\cdot\sqrt{t_i - t_{i-1}},\ i = 1,2,\cdots,n \tag{10-8}$$

下图表示了初始值 $x_0 = 0.06$, $(t_i - t_{i-1}) = 1/200$, $\theta = 0.08$, $\kappa = \ln 2 = 0.69$, $\beta = 0.03$ 情况下,平方根过程和均值回归过程的运行轨迹。

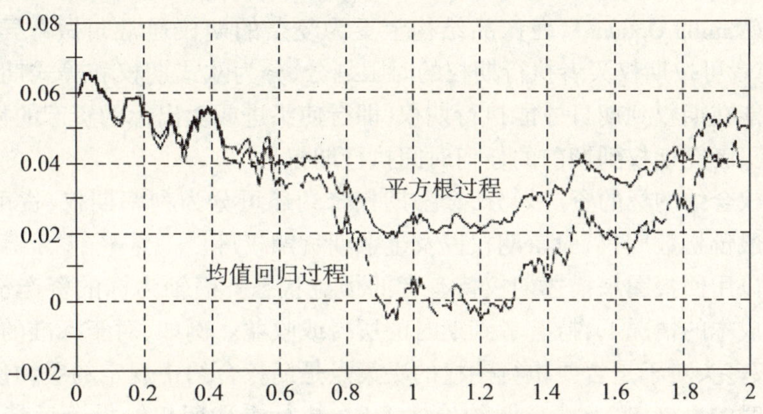

图 10-6　平方根过程与均值回归的路径模拟

由上图可见,对于相同的模型参数和初始值,服从均值回归过程的随机变量有可能变为负值,而平方根过程则始终为正值。

第二节　常见的期权及其定价公式

现代金融衍生产品大都与期权有关,因此本节介绍常见的一些期权及定价方法。

一、期权的基本知识

(一)期权的含义和主要分类

金融期权(Option),是指赋予其购买方在规定期限内按买卖双方约定的价格(简称协议价格(Striking Price)或执行价格(Exercise Price))购买或出售一定数量某种金融资产(称为标的资产 Underlying Assets)的权利的合约。期权购买方为了获得这个权利,必须支付给期权出售方一定的费用,称为期权费(Premium)或期权价格(Option Price)。对于期权的买者来说,期权合约赋予他的只有权利,而没有任何义务。他可以在规定期限以内的任何时间(美式期权)或期满日(欧式期权)行使其购买或出售标的资产的权利,也可以不行使这个权利。对期权的出售者来说,他只有履行合约的义务,而没有任何权利。当期权买者按合约规定行使其买进或卖出标的资产的权利时,期权卖者必须依约相应地卖出或买进该标的资产。作为给期权卖者承担义务的报酬,期权买者要支付给期权卖者一定的费用,称为期权费(Premium)或期权价格(Option Price)。期权费视期权种类、期限、标的资产价格的易变程度不同而不同。

按期权买者的权利划分,期权可分为看涨期权(Call Option)和看跌期权(Put Option)。凡是赋予期权买者购买标的资产权利的合约,就是看涨期权;而赋予期权买者出售标的资产权利的合约就是看跌期权。从期权产品结构设计上来看,可分为标准或常规化的期权(Vanilla Options),在产品结构上更为复杂的期权通常叫做奇异期权(Exotic Options)。前者可按期权买者执行期权的时限划分,分为欧式期权和美式期权。欧式期权的买者只能在期权到期日才能执行期权(即行使买进或卖出标的资产的权利)。而美式期权允许买者在期权到期前的任何时间执行期权。

按照期权合约的标的资产划分,金融期权合约还可分为利率期权、货币期权(或称外汇期权)、股价指数期权、股票期权以及金融期货期权等。

我们可以用回报图来描述期权持有者的损益状态。横轴为标的资产价格,纵轴为不考虑期权成本的情况下,持有者到期时的所得或收益。例如,对于标准的欧式看涨期权,看涨期权多头对于是否要执行期权的决策点是期权合约中规定的履约价格 X,当标的资产到期时的价格 S_T 上涨至履约价格 X 时,执行看涨期权给投资者带来的回报为 S_T-X。由此,可将欧式看涨期权持有者在期权到期时的回报写作 $\max(0,S_T-X)$。而对于标准的欧式看跌期权持有者的回报情况则如图 10-7(b)所示,其到期时的回报可写作 $\max(0,X-S_T)$。

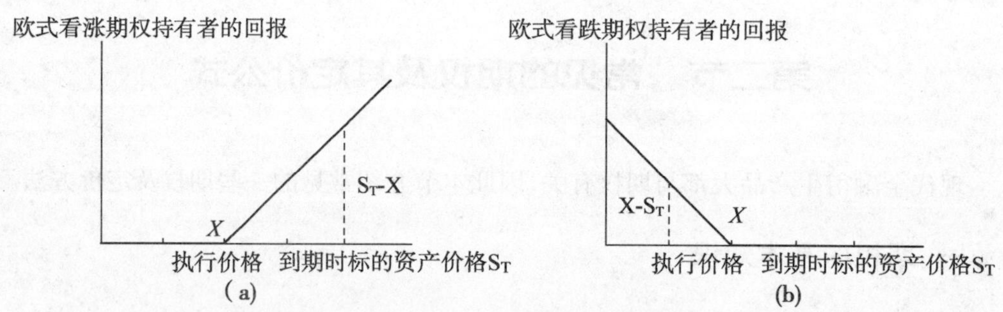

图 10-7 标准欧式期权回报图

(二)Black-Scholes 期权定价模型及其扩展

标准形式的 Black-Scholes 期权定价模型的假设条件如下:

1. 期权标的资产为一风险资产(Black-Scholes 期权定价模型中为股票),当前时刻市场价格为 S,S 遵循几何布朗运动,即

$$\frac{dS}{S} = \mu dt + \sigma dz \tag{10-9}$$

其中，dS 为股票价格瞬时变化值，dt 为极短瞬间的时间变化值，dz 为均值，方差为 dt 的无穷小的随机变化值，μ 为股票价格在单位时间内的期望收益率（以连续复利表示），σ 则是股票价格的波动率，即证券收益率在单位时间内的标准差。μ 和 σ 都是已知的。

2.在期权有效期内，标的资产没有现金收益支付，没有交易费用和税收。该标的资产可以被自由地买卖，即允许卖空，且所有证券都是完全可分的。在期权有效期内，无风险利率为常数，投资者可以此利率无限制地进行借贷。不存在无风险套利机会。

在上述假设条件的基础上，Black 和 Scholes 得到了如下适用于无收益资产欧式看涨期权的一个微分方程：

$$\frac{\partial f}{\partial t} + rS\frac{\partial f}{\partial S} + \frac{1}{2}\sigma^2 S^2 \frac{\partial^2 f}{\partial S^2} = rf \tag{10-10}$$

其中 f 为期权价格。通过解这个微分方程，Black 和 Scholes 得到了如下适用于无收益资产欧式看涨期权的定价公式：

$$c = SN(d_1) - Xe^{-r(T-t)}N(d_2) \tag{10-11}$$

其中，

$$d_1 = \frac{\ln(S/X) + (r + \sigma^2/2)(T-t)}{\sigma\sqrt{T-1}}$$

$$d_2 = \frac{\ln(S/X) + (r - \sigma^2/2)(T-t)}{\sigma\sqrt{T-1}} = d_1 - \sigma\sqrt{T-t} \tag{10-12}$$

c 为无收益资产欧式看涨期权价格；N(x)为标准正态分布变量的累计概率分布函数（即这个变量小于 x 的概率）；执行价格为 X；当前时刻为 t；到期时刻为 T。

根据欧式看涨期权和看跌期权之间的平价关系，可以得到无收益资产欧式看跌期权的定价公式：

$$p = c + Xe^{-r(T-t)} - S = Xe^{-r(T-t)}N(-d_2) - SN(-d_1) \tag{10-13}$$

通过引入所谓的“持有成本率（cost－of－carry rate）”概念，Huag[①]汇总了各类扩展形式的 B－S 定价公式，使其不仅可以处理标的资产为股票，还可以包括商品、货币、期货合约等其他类型资产的情况。其形式如下：

欧式看涨期权：

$$C = S \cdot e^{(b-r)(T-t)} \cdot N(d_1) - X \cdot e^{-r \cdot (T-t)} \cdot N(d_2) \tag{10-14}$$

欧式看跌期权：

$$P = X \cdot e^{-r \cdot (T-t)} \cdot N(-d_2) - S \cdot e^{(b-r) \cdot (T-t)} \cdot N(-d_1) \tag{10-15}$$

其中，

---

① Espen Caarder Haug, “The Complete Guide To Option Pricing Formulas” Second EDITION

$$d_1 = \frac{\ln(S/X) + (b + \sigma^2/2)(T - t)}{\sigma\sqrt{T-1}}$$
$$d_2 = \frac{\ln(S/X) + (b - \sigma^2/2)(T - t)}{\sigma\sqrt{T-1}} = d_1 - \sigma\sqrt{T-t} \tag{10-16}$$

当 $b=r$ 时,对应着标准的 Black－Scholes 股票期权模型;当 $b=r-q$ 时,对应着标的股票连续股利率为 q 时的 Black－Scholes 期权模型;当 $b=r-r_f$ 时为外汇期权定价模型。r 和 r_f 分别为本国和外国的无风险利率。

在应用上述公式中,一个最重要的指标是标的资产价格变化率的标准差 σ。严格来讲,是标的资产对数收益率的标准差。其主要的计算方法为,从标的资产价格的历史数据中计算出价格收益率的标准差,即所谓的历史波动率。具体地:

假设标的资产历史价格日数据的时间序列为 $S_0, S_1 \cdots S_N$,可得到对数收益率序列:

$$r_i = \ln\frac{S_i}{S_{i-1}}, i = 1 \cdots N \tag{10-17}$$

从而对数收益率的均值为:

$$\bar{r} = \frac{1}{N}\sum_{i=1}^{N} r_i \tag{10-18}$$

进而对数收益率的标准差为:

$$\hat{\sigma} = \sqrt{\frac{1}{N-1}\sum_{i=1}^{N}(r_i - \bar{r})^2} \tag{10-19}$$

在 Black－Scholes 公式所用的参数中,有三个参数与时间有关:到期期限、无风险利率和波动率。值得注意的是,这三个参数的时间单位必须相同,或者同为天、周,或者同为年。年是经常被用到的时间单位,因此,我们常常需要将由公式(10－19)得到的天波动率转化为年波动率。在考虑年波动率时,有一个问题需要加以重视:一年的天数究竟按照日历天数还是按照交易天数计算。一般认为,证券价格的波动主要来自交易日。因此,在转换年波动率时,应该按照一年 252 个交易日进行计算。因此可按 $\sigma_{年化} = \sigma_{日} \times \sqrt{252}$将计算得到的天波动率转化为相应的年波动率。另外,在实际计算时,历史数据天数的选择往往很不容易。从统计的角度来看,时间越长,数据越多,获得的精确度一般越高。但是,资产价格收益率的波动率却又常常随时间而变化,太长的时间段反而可能降低波动率的精确度。因此,计算波动率时,要注意选取距离今天较近的时间,一般的经验法则是设定度量波动率的时期等于期权的到期期限。例如,如果要为 9 个月的期权定价,可使用 9 个月的历史数据等等。

(三)奇异期权概述

相对于上述标准的欧式或美式期权,比这些常规期权更复杂的衍生证券常常被叫做奇异期权(Exotic Options),比如执行价格不是一个确定的数,而是一段时间内的平均资产价格的期权，或是在期权有效期内如果资产价格超过一定界限，期权就作废，等等。大多数的奇异期权都是在场外交易的，往往是金融机构根据客户的具体需求开发出来的，其灵活性和多样性是常规期权所不能比拟的。也正是如此，在结构化产品设计中，较多地是将奇异期权与固定收益证券相结合。在这一部分，我们只是对常用的几种奇异期权的含义和特征进行大致的介绍，在后面会结合具体的案例介绍其在结构化产品定价中的应用。

1.两值期权(binary options)。

两值期权也被称为数字期权，其到期回报是不连续的。其中一种是现金或无价值看涨期权(Cash - or - nothing Call)。到期日时，如果标的资产价格低于执行价格，该期权没有价值；如果高于执行价格，则该期权支付一个固定的数额 Q。其收益决定形态可表示如下：

$$\text{到期时的收益 } V(S_T,T)=\begin{cases}Q,\text{如果标的资产到期时价格 } S_T \text{ 高于期权执行价格 } X\\ O,\text{其它}\end{cases}$$

另一种两值期权是资产或无价值看涨期权(Asset - or - nothing Call)。如果标的资产价格在到期日时低于执行价格，该期权没有价值；如果高于执行价格，则该期权支付一个等于资产价格本身的款额。可见，标准的两值期权的收益情况不依赖于标的资产在期权有效间内的价格变化路径，而只依赖于观察期期末时的标的资产价格。

2. 触点期权(one touch Option)

又可称之为 Binary Barrier Option。与标准的两值期权不同，触点期权(One - touch Option)的到期收益与期权有效期内挂钩标的价格变化路径有关，其收益支付情况可表达如下：

$$\text{到期时的收益 } V(S_t,T)=\begin{cases}Q,\text{如果有效期内标的资产价格 S 曾触及到障碍水平 B}\\ O,\text{如果有效期内标的资产价格 S 未触及到障碍水平 B}\end{cases}$$

具体到结构化产品的设计，又存在多种情况。假设挂钩标的期初(t)时的价格为 S_0，触发障碍水平为 B。如果 $S_0 < K$，上述触点期权合约意味着当挂钩标的在期权有效期内曾经由下向上突破障碍水平 B(称为 upper barrier)时，则期权合约将会在到期日 T 时，向投资者支付 Q 的收益；否则支付为 0。如果 $S_0 > K$，上述触点期权意味着挂钩标的在期权有效期内曾经由上向下跌破障碍水平 B(称为 lower barrier)。对于这两种期权合约，期初的理论价值有所不同。

3.亚式期权

亚式期权是当今金融衍生产品市场上交易最为活跃的奇异期权之一，其到期损益结果依赖于标的资产在一段特定时间(整个期权有效期或其中部分时段)内的平均价格。亚式期权所使用的平均值主要可以分为两类：算术平均和几何平均。

算术平均的离散形式可以表示如下：$I=\frac{1}{n}(S_1+S_2+\cdots+S_n)$，而几何平均则一般可以用 $I=(S_1,S_2,S_3\cdots S_n)^{\frac{1}{n}}$，或者 $\ln I=\frac{1}{n}(\ln S_1+\ln S_2+\ln S_3+\cdots+\ln S_n)$来表示。其

中 $S_1, S_2, \cdots, S_n$ 分别为 $t_1, t_2, \cdots t_n$ 时标的资产的价格。

在亚式期权中,只有几何平均期权能得到精确的解析解。几何平均期权的解析价格公式之所以存在,是因为布莱克－舒尔斯模型假设标的资产价格服从对数正态分布,而一系列对数正态分布变量的几何平均值仍为对数正态分布。而亚式期权中更常见的情况是对标的资产价格取算术平均,但是一系列对数正态分布值的算术平均值并不服从对数正态分布。为了解决这个问题,人们采用了各种方法,但是仍然无法得到解析的定价公式。对标的算术平均亚式期权更多的是采用数值方法或以标的几何平均亚式期权来近似逼近,

4.障碍期权(Barrier Options)

障碍期权(Barrier Options)是指期权的回报(Payoff)依赖于标的资产的价格在一段特定时间内是否达到了某个特定的水平(临界值),这个临界值就叫做“障碍”水平。通常有许多种不同的障碍期权在场外市场进行交易,它们一般可以归为两种类型:

(1)触及失效期权(Knock－out Options),又叫敲出障碍期权,是指当标的资产价格达到一个特定的障碍水平时,该期权失效作废(即被“敲出”);如果在规定时间内资产价格并未触及障碍水平,则仍然是一个常规期权。

(2)触及生效期权(Knock－in Options),又叫敲入障碍期权,则正好与触及失效期权相反,只有资产价格在规定时间内达到障碍水平,该期权才得以生效存在(即“敲入”),其回报与相应的常规期权相同;反之该期权作废。

在此基础之上,我们可以通过考察障碍水平与标的资产初始价格的相对位置,进一步为障碍期权分类:

(1)如果障碍水平高于初始价格,则我们把它叫做向上期权。

(2)如果障碍水平低于初始价格,则我们把它叫做向下期权。

将以上分类进行组合,我们可以得到诸如“向下触及失效看涨期权(Down－and－out Call)”、“向下触及生效看跌期权(Down－and－in Put)”、“向上触及失效看涨期权(Up－and－out Call)”以及“向上触及生效看涨期权(Up－and－in Call)”等等。主要的分类情况可表示如下:

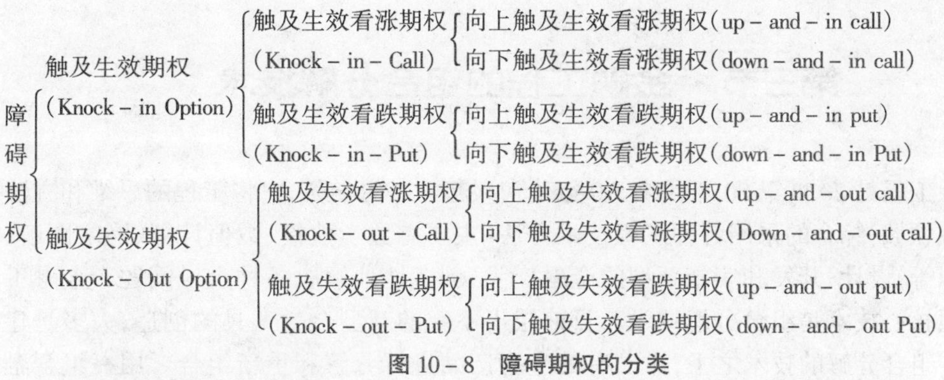

图 10 - 8　障碍期权的分类

另外,更复杂的情况还包括:

双重障碍(Double Barrier)期权。期权条款中包含一个障碍上限和障碍下限。上限高于现价,而下限则低于现价。在一个双重敲出期权中,如果任何一个障碍水平被触及,期权就作废。在一个双重敲入期权中,规定时间内价格至少要达到其中一个障碍水平期权才可有效。我们还可以想象其他的情况:一个障碍水平是敲入,而另一个则是敲出。到期时,这个合约可能是一个敲入或是敲出的期权的回报。

含补偿的障碍期权(Rebate)。有时障碍期权合约中会规定,如果触及障碍水平,可以部分退款(折扣),这常常发生在敲出期权的情况下。这时这部分退款可以看作是对失去的回报部分的缓冲,退款可以在障碍被引发时或是到期时才支付。

当假设波动率为常数、资产价格服从对数正态分布时,我们可以使用布莱克 - 舒尔斯偏微分方程解出很多种障碍期权的理论价格。

5.彩虹期权(Rainbow Options)

彩虹期权是指期权合约中包括两个或两个以上标的资产,期权的到期收益取决于这多个标的资产的价格表现情况。具体来看,常见的品种包括:

(1)最小值彩虹期权。到期收益取决于产品存续期内多资产中表现最差的资产收益,例如最小值看涨期权的到期回报表示为:$\max[\min(S_1, S_2 \cdots S_n), 0]$。

(2)最大值期权。最大值期权的到期收益取决于产品存续期内多资产中表现最好的资产收益,例如最大值看涨期权的到期回报表示为:$\max[\max(S_1, S_2 \cdots S_n), 0]$。

(3)价差期权。价差期权的特点在于其标的资产价格设定为两种资产在产品存续期内的价格表现的差异,例如看涨价差期权的到期回报可以表示为:$\max[\max(S_{1,T} - S_{2,T}), 0]$。

在实践中,人们使用数值方法和近似方法计算彩虹期权的价值。例如在假设标的资产遵循相关的几何布朗运动的前提下,可以使用蒙特卡罗模拟计算出一个欧式篮子期权的价值。

第三节　金融工程的组合分解技术

金融工程是20世纪80年代末、90年代初兴起的一门学科,它将工程的思维和方法引入金融领域,综合的采用各种工程技术方法(主要有数学建模、数值计算、网络图解、仿真模拟等)设计、开发和实施新型的金融产品,创造性地解决各种金融问题。金融工程的一项核心技术是组合分解技术。目前层出不穷的新型金融工具的创造,大多是建立在这种组合分解的技术之上,对已有的金融产品进行分解和重新组合。用一组金融工具复制某一金融工具的现金流,那么这一组金融工具就是那个被复制金融工具的分解,而被复制金融工具反过来就是这一组金融工具的组合。从而,这一组金融工具的价格就应该等于被复制金融工具的价格。采用组合分解技术,就可以利用基本的金融工具(包括基本的原生工具如股票和债券,也包括基本的衍生工具如远期协议、期货、期权、互换等)作为零部件来组装成具有特定流动性和收益-风险特性的金融产品,如各种类型的期权与其他金融工具组合起来构造的一些复杂的复合金融工具(如本文所研究的各种类型的结构性产品),也可以通过"分解"把原来复杂的金融产品分解成若干简单的、基本的、已知定价公式的金融工具。

金融工程的这种组合分解过程,类似于儿童拿着不同的积木或者用不同的摆法创造出神奇的"建筑物",因此有时又称之为"积木分析法"。在积木分析法中的一个重要工具是类似于图10-7所示的金融产品回报图。它不仅可以用于分析不同金融工具的风险-收益特征,还可以进一步分析不同金融工具之间的组合和分解关系。不同的衍生产品之间可以通过一定的组合和分拆,转化为另一种新的衍生产品。利用回报图和积木分析法,将一些复杂的衍生产品分解为固定收益证券和内嵌的奇异期权,并分别进行定价,然后再合并得到整个衍生产品的价值,这一过程和方法会在解决金融衍生产品定价问题时反复加以运用。

【案例】　结构化金融产品及其定价的基本原理

结构化金融产品,又可称结构性票据(structured notes)、结构性存款(Structured Deposit)、合成证券(Hybrid Securities)、结构化证券(structured securities)等。Das(2001)把此产品定义为由固定收益证券(Fixed Income Instruments)和衍生合约(Derivatives)结合而成的创新理财工具,也可简单表述为"债券加期权"。美国证券监督管理委员会(U.S. Securities and Exchange Commission,SEC)制定的规则434条(Rule 434)将"结构化证券"定义为:现金流支付特征依赖于一种或几种指数、内嵌着远期合约或期权、投资收益及发行者的支付义务对于标的资产价值高度敏感的一类证券。其主要的实现手段是发行机构利用金融工程技术,针对投资人不同的投资风险偏好,以分解组合债券加期权的方式,将结构性产品的投资报酬与衍生合约标的资产的价格变化联系在一起,由此增强产品收益或将投资者对标的资产未来价格走势的预期产品化。其中衍生合约的标的资产主要包括外汇、利率、股价(股指)、商品(指数)、信用等。

结构化产品是由固定收益产品和衍生品两部分组合而成,其中,固定收益部分在产品到期时为投资者提供确定的现金流,例如为投资者提供全部或部分的本金保障或者承诺的最低收益。而期权部分则提供与标的资产价格变化相联系的不确定收益,因而对其定价也可以对这两个组成部分分别定价再相加而完成。其主要的思路可表示如下图:

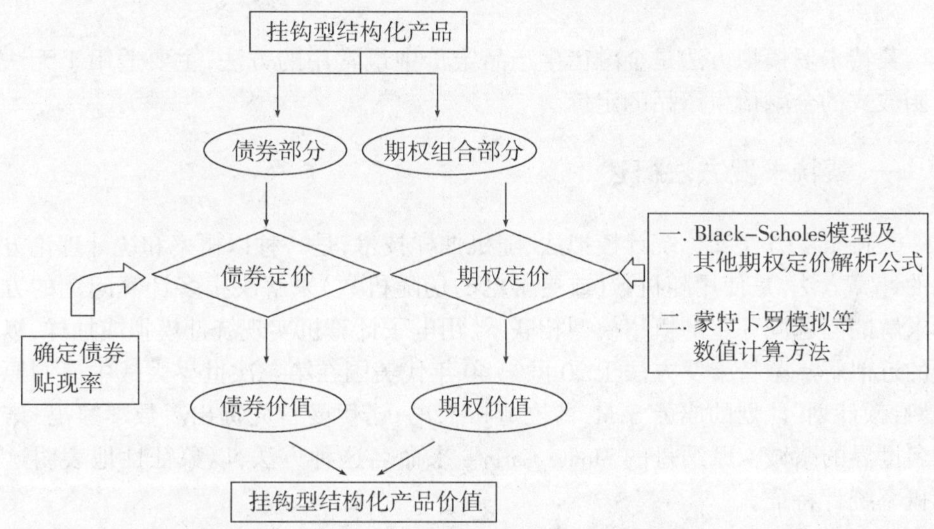

图 10－9　挂钩型结构化产品的分解与定价思路

其中,固定收益部分定价相对简单,与债券定价的原理一样,根据发行条款中规定的还本付息的数额和时间,采用现金流贴现的方法,计算预期现金流入的现值,即固定收益部分的价值。对于较多的理财产品,往往固定收益部分为到期偿还本金,因而,固定收益部分期初的价值为:

$B=\frac{F}{(1+i)^{T-1}}$,其中:i 为贴现率

由于发行银行发行理财产品的固定收益部分,实际上可看作是发行银行发的一支债券,因而贴现率 i 要依赖于发行银行本身的信用程度,即 i 可表示为基准利率(无风险的国债利率) + 由发行信用等级决定的信用溢价。但由于我国各大商业银行缺乏信用溢价的统一指标或数据,而且到期不履行还款承诺的实际可能性极低,因而在计算时常选用无风险利率作为贴现率,不考虑信用风险溢价部分。

期权部分是股权挂钩产品定价的关键部分,根据产品条款,采用的方法主要有两大类,一是对于有解析解的期权种类,例如标准欧式期权、价差期权等;以及一些具有公认的近似解析解的奇异期权,如亚式期权等,可直接利用挂钩标的资产预期收益率与波动率等数据,代入 Black - Scholes 公式及对应的近似解析解公式计算得到;二是由于股权挂钩产品设计中的期权结构越来越复杂,如大量使用多资产选择权,强化挂钩标的之间的路径相依性质，以及增加一些可赎回条款等等，使得解析式定价的难度越来越大，此时往往假设挂钩标的资产价格变化服从对数正态分布，从而可以运用蒙特卡罗模拟等数值计算方法进行定价。

第四节　蒙特卡罗模拟方法及应用

蒙特卡罗模拟方法是金融衍生产品定价中最常用的方法，主要适用于无法获得解析函数式的金融衍生产品的定价。

一、蒙特卡罗方法概述

蒙特卡罗方法又称统计模拟法、随机抽样技术，是一种以概率和统计理论方法为基础的计算方法，是使用随机数(或更常见的伪随机数)来解决很多计算问题的方法。将所求解的问题同一定的概率模型相联系，用电子计算机实现统计模拟或抽样，以获得问题的近似解。蒙特卡罗方法于20世纪40年代美国在第二次世界大战中研制原子弹的“曼哈顿计划”计划的成员S.M.乌拉姆和J.冯·诺伊曼首先提出。数学家冯·诺伊曼用驰名世界的赌城－摩纳哥的Monte Carlo－来命名这种方法，以象征性地表明这一方法的概率统计特征。

蒙特卡罗模拟已被证明是金融衍生产品定价的准确方法，特别是对路径依赖型权证及其他没有已知计算公式的权证品种非常适用，因为它允许用户设置任意已知的概率分布。且当回报仅仅取决于到期的最终价值时，可以直接用一个大步来多次模拟最终的资产价格。

蒙特卡罗模拟方法的实质是利用随机抽样的样本均值来近似代替随机分布的总体期望值，从而得到对随机分布数学期望实际估计的数值分析方法。根据鞅定价理论，金融衍生证券的价格是其预期现金流的按无风险利率的贴现值，其中期望值也可以表示为一特定区域上的积分形式，蒙特卡罗模拟正是通过模拟这些数学期望或积分来估计金融衍生证券价格的。具体到本金有风险类双货币存款的定价来说，标的变量就是标的汇率，因此要根据类似利率期限结构模型的汇率期限结构模型模拟出n条随机汇率路径，再根据证券自身具有的提前偿付的特性计算出每条路径上的现金流并贴现，对n条路径上的贴现值平均后就得到了证券的理论价格。

蒙特卡罗模拟方法的优点：

1.在大多数情况下，人们可以很直接的应用蒙特卡罗模拟方法，而无需对期权定价模型有深刻的了解，为了获得更精确的答案，只需要进行更多的模拟，这些优点使得蒙特卡罗模拟成为一个使用的相当广泛和强大的期权定价技术。

2.蒙特卡罗模拟的适用情形相当广泛，包括衍生产品的回报仅仅取决于标的变量的最终价值的情况和衍生产品的回报依赖于标的变量所遵循的路径，即路径依赖型。

3.衍生产品的回报取决于多个标的变量的情况，尤其当随机变量的数量增加时，蒙特卡罗模拟的运算时间近似为线性增长而不像其他方法那样以指数增长，因此该方法对依赖三种以上风险资产的多变量期权模型很有竞争力。

蒙特卡罗模拟方法的缺点是：为了达到一定的精确度，一般需要大量的模拟运算，尤其在处理三个以下的变量时，蒙特卡罗模拟相对于其他方法来说偏慢。当然，对于此类结构性存款的定价，也可以采用蒙特卡罗模拟方法。

二、蒙特卡罗方法对金融衍生产品定价的实现

若金融衍生产品本身没有精确的解析解，或者内嵌了多种期权、产品收益的决定方式较为复杂，无法通过金融工程的方法将其分解为简单期权，在这些情况下，可以按照期权的风险中性定价原理，采用 Monte Carlo 数值模拟方法，模拟出风险中性条件下，资产价格的变化路径及终值，再按风险中性利率（无风险利率）贴现，得到衍生产品的初值。

具体的，利用蒙特卡罗方法得到衍生产品初始价值 V 的基本思路是：

假设衍生产品到期收益为 $F_{pay-off}(S_0, S_1 \cdots S_T)$，其中，$S_i$ 为 i 时刻标的资产的价格（当为多重标的资产期权时，为价格向量）；$F_{pay-off}(\cdot)$为收益函数。这一收益形式是最一般的公式，它涵括了多重标的期权和路径依赖期权。当假设无风险利率为常数时，该衍生产品在发行日的价值如下式所示：

$$V = e^{-r \cdot T} \times E(F_{pay-off}(S_0, S_1 \cdots S_T)) \tag{10-20}$$

蒙特卡罗方法就是通过模拟挂钩标的的变化路径 $S_0, S_1 \cdots S_T$，通过上述表达式对期权进行定价。具体步骤如下：

(1) 模拟价格（或价格向量 - 对于多标的资产而言）路径 $S_{0,j}, S_{1,j} \cdots S_{T,j}$；

(2) 求出该路径下理财产品的到期收益 $F_{pay-off}(S_{0,j}, S_{1,j} \cdots S_{T,j})$；

(3) 重复步骤(1)、(2)共 N 次；

(4) 计算出理财产品到期时的期望收益

$$E(F_{pay-off}) = \frac{1}{N}\sum_{j=1}^{N} F_{pay-off}(S_{0,j}, S_{1,j} \cdots S_{T,j}) \tag{10-21}$$

(5) 按无风险利率进行贴现。

在上述过程中，最关键的是如何模拟风险中性条件下挂钩标的的变化路径：$S_0, S_1 \cdots S_T$。为此，我们分单一挂钩股票资产与多挂钩股票资产两种情况加以介绍。

（一）单个金融资产价格的模拟

以股票价格模拟为例，通常假设在真实世界下，股票价格的变化过程可以用漂移率为 μS、方差率为 $\sigma^2 S^2$ 的几何布朗运动来表示：

$$dS = \mu S dt + \sigma S dz \tag{10-22}$$

其中S表示证券价格，μ 表示证券在单位时间内以连续复利表示的期望收益率（又称预期收益率），σ 表示证券收益率单位时间的标准差，简称证券价格的波动率（Volatility），$dz = \varepsilon \cdot \sqrt{dt}$ 为标准布朗运动，dt 是 S_{t+1} 和 S_t 的时间间隔，ε 为标准正态分布。

根据伊藤引理，可以得到 lnS 的随机变动过程：

$$d\ln S = \left(\mu - \frac{\sigma^2}{2}\right) \cdot dt + \sigma \cdot dZ \qquad (10-23)$$

或者离散形式：

$$S_t = S_0 \cdot \exp\left[\left(\mu - \frac{\sigma^2}{2}\right) \cdot t + \sigma \cdot \varepsilon \cdot \sqrt{dt}\right] \qquad (10-24)$$

根据资本资产定价原理，μ 值取决于该证券的系统性风险、无风险利率水平以及市场的风险收益偏好。由于后者涉及主观因素，因此 μ 的决定本身就较复杂。然而按衍生产品的风险中性定价原理，衍生证券的定价与标的证券当前市价（S）、时间（t）、证券价格的波动率（σ）和无风险利率等客观变量有关，而受制于主观的风险收益偏好的标的证券预期收益率并未包括在衍生证券的价值决定公式中。这意味着，在对衍生证券定价时，可以假设所有投资者都是风险中性的，在所有投资者都是风险中性的条件下，所有证券的预期收益率都可以等于无风险利率 r，由此，在风险中性条件下，将（10-23）式中的 μ 替换为 r，得到风险中性条件下 ln$S$ 的随机变动过程：

$$d\ln S = \left(r - \frac{\sigma^2}{2}\right) \cdot dt + \sigma \cdot dZ \qquad (10-25)$$

或者离散形式：

$$S_t = S_0 \cdot \exp\left[\left(r - \frac{\sigma^2}{2}\right) \cdot t + \sigma \cdot \varepsilon \cdot \sqrt{dt}\right] \cdot t = t_0, t_1 \cdots t_n = T \qquad (10-26)$$

因此，从上式可见，实际上按 r（无风险利率）进行模拟时，得到的资产路径，是风险中性世界里的资产价格变化路径，而不是真实世界里的资产价格变化路径。但在风险中性条件下，所有现金流量都可以通过无风险利率进行贴现求得现值。这一假定所获得的结论不仅适用于投资者风险中性情况，也适用于投资者厌恶风险的所有情况。

在具体操作中，假设需要模拟的样本期间为 $t_0 = 0$ 至 T，从而可以将整个时间分成长度相等的小段：$0 = t_0 < t_1 < \cdots < t_n = T$。对应地，生成一系列独立标准正态分布随机数：$\varepsilon_1, \varepsilon_2 \cdots \varepsilon_n$，代入相应的计算公式：

$$S_0 = S_0$$

$$S_1 = S_0 \cdot \exp\left[\left(r - \frac{1}{2}\sigma^2\right) t_1 + \sigma \cdot \varepsilon_1 \cdot \sqrt{t_1}\right]$$

$$S_2 = S_0 \cdot \exp\left[\left(r - \frac{1}{2}\sigma^2\right) t_2 + \sigma \cdot \varepsilon_2 \cdot \sqrt{t_2}\right] \qquad (10-27)$$

……，……，

$$S_n = S_0 \cdot \exp\left[\left(r - \frac{1}{2}\sigma^2\right) t_n + \sigma \cdot \varepsilon_n \cdot \sqrt{t_n}\right]$$

或者,可利用标的股票在 t-1 与 t 之间(间隔为 Δt)价格的递推关系:

$$S_t = S_{t-1} \cdot \exp[(r - \frac{1}{2}\sigma^2) \cdot \Delta t + \sigma \cdot \varepsilon \cdot \sqrt{\Delta t}] \tag{10-28}$$

得到标的资产价格 S 变化的一条路径。改变随机数序列 $\varepsilon_1, \varepsilon_2, \cdots, \varepsilon_n$,得到另一条价格 S 变化的路径,依次类推。模拟次数的选择取决于模拟需要的精度,一般而言,模拟 1 万次左右可得到置信度为 95%,标准误差在 0.01 以内的模拟值。但在实际操作中,借助于先进的计算机技术,可至少模拟 10 万条以上股价变化路径,以提高模拟精度。

【案例】　挂钩单一股票资产的结构化产品的定价

近些年来,一些商业银行发行了到期收益挂钩单一股票价格表现的结构化产品,例如,中国银行推出的一款挂钩单一股票(基金)的结构化产品,如下表所示:

表 10-1　中银进取 09004A-人民币港股盈富基金挂钩产品

产品名称	中银进取 09004A -人民币港股盈富基金挂钩产品
发行银行	中国银行
产品期限	2009 年 7 月 29 日-2010 年 7 月 29 日,一年期
挂钩标的	盈富基金(2800.HK)
投资币种	人民币
收益决定条款	①如果挂钩指标的期末价格大于或者等于其期初价格的 115%,并且触发事件发生,则到期时的收益率为 6%;②如果挂钩指标的期末价格大于或者等于其期初价格的 115%,并且触发事件未发生,则到期时的收益率为 2.00%;③如果挂钩指标的期末价格小于其期初价格的 115%,则到期时的收益率为 0.36%。其中,"触发事件"被定义为"挂钩指标在观察期内某一观察日的收市价曾经小于或者等于其期初价格的 95%"

由此,该理财产品到期时的收益函数可表示为:

到期时的收益

$$V(S,T) = \begin{cases} 6.00\%, \text{如果 } S_T >= S_0 * 115\% \text{ and } \mathrm{Min}(S_0 \sim S_T) <= S_0 * 95\% \\ 2.00\%, \text{如果 } S_T >= S_0 * 115\% \text{ and } \mathrm{Min}(S_0 \sim S_T) > S_0 * 95\% \\ 0.36\%, \text{如果 } S_T < S_0 * 115\% \end{cases} \tag{10-29}$$

其中,$\mathrm{Min}(S_0 \sim S_T)$ 表示在整个观察期内,标的资产收盘价的最小值。这一理财产品实际上内嵌了既有数字期权(收益支付取决于挂钩股票到期值)、又有触点期权(触发条件取决于有效期内的挂钩股票价格变化路径)的收益确定条款。在这种情况下,难以直接将产品内嵌的期权加以分解、并直接利用期权定价公式求解。为此,可采用蒙特卡罗方法,模拟在风险中性概率条件下,该理财产品挂钩标的-盈富基金 2800.HK 自 2009 年 7 月 29 日之后一年内收盘价格的变化路径。具体地,对于随机过程:

$$S_t = S_0 \cdot \exp[(r - \frac{1}{2}\sigma^2)t + \sigma \cdot \varepsilon_t \cdot \sqrt{t}] \tag{10-30}$$

我们采用该产品投资开始日的一年期存款利率2.25%作为无风险利率r。根据盈富基金(2800.HK)在2009年7月29日之前一年内的收盘价计算日收益率,进而得到日收益率的标准差,并转化为年标准差$\sigma=0.20$。根据中国银行的公告,挂钩标的(盈富基金2800.HK)在期初基准日(2009年7月29日)的价格为20.90元。由标准正态分布抽取随机数,时间间隔为1天,代入上述公式,得到标的资产价格变化的一条可能路径。重复上述过程10000次,得到10000条价格变化路径。如下图所示。

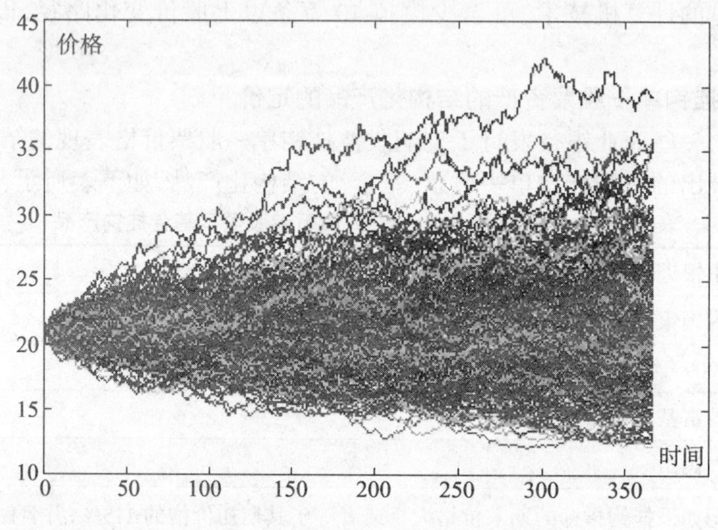

图10-10 挂钩股票价格变化的模拟路径

进一步,假设投资者在期初投入本金1万元购买1单位的理财产品合约,根据合约中给定的收益决定条款,对照上述蒙特卡罗方法所模拟的挂钩股票价格的变化路径,计算出每一可能路径下,这份理财产品在到期时给投资者的回报,并采用无风险利率进行贴现,得到发行期初时的理论价值。将模拟得到的10000条路径所对应的产品期初价值求平均,即为模拟得到的期初产品价值。利用Matlab程序实现上述过程,计算出该理财产品合约的价值为0.9890万元。可见,在本文的模型模拟下,该产品属于溢价发行,每发售1万元该理财产品,银行的利润约为110元,利润率为1.1%。发行的适当溢价一方面是由于创新本身是具有一定价值的,在市场上原本不存在的产品组合往往价格要高于理论价值;另一方面这也是金融机构本身所具有的进一步降低交易成本和规模效益优势的体现。

(二)多个金融资产价格的模拟

对于多个金融资产,由于它们之间本身的价格变化存在相关性(比如都是一个市场上的股票,或者都属于某个行业等等)。由此,在每对一个资产进行模拟时,不能重新、独立地抽出一组正态随机数(因为个别独立抽出随机数是在多变量资产价格之间没有关系时才可以使用),也不能共用一组正态随机数(这是在多变量间完全相关时才可以使用)。而应该采用Cholesky分解法产出对应于每单个标的资产的、具有相关性的随机数。具体地说，对于按下式模拟股票 i 的价格变化：

$$S_t^i = S_0^i \cdot \exp[(r - \frac{1}{2}(\sigma_i^2)t + \sigma_i \cdot \varepsilon_t^i \cdot \sqrt{t}], t = t_0, t_1 \cdots t_n \tag{10-31}$$

采用的随机数为 $\varepsilon_1^i, \varepsilon_2^i \cdots \varepsilon_n^i$。再模拟另一只股票 j 的价格变化时，所使用的随机数为：$\varepsilon_1^j, \varepsilon_2^j, \cdots \varepsilon_n^j$，即：

$$S_t^j = S_0^j \cdot \exp[(r - \frac{1}{2}(\sigma_j^2)t + \sigma_j \cdot \varepsilon_t^j \cdot \sqrt{t}], t = t_0, t_1 \cdots t_n \tag{10-32}$$

股票 i 与股票 j 价格变化之间存在的相关性，要求模拟时所使用的随机数序列 ε_1^i，$\varepsilon_2^i, \cdots \varepsilon_n^i$ 与 $\varepsilon_1^j, \varepsilon_2^j, \cdots \varepsilon_n^j$ 之间要有相关性。相应地，扩展至有 d 个标的股票，需要使用 d 组彼此之间有相关性的随机数序列。如下表所示。

表 10－2　多标的股票 Monte Carlo 模拟使用的随机数序列

	标的股票 1	标的股票 2	……	标的股票 d
$t = t_1$	ε_1^1	ε_1^2	……	ε_1^d
$t = t_2$	ε_2^1	ε_2^2	……	ε_2^d
……	……	……	……	……
$t = t_n$	ε_n^1	ε_n^2	……	ε_n^d

具体步骤是：对应于 $t = t_1$ 时点，先抽出 d 个彼此独立的随机数 $X_1^1, X_1^2, \cdots, X_1^d$，按照公式：

$$\begin{pmatrix} \varepsilon_1^1 \\ \varepsilon_1^2 \\ \vdots \\ \varepsilon_1^d \end{pmatrix}_{d \times 1} = \begin{pmatrix} a_{11} & 0 & \cdots & 0 \\ a_{21} & a_{22} & \cdots & 0 \\ \vdots & & \ddots & \\ a_{d1} & a_{d2} & \cdots & a_{dd} \end{pmatrix}_{d \times d} \times \begin{pmatrix} X_1^1 \\ X_1^2 \\ \vdots \\ X_1^d \end{pmatrix}_{d \times 1} \tag{10-33}$$

得到对应于 $t = t_1$ 时点，模拟各个股票所用的随机数 ε_1^1、$\varepsilon_1^2 \cdots \varepsilon_1^d$。

类似地，对应于 $t = t_2$ 时点，抽出 d 个彼此独立的随机数 $X_2^1, X_2^2 \cdots X_2^d$，再按照上式，求出对应于 $t = t_2$ 时点，模拟各个资产所用的随机数 ε_2^1、$\varepsilon_2^2 \cdots \varepsilon_2^d$。依次类推。

在上面的步骤中，关键就是矩阵：

$$A_{d \times d} = \begin{pmatrix} a_{11} & 0 & \cdots & 0 \\ a_{21} & a_{22} & \cdots & 0 \\ \vdots & & \ddots & \\ a_{d1} & a_{d2} & \cdots & a_{dd} \end{pmatrix} \tag{10-34}$$

如何求得。$A_{d \times d}$ 矩阵为一下三角矩阵（Lower triangular matrix）。它可由 d 个资产价格之间的相关系数矩阵（Correlation Matrix）

$$\sum_{d\times d}=\begin{pmatrix}1 & \rho_{12} & \cdots & \rho_{1d}\\ \rho_{21} & 1 & \cdots & \rho_{2d}\\ \vdots & \ddots & \ddots & \vdots\\ \rho_{d1} & \rho_{d2} & \cdots & 1\end{pmatrix} \tag{10-35}$$

经过 Cholesky 分解(Cholesky Decomposition)分解而得,具体地,$\sum_{d\times d}$与$A_{d\times d}$之间满足以下关系式:

$$\sum_{d\times d}=(A_{d\times d})\cdot(A_{d\times d})^T \tag{10-36}$$

由此,实际上可以由公式(10-36),通过 d 个资产价格之间的相关系数矩阵(Correlation Matrix)解方程,求出 $A_{d\times d}$中各个系数,进而再通过公式(10-33),产生出具有相关性的随机数。

例如,对于两个挂钩股票的情况:

先由$\begin{pmatrix}a_{11} & 0\\ a_{21} & a_{22}\end{pmatrix}\times\begin{pmatrix}a_{11} & 0\\ a_{21} & a_{22}\end{pmatrix}^T=\begin{pmatrix}1 & \rho_{12}\\ \rho_{21} & 1\end{pmatrix}$,解出:

$a_{11}=1,a_{21}=\rho_{12},a_{22}=\sqrt{1-\rho_{12}^2}$,其中 ρ_{12}为两个挂钩股票价格变化率的相关系数

然后,对于 $t=t_1$ 时点,先抽出 2 个彼此独立的随机数 X_1^1,X_1^2,按照公式:

$$\begin{pmatrix}\varepsilon_1^1\\ \varepsilon_1^2\end{pmatrix}=\begin{pmatrix}a_{11} & 0\\ a_{21} & a_{22}\end{pmatrix}\times\begin{pmatrix}X_1^1\\ X_1^2\end{pmatrix}$$

求出所用到的随机数 ε_1^1、ε_1^2,然后,再重新抽取 2 个彼此独立的随机数 X_2^1,X_2^2,利用不变的 A 矩阵$\begin{pmatrix}a_{11} & 0\\ a_{21} & a_{22}\end{pmatrix}$,求出 $t=t_2$ 情况下,模拟所用到的 ε_2^1、ε_2^2,依次类推。

对于三个挂钩股票的情况,则先由

$$\begin{pmatrix}a_{11} & 0 & 0\\ a_{21} & a_{22} & 0\\ a_{31} & a_{32} & a_{33}\end{pmatrix}\times\begin{pmatrix}a_{11} & 0 & 0\\ a_{21} & a_{22} & 0\\ a_{31} & a_{32} & a_{33}\end{pmatrix}^T=\begin{pmatrix}1 & \rho_{12} & \rho_{13}\\ \rho_{21} & 1 & \rho_{23}\\ \rho_{31} & \rho_{32} & 1\end{pmatrix}$$

解出各个系数 a_{11}、a_{21}、a_{22}、a_{31}、a_{32}、a_{33}。然后抽取 3 个彼此独立的随机数 X_1^1,X_1^2,X_1^3,按照公式

$$\begin{pmatrix}\varepsilon_1^1\\ \varepsilon_1^2\\ \vdots\\ \varepsilon_1^d\end{pmatrix}=\begin{pmatrix}a_{11} & 0 & 0\\ a_{21} & a_{22} & 0\\ a_{31} & a_{32} & a_{33}\end{pmatrix}\times\begin{pmatrix}X_1^1\\ X_1^2\\ X_1^3\end{pmatrix}$$

求出 $t=t_1$ 情况下,模拟所用到的随机数 ε_1^1、ε_1^2、ε_1^3。再重新抽取 3 个彼此独立的随

机数 X_2^1, X_2^2, X_2^3，利用不变的矩阵 $\begin{pmatrix} a_{11} & 0 & 0 \\ a_{21} & a_{22} & 0 \\ a_{31} & a_{32} & a_{33} \end{pmatrix}$，求出 $t = t_2$ 情况下，模拟所用到的随机数 ε_2^1、ε_2^2、ε_2^3，依次类推。

总之，推广至 d 个挂钩股票的情况，首先需要从挂钩股票价格变化率的相关系数矩阵 $\Sigma_{d\times d} = \begin{pmatrix} 1 & \rho_{12} & \cdots & \rho_{1d} \\ \rho_{21} & 1 & \cdots & \rho_{2d} \\ \vdots & \ddots & \ddots & \vdots \\ \rho_{d1} & \rho_{d2} & \cdots & 1 \end{pmatrix}$，进行 Cholesky 分解（Cholesky Decomposition），求得下三角矩阵 $A_{d\times d} = \begin{pmatrix} a_{11} & 0 & \cdots & 0 \\ a_{21} & a_{22} & \cdots & 0 \\ \vdots & \ddots & & \\ a_{d1} & a_{d2} & \cdots & a_{dd} \end{pmatrix}$，在这一过程中，有一般表达式：

$$a_{ji} = \frac{\rho_{ij} - \sum_{k=1}^{i=1} a_{ik} \cdot a_{jk}}{a_{ii}}, a_{ii} = \sqrt{1 - \sum_{k=1}^{i-1} a_{ik}^2}, \text{其中 } i = 1,2,\cdots,d+1; j = i+1, i+2\cdots d+1$$

或者利用某些计算机程序，如 Matlab 语言中有专门的函数 cholesky( )，可以直接由相关系数矩阵得到 Cholesky 分解后的下三角矩阵 A。最后，按公式（10－33），求出相互之间具有相关性的多个随机数序列，并用于 Monte Carlo 的模拟。

【案例】 挂钩多标的股票资产的结构化产品的定价

目前在市场上出现的挂钩多标的股票资产的结构化产品中，大部分产品均是到期收益由挂钩股票或股指篮子中表现最差的个体所决定，这类产品实际上内嵌了最小值彩虹期权。我们以招商银行"金葵花焦点联动系列之精选银行股票表现联动理财计划"为例，说明这类股票挂钩型产品的定价方法。

该理财产品的投资期限为 2009 年 3 月 27 日至 2010 年 9 月 27 日，共 1.5 年。产品到期收益与 4 只股票：中国建设银行 H 股（代码 0939HK）、中国交通银行 H 股（1398HK）、中国工商银行 H 股（代码 3328HK）、中国银行 H 股（代码 3988HK）的表现挂钩。每支挂钩股票的期初价格定义为 2009 年 3 月 27 日的股票收盘价格。从成立日开始至到期日的每个交易日均为观察日。在观察期内的任何一个观察日，如果有一支挂钩股票的收盘价格低于该股票期初价格的 60%，则表明"触发事件"发生，理财收益率 = 0%；如果在观察期内，所有挂钩股票均未发生触发事件，则客户持有到期的绝对收益率为 5.7%。假设投资者在期初投入本金 1 万元购买该理财产品合约，上述条款意味着投资者到期或者只能拿回本金，或者可获得 10570 元的收益，这取决于四只挂钩股票中表现最差的那只股票在产品有效期内是否出现过 40% 的下跌幅度。

根据公告，四只挂钩股票在期初基准日的价格分别为 4.25 元、3.93 元、5.3 元和 2.

47元。再由各只股票在2009年3月27日之前一年内的日收盘价数据，计算出日收益率的标准差，并转化为年标准差，分别为0.284，0.259，0.276，0.254；并求出各挂钩股票收益率之间的相关系数矩阵：

$$\sum=\begin{bmatrix}1 & 0.92 & 0.90 & 0.87\\ 0.92 & 1 & 0.90 & 0.87\\ 0.90 & 0.90 & 1 & 0.88\\ 0.87 & 0.87 & 0.88 & 1\end{bmatrix}$$

Chorsey分解得到的下三角矩阵为：

$$\sum=\begin{bmatrix}1 & 0 & 0 & 0\\ 0.92 & 0.392 & 0 & 0\\ 0.90 & 0.184 & 0.395 & 0\\ 0.87 & 0.178 & 0.163 & 0.43\end{bmatrix}$$

采用期初基准日时的一年期定期存款利率2.25%作为无风险利率r。由标准正态分布抽取随机数，按照上述程序，得到4个挂钩股票的价格变化路径。

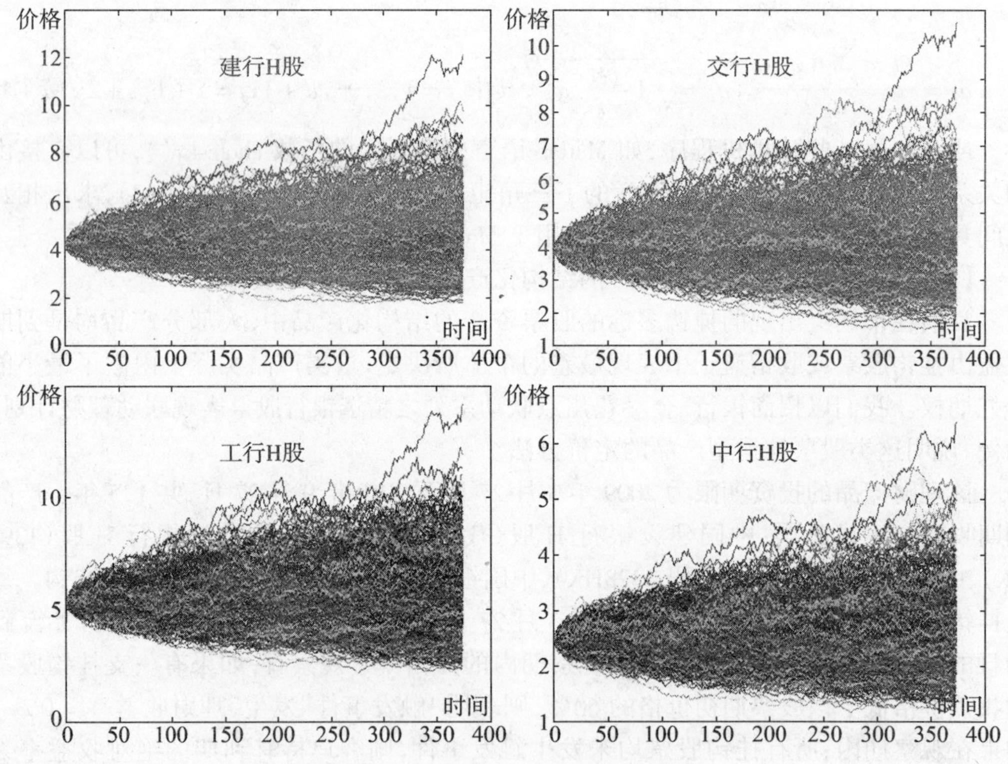

图10－11　各挂钩股票价格变化模拟图①

进一步，假设投资者在期初投入本金1万元购买理财产品合约，根据合约给定的收

① 注：尽管理财期限是1.5年，但只有375个交易日左右，因而只模拟了375个交易日的价格变化。

益决定条款，对照上述蒙特卡罗方法所模拟的标的资产价格的变化路径，考察、比较在这 4 只挂钩股票每一种可能的路径下，表现最差的那只股票是否触及到事先设定的最大下跌幅度，以确定这份理财产品在到期时给投资者的回报，并采用无风险利率进行贴现，得到理财产品在发行期初时的理论价值。将模拟得到的 10000 条路径所对应的产品期初价值求平均，即为模拟得到的期初产品价值。对于投资者来说，如果这份理财产品合约价值低于 1 万元，那么购买这份产品是不划算的；而相应的，银行将获得一定的利润。利用 Matlab 语言编写出计算机程序，计算出该理财产品合约的价值为 0.9146 万元。可见，在本文的模型模拟下，该产品属于溢价发行，每发售 1 万元该理财产品，银行的利润约为 854 元，利润率为 8.54%。

【本章小结】

1.随机过程(Stochastic Process)就是对一连串随机事件动态变化的定量描述。金融现象中一些主要价格指标，如利率、汇率、股票指数、价格等都可看做是随机过程。一些重要的随机过程包括标准布朗运动、几何布朗运动、伊藤过程(Ito process)、均值回归过程、平方根过程。

2.主要的奇异期权品种有：两值期权、触点期权、亚式期权、障碍期权、彩虹期权等。

3.金融工程的组合分解技术，是指利用基本的金融工具(包括基本的原生工具如股票和债券，也包括基本的衍生工具如远期协议、期货、期权、互换等)作为零部件来组装成具有特定流动性和收益/风险特性的金融产品；也可以通过“分解”把原来复杂的金融产品分解成若干简单的、基本的、已知定价公式的金融工具。

4.若金融衍生产品本身没有精确的解析解，或者内嵌了多种期权、产品收益的决定方式较为复杂，无法通过金融工程的方法将其分解为简单期权，在这些情况下，可以按照期权的风险中性定价原理，采用 Monte Carlo 数值模拟方法，模拟出风险中性条件下，资产价格的变化路径及终值，再按风险中性利率(无风险利率)贴现，得到衍生产品的初值。

【复习思考题】

1.考虑一种不付红利的股票，波动率为每年 30%，预期收益率以连续复利计每年 15%。设时间间隔长度为 1 星期或 0.0192 年，该股票价格的初始值为 $100，试用蒙特卡洛方法模拟 10000 次该股票未来一年的变化路径。

2.中国银行在 2009 年发行了一款名为“中银进取 0902A”的理财产品，其投资收益计算的(期初)基准日为 2009 年 6 月 2 日，期末观察日为 2010 年 6 月 1 日，挂钩指标为标普高盛能源超额回报指数(S&P GSCI TM Energy Excess Return Index，彭博社(Bloomberg)“SPGSENP <INDEX>”版面公布的挂钩指标的收市价)，投资货币为人民币，投资收益的决定方式为：当挂钩指标的期末价格达到或超过期初基准日价格的 135%(即 135% * 期初价格)时，到期时的投资收益率为 6.5%；否则收益率为 0.36%。已知挂钩指标－标普高盛能源超额回报指数在期初基准日 2009 年 6 月 2 日为 S_0 =

268.13，这也意味着根据产品的条款，触发水平 H = 361.98。如果该理财产品在期初时按面值1万元发行，试讨论该理财产品在期初时的投资价值。

3.阅读有关利用蒙特卡罗方法对我国权证产品定价的文献，总结其主要的过程与结论。

参考文献

英文部分

1. Chang&Lee, 1977, "Using Pooled Time – Series and Cross – section Data to test the firm and time effects in Financial Analyses", The Journal of Financial and Quantitative Analysis, Vol 12, Issue3, 457 – 471.

2. Black, F., M. Jensen and M. Scholes, 1972, "The Capital Asset Pricing Model : Some Empirical Tests", in Jensen, M. "Studies in the Theory of Capital Markets", Praeger, New York.

3. Fama E. and MacBeth J., "Risk , Return and Equilibrium: Empirical Test", Journal of Political Economy, May – June, 1973.

4. Banz R., "The Relationship between return and market value of common stocks", Journal of Financial Economics, March 1981, 3 – 18.

5. Rozeff . M and Kenny W, "Capital Market Seasonality: The case of Stock Returns", Journal of Financial Economics, July 1976, 379 – 402.

6. French K, "Stock Returns and Weekend Effect", Financial Economics, March, 1980, 55 – 69.

7. Fama&French, 1992, "The cross – section of expected stock returns", Journal of finance, 1992, V47.

8. Grossman, S. and J. Stilglitz, "On the Impossibility of Informantionally Efficient Markets", American Economic Review, 1980 – 06(70), 393 – 408.

9. R. Ball and P. Brown, "An Empirical Evaluation of Accounting Income Numbers", Journal of Accounting Research, Autumn 1968, 159 – 178.

10. Eugene F. Fama, Lawarence Fisher, Michael C. Jensen and Richard Roll, "The Adjustment of Stock Prices to New Information," International Economic Review (February 1969), 1 – 21.

11. Arthur Keown and John Pinkerton, "Merger Announcements and Insider Trading Activity", Journal of Finance , 36 (1981, September).

12. Jeffrey F. Jaffe, "Special Information and Insider Trading," Journal of Business (July 1974), 410 – 428.

13. John Y. Campbell and Robert J. Shiller , 1987, "Cointegration and Tests of Present Value Models", Journal of Political Economy, Vol 95, 1063 – 1087.

14. Diba, B, and H. Grossman, 1988, “The theory of Rational Bubbles in Stock Prices”, Economic Journal, 98, 746 - 757.

15. Johansen S, “Statistical analysis of cointergration vectors”, Journal of Economic Dynamics and Control, Vol12, 1998.

16. Johansen S, “Estimation and hypothesis testing of cointegration vectors in Gaussina vector autoregressive models”. Econometrica, Vol59, 1991.

17. Mackinnon J G, “Critical values for cointegration tests”, In R F Engle and C W Granger (eds), Long - run economic relationships, Oxford University Press, 267 - 76, 1991.

18. Cuthbertson, Keith, “Quantitative Financial Economics: Stocks, Bonds and Foreign Exchange”, John Wiley & Sons publishing house, ISBN 0 - 470 - 09171 - 1.

19. GuoBo Huang, “Money Demand in China in the reform period: an error correction model” Applied economics, 1994, Vol 26, 713 - 719.

20. Mahmoud Wahab, “Price Dynamics and Error Correction in Stock Index and Stock Index Futures Markets: A Cointegration Approach”, Journal of futures markets, Vol 13. No 7, 1993.

21. Yeutien Chou, “Volatility Persistence and Stock Valuations: Some Empirical Evidence Using Garch”, Journal of Applied Econometrics, Vol3, Issue4, 1998.

22. Robert F. Engle, “Autoregressive Conditional Heteroskedasticity With Estimates of the Variance of U.K. Inflation,” Econometrica 50 (1982): 987 - 1008.

23. T. Bollerslev (1986), “A Generalized Autoregressive Conditional Heteroskedasticity”, Journal of Econometrics 31, 307 - 27.

24. R.F. Engle, D.M. Lilien and R.P. Robins, 1987, “Estimating time varying risk premia in the term structure: the ARCH - M model”, Econometrica 55, 391 - 407.

25. Poterba, J. and L. Summers, 1986, “The persistence of volatility and stock market fluctuations”, American Economic Review, 76, 1142 - 1151.

26. Nelson, C.R. and C.I. Plosser, 1982, “Trends and Random Walks in Macroeconomic Time Series: Some Evidence and Implications”, Journal of Monetary Economics 10, 139 - 162.

27. Elton&Gruber, “Mordern portfolio theory and investment analysis”, 341 - 342.

中文部分

1. 顾岚,孙立娟,薛继锐,《投资与证券》2001 年第 4 期

2. 邵宇,《微观金融学及其数学基础》,清华大学出版社 2003 年 11 月版

3.《投资者行为、市场风险收益特征与交易策略的有效性》,深圳证券交易所研究报告

4.朱少醒,张则斌,吴冲锋,《“羊群效应”与股票收益分布的厚尾特性》,《上海交通大学学报》(社会科学版)1999 年第 4 期

5. 封建强,《上海证券市场收益率分布对称性研究》,《统计研究》2001 年第 7 期

6. 温素彬,《我国股市波动的 ARCH 类模型分析》,《淮海工学院学报》2002 年 6 月

7. 唐齐鸣,陈键,《中国股市的 ARCH 效应分析》,《世界经济》2001 年第 3 期

8. 张思奇等,《股票市场风险、收益与市场效率》,《世界经济》2000 年第 5 期

9. 彭作祥等,《资本市场有效性假说与 AR - X - GARCH 模型的应用》,《西南师范大学学报》2002 年第 6 期

10. 徐绪松等,《我国上海股票市场 GARCH 效应实证研究》,《武汉大学学报》2002 年第 3 期

11. 李子奈,周哲芳,《ARCH 模型的理论基础及其对于中国股票市场的实证研究》,清华大学中国经济研究中心 2000 年

12. 陈千里,周少莆,《上证指数收益率的波动性研究》,《数量经济技术经济研究》2002 年第 6 期

13. 史代敏,《沪深股票市场风险变异性实证研究》,《数量经济技术经济研究》2002 年第 3 期

14. 施东晖,《中国股市微观行为理论与实证》,上海远东出版社 2001 年出版

15. 岳朝龙,《上海股市收益率 GARCH 模型族的实证研究》,《数量经济技术经济研究》2002 年第 4 期

16. 张思奇等《股票市场风险、收益与市场效率》《世界经济》2000 年第 5 期

17. 林琳,《中国股票市场财富效应的实证分析》,深圳证券交易所第四届会员优秀成果三等奖

18. 李子奈、叶阿忠编,《高等计量经济学》,清华大学出版社 2000 年 9 月出版

19. 施东晖,《中国股市微观行为理论与实证》,上海远东出版社 2001 年出版

20. 张人骥等,《上海证券市场系统风险趋势与波动的实证分析》,《金融研究》2000 年第 1 期

21. 宋逢明,朱世武,《中国股票市场风险测度的实证研究》,《中国货币市场》2002 年第 4 期

22. 陶晋,李峰,《中国证券市场风险特征的实证研究》,深圳证券交易所第五届会员单位、基金管理公司研究成果评选,证券市场研究类二等奖

23. 王新鸣,《上海股票市场风险股票风险结构和组合效果》,《投资与证券》2000 年第 2 期

24. 宋逢明,《金融工程原理:无套利均衡分析》,清华大学出版社 1999 年 10 月出版

25. 沈艺峰,《上海证券交易所上市股票的贝塔系数估计及其稳定性检验》,《跨越时空的探索》,厦门大学出版社 1994 年版

26. 沈艺峰,洪锡熙,《我国股票市场贝塔系数的稳定性检验》,《厦门大学学报(哲学社会科学版)》1999 年第 4 期

28. Hache, 1976, “The demand for money in the United Kingdom: experience since 1971”, 转引自陈璋等,《西方经济理论与实证方法论》,北京大学出版社 1993 年版

29. Artis, Lewis, 1976, “The demand for money in the United Kingdom”, 转引自戴维·梅

斯《经济计量学的应用》,商务印书馆 1994 年版

30. Friedman & Hahn 主编,陈雨露等译,《货币经济学手册》第一卷,经济科学出版社 2002 年版

31. 靳云汇,刘霖,《中国股票市场 CAPM 的实证研究》,《金融研究》2001 年第 7 期

32. 何治国,《中国股市风险因素实证研究》,《经济评论》2001 年第 3 期

33. 陈超与钱苹,《中国股票市场“周内效应”再检验》,《投资与证券》2002 年 8 月

34. 陈小悦、孙爱军,《CAPM 在中国股市的有效性检验》,《北京大学学报》2000 年第 4 期

35. 吴世农,《关于深圳股市有效性的实证研究》,天津国际研讨会论文 1993 年 5 月

36. 吴世农,《上海股票市场效率的分析与评价》,《投资研究》1994 年 8 月

37. 俞乔,《市场有效、周期异常与股价波动——对上海、深圳股市的实证分析》,《经济研究》1994 年 9 月

38. 陈小悦等,《中国股市弱型效率的实证研究》,《会计研究》1997 年 9 月

39. 赵宇龙,《会计盈余披露的信息含量——来自上海股市的经验证据》,《经济研究》1998 年第 7 期

40. 陈晓,陈小悦,刘钊,《A 股盈余报告的有用性研究——来自上海、深圳股市的实证证据》,《经济研究》1999 年第 6 期

41. 杨朝军,蔡明超,刘波,《控制权转移公司的股票价格行为研究》,转引自《中国资本市场前沿理论研究文集》,刘树成主编,社会科学文献出版社 2000 年出版

42. 魏玉根,《技术交易系统与我国股市有效性的实证分析》,《经济科学》2000 年第 2 期

43. 奉立诚,《中国股票市场的周内效应》,《经济研究》2000 年第 11 期

44. 陈向民、陈斌,《确定“虚假陈述行为”的赔偿标准 - 事件研究法的司法运用》,《证券市场导报》2002 年 7 月号

45. 陈汉文和陈向民,《证券价格的事件性反应——方法、背景和基于中国证券市场的应用》,《经济研究》2002 年第 1 期

46. 何佳和何基报,《中国股市重大事件信息披露与股价异动》,深交所研究报告深证综研字第 0044 号,2001 年 11 月

47. 靳云汇,李学,《中国证券市场半强态有效性检验——买壳上市分析》,《金融研究》2000 年第 1 期

48. 魏刚,《我国上市公司股利分配的实证研究》,《经济研究》1998 年第 6 期

49. 陈信元,张田余,《资产重组的市场反应——1997 年沪市资产重组实证分析》,《经济研究》1999 年第 9 期

50. 陈晓,陈小悦和倪凡,《我国上市公司首次股利信号传递效应的实证研究》,《经济科学》1998 年第 5 期

51. 李梦军,万勇和王向晖,《上市公司增发新股公告与资本利得的实证研究》,《技

术经济与管理研究》2001 年第 4 期

52. J. D. Hamilton 著,刘明志译,《时间序列分析》,中国社会科学出版社 1999 年 12 月出版

53. 王少平,《我国实际 GNP 的时间趋势与周期演变》,《经济研究》1999 年第 7 期

54. 李子奈,叶阿忠,《高等计量经济学》,清华大学出版社 2000 年版

55. 张晓峒,《计量经济分析》,经济科学出版社 2000 年出版

56. 邓子来,胡健,《市场有效理论及我国股票市场有效性的实证检验》,《金融论坛》2001 年第 10 期

57. 马向前,任若恩,《基于市场效率的中国股市波动和发展阶段划分》,《经济科学》

58. 张兵,李晓明,《中国股票市场的渐进有效性研究》,《经济研究》2003 年第 1 期

59. 俞乔,《市场有效,周期异动与股价波动》,《经济研究》1994 年第 9 期

60. 吴世农,《上海股票市场效率的分析与评价》,《投资研究》1994 年第 8 期

61. 陈小悦等,《中国股市弱型效率的实证研究》,《会计研究》1997 年第 7 期

62. 陈守东等,《中国股票市场有效性实证检验》,《吉林大学社会科学学报》1998 年第 2 期

63. 胡畏,范龙振,《上海股票市场有效性实证检验》,《预测》2000 年第 2 期

64, 韩德宗,虞红丹,《中美股票市场弱式有效性的比较研究》,人大复印资料《金融与保险》2002 年第 4 期

65. 马向前,任若恩,《基于市场效率的中国股市波动和发展阶段划分》,《经济科学》

66. 张亦春,周颖刚,《中国股市弱式有效吗?》,《金融研究》2001 年第 3 期

67. 严太华,刘昱洋,《我国商品期货价格与现货价格协整关系的实证研究》,《预测》1999 年第 3 期

68. 周爱民,张雪莹,《股价泡沫的理论与实证》,《世界经济》1999 年第 10 期

69. 徐龙炳,《上证指数与深证指数协整性研究》,《镇江师专学报》社科版 1998 年第 4 期

70. 高翔,《我国 A 股市场与 B 股市场的协整研究》,《决策借鉴》2001 年第 4 期

71. 俞世典等,《主要股票指数的联动分析》,《统计研究》2001 年第 8 期

72. 秦宛顺,刘霖,《中国股票市场协整现象与价格》,《金融研究》2001 年第 4 期

73. 史代敏,《沪深股市股指波动的协整性研究》,《数量经济技术经济研究》2002 年第 9 期

74. 汪红驹,《用误差修正模型估计中国货币需求函数》,《世界经济》2002 年第 5 期

75. 许启发等,《我国货币需求的误差修正模型》,《中国煤炭经济学院学报》2000 年第 12 期

76. 吴卫华,《中国货币需求函数的协整分析》,《上海财经大学学报》2002 年 Vol 4.

No.1

77. 刘斌等,《货币需求的分析方法与实证研究》,经济科学出版社

78. 刘熀松,杨溢,《货币政策对股票市场的影响:实证与方法》,《经济管理》2003 年第 22 期

79. 蒋振声,金戈,《我国资本市场与货币市场的均衡关系》,《世界经济》2001 年第 10 期

80. 李胜利,《我国证券市场价格与货币供应量关系的实证研究》,《证券市场导报》2002 年第 3 期

81. 华伟荣,张志伟,宋宇,《我国货币政策与证券市场波动的关联性实证研究》,深圳证券交易所第六届会员单位、基金公司研究成果评选综合市场类三等奖

82. 惠晓峰,于立勇,姜明辉,胡运权,《基于购买力平价和简单货币学说的人民币长期汇率组合模型》,《国际金融研究》1999 年第 10 期

83. 张晓朴,《购买力平价思想的最新演变及其在人民币汇率中的应用》,《世界经济与中国:2000 - 2001 年》中国世界经济学会会长奖论文集/中国世界经济学会编.人民出版社

84. 陆懋祖,《高等时间序列经济计量学》,上海人民出版社 1999 年 8 月出版

85. 李子奈,周哲芳,《ARCH 模型的理论基础及其对于中国股票市场的实证研究》,清华大学中国经济研究中心 2000 年

86. 史代敏,《沪深股票市场风险变异性实证研究》,《数量经济技术经济研究》2002 年第 3 期

87. Emanuel Derman,《宽客人生 - 华尔街的数量金融大师》《My Life As A Quant》,中信出版社 2007 年出版

88.忻海,《解读量化投资:西蒙斯用公式打败市场的故事》,机械工业出版社 2010 年出版

89.斯科特·帕特森(Scott Patterson)著,卢开济译,《宽客》,万卷出版公司 2011 年出版

90.张兵,《中国股市日历效应研究:基于滚动样本检验的方法》,《金融研究》2005 年第 7 期

91.方少含,《中国股市投资组合规模的进一步研究》,《山西财经大学学报》2011 年第 S2 期

92.史代敏,《股票市场弱有效性检验方法的比较与评价》,《统计与决策》2004 年第 9 期

93.张小艳,张宗成,《关于我国期货市场弱式有效性的研究》,《管理工程学报》2007 年第 1 期

94. 邱冬阳,《人民币购买力平价—1997—2005 年数据的协整分析》,《经济研究》2006 年第 5 期

95.蒋涛,《ARCH模型在中国股市中的实证研究》,《湖南大学统计学院》2007年05期

96.明惠,李昌振,《中国股市收益波动性的ARCH族模型分析》,《郑州航空工业管理学院学报》2006年第5期

97.安起光,郭喜兵,《基于GARCH族模型的股市收益率波动性研究》,《山东财政学报》2009年第1期

98.王源昌,汪来喜,罗小明,《F－F三因子资产定价模型的扩展及其实证研究》,《金融理论与实践》2010年第6期

99.赵华,吕雯,《中国股票市场动态三因素资产定价模型分析》,《山西财经大学学报》2010年第3期

100.王海龙,《A股市场FF模型适用性的实证研究》,《重庆交通大学学报》2012年第2期

101.梁颖琳,《基于Fama－ French模型对A股及创业板新股的长期走势研究》,《中国经贸导刊》2012年第14期

102.袁显平,柯大钢,《事件研究方法及其在金融经济研究中的应用》,《统计研究》2006年第10期

103. 赵具安, 曹明霞,《中国股票市场有效性实证研究综述》,《昆明理工大学学报(社会科学版)》2007年第6期

104.郭涛,宋德勇,《中国利率期限结构的货币政策含义》,《经济研究》2008年第3期

105.沈根祥,《货币政策对利率期限结构的影响－基于动态Nelson－ Siegel模型的实证分析》,《当代财经》2011年第3期

106.于鑫,《利率期限结构对宏观经济变化的预测性研究》,《证券市场导报》2008年第10期

107.康书隆,王志强,《中国国债利率期限结构的风险特征及其内含信息研究》,《世界经济》2010年第7期

108.姚余栋,谭海鸣,《中国金融市场通胀预期－基于利率期限结构的量度》,《金融研究》2011年第6期

109.潘冠中,马晓兰,《应该用哪一个模型来描述中国货币市场利率的动态变化?》,《数量经济技术经济研究》2006年第12期

110.周荣喜,邱菀华,《BDT模型的扩展及应用研究》,《数量经济技术经济研究》2005年第2期

111.张树德,《金融计算教程－Matlab金融工具箱的应用》,清华大学出版社2007年出版

112.姜礼尚,《期权定价的模型和方法》,高等教育出版社2003年出版

113.李畅,《结构性金融衍生产品定价研究》,经济科学出版社2008年出版

114.张光平,《人民币衍生产品》,中国金融出版社2006年出版

115.王少平,李子奈,《我国货币需求的协整分析及其货币政策建议》,《经济研究》2004年第7期

116.尚铁力,王善华,《中国货币需求函数的协整分析》,《统计与决策》2005年第10期

117.叶光,《中国货币需求函数和菲利普斯曲线的协整分析》,《经济研究导刊》2009年第2期

118.黄化化,吴晓卉,《中国货币需求函数的协整检验实证分析》,《上海海事大学学报》2004年第9期

119.高云峰,《金融发展中的货币需求稳定性研究》,《数量经济技术经济研究》2006年第5期

120.赵亮,王全新,《中国货币需求函数的协整分析》,《西安金融》2006年第9期

121王晓芳,王学伟,《我国货币需求的协整与误差修正模型》,《经济与决策》,2008年第7期

122.黄伟力,《我国货币需求的协整和向量误差修正分析》,《上海金融学院学报》2007年第2期

附　表

附表 1　　标准正态分布表

$$P(z > 1.0) = 0.1587$$

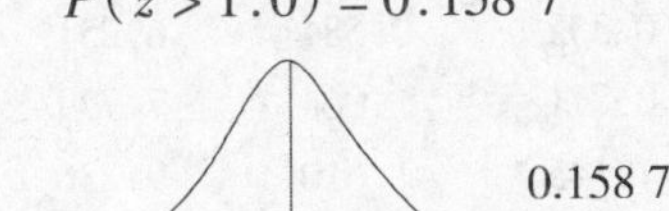

z	.00	.01	.02	.03	.04	.05	.06	.07	.08	.09
0.0	.500 0	.496 0	.492 0	.488 0	.484 0	.480 1	.476 1	.475 1	.468 1	.464 1
0.1	.460 2	.456 2	.452 2	.448 3	.444 3	.440 4	.436 4	.432 5	.428 6	.424 7
0.2	.420 7	.416 8	.412 9	.409 0	.405 2	.401 3	.397 4	.393 6	.389 7	.385 9
0.3	.382 1	.378 3	.374 5	.370 7	.366 9	.363 2	.359 4	.355 7	.352 0	.348 3
0.4	.344 6	.340 9	.337 2	.333 6	.330 0	.326 4	.322 8	.319 2	.315 6	.312 1
0.5	.308 5	.305 0	.301 5	.298 1	.294 6	.291 2	.287 7	.284 3	.281 0	.277 6
0.6	.274 3	.270 9	.267 6	.264 3	.261 1	.257 8	.254 6	.251 4	.248 3	.245 1
0.7	.242 0	.200 9	.235 8	.232 7	.229 6	.226 6	.223 6	.220 6	.217 7	.214 8
0.8	.211 9	.209 0	.206 1	.203 3	.200 5	.197 7	.194 9	.192 2	.189 4	.186 7
0.9	.181 1	.181 4	.178 8	.176 2	.173 6	.171 1	.168 5	.166 0	.163 5	.161 1
1.0	.158 7	.156 2	.153 9	.151 5	.149 2	.146 9	.144 6	.142 3	.140 1	.137 9
1.1	.135 7	.133 5	.131 4	.129 2	.127 1	.125 1	.123 0	.121 0	.119 0	.117 0
1.2	.115 1	.113 1	.111 2	.109 3	.107 5	.105 6	.103 8	.102 0	.100 3	.098 5
1.3	.096 8	.095 1	.093 4	.091 8	.090 1	.088 5	.086 9	.085 3	.083 8	.082 3
1.4	.080 8	.079 3	.077 8	.076 4	.074 9	.073 5	.072 1	.070 8	.069 4	.068 1
1.5	.066 8	.065 5	.064 3	.063 0	.061 8	.060 6	.059 4	.058 2	.057 1	.055 9
1.6	.054 8	.053 7	.052 6	.051 6	.050 5	.049 5	.048 5	.047 5	.046 5	.045 5
1.7	.046 6	.043 6	.042 7	.041 8	.040 9	.040 1	.039 2	.038 4	.037 5	.036 7
1.8	.035 9	.035 1	.034 4	.036 6	.032 9	.032 2	.031 4	.030 7	.030 1	.029 4
1.9	.028 7	.028 1	.027 4	.026 8	.026 2	.025 6	.025 0	.024 4	.023 9	.023 3
2.0	.022 8	.022 2	.021 7	.021 2	.020 7	.020 2	.019 7	.019 2	.018 8	.018 3
2.1	.017 9	.017 4	.017 0	.016 6	.016 2	.015 8	.015 4	.015 0	.014 6	.014 3
2.2	.013 9	.013 6	.013 2	.012 9	.012 5	.012 2	.011 9	.011 6	.011 3	.011 0
2.3	.010 7	.010 4	.010 2	.009 9	.009 6	.009 4	.009 1	.008 9	.008 7	.008 4
2.4	.008 2	.008 0	.007 8	.007 5	.007 3	.007 1	.006 9	.006 8	.006 6	.006 4
2.5	.006 2	.006 0	.005 9	.005 7	.005 5	.005 4	.005 2	.005 1	.004 9	.004 8
2.6	.004 7	.004 5	.004 4	.004 3	.004 1	.004 0	.003 9	.003 8	.003 7	.003 6
2.7	.003 5	.003 4	.003 3	.003 2	.003 1	.003 0	.002 9	.002 8	.002 7	.002 6
2.8	.002 6	.002 5	.002 4	.002 3	.002 3	.002 2	.002 1	.002 1	.002 0	.001 9
2.9	.001 3	.001 3	.001 3	.001 2	.001 2	.001 1	.001 1	.001 1	.001 0	.001 0

附表 2 χ^2 分布百分位数表

n	α							
	0.99	0.975	0.95	0.90	0.10	0.05	0.025	0.01
1	$0.0^{3}16$	0.001	0.004	0.016	2.706	3.841	5.024	6.635
2	0.020	0.051	0.103	0.211	4.605	5.991	7.378	9.2101
3	0.115	0.216	0.352	0.584	6.251	7.815	9.348	11.345
4	0.297	0.484	0.711	1.064	7.779	9.488	11.143	13.277
5	0.554	0.831	1.145	1.610	9.236	11.071	12.833	15.086
6	0.872	1.237	1.635	2.204	10.645	12.592	14.449	16.812
7	1.239	1.690	2.167	2.833	12.017	14.067	16.013	18.475
8	1.646	2.180	2.733	3.490	13.362	15.507	17.535	20.090
9	2.088	2.700	3.325	4.168	14.684	16.919	19.023	21.666
10	2.558	3.247	3.940	4.865	15.987	18.307	20.483	23.209
11	3.053	3.816	4.575	5.578	17.275	19.675	21.920	24.725
12	3.571	4.404	5.226	6.304	18.549	21.026	23.337	26.217
13	4.107	5.009	5.892	7.042	19.812	22.362	24.736	27.688
14	4.660	5.629	6.571	7.790	21.064	23.685	26.119	29.141
15	5.229	6.262	7.261	8.547	22.307	24.996	27.488	30.578
16	5.812	6.908	7.962	9.312	23.542	26.296	28.845	32.000
17	6.408	7.564	8.672	10.085	24.769	27.587	30.191	33.409
18	7.015	8.231	9.390	10.865	25.989	28.869	31.526	34.805
19	7.633	8.907	10.117	11.651	27.204	30.144	32.852	36.191
20	8.260	9.591	10.851	12.443	28.412	31.410	34.170	37.566
21	8.897	10.283	11.591	13.240	29.615	32.671	36.479	38.932
22	9.542	10.982	12.338	14.042	30.813	33.924	36.781	40.289
23	10.196	11.689	13.091	14.848	32.007	35.172	38.076	41.638
24	10.856	12.401	13.848	15.659	33.196	36.415	39.364	42.980
25	11.524	13.120	14.611	16.473	34.382	37.652	40.646	44.314
26	12.198	13.844	15.379	17.292	35.563	38.885	41.923	45.642
27	12.879	14.573	16.151	18.114	36.741	40.113	43.194	46.963
28	13.565	15.308	16.928	18.939	37.916	41.337	44.461	48.278
29	14.257	16.047	17.708	19.768	39.087	42.557	45.722	49.588
30	14.954	16.791	18.493	20.599	40.256	43.773	46.979	50.892
40	22.164	24.433	26.509	29.051	51.805	55.758	59.342	63.691
50	29.71	32.36	34.76	37.69	63.17	67.50	71.42	76.15
60	37.48	40.48	43.19	46.46	74.40	79.08	83.30	88.38
70	45.44	48.76	51.74	55.33	85.53	90.53	95.02	100.4
80	53.54	57.15	60.39	64.28	96.58	101.9	106.6	112.3
90	61.75	66.65	69.13	73.29	107.6	113.1	118.1	124.1
100	70.06	74.22	77.93	82.36	118.5	124.3	129.6	135.8

注：$P\{\chi^2 > \chi^2_{\alpha(n)}\} = \alpha$。其中 α 表示显著性水平，n 表示自由度。

附表 3　t 分布百分位数表

n	α					
	0.25	0.10	0.05	0.025	0.01	0.005
1	1.00	3.08	6.31	12.71	31.82	63.66
2	0.82	1.89	2.92	4.30	6.96	9.93
3	0.76	1.64	2.35	3.18	4.54	5.84
4	0.74	1.53	2.13	2.78	3.75	4.60
5	0.73	1.48	2.02	2.57	3.37	4.03
6	0.72	1.44	1.94	2.45	3.14	3.71
7	0.71	1.42	1.90	2.37	3.00	3.50
8	0.71	1.40	1.86	2.31	2.90	3.36
9	0.70	1.38	1.83	2.26	2.82	3.25
10	0.70	1.37	1.81	2.23	2.76	3.17
11	0.70	1.36	1.80	2.20	2.72	3.11
12	0.70	1.36	1.78	2.18	2.68	3.06
13	0.69	1.35	1.77	2.16	3.65	3.01
14	0.69	1.35	1.76	2.15	2.62	3.00
15	0.69	1.34	1.75	2.13	2.60	2.95
16	0.69	1.34	1.75	2.12	2.58	2.92
17	0.69	1.33	1.74	2.11	2.57	2.90
18	0.69	1.33	1.73	2.10	2.55	2.88
19	0.69	1.33	1.73	2.09	2.54	2.86
20	0.69	1.33	1.73	2.09	2.53	2.85
22	0.69	1.32	1.72	2.07	2.51	2.82
24	0.68	1.32	1.71	2.06	2.49	2.80
26	0.68	1.32	1.71	2.06	2.48	2.78
28	0.68	1.31	1.70	2.05	2.47	2.76
30	0.68	1.31	1.70	2.04	2.46	2.75
32	0.68	1.31	1.69	2.04	2.45	2.74
34	0.68	1.31	1.69	2.03	2.44	2.73
36	0.68	1.34	1.69	2.03	2.43	2.72
38	0.68	1.30	1.69	2.02	2.43	2.71
40	0.68	1.30	1.68	2.02	2.42	2.70
60	0.68	1.30	1.67	2.00	2.39	2.66
120	0.68	1.29	1.66	1.98	2.36	2.62
∞	0.67	1.28	1.65	1.96	2.33	2.58

注：$P\{t > t_{\alpha(n)}\} = \alpha$，其中 α 表示显著性水平，n 表示自由度。

附表 4－1　　　　**F 分布百分位数表($\alpha=0.05$)**

$n2$	$n1$									
	1	2	3	4	5	6	8	10	20	∞
1	161.4	199.5	215.7	224.6	230.2	234.0	238.9	241.9	248.0	254.3
2	18.51	19.00	19.16	19.25	19.30	19.33	19.37	19.40	19.45	19.50
3	10.13	9.55	9.28	9.12	9.01	8.94	8.85	8.79	8.66	8.53
4	7.71	6.94	6.59	6.39	6.26	6.16	6.04	5.96	5.80	5.63
5	6.61	5.79	5.41	5.19	5.05	4.95	4.82	4.74	4.56	4.36
6	5.99	5.14	4.76	4.53	4.39	4.28	4.15	4.06	3.87	3.67
7	5.59	4.74	4.35	4.12	3.97	3.87	3.73	3.64	3.44	3.23
8	5.32	4.46	4.07	3.84	3.69	3.58	3.44	3.35	3.15	2.93
9	5.12	4.26	3.86	3.63	3.48	3.37	3.23	3.14	2.94	2.71
10	4.96	4.10	3.71	3.48	3.33	3.22	3.07	2.98	2.77	2.54
11	4.84	3.98	3.59	3.36	3.20	3.09	2.95	2.85	2.65	2.40
12	4.75	3.89	3.49	3.26	3.11	3.00	2.85	2.75	2.54	2.30
13	4.67	3.81	3.41	3.18	3.03	2.92	2.77	2.67	2.46	2.21
14	4.60	3.74	3.34	3.11	2.96	2.85	2.70	2.60	3.39	2.13
15	4.54	3.68	3.29	3.06	2.90	2.79	2.64	2.54	2.33	2.07
16	4.49	3.63	3.24	3.01	2.85	2.74	2.59	2.49	2.28	2.01
17	4.45	3.59	3.20	2.96	2.81	2.70	2.55	2.45	2.23	1.96
18	4.41	3.55	3.16	2.93	2.77	2.66	2.51	2.41	2.19	1.92
19	4.38	3.52	3.13	2.90	2.74	2.63	2.48	2.38	2.16	1.88
20	4.35	3.49	3.10	2.87	2.71	2.60	2.45	2.35	2.12	1.84
22	4.30	3.44	3.05	2.82	2.66	2.55	2.40	2.30	2.07	1.78
24	4.26	3.40	3.01	2.78	2.62	2.51	2.36	2.25	2.03	1.73
26	4.23	3.37	2.98	2.74	2.59	2.47	2.32	2.22	1.99	1.69
28	4.20	3.34	2.95	2.71	2.56	2.45	2.29	2.19	1.96	1.65
30	4.17	3.32	2.92	2.69	2.53	2.42	2.27	2.16	1.93	1.62
40	4.08	3.23	2.84	2.61	2.45	2.34	2.18	2.08	1.84	1.51
50	4.03	3.18	2.79	2.56	2.40	2.29	2.13	2.03	1.78	1.44
60	4.00	3.15	2.76	2.53	2.37	2.25	2.10	1.99	1.75	1.39
80	3.96	3.11	2.72	2.49	2.33	2.21	2.06	1.95	1.70	1.32
100	3.94	3.09	2.70	2.46	2.31	2.19	2.03	1.93	1.68	1.28
125	3.92	3.07	2.68	2.44	2.29	2.17	2.01	1.91	1.65	1.25
150	3.90	3.06	2.66	2.43	2.27	2.16	2.00	1.89	1.64	1.22
200	3.89	3.04	2.65	2.42	2.26	2.14	1.98	1.88	1.62	1.19
300	3.87	3.03	2.63	2.40	2.24	2.13	1.97	1.86	1.61	1.15
500	3.86	3.01	2.62	2.39	2.23	2.12	1.96	1.85	1.59	1.11
∞	3.84	3.00	2.60	2.37	2.21	2.10	1.94	1.83	1.57	1.00

注：$P\{F>F_{0.05(n_1,n_2)}\}=0.05$，其中 n_1 表示分子自由度，n_2 表示分母自由度。

附表 4-2　　F 分布百分位数表($\alpha=0.01$)

$n2$	$n1$									
	1	2	3	4	5	6	8	10	20	∞
1	4 052	5 000	5 043	5 625	5 764	5 859	5 981	6 056	6 209	6 366
2	98.50	99.00	99.17	99.25	99.03	99.33	99.37	99.40	99.45	99.50
3	34.12	30.82	29.46	28.71	28.24	27.91	27.49	27.23	26.69	26.13
4	21.20	18.00	16.69	15.95	15.52	15.21	14.80	14.55	14.02	13.46
5	16.26	13.27	12.06	11.39	10.97	10.67	10.29	10.05	9.55	9.02
6	13.75	10.92	9.78	9.15	8.75	8.47	8.10	7.87	7.40	6.88
7	12.25	9.55	8.45	7.85	7.46	7.19	6.84	6.62	6.16	5.65
8	11.26	8.65	7.59	7.01	6.63	6.37	6.03	5.81	5.36	4.86
9	10.56	8.02	6.99	6.42	6.06	5.80	5.47	5.26	4.81	4.31
10	10.04	7.56	6.55	5.99	5.64	5.39	5.06	4.85	4.41	3.91
11	9.65	7.21	6.22	5.67	5.32	5.07	4.74	4.54	4.10	3.60
12	9.33	6.93	5.95	5.41	5.06	4.82	4.50	4.30	3.86	3.36
13	9.07	6.70	5.74	5.21	4.86	4.62	4.30	4.10	3.66	3.17
14	8.86	6.51	5.56	5.04	4.69	4.46	4.14	3.94	3.51	3.00
15	8.68	6.36	5.42	4.89	4.56	4.32	4.00	3.80	3.37	3.87
16	8.53	6.23	5.29	4.77	4.44	4.20	3.89	3.69	3.26	2.75
17	8.40	6.11	5.18	4.67	4.34	4.10	3.79	3.59	3.16	2.65
18	8.29	6.01	5.09	4.58	4.25	4.01	3.71	3.51	3.08	2.57
19	8.18	5.93	5.01	4.50	4.17	3.94	3.63	3.43	3.00	2.49
20	8.10	5.85	4.94	4.43	4.10	3.87	3.56	3.37	2.94	2.42
21	8.02	5.78	4.87	4.37	4.04	3.81	3.51	3.31	2.88	2.36
22	7.95	5.72	4.82	4.31	3.99	3.76	3.45	3.26	2.83	2.31
23	7.88	5.66	4.76	4.26	3.94	3.71	3.41	3.21	2.78	2.26
24	7.82	5.61	4.72	4.22	3.90	3.67	3.36	3.17	2.74	2.21
25	7.77	5.57	4.68	4.18	3.85	3.63	3.32	3.13	2.70	2.17
26	7.72	5.53	4.64	4.14	3.82	3.59	3.29	3.09	2.66	2.13
27	7.68	5.49	4.60	4.11	3.78	3.56	3.26	3.06	2.63	2.10
28	7.64	5.45	4.57	4.07	3.75	3.53	3.23	3.03	2.60	2.06
29	7.60	5.42	4.54	4.04	3.73	3.50	3.20	3.00	2.57	2.03
30	7.56	5.39	4.51	4.02	3.70	3.47	3.17	2.98	2.55	2.01
40	7.31	5.18	4.31	3.83	3.51	3.29	2.99	2.80	2.37	1.80
50	7.17	5.06	4.20	3.72	3.41	3.19	2.89	2.70	2.27	1.68
60	7.08	4.98	4.13	3.65	3.34	3.12	2.82	2.63	2.20	1.60
80	6.96	4.88	4.04	3.56	3.26	3.04	2.74	2.55	2.12	1.49
100	6.90	4.82	3.98	3.51	3.21	2.99	2.69	2.50	2.07	1.43
200	6.76	4.71	3.88	3.41	3.11	2.89	2.60	2.41	1.97	1.28
300	6.72	4.68	3.85	3.38	3.08	2.86	2.52	2.38	1.94	1.22
500	6.69	4.65	3.82	3.36	3.05	2.84	2.55	2.36	1.92	1.16
∞	6.63	4.61	3.78	3.32	3.02	2.80	2.51	2.32	1.88	1.00

注：$P\{F>F_{0.01(n_1,n_2)}\}=0.01$，其中 n_1 表示分子自由度，n_2 表示分母自由度。

附表 5　菲利普斯—配荣的 Z_ρ 检验和迪克—福勒检验(基于 *OLS* 估计值)的临界值

样本量 T	统计量 $T(\hat{\rho}-1)$小于表中数值的概率							
	0.01	0.025	0.05	0.10	0.90	0.95	0.975	0.99
				情况一				
25	-11.9	-9.3	-7.3	-5.3	1.01	1.40	1.79	2.2
50	-12.9	-9.9	-7.7	-5.5	0.97	1.35	1.70	2.1
100	-13.3	-10.2	-7.9	-5.6	0.95	1.31	1.65	2.0
250	-13.6	-10.3	-8.0	-5.7	0.93	1.28	1.62	2.0
500	-13.7	-10.4	-8.0	-5.7	0.93	1.28	1.61	2.0
∞	-13.8	-10.5	-8.1	-5.7	0.93	1.28	1.60	2.03
				情况二				
25	-17.2	-14.6	-12.5	-10.2	-0.76	0.01	0.65	1.40
50	-18.9	-15.7	-13.3	10.7	-0.81	-0.07	0.53	1.22
100	-19.8	-16.3	-13.7	-11.0	-0.83	-0.10	0.47	1.14
250	-20.3	-16.6	-14.0	-11.2	-0.84	-0.12	0.43	1.09
500	-20.5	-16.8	-14.0	-11.2	-0.84	-0.13	0.42	1.06
∞	-20.7	-16.9	-14.1	-11.3	-0.85	-0.13	0.41	1.04
				情况三				
25	-22.5	-19.9	17.9	-15.6	-3.66	-2.51	-1.53	-0.43
50	-27.7	-22.4	-19.8	-16.8	-3.71	-2.06	-1.66	-0.65
100	-27.4	-23.6	-20.7	-17.5	-3.74	-2.62	-1.73	-0.75
250	-28.4	-24.4	-21.3	-18.0	-3.75	-2.64	-1.78	-0.82
500	-28.9	-24.8	-21.5	-18.1	-3.76	-2.65	-1.78	-0.84
∞	-29.5	-25.1	-21.8	-18.3	-3.77	-2.66	-1.79	-0.87

资料来源:W. A. Fuller, *Introduction to Statistical Time Series*, New York: Wiley, 1976, p.371.

附表 6 菲利普斯—配荣的 Z_t 检验和迪克—福勒的 t 检验临界值

样本量 T	统计量 $T(\hat{\rho}-1)/\hat{\sigma}_{\rho}$ 小于表中数值的概率							
	0.01	0.025	0.05	0.10	0.90	0.95	0.975	0.99
				情况一				
25	-2.66	-2.26	-1.95	-1.60	0.92	1.33	1.70	2.16
50	-2.62	-2.25	-1.95	-1.61	0.91	1.31	1.66	2.08
100	-2.60	-2.24	-1.95	-1.61	0.90	1.29	1.64	2.03
250	-2.58	-2.23	-1.95	-1.62	0.89	1.29	1.63	2.01
500	-2.58	-2.23	-1.95	-1.62	0.89	1.28	1.62	2.00
∞	-2.58	-2.23	-1.95	-1.62	0.89	1.28	1.62	2.00
				情况二				
25	-3.75	-3.33	-3.00	-2.63	-0.37	0.00	0.34	0.72
50	-3.58	-3.22	-2.93	-2.60	-0.40	-0.03	0.29	0.66
100	-3.51	-3.17	-2.89	-2.58	-0.42	-0.05	0.26	0.63
250	-3.46	-3.14	-2.88	-2.57	-0.42	-0.06	0.24	0.62
500	-3.44	-3.13	-2.87	-2.57	-0.43	-0.07	0.24	0.61
∞	-3.43	-3.12	-2.86	-2.57	-0.44	-0.07	0.23	0.60
				情况三				
25	-4.38	-3.95	-3.60	-3.24	-1.14	-0.80	-0.50	-0.15
50	-4.15	-3.80	-3.50	-3.18	-1.19	-0.87	-0.58	-0.24
100	-4.04	-3.73	-3.45	-3.15	-1.22	-0.90	-0.62	-0.28
250	-3.99	-3.69	-3.43	-3.13	-1.23	-0.92	-0.64	-0.31
500	-3.98	-3.68	-3.42	-3.13	-1.24	-0.93	-0.65	-0.32
∞	-3.96	-3.66	-3.41	-3.12	-1.25	-0.94	-0.66	-0.33

资料来源：W. A. Fuller, *Introduction to Statistical Time Series*, New York: Wiley, 1976, p.373.

附表 7-1 **EG 检验临界值表**

变量个数 N	样本容量 T	检验水平 α		
		0.01	0.05	0.10
2	50	-4.32	-3.67	-3.28
	100	-4.07	-3.37	-3.03
	200	-4.00	-3.37	-3.02
3	50	-4.84	-4.11	-3.73
	100	-4.45	-3.93	-3.59
	200	-4.35	-3.78	-3.47
4	50	-4.94	-4.35	-4.02
	100	-4.75	-4.22	-3.89
	200	-4.70	-4.18	-3.89
5	50	-5.41	-4.76	-4.42
	100	-5.18	-4.58	-4.26
	200	-5.02	-4.48	-4.18

注：1. N 表示协整回归式中所含变量个数。

2. EG 检验用回归式是 $\Delta u_t = \rho u_{t-1} + \varepsilon_t$。

3. 摘自 Engle - Yoo(1987)。

附表 7-2 **AEG 检验临界值表**

变量个数 N	样本容量 T	检验水平 α		
		0.01	0.05	0.10
2	50	-4.12	-3.29	-2.90
	100	-3.73	-3.17	-2.91
	200	-3.78	-3.25	-2.98
3	50	-4.45	-3.75	-3.36
	100	-4.22	-3.62	-3.32
	200	-4.34	-3.78	-3.51
4	50	-4.61	-3.98	-3.67
	100	-4.61	-4.02	-3.71
	200	-4.72	-4.13	-3.83
5	50	-4.80	-4.15	-3.85
	100	-4.98	-4.36	-4.06
	200	-4.97	-4.43	-4.14

注：1. N 表示协整回归式中所含变量个数。

2. AEG 检验用回归式是 $\Delta u_t = \rho u_{t-1} + \sum_{i=1}^{4} \Delta\rho u_{t-1} + \varepsilon_t$。

3. 摘自 Engle - Yoo(1987)。

附表 8　　*VAR* 模型协整检验临界值表
（迹统计量）

类型	单位根个数 $N-r$	α 0.10	0.05	0.025	0.001
(a)时间序列中有均值，*VAR* 模型中无常数项	1	2.86	3.84	4.93	6.51
	2	10.47	12.53	14.43	16.31
	3	21.63	24.31	26.64	29.75
	4	36.58	39.89	42.30	45.58
	5	55.44	59.46	62.91	66.52
	6	78.36	82.49	86.09	90.45
	7	104.77	109.99	144.22	119.80
	8	135.24	141.20	146.78	152.32
	9	169.45	175.77	181.44	187.31
	10	206.05	212.67	219.88	226.40
	11	248.45	255.27	261.71	269.81
(b)时间序列中有均值，*VAR* 模型中有常数项	1	7.52	9.24	10.80	12.97
	2	17.85	19.96	22.05	24.60
	3	32.00	34.91	37.61	41.07
	4	49.65	53.12	56.06	60.16
	5	71.86	76.07	80.06	84.45
	6	97.18	102.14	106.74	111.01
	7	126.58	131.70	136.49	143.09
	8	159.48	165.58	171.28	177.20
	9	196.37	202.92	208.81	215.74
	10	236.54	244.15	251.30	257.68
	11	282.45	291.40	298.31	307.64
(c)时间序列中有均值和线性趋势项，*VAR* 模型中只有常数项	1	2.69	3.76	4.95	6.65
	2	13.33	15.41	17.52	20.04
	3	26.79	29.68	62.56	35.65
	4	43.95	47.21	50.35	54.46
	5	64.84	68.52	71.80	76.07
	6	89.48	94.15	98.33	103.18
	7	118.50	124.24	128.45	133.57
	8	150.53	156.00	161.32	168.36
	9	186.39	192.89	198.82	204.95
	10	225.85	233.13	239.46	247.18
	11	269.96	277.71	284.87	293.44

注：1. 摘自 Osterwald – Lenum(1992)表 0，表 1* 和表 1。

2. α 表示检验水平，N 表示 VAR 模型中变量个数，r 表示协整向量个数。

后 记

呈现在各位读者面前的这套教材，是由山东财经大学金融学院的教学团队，根据这些课程的教学规律与特点，结合自己长期从事教学的丰富实践与体会，精心编写的。我们之所以把这套教材定名为“名课精讲”，首先是因为这些教材所对应的课程都已在我院开设多年，均曾被评定为校级以上精品课程，本身都是具有精品性质的课程。这些课程的教学团队力量相对雄厚，并已形成了特色鲜明的教学体系、教学内容与教学组织方式。其次，则是因为这批教材在编写上也刻意强调“求精”，主要体现为强调课程脉络与叙述逻辑的清晰与重点突出，强调知识点覆盖的完整性与讲授组织的合理性，强调内容诠释上的深入浅出，从而便于学习者更好地理解与接受。也正因为如此，这套教材的使用适应面是较为广泛的，它们既可以作为高校本科金融类专业教材使用，也可用于与金融理论业务相关的专业培训，当然也可供金融企业从业者及其他对金融相关知识感兴趣的读者自学参考。

在这套教材的编写过程中，山东人民出版社的袁丽娟女士付出了大量心血。在此向她表示衷心的感谢。

由于编写时间较为仓促，且内容上需兼顾的读者范围较为广泛，再加上教材中所涉及的内容与现实联系密切，而实践中相关理论进展与实务变化亦较多较快，因而教材中不可避免地会存在某些瑕疵甚至错谬，希望使用者不吝指正，多给我们提出宝贵意见，以便我们及时进行修订完善。谢谢！

黄 磊

二〇一三年一月，于济南